Lothar Denkewitz
Farngärten

Lothar Denkewitz

Farngärten

54 Farbfotos
12 Tabellen
117 Zeichnungen

E.U.
VERLAG
EUGEN
ULMER

Titelfoto:
Der Purpurkönigsfarn, *Osmunda regalis* 'Purpurascens', beherrscht als fünfzigjähriges Exemplar einen ganzen Gartenteil.

Abbildung Seite 2:
Farne und Lilien harmonieren gut miteinander, es müssen aber robuste, wie der Kaukasustürkenbund, *Lilium szovitsianum*, sein. Als Farne stehen da: *Osmunda cinnamomea* (oben), *Adiantum pedatum* (Mitte), *Blechnum spicant* (vorn M. u. links) und *Currania dryopteris* 'Plumosa' (links u.)

Die Deutsche Bibliothek – CIP-Einheitsaufnahme

Denkewitz, Lothar:
Farngärten : 12 Tabellen / Lothar Denkewitz. – Stuttgart :
Ulmer, 1995
ISBN 3-8001-6553-8

Wollgrasweg 41, 70599 Stuttgart (Hohenheim)
Printed in Germany
Lektorat: Agnes Pahler
Herstellung: Gabriele Franz
Einbandgestaltung: Alfred Krugmann,
mit einem Foto von Lothar Denkewitz
Satz: Typomedia Satztechnik GmbH, Ostfildern
Druck und Bindung: Passavia GmbH, Passau

Vorwort

Es gibt Gartenthemen, die begleiten einen ein Leben lang. Bei mir sind es die Farne. Seitdem mein Vater mir, dem damals Sechsjährigen, das erste kleine Gärtchen gab, begleiten mich die Farne. Selbst die Spiele in Knicks, Heide und Wald direkt hinter unserem kleinen Garten schufen immer wieder Kontakte zum Farn. Und besonders eindrucksvoll war für mich – und sogar für meine Spielgefährten – das zwei Meter hohe Farndickicht des Adlerfarns im nahen Eichenhain. Immer wieder zog es mich dahin, im Frühling der Anemonen wegen, im Sommer aber wegen des Adlerfarns. Und schon als Kind stand ich fasziniert vor den sich entrollenden Farnwedeln im frühen Mai.

Ähnlich beeindruckt war ich jedes Jahr wieder von einem großen Garten, an dem mein Schulweg vorbeiführte. Im feuchten, sehr humosen Boden unter hohen Eichen wuchsen Straußfarne von unwirklicher Schönheit, ganze Bestände, manchmal – an besonders günstigen Stellen – bis zwei Meter hoch. Auch dort war ich oft zu finden. Manchmal stand ich traumverloren am Zaun und schaute auf die vielen Hundert mächtigen, sich entrollenden Wedel. Kein Jahr ließ ich diesen Zeitpunkt aus, und es war nur eine Frage der Zeit, daß ich den Wunsch verspürte, auch in meinem kleinen Gärtchen Farne zu halten.

Langsam schärfte sich der Blick für die Verschiedenartigkeit der Farne, zunächst erst einmal der heimischen. Schon von weitem erkannte ich die verschiedenen Arten, und als dann das erste, recht bescheidene Pflanzenbuch in meinem Besitz geriet, in dem auch Farne beschrieben waren, gab es für mich kein Halten mehr. So gelangten nach und nach (manchmal hart am Rande der Legalität) immer mehr Farne in meinen Garten.

Durch Zufall entdeckte ich dann als Teenager, wie ich Farne heranziehen kann, und das erwähnte erste Buch gab darüber erstaunlich exakt Auskunft. Dieses etwas komplizierte Fortpflanzungsgeschehen und die Tatsache, daß ich es schon einigermaßen in die Praxis umsetzen konnte, nahm mich nur noch mehr für meine Farne ein. Außerdem enthob mich dieses Wissen eventueller illegaler Handlungen.

Als Erwachsener dann mit einem eigenen großen Garten wurde aus dem kindlichen Eifer und der jugendlichen Euphorie eine tiefe Passion, die mir viel Freude und vor allem viele Freunde gebracht hat. Es scheint bis heute darin kein Ende zu geben.

Seit einiger Zeit nun läßt mich der Gedanke nicht los, alles, was ich im Laufe der Jahre über die Farne erfahren habe, einmal in einem Buch zusammenzufassen. Es soll der Versuch sein, andere Gartenliebhaber an die Farne heranzuführen. Ich möchte darlegen, welche Vielfalt die Farne bieten, und das bei einem ganz schlichten übersichtlichen Bauplan einer Pflanze. Es soll gezeigt werden, wie robust und dauerhaft viele Farne im Garten sind und wie groß ihre Anpassungsfähigkeit ist. Ich werde versuchen, den Leser zu überzeugen, wie gut Farne sich mit vielen, sehr vielen anderen Pflanzen vertragen, mit Stauden, Gräsern, Blumenzwiebeln und Gehölzen, und wie diese anderen Blumen durch die Farne plötzlich in ein ganz anderes Licht gelangen. Ich möchte ein bißchen von dem geheimnisvollen Fortpflanzungsgeschehen der Farne vermitteln und dazu anregen, selbst einmal in einem kleinen Plastikschälchen ein paar Farne aus Sporen heranzuziehen. Ich möchte ganz schlicht ein bißchen von meiner Begeisterung übermitteln und andererseits auch klar zu verstehen geben: Ein Garten ohne Farne ist ein unvollkommener Garten.

Wie immer, wenn so ein Buch entsteht, bedarf es vieler guter Umstände. Ohne viel Arbeit geht es nicht. Und ohne die Hilfe von Freunden und wohlwollenden Mitgärtnern geht es erst recht nicht. So ist es mir ein Bedürfnis, wenigstens ein paar Namen zu nennen, Namen von Freunden, ohne deren Mithilfe ich dieses Buch nicht hätte schreiben können.

Allen voran sei der junge Farnexperte Wolfram Gaßner genannt, der mir zu vielen neuen Farnen verhalf und mit dem ich in langen Gesprächen über die Kultur, Anzucht und Vermehrung der Farne viele Probleme klären konnte. Mancher Farnfreund schickte mir per Post seine Neuerwerbungen. Es würde aber zu weit führen, hier eine Namensliste anzuführen. Genannt werden müssen aber noch drei Personen, Johann Lendvai Lintner, Helmut Schmick und Richard Maatsch, durch deren Pionierarbeit und auch durch deren Bereitschaft, ihr Pflanzenmaterial und ihre Erkenntnisse weiterzugeben, meine Arbeit viele Anregungen und Erkenntnisse erhielt.

Schließlich habe ich meinen Sohn mit eingespannt, der das Kapitel über die erdgeschichtliche Bedeutung der Farne schrieb.

Allen diesen Menschen möchte ich danken. Und Ihnen, meinen verehrten Lesern, möchte ich nun dieses Buch ans Herz legen. Vielleicht kann es Ihr Gartenleben etwas bereichern.

Lothar Denkewitz
Hamburg, Herbst 1994

Inhaltsverzeichnis

Von der Faszination der Farne

Wenn man eine Wanderung durch den Schwarzwald unternimmt und jedesmal, sobald sich der Wald etwas lichtet, vor einem Meer üppiger Farne steht, wenn man durch ein kleines Alpental geht und einem plötzlich das Gewoge Tausender Straußfarne entgegenbrandet, dann fühlt man sich immer wieder überwältigt und fasziniert von dem Phänomen Farn. Keine überschäumende Blumenwiese, kein noch so bunter Staudengarten kann diesen Reiz vermitteln. Es ist nur Grün, das einem da begegnet. Keine bunte Blume gibt es dazu. Nur Grün, noch nicht einmal in großen Abstufungen, sondern nur in wenigen Nuancen. Auch der Formenreichtum und die Gestaltunterschiede der Blütenpflanzen fehlen.

Was also macht den Reiz der Farne aus? Sind es die länglichen, großen Wedel, wie sie die meisten der bei uns heimischen Farne besitzen und die wie mächtige Federn wirken, um uns an Palmen zu erinnern? Oder ist es die Ahnung vom Urweltlichen, längst Vergangenen, die sie uns vermitteln, heute noch lebende Boten aus einer längst vergangenen Erdepoche. Oder ist es doch einfach nur das frische Grün des Blattwerks?

Pflanzen ohne Blüten

Übrigens muß man mit dem Begriff Blätter bei Farnen vorsichtig sein. Farnblätter, besser als Wedel bezeichnet, unterscheiden sich von den Blättern Höherer Pflanzen in einem Punkt ganz deutlich. An den Wedeln der meisten Farne sitzen – mit nur ganz wenigen Ausnahmen – an der Unterseite kleine Organe in oft sehr großer Zahl, die als Sori (Einzahl Sorus) bezeichnet werden und als Sporangienbehälter dienen. (Auf die besondere Art der Fortpflanzung werden wir ab Seite 16 noch genauer eingehen.) Der blättrige Teil des Farns, auf dem die Sori sitzen, ist ein spezielles »Blatt«, nicht nur wegen seiner Form, sondern auch als charakteristisches Unterscheidungsmerkmal der Farne von den Höheren Blütenpflanzen. Daß die Farnwedel ansonsten die gleichen Dienste leisten wie die Blätter, daß sie nämlich für die Assimilation und somit für die Ernährung der Pflanze zu sorgen haben, ist schon aus der grünen Färbung zu ersehen. Aber sie dienen eben zugleich auch der Fortpflanzung.

Noch etwas unterscheidet die Farne – wieder mit einigen Ausnahmen – von den Höheren Pflanzen. Es gibt unter ihnen keine richtigen Bäume mit Stamm und Krone. Nun könnte man einwenden, daß es zum Beispiel auf Neuseeland durchaus **Baumfarne** gibt, also Farne mit einem Stamm, genau genommen mit einem verlängerten Rhizom. Diese Erscheinung tritt aber auch an den Farnen unserer europäischen Wälder auf. Der heimische Wurmfarn bildet als altes Exemplar kleine, stammähnliche Erhöhungen, ebenso der Königsfarn. Da diese Farne aber meist mehrköpfige Stauden bilden, verwischt sich der Eindruck. Deutlich aber ist die Stammbildung beim Straußfarn zu sehen, der stets nur mit einer Triebanlage wächst und als alte Pflanze mit zehn oder gar 20 Jahren Stämme bis über 20 cm Höhe entwickelt. Da verwundert es nicht, wenn in anderen Regionen, meist mit subtropischem Klima wie zum Beispiel im Norden Neuseelands, Farne wachsen, deren Rhizome so weit aus dem Boden schauen, daß man von einem Stamm spricht. Bei der Art *Cyathea medullaris* wird er bis 30 m hoch, normalerweise aber erreicht der

Ein alter, toter Baumstamm in einem Bachtal in Kärnten, bewachsen mit Tüpfelfarn, *Polypodium vulgare*, und der Steinfeder, *Asplenium trichomanes*. So etwas läßt sich auch im Garten verwirklichen.

Stamm der Farne 6 oder höchsten 15 m Höhe wie bei *Dicksonia* oder er bleibt noch kleiner wie bei der 2 m hohen *Todea wilkensiana* mit dem spazierstockähnlichen Stämmchen. Alle diese Stämme sind im Aufbau nicht mit den hölzernen Stämmen der Laub- und Nadelbäume zu vergleichen, wenn sie auch fast so stabil sind wie jene. Es sind eben nur verlängerte Rhizome.

Die Entwicklungsgeschichte der Farne

Bevor die Farne selbst in den Mittelpunkt gestellt werden, wollen wir uns zunächst in einem kurzen Abriß mit der Entwicklung der Pflanzen allgemein befassen. Anhand zahlloser Fossilienfunde läßt sich die Geschichte der Pflanzen gut zurückverfolgen. Immer wieder entstanden im Verlauf der Evolution »modernere« Pflanzen und verdrängten die erdgeschichtlich älteren. Das heutige Pflanzenkleid unserer Erde ist als das Ergebnis einer langen historischen Entwicklung anzusehen.

Die ältesten bekannten Spuren des Lebens auf unserer Erde stammen aus dem Proterozoikum, dem ältesten Zeitalter der Erdgeschichte, das rund 1 bis 3 Milliarden Jahre zurückliegt. Diese Organismen waren durchweg mikroskopisch klein. Es handelte sich um bakterien- und blaualgenähnliche Lebewesen ohne richtigen Zellkern. Später kamen fädige Blaualgen und andere einzellige Algen mit einem Zellkern dazu. Durch die Sauerstoffpro-

Farne gedeihen gut an alten Baumstubben, wo sie sich oft von selbst ansiedeln. Hier der Gabelwurmfarn, *Dryopteris filix-mas* 'Furcans'.

duktion der nun vorhandenen Algen stieg der Sauerstoffgehalt der vorher sauerstofffreien Atmosphäre langsam an.

Dies bildete die Voraussetzung für die Entwicklung tierischen Lebens und ebenso für die Entstehung einer das ultraviolette Licht absorbierenden Ozonschicht. Ozon (O_3) ist ja letzten Endes weiter nichts als Sauerstoff, allerdings in einer besonderen dreiatomigen Molekularform. Aber erst dank der vor UV-Licht schützenden Ozonschicht konnten Pflanzen das Land besiedeln. An der Wende vom Oberen Silur zum Unteren Devon vor etwa 400 bis 370 Millionen Jahren ist es zur Entstehung und weltweiten Verbreitung der Landpflanzen gekommen.

Die erste uns bekannte Landpflanze, *Cooksonia speciosa*, tritt im Oberen Silur auf. Sie gehört zu den Urfarnen, zur Klasse der Psilophytatae (Psilopsida). Die Pflanze besteht aus gabelig verzweigten Sprossen, die keine Aufteilung im Blatt und Achse erkennen lassen. Es wurde aber in dem etwa 7 cm hohen Fossil ein dünner Leitbündelstrang nachgewiesen, und Leitbündel bilden neben einigen anderen Einrichtungen die Grundvoraussetzung für das dauerhafte Leben an Land. Sie garantieren die Wasserversorgung der Pflanzenteile und damit die Versorgung von Blättern mit Nährstoffen.

Urfarne (Psilophytales) stehen am Anfang der Entwicklung der Farnpflanzen (Abteilung Pteridophyta). Vermutlich entstanden aus ihnen auch alle anderen Gruppen von Farnähnlichen wie die Schachtelhalme, die Bärlappgewächse sowie die eigentlichen Farnpflanzen, die Klasse der Filicatae (Filicopsida), letztendlich sogar auch alle Samenpflanzen (Spermatophyta). Es wird angenommen, daß die Urfarne aus Grünalgen entstanden sind. Diese Grünalgen lebten vermutlich in großen Süßwasserseen. Daß Farne von Süßwasseralgen abstammen, zeigt auch die Tatsache, wie schlecht sie mit höheren Salzkonzentrationen zurechtkommen und schon gar nicht mit Meerwasser, also mit einem dreiprozentigem Salzgehalt im Wasser. Erst die Blütenpflanzen, die am höchsten entwickelten Pflanzen, bilden wieder Anpassungsmechanismen an das Salzwasser, wie zum Beispiel unser Queller *(Salicornia europeae)*.

Im Laufe der Evolution mußten sich Pflanzen immer wieder an neue Umweltbedingungen anpassen, an ein im Laufe der Erdgeschichte sich wechselndes Klima, an eine durch Gebirgsbildung und Kontinentalverschiebung sich ständig ändernde Erdoberfläche, sowie auch an eine sich ändernde Lufthülle, das heißt an die Zunahme von Sauerstoff im Laufe der Jahrmillionen und damit einhergehend an die entstehende, das UV-Licht absorbierende Ozonschicht. Es entstanden immer neue Organisationsformen der Pflanzen, die wiederum die älteren verdrängten. So wurden ja schließlich auch die Farne ab dem Zeitalter des Karbons vor rund 350 Millionen Jahren langsam von den Nacktsamern, den Gymnospermen, verdrängt, von jener Pflanzengruppe also, zu denen auch unsere Nadelbäume gehören. Die Nacktsamer benötigen bei der Befruchtung – im Gegensatz zu den Farnen – kein atmosphärisches Wasser, dadurch können sie viel leichter trockene Räume besiedeln. Zu Beginn des Oberen Perm (Zechstein) begünstigt das zunehmend trockenere Klima die Verbreitung der Nacktsamer erheblich. In dieser Zeit sterben viele Leitformen der Farne aus dem Karbon aus.

Die im Mesozoikum (Erdmittelalter) vorherrschenden Nacktsamer werden im Kreide-Zeitalter vor 136 bis 65 Millionen Jahren schließlich von den Blütenpflanzen, den Angiospermae, zurückgedrängt. Sie dominieren nun in der Kreide vor den Nacktsamern und den Farnen. Durch ihre erstaunliche Anpassungsfähigkeit sowie ihre mannigfaltigen Bestäubungs- und Verbreitungsstrategien kommt es bei den Angiospermen zu einer nie dagewesenen Beschleunigung der Entwicklung und der Eroberung auch extremer Standorte wie zum Beispiel Kälte- und Trockenwüsten.

Die Zeit ihrer höchsten Entwicklung hatten die Farne im Karbon vor etwa 345 bis 280 Millionen Jahren. Riesige Farnwälder bedeckten die Landoberfläche. Farnbäume erreichten eine Höhe von über 40 m. Teile ihrer Biomasse sind bis in die Gegenwart als Steinkohle erhalten geblieben. Schließlich dominieren mit Ende der Kreidezeit die Blütenpflanzen, die Bedecktsamer also, und verdrängen mehr und mehr die Farne und die Nacktsamer. Die Baumfarne treten fast ganz zurück zugunsten der moderneren angiospermen Bäume.

Heute leben auf der Erde noch etwa 400 Arten von Bärlappen (Lycopodiales), 700 Moosfarne (Selaginellales), nur 25 Schachtelhalmarten (Equisitatae), aber etwa 10 000 Arten echter Farne (Filicatae). Im Gegensatz zu den Bärlappen und den Schachtelhalmen haben sich die echten Farne seither weiterentwickelt. Die große Artenzahl entspricht einer großen Formenvielfalt, die von den kleinen, moosartigen Hautfarnen bis zu den bis 20 m hohen mächtigen Baumfarnen reicht, wie man sie in Malaysia oder auf Neuseeland findet. Neben den zahlreichen »moderneren«, sprich weiterentwickelten Arten, finden wir aber auch noch sogenannte lebende Fossilien unter ihnen, die eine direkte Verbindung zu Gruppen früherer Epochen haben. Solche lebenden Fossilien sind beispielsweise unsere Natternzunge *(Ophioglossum)* und die Mondraute *(Botrychium)*, die man allerdings beide nicht als Gartenpflanzen empfehlen kann, da sie streng geschützt und schwer zu kultivieren sind.

Morphologie und Biologie der Farne

Der Farnwedel

Die Natur hat im Laufe der Millionen von Jahren ihrer Entwicklungsgeschichte einen ungeheueren Formenreichtum hervorgebracht. Bis die Vielfalt der Blattgestalt bei den Höheren Pflanzen erreicht wurde, bis all die wundervollen Farben und Formen ihrer Blüten und die Mannigfaltigkeit im Wuchscharakter, vom riesigen Mammutbaum *(Sequoiadendron giganteum)* bis zum zwergig kriechenden Silberkissen *(Raoulia australis)* erreicht waren, vergingen Milliarden Jahre.

Die Farne, so schätzt man, sind erst 350 Millionen Jahre alt. Sie sind damit etwa dreimal so alt wie die in der Entwicklungsgeschichte relativ am Ende stehenden Blütenpflanzen. Es hat den Anschein, als habe sich die Natur bei den Farnwedeln zum erstenmal mit dem Thema Blatt intensiv auseinandergesetzt. Was es vorher gab und die gleiche Funktion hatte, waren Stengel, beschuppt wie beim Bärlapp, oder nicht einmal das, wie bei den Schachtelhalmen, wo kaum Andeutungen von Schuppen vorhanden sind. Auch die Moose besitzen keine richtigen Blätter. Anders die Farne. Wenn die Farnwedel auch nicht wie die Blätter der Blütenpflanzen an einem Stiel, Zweig oder Stamm sitzen, so haben sie doch alle Merkmale eines richtigen Blattes mit einem kräftigen Blattstiel und einer ausgebreiteten Blattfläche.

Die Wedel fast aller Farne sind nach dem selben Grundschema gebaut: Es gibt eine vom Stiel ausgehende Mittelrippe, als Rachis bezeichnet, von der aus nahezu symmetrisch die sogenannten Fiedern seitwärts abzweigen. Von diesem Schema weichen im Bereich unserer Gartenfarne nur zwei Arten ab, nämlich der Hufeisenfarn *(Adiantum pedatum)* und der kleine Nordische Streifenfarn *(Asplenium septentrionale)*. Die Blattwedel aller anderen Arten sind nach diesem Schema gebaut – allerdings mit tausend Varianten. Es hat den Anschein, als hätte die Natur das erste von ihr gefundene Blattmuster in allen Möglichkeiten durchgeformt. Es gibt Farnarten, deren Wedel einen extrem kurzen Stiel haben, und wieder andere, wo der Stiel überlang ist. Auch das Verhältnis der Blattspreitenlänge, der eigentlichen Blattfläche, zur Länge des Stiels liegt bei allen Arten anders.

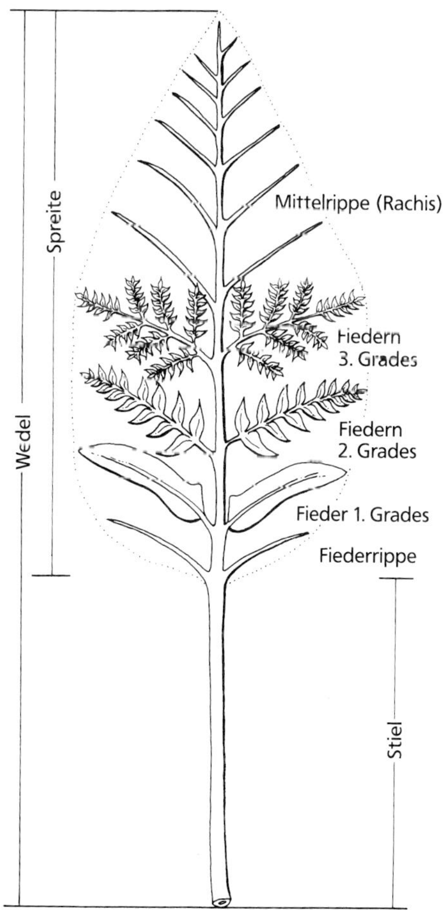

Wedelschema der Farne

Fiederung der Farnwedel

ungefiedert
(Phyllitis scolopendrium)

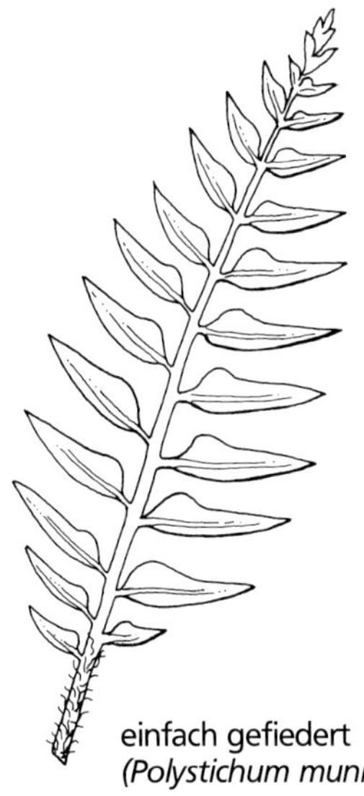

einfach gefiedert
(Polystichum munitum)

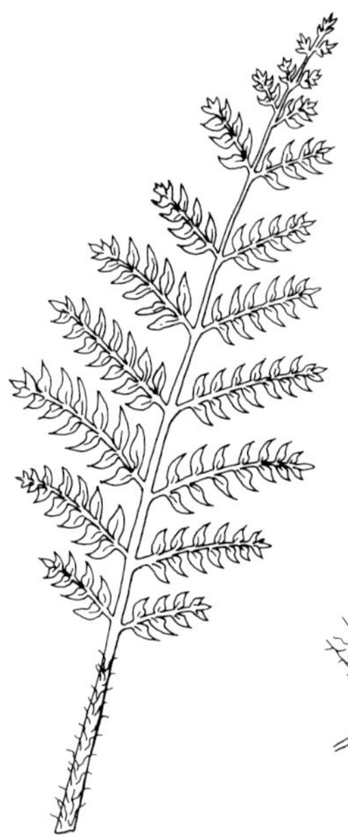

zweifach gefiedert
(Osmunda regalis)

dreifach gefiedert
(Adiantum venustum)

Richtig kompliziert wird es aber bei der Aufteilung der Spreite, bei der Fiederung. Es gibt ungefiederte Wedelspreiten wie beim Hirschzungenfarn. Daneben kommen einfach gefiederte Spreiten vor; der Schwertfarn *(Polystichum munitum)* ist ein gutes Beispiel dafür. Zweifach gefiedert sind die Wedelspreiten des Frauenfarns und dreifach die des Zerbrechlichen Blasenfarns. Zwischen allen Fiederungen gibt es Zwischenstufen. Reichen die Fiedern nicht bis zur Rachis, sind sie also im unteren Bereich miteinander verbunden, so nennt man den Wedel fiederschnittig. Übrigens findet man bei allen mehrfiedrigen Farnen auch alle Zwischenstufen an einem Wedel. Ist der Wedel an der Basis oder an der breitesten Stelle dreifach gefiedert, so geht die Fiederung langsam in eine zweifache, zusätzlich tief fiederschnittige Aufteilung über. Daran schließt sich echte zweifache Fiederung an, die ähnlich wie die vorige in einfache Fiederung übergeht und schließlich gänzlich oder nahezu ganz ungefiedert endet. Auch der Ansatz der Fieder an der Rachis ist sehr unterschiedlich ausgebildet. Es gibt Arten mit gestielten und andere mit völlig ungestielten Fiedern, wiederum mit allen Übergängen. Wenn man nun noch alle die gegabelten, gefransten, betroddelten Wedelformen der Gartenfarne betrachtet, so ist tatsächlich das Thema Blatt in fast erschöpfender Weise durchgespielt worden.

Zu allem kommt noch die große Bandbreite der Formen der Farnwedel, eigentlich der Wedelspreite, ihr sogenannter Umriß. Auch hierbei wird das Grundthema variiert. Es gibt Farne mit klar dreieckiger Spreite, fast wie ein gleichseitiges Dreieck geformt, wie sie der Eichenfarn *(Currania dryopteris)* zeigt. Viele Farne haben länglich dreieckige Spreiten, zum Beispiel der Formosa-Rotschleierdornfarn. Bei etlichen Arten buchten sich die langen Seiten des Dreiecks aus, so daß die Spreite mehr eiförmig wirkt. Am verbreitetsten ist die Lanzettform, die es in allen Größen gibt. Die Wedel des Lanzenschildfarns *(Polystichum lonchitis)*, der seinen Namen nach der Form seiner Wedelspreite trägt, sind besonders schmal und typisch lanzettförmig gestaltet. Bei unserem »Allerwelts-Wurmfarn« *(Dryopteris filix-mas)* fällt die Lanzettform der Wedel recht breit aus.

Sehr breit sind die ebenfalls lanzettförmigen Wedel beim Riesenwurmfarn *(Dryopteris goldiana)*. So hat jede Art und ihre Varianten eine eigentypische Form der Spreite, und der geübte Farnkenner

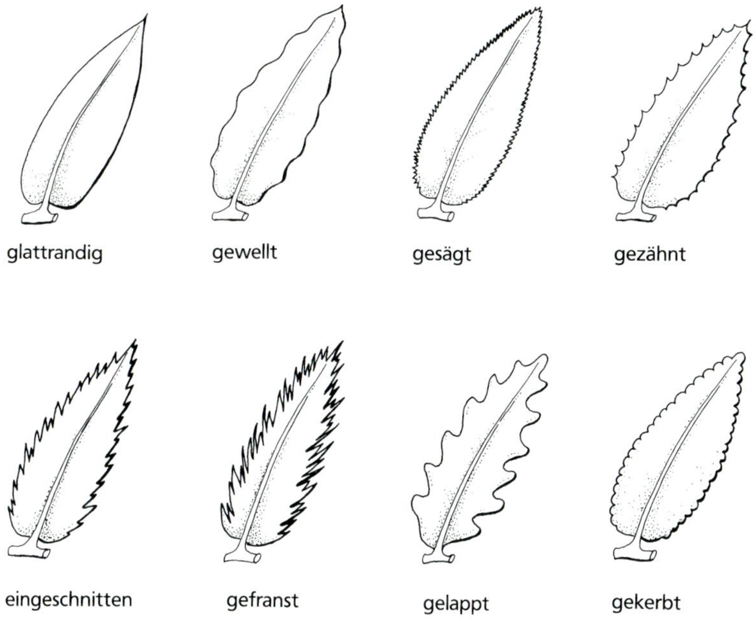

oben: Wedelrand-Strukturen

oben links: Der Austrieb des Wurmfarns, *Dryopteris filix-mas.* Dadurch daß die Rachis außen schneller wächst als innen, entrollen sich die Wedel.

kann oft schon von weitem erkennen, um welchen Farn es sich handelt.

Es wäre müßig, noch auf die typischen Ausformungen der Fiederränder einzugehen. Die Zeichnungen aber stellen Aufbau, Form, Fiederung und Randstrukturen in kurzer Übersicht dar. Außerdem werden damit auch die Begriffe dargelegt, mit denen die Farnarten mit ihren Varianten ab Seite 71 charakterisiert werden.

Das »Wunder« des Farnaustriebs

Wer einmal Anfang Mai vor einem üppigen Bestand des Straußfarns *(Matteuccia struthiopteris)* gestanden hat, wird diesen Anblick sein Leben lang nicht vergessen. Einmal fasziniert das frische Grün, das in seiner Intensität so leicht nicht mehr zu überbieten ist. Und dann sitzt da an der Spitze jedes austreibenden Wedels die für Farne so typische Rolle, die man auch mit einem Bischofsstab vergleichen kann und die die Amerikaner und Engländer als Fiddlehead, als Geigenkopf, bezeichnen. Das Ganze strahlt eine unvergleichliche Dynamik aus. Man meint, den Farn wachsen zu sehen. Diese aufgerollten Anlagen der Wedel werden bereits im Vorjahr ausgebildet. Den Winter über schützen Spreuschuppen oder beim Königsfarn sogenannte Niederblätter mit einem wollig filzigen Belag die Wedelknospen. Außerdem bieten die abgewelkten Wedel und das herabgefallene Laub der Bäume, das sich besonders in den Trichtern der wintergrünen Farne fängt, einen Schutz gegen den Frost. Nur dadurch, daß die Wedelknospen bereits im Herbst vorgefertigt sind, ist der Farn in der Lage, im Frühjahr die Blätter so schnell zu strecken, das heißt die Wedel abzurollen. Auch alle Fiedern und Fiederchen sind in dem »Bischofsstab« mit eingerollt. Sie entrollen sich, links und rechts sich abwechselnd, zusammen mit der Mittelrippe.

Erklären läßt sich diese Art, wie sich die Farnwedel entfalten, durch die Tatsache, daß die Außenseite der Mittelrippe schneller wächst als die Innenseite. Am eindrucksvollsten zeigt sich das beim Elefantenrüsselfarn *(Dryopteris atrata)*, der wegen seiner rüsselartig nach innen gebogenen Wedelspitze seinen Namen erhalten hat. Bei den Schildfarnen *(Polystichum)* ändert sich mit der Entfaltung des Wedels das Wachstumstempo. Zum Schluß wächst die Innenseite schneller, und die Wedel hängen, halb entrollt, nach außen über.

Jeder Farn zeigt bei der Entfaltung der Wedel ein anderes, aber für ihn typisches

Gesicht. Die filzbesetzten »Fiddleheads« der Rispenfarne (Gattung *Osmunda*), besonders unseres heimischen Königsfarns *(Osmunda regalis)*, rollen erst einmal oft bis zu einem halben Meter Höhe auf, bevor sich die ersten Fiedern seitlich spreizen. Das ist besonders eindrucksvoll beim rötlichen Typ 'Purpurascens'. Die Wedelstiele mit ihren hellen Köpfen leuchten im schräg einfallenden Sonnenlicht und erinnern an alles andere, nur nicht an einen Farn.

Dicht besetzt mit weißen Spreuschuppen sind die sich entrollenden Wedel von Brauns Schildfarn *(Polystichum braunii)*, goldbronzene Spreuschuppen tragen die Wedel des Goldschuppenfarns *(Dryopteris affinis)* und nahezu schwarze Schuppen die des Himalaja-Schwarzschuppenfarns *(Dryopteris wallichiana)*. Eine Schau für sich bieten die Filigranfarne, Abkömmlinge des Weichen Schildfarns *(Polystichum setiferum)*. Nicht nur die Wedelspitze, sondern jede Fieder und jedes Fiederchen entrollen sich aus einer weiß bepelzten Knospe in hinreißender Regelmäßigkeit von der Mittelrippe aus.

Der Hufeisenfarn *(Adiantum pedatum)* erscheint geradezu unwirklich grazil. Man kann ihm kaum glauen, daß sich aus den kleinen Knötchen, die auf dünnen Stielen stehen, jene attraktiven, breit hufeneisenförmigen Blätter entwickeln. Eichenfarn *(Cyrrania dryopteris)* und Buchenfarn *(Thelypteris phegopteris)* geben ein ähnliches, aber noch zarteres Bild. Der Falkland-Seefederrippenfarn (*Blechnum pennamarina* 'Alpinum') fällt besonders durch seine senkrecht stehenden Sporenwedel auf, die sich wie Kirmes-Blasrollen in Miniatur entfalten.

Ähnlich faszinierend und doch ganz anders als ein Feld mit Straußfarn stellt sich eine Waldlichtung mit austreibenden Adlerfarnen *(Pteridium aquilinum)* dar. In regelmäßigen Abständen stehen die einzelnen Bischofsstäbe der sich entrollenden Wedel in lockeren Gruppen und nehmen den Wanderer in ihren Bann. Ähnlich könnte man jedem Farn ein Loblied singen, denn jeder hat sein eigenes Gesicht während des Austriebs. Nicht ohne Grund sagen viele Farnfreunde, April und Mai seien die schönsten Farnmonate.

Die Fortpflanzung

Der Generationswechsel

Farne blühen nicht. Auch wenn es bei einigen, wie zum Beispiel bei den Rispen- oder Königsfarnen, die im Juni leuchtendbraune oder auch zimtfarbene Kerzen aufstecken, so erscheint. Um Blüten handelt es sich hierbei nicht. Blüten wie bei den Nadelbäumen oder gar bei den Laubbäumen und den krautigen Blütenpflanzen suchen wir bei Farnen vergeblich. Das Fortpflanzungsgeschehen, das bei den Höheren Pflanzen in eigens dafür vom Pflanzenkörper gebildeten Sexualorganen, die wir Blüten nennen, vor sich geht, wo sich Bestäubung, Befruchtung und Reife von Frucht und Samen abspielt, ist beim Farn nicht so ohne weiteres zu entdecken.

Auch wenn jene Kerzen des Königsfarns keine Blüten sind, also auch keine Samen ansetzen, so haben sie doch etwas mit der Fortpflanzung zu tun. Aber wie sieht es bei all den Farnen aus, die nicht so auffällige Signale zeigen? Bei näherer Betrachtung eines Farns wird man wie beim Königsfarn Wedel finden, die – allerdings unauffällig an der Unterseite – Organe, die sogenannten Sori, tragen, die denen des Königsfarns identisch sind. Die meisten Farne tragen diese kleinen kapselähnlichen Gebilde an der Blattunterseite. Bei soritragenden Wedeln spricht man von fertilen (fruchtbaren) im Gegensatz zu den sterilen Wedeln. Die Sori sind oft mit einem Schleier, dem Indusium, bedeckt, der für jede Art typisch ist und bei den Schildfarnen zum Beispiel wie ein Schild die darunter befindlichen Teilorgane, die Sporangien (Sporenbehälter), bedeckt. Bei einigen Farnen, zum Beispiel beim Tüpfelfarn *(Polypodium vulgare)*, fehlt der Schleier, bei den *Woodsia*-Arten, den Wimperfarnen,

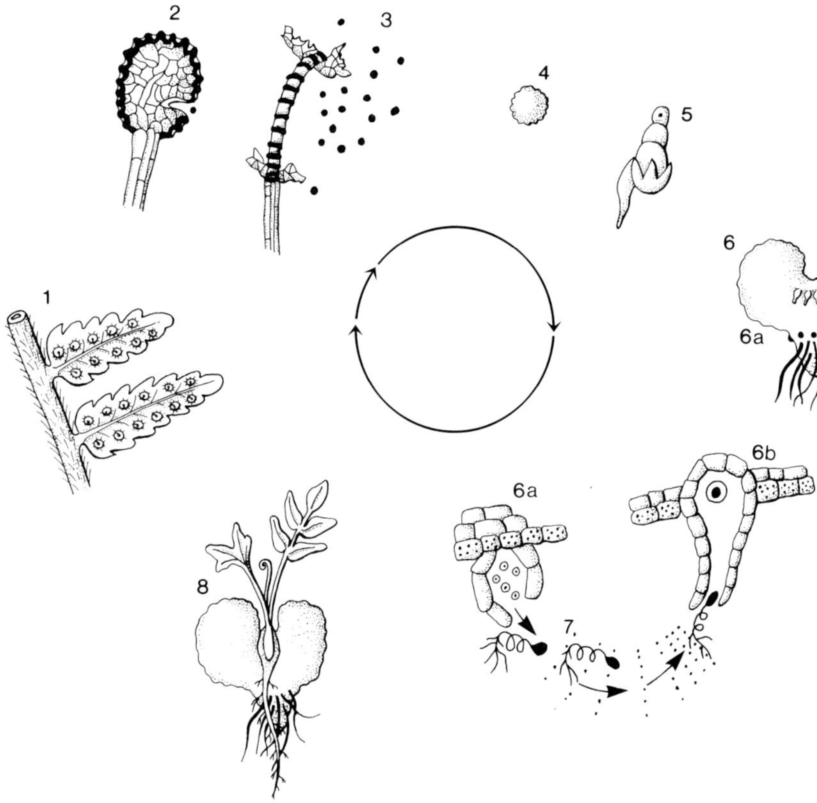

Generationswechsel bei Farnen. 1 Wedelunterseite mit Sori (Kernphase 2n), 2 Sporangium reißt auf, 3 Beginn der haploiden Phase (n), Sporangium ist aufgerissen und entläßt die Sporen, 4 Einzelspore, 5 Spore keimt, 6 ausgewachsenes Prothallium mit Antheridien und Archegonien, 6a Antheridien mit Spermatozoiden ♂, 6b Archegonien mit Eizelle ♀, 7 einzelne Spermatozoiden folgen der Äpfelsäurekonzentration über die Wasserbrücke, 8 durch Befruchtung entstandener Sporophyt (neue Farnpflanze, 2n).

umschlingen zarte, wimperähnliche Haare die Sporangien. Die Sporangien sind winzige, oft gestielte Behälter, in denen sich staubfeine, 0,05 mm kleine Körnchen meist von schwärzlicher, brauner, aber auch grüner Farbe befinden. Wegen ihrer oft mikroskopisch kleinen Zacken werden sie als Sporen bezeichnet.

Wenn das Jahr sich dem Sommerbeginn nähert, reißen die Wände der Sporangien auf und entlassen die Sporen, die oft so zahlreich sind, daß sich die Blätter des Farns von den Sporen verfärben, wenn der Wind sie nicht forttreibt. Die Sporen verlassen also die Farnmutterpflanze und werden vom Wind in alle Himmelsrichtungen getrieben, oft kilometerweit, manchmal Hunderte, ja Tausende von Kilometern weit. Mit der sporentragenden Mutterpflanze, dem sogenannten Sporophyten, verbindet sie nichts mehr. Weitaus die meisten Sporen gehen verloren. Einige aber, die das Glück haben, auf einen dauerfeuchten und nicht zu sonnigen Grund zu fallen, erwachen alsbald zum Leben. Aus ihnen wachsen durch unermüdliche Zellteilung bald kleine lappige Gebilde, die mit einem Farn nun wirklich keinerlei Ähnlichkeit haben, eher ähneln sie einem Lebermoos. Diese kleinen, frischgrünen, oft herzförmigen Gewächse ernähren sich durch zarte Wurzeln, die meistens aus kleinen Fäden von der Stärke einer Zelle bestehen. Diese Wurzeln, Rhizoiden genannt, sorgen auch für die Haftung am Untergrund. Wenn die Gebilde etwa pfenniggroß sind, wachsen aus ihrer Mitte plötzlich kleine Blätter. Zunächst erscheint ein winziges Blättchen, kaum 2 bis 3 mm lang. Bald folgt ein zweites, größeres. Und spätestens dann sieht man, daß man eine junge Farnpflanze vor sich hat. Was war geschehen?

Das grüne, lappige Gewächs, das aus der Spore auswuchs scheint die Vorstufe zur neuen Farnpflanze darzustellen; daher hat man es als Vorkeim, als Prothallium, bezeichnet. Der Ausdruck ist im Grunde et-

was unglücklich gewält, denn dieses Prothallium hat eigentlich eine viel größere Bedeutung, größer sogar als die der Farnpflanze. Denn es trägt die Fortpflanzungsorgane. Es stellt sozusagen – weit weg vom Farn – seine Blüte dar. Wenn ein Prothallium groß genug ist, bilden sich an seiner Unterseite männliche und weibliche Sexualorgane. Die weiblichen, die Archegonien, sitzen etwas vertieft meist zwischen den zarten Würzelchen in der mittleren Einbuchtung, während die männlichen Antheridien mehr dem Rand zu auftreten. Jedes flaschenförmig gestaltete Archegonium enthält am Grund eine Eizelle, jedes eher rundlich gewölbte Antheridium birgt mehrere Schwärmerzellen (Spermatozoiden), die durch eine borstig behaarte Geißel beweglich sind. Sie haben dadurch entfernte Ähnlichkeit mit den Spermien der Säugetiere oder auch mit niederen einzelligen Geißeltierchen.

An einem ausgewachsenen und geschlechtsreifen Prothallium öffnen sich bei feuchter und nicht zu kalter Witterung die Antheridien und die Archegonien. Es muß sich dabei unter dem Prothallium ein alles umfassender Wasserfilm gebildet haben, in den oft mehrere Prothallien einbezogen sind. Die Antheridien entlassen die Spermatozoiden, die alsbald munter losschwimmen, und die Archegonien harren ihrer. Doch wie finden sie zueinander? Da gibt es einen Trick. Das Archegonium verhält sich keineswegs nur passiv. Es sendet eine der Äpfelsäure ähnliche chemische Substanz aus, die sich im Wassertropfen ausbreitet. Und ihrem Konzentrationsgefälle folgen die Schwärmer, bis sie in ein Archegonium treffen und dort die Befruchtung vollziehen.

Was nun folgt, ist das Gleiche wie bei allen Pflanzen und Tieren, die sich sexuell fortpflanzen. Durch Zellteilung entwickelt sich die neue Farnpflanze, der Sporophyt. Der für die Fortpflanzung aber so wichtige Teil, das Prothallium, als Gametophyt bezeichnet, stirbt danach ab. Da also die Befruchtung nur unter Mitwirkung von Wasser über eine Wasserbrücke stattfinden kann, findet man Farne ausschließlich dort, wo diese Bedingungen entweder durch Tau oder Regen gegeben sind.

Das ist die normale, durch Befruchtung ablaufende Fortpflanzung. Nun gibt es aber einige Farne, die zwar wie alle anderen auch Sporen ausstreuen, um daraus Prothallien zu bilden, die sich aber dennoch ohne Befruchtung fortpflanzen. Man bezeichnet diese Art der Bildung einer Farnpflanze aus einem Prothallium als apogam, das bedeutet übersetzt »gegen eine Vereinigung«, also ungeschlechtlich.

Diese Form der Vermehrung läßt sich beispielsweise beim Goldschuppenfarn *(Dryopteris affinis)* beobachten. Er entwickelt unter seinen Prothallien nur Antheridien, die auch Spermatozoiden ausstreuen. Aber Archegonien fehlen. Der neue Sporophyt, also die junge Farnpflanze, sprießt ohne Befruchtung aus dem Zellgewebe des Prothalliums. Da aber durch das Fehlen der Befruchtung kein neues Erbgut in Aktion tritt, findet beim Goldschuppenfarn eine Art Inzucht statt. So ist es auch zu erklären, daß die Pflanzen des Goldschuppenfarns an einem bestimmten Standort alle gleich sind. An weit voneinander entfernten Standorten stehen zwar in sich wieder gleiche, aber von den anderen Populationen sehr verschiedene Typen. Wer also Pflanzen vom Goldschuppenfarn aus verschiedenen Landstrichen mitbringt, kann schon leicht zu der Ansicht kommen, unterschiedliche Farne zu haben, zumal es diesen Farn auch noch in zwei unterschiedlichen Chromosomenkonstellationen gibt – nämlich diploid mit doppeltem Chromosomensatz und triploid mit einem dreifachen Satz.

Ein bißchen Genetik läßt sich nicht vermeiden. Von den Höheren Pflanzen und auch von den Tieren wissen wir, daß die Fortpflanzungszellen, die Gameten, mit einem einfachen, einem haploiden Chromosomensatz (n) versehen sind. Daß es so sein muß, erklärt sich daraus, daß nach der Vereinigung von Samen bzw. Pollen und Eizelle wieder der normale, diploide Satz (2n) entsteht. Würden die Gameten nicht

linke Seite:
Geballte Kraft, der Austrieb des Deutschen Straußfarns, *Matteuccia struthiopteris*, im Mai, umrahmt von den fertilen, ausgestäubten Wedeln des Vorjahres.

auf den einfachen Satz reduziert werden, würde die Zahl der Chromosomen bei fortlaufenden Generationen ins Unermeßliche steigen. Das wird dadurch verhindert, daß bei der Bildung der Gameten durch die Reduktionsteilung (Meiose) eine Reduzierung der Chromosomenzahl von 2n auf n stattfindet.

Ähnlich, nur etwas umständlicher, läuft das gleiche bei den Farnen ab. Während die Reduktionsteilung bei den Blütenpflanzen und auch bei den Wirbeltieren direkt zur Bildung der Gameten (Pollen, Samen und Ei) führt, findet sie bei den Farnen bereits bei der Bildung der Sporen statt. Die Farnpflanze, der Sporophyt, ist also noch diploid (2n). Die sich an ihm bildenden Sporen unterliegen aber bei ihrer Entstehung einer Reduktionsteilung und sind, wenn sie stäuben, bereits haploid. Auch das aus der Spore auswachsende Prothallium ist haploid. Es hat den einfachen Chromosomensatz, allerdings mit allen für den Farn typischen Erbanlagen. Ebenso sind alle auf dem Prothallium wachsenden Organe, besonders eben die Antheridien mit den Spermatozoiden und die Archegonien mit dem Ovarium (Ei), mit einem haploiden Chromosomensatz ausgestaltet. Erst nach der Befruchtung entsteht wieder eine diploide Generation, die Farnpflanze.

Es findet also bei Farnen ständig ein Wechsel zwischen der diploiden Generation (Farnpflanze) und der haploiden Generation statt, die mit der Sporenbildung beginnt und mit der Befruchtung der Eizelle durch ein Spermatozoid endet. Apogam sich vermehrende Farne zeigen bei der Bildung der Sporen einige abweichende Besonderheiten. Dadurch ist gewährleistet, daß die Anzahl der Chromosomen unverändert bleibt.

Farne, die sich vegetativ vermehren (Aposporie)

Wie wir es von etlichen Blütenpflanzen her kennen, vermehren sich einige Farne auch auf ungeschlechtliche Weise, das heißt ohne Prothallium-Bildung.

Die einfachste Art einer vegetativen Vermehrung findet statt, wenn eine ausgewachsene Farnpflanze sich bestockt, das heißt wenn eine einköpfige Pflanze nach und nach mehrere gleichstarke Triebspitzen bildet. Das sieht man bei vielen Wurmfarnarten *(Dryopteris)*, beim Rippenfarn *(Blechnum spicant)*, aber auch bei den Rispenfarnen *(Osmunda)*. Ähnliche Verhältnisse findet man beim Brokatfarn *(Athyrium niponicum* 'Metallicum') und bei Clintons Wurmfarn *(Dryopteris clintoniana)*, wo sich an der Basis mehrere, aber wesentlich kleinere Nebenrhizome ausbilden.

Der Deutsche Straußfarn *(Mattheuccia struthiopteris)* bildet lange unterirdische Ausläufer, an deren Enden mehr oder weniger große Tochterpflanzen wachsen. Auch der Adlerfarn *(Pteridium aquilinum)* breitet sich so aus, ebenso wie einige kleinere »Wucherfarne«, zu denen zum Beispiel der Eichenfarn *(Currania dryopteris)* und der Neuseeländer Seefederrippenfarn *(Blechnum penna-marina)* gehören.

Interessant, besonders für den Gärtner, ist auch die vegetative Vermehrungsform in Gestalt von Brutknospen. Gerade die schönsten Farne, die wintergrünen Filigranfarne, die als Mutanten aus dem Weichen Schildfarn *(Polystichum setiferum)* entstanden sind, zeigen diese Eigenschaft. Längs der Rachis, der Mittelrippe, wachsen im unteren Teil der Spreite, oft aber auch bis oben hin, in den Fiederachseln kleine Brutbulben, aus denen bei Erdberührung kleine Tochterpflanzen werden. Auch Andersons Schildfarn *(Polystichum andersonii)* hat diese Eigenschaft, allerdings wächst an jedem Wedel immer nur eine Brutknospe im oberen Bereich der Spreite. Während diese Bulben, wie man sie auch nennt, bei den Schildfarnen am Wedel haften bleiben, lösen sie sich beim Brutknospenblasenfarn *(Cystopteris bulbifera)*, wenn sie eine gewisse Größe erreicht haben. Dieses zwar interessante Phänomen kann über kurz oder lang zur Farn-»Verunkrautung« eines ganzen Gartenbereiches führen.

Unter den tropischen Farnen bilden einige Arten auch kleine Tochterpflanzen an den Fiedern. Am bekanntesten dafür ist der als Topfpflanze bekannte Farn *Asplenium daucifolium*, auch noch unter dem Namen *Asplenium viviparium* bekannt. Seine älteren Wedel sitzen oft so voll von Tochterpflanzen, daß die Fiedern kaum noch zu sehen sind.

Geht die Bildung von neuen Farnpflanzen, von Sporophyten, wie oben beschrieben, ohne Sporen vor sich, spricht man von Aposporie. Die diploide Chromosomen-Konstellation wird dadurch nicht angetastet. Da diese Art der Vermehrung besonders auch gärtnerisch interessant ist, wird im Kapitel »Vermehrung und Anzucht« noch einmal aus praktischer Sicht darauf eingegangen.

Der »urweltliche« Duft der Farne

Es gibt Gartenbesitzer, die wählen ihre Blumen nur nach bestimmten Farben aus. Es gibt aber auch viele Pflanzenfreunde, die großen Wert auf guten Duft legen und sich am liebsten einen reinen Duftgarten anlegen würden. Wer bei Blumen sehr viel Wert auf Duft legt, der sollte die Farne nicht übergehen, denn sonst fehlt eine – wenn auch sehr dezente – Komponente im Duftgarten.

Zunächst einmal duften Farne gar nicht. Erst wenn man ihr Gewebe verletzt, kann man sie riechen. Da das aber schon geschehen kann, wenn man einen Farn beim Vorbeigehen streift, wenn man ihn als Beiwerk für einen Blumenstrauß pflückt oder manchmal schon, wenn der Wind heftig durch die Wedel fegt, so ist der Farnduft doch recht oft gegenwärtig. Es ist schwer, den Duft der Farne zu beschreiben, ihn einzuordnen. Bei einigen wenigen, wie zum Beispiel beim Heuduftfarn *(Dennstaedtia punctiloba)*, ist es relativ einfach. Er duftet, besonders im trockenen Zustand, deutlich nach frischem Heu. Der kleine Zwerg unter den Wurmfarnen, *Dryopteris fragrans*, dagegen hat einen an ein fremdländisches Gewürz erinnernden herben Duft. Der Duft der meisten Farne aber schwankt zwischen dem Geruch frisch geschnittenen Grases oder dem leicht angewelkter Blätter.

Dieser Duft ist nur den Farnen eigen oder vielleicht noch seinen Urweltbegleitern, den Schachtelhalmen, Bärlappen und den Moosen. So stelle ich mir die Düfte vor, die damals vor fast 400 Millionen Jahren in den Schuppen- und Siegelbaumwäldern des Karbons herrschten, als sich das Ausgangsmaterial unserer Steinkohle bildete. Die Farne haben ihre Hauptrolle, die sie damals im Pflanzenreich spielten, inzwischen abtreten müssen. Aber den ihnen eigenen urweltlichen Duft haben sie hinübergerettet bis in die heutigen Wälder und Gärten. Und wer einmal einen Hauch der damaligen Zeit verspüren möchte, einer Zeit, in der vom Menschen noch nicht einmal ein Bauplan existierte, der sollte durch ein hohes Farndickicht gehen und seine Hände durch die üppigen Wedel streichen lassen.

Farne und Zwiebelblumen: Der Dahlemer Schildfarn und der Breitwedeldornfarn zusammen mit einem Sämlingsgemisch der Glockenscilla, *Hyacinthoides hispanica.*

Farne im Garten

Mit Sicherheit ist anzunehmen, daß es schon immer in Gärten oder gartenähnlichen Arealen Farnpflanzen gab. Dazu ist der Farn, besonders unser Wurmfarn wie auch andere heimische Farne, viel zu mobil in bezug auf seine Fortpflanzung. Sporen, die auf einen günstigen Platz fallen, keimen und nehmen als Farnpflanze den Raum ein. Und da Sporen sogar über Meere fliegen, sind Farne überall gegenwärtig. Nur spielten sie in der Gartengestaltung jahrhundertelang eine kaum beachtete Rolle, und dies gilt leider auch heute noch für viele Gärten.

Der Weg der Farne in die Gärten

Das buchstäbliche Schattendasein der Farne lag vielleicht auch daran, daß man bis in die Mitte des 19. Jahrhunderts von der Fortpflanzung der Farne keine Vorstellung hatte. Zwar wurden bereits Ende des 17. Jahrhunderts von dem Botaniker Morrisson Jungpflanzen vom Königsfarn gezogen, aber erst als Anfang des 19. Jahrhunderts John Shepherd im Botanischen Garten von Liverpool die Farnanzucht aus Sporen erfolgreich beherrschte, war der

Der Purpurkönigsfarn, *Osmunda regalis* 'Purpurascens', in der Endphase des Austriebs, zusammen mit knospenden Türkenbundlilien, blauem Japanischem Scheinmohn und einem aprikosenfarbenem Rhododendron.

Bann gebrochen. Während des Viktorianischen Zeitalters brach in England ein regelrechter Farnrausch aus. Botaniker zogen durch die Welt, und dank der Erfindung der sogenannten Wardschen Kästen, kleiner Zimmergewächshäuschen, die groß in Mode kamen, war es auch möglich, die Pflanzen während langer Seereisen am Leben zu erhalten.

Viel wichtiger als das Suchen nach Pflanzen, auch nach Farnen, in aller Welt, war die Tatsache, daß man in England stärker als bisher auf die heimische Farnwelt aufmerksam wurde. So zogen denn Botaniker und Farnliebhaber, sogenannte »Fern Hunter«, durch die feuchten farnreichen Wälder Englands, Wales', Schottlands und Irlands und trugen viele am Naturstandort entstandene Farnvarianten zusammen. Gärtnereien nahmen sich nun verbreitet der Farnaufzucht an. Es kam zu Kreuzungen, zufällig oder auch gewollt, zwischen den einzelnen Mutanten und Varianten der Wildfarne. Dadurch schwoll das Sortiment auf über tausend Sorten an, unter denen sich viele attraktive Typen befanden. Vom Frauenfarn *(Athyrium filix-femina)* zählte man 239 Sorten, vom Weichen Schildfarn *(Polystichum setiferum)* 162, vom Wurmfarn *(Dryopteris filix-mas)* 69 und vom Engelsüß *(Polypodium vulgare)* 37. Da viele Sorten sich kaum erkennbar voneinander unterschieden, wurde das bald unüberschaubare Sortiment 1911 von Druery gesichtet und auf knapp die Hälfte zusammengestrichen.

In vielen englischen Gärten hielten sich große Sammlungen von Farnen bis zum Ersten Weltkrieg. Doch als die Besitzer in den Krieg zogen, verwahrlosten viele Gärten, oder es wurde Gemüse, vor allem Kartoffeln, darin gezogen. Die Farne verschwanden. Heute verfügt Großbritannien zwar immer noch über das reichhaltigste Farnsortiment, aber es umfaßt nur noch einen geringen Teil dessen, was um die Jahrhundertwende vorhanden war.

Deutschland schlief während der ganzen aufregenden englischen Farnzeit auf dem Festland einen tiefen Dornröschen-Farnschlaf. Gewiß gab es auch bei uns Farne in den Gärten, aber, wie gesagt, wuchsen sie eher zufällig und wurden kaum beachtet.

Kein geringerer als der große Gärtner Karl Foerster versuchte mit seinem Buch »Einzug der Gräser und Farne in die Gärten« (1957, neu aufgelegt 1988) den Farngedanken in die Herzen der deutschen Gärtner zu tragen. Er hat vieles in Bewegung gebracht. Aber erst Johann Lendvai Lintner und Richard Maatsch brachten richtigen Schwung in die Farnbewegung. Sie sammelten vor allem in Großbritanniens Gärtnereien, vermehrten viele tausend Farnpflanzen und brachten sie nach Deutschland. Wenn auch die Gartencenter und viele Staudengärtnereien immer noch ein recht kümmerliches Sortiment vorzuweisen haben, so gibt es doch einige, bei denen es lohnt, nachzufragen. Die größte Auswahl findet man allerdings immer noch bei privaten Sammlern oder in einigen botanischen Gärten.

Farne im Staudengarten – Bindeglied, Ruhepol, Lückenbüßer

Es gibt und gab auch früher kaum einen Garten, in dem gar kein Farn vorkommt. In den meisten Gärten ist es nur eine Art, nämlich unser robuster, man kann sagen überall in Europa heimischer Wurmfarn *(Dryopteris filix-mas)*. Entweder hat der Gartenbesitzer ihn irgendwann einmal von »draußen« aus der Natur mitgebracht und in seinen Garten gepflanzt, oder er hat ihn vom Vorbesitzer übernommen. Gartenbesitzer, deren Gärten in der Nähe eines Waldes oder sonst irgendeines Farnstandortes liegen, brauchen den Farn oft nicht einmal in den Garten zu holen. Er stellt sich von selbst ein. Er siedelt sich in alten Hecken an, sogar in Buchsbaumhekken, die die Wege und Beete säumen. Er findet sich an stehengebliebenen, modrigen Baumstubben ein. Er besetzt die Spalten der Stützmauern, die die Gartenhänge

Der Orientalische Straußfarn, *Matteuccia orientalis*, kann tropische Ausmaße erreichen, wenn er frischen, nahrhaften Boden hat.

abfangen, oder auch die Fugen einer dicken Natursteinmauer, manchmal sogar einer Backsteinmauer, die den Garten umschließt. Und je frischer oder auch schattiger der Platz ist, um so eher und reichlicher stellen sich Farne, vielleicht sogar in verschiedenen Arten, ein. Das reicht von der zierlichen Mauerraute *(Asplenium ruta-muraria)*, die besonders in den Mittelgebirgen fast jede Mauer besetzt, bis eben hin zum bereits erwähnten Wurmfarn.

Wo ein Farn einmal hingesetzt wurde, wird er in der Regel stehengelassen. Man läßt ihn auch dort stehen, wo er sich selbst ansiedelte, sofern er an diesem Platz nicht stört. In den Hecken, besonders aber in den Spalten und Fugen der Mauer, werden Farne mitunter als Unkraut empfunden, oder sie werden sogar als Gefahr für die Stabilität der Mauer angesehen, und man beseitigt die Farnpflanzen – meist nur mit geringem Erfolg. Dort wo man den Farn aus eigenen Stücken hinpflanzt oder, falls er sich von selbst angesiedelt hat, ihn stehen läßt, bleibt er ein Leben lang und länger.

Doch meist wird den Farnen ein Platz im Abseits zugewiesen: Irgendwo, wo sonst nichts wächst. Oder man pflanzt auch einmal einen mitten zwischen Blumen, weil da gerade eine leere Stelle war und keine andere Blume zur Hand – ein Lückenbüßer eben. Daß der Farn imstande ist, aus dieser Zufallsrolle eine Hauptrolle zu machen, geht vielen Gartenbesitzern gar nicht auf. Wohl deshalb, weil sie es ihm von vorherein nicht zutrauen. Aber sie werfen den Farn auch nicht wieder aus dem Garten hinaus, wenn eine bessere, schönere, weil blühende Pflanze zur Verfügung steht. Ganz im Unterbewußtsein müssen sie doch seinem Charme erlegen sein. Diejenigen aber, die erkennen, wie die elegant gebogenen, filigran gefiederten Wedel schon einer einzigen großen Farnpflanze einem Blumengarten zu besonderem Reiz verhelfen können, werden sehr bald nach weiteren Verwendungsmöglichkeiten für Farne suchen.

Farne bevorzugen zwar an ihrem natürlichen Standort schattige Plätze, sie wachsen aber im Garten fast an jedem Platz und

Farne als Bindeglied im Staudenbeet.

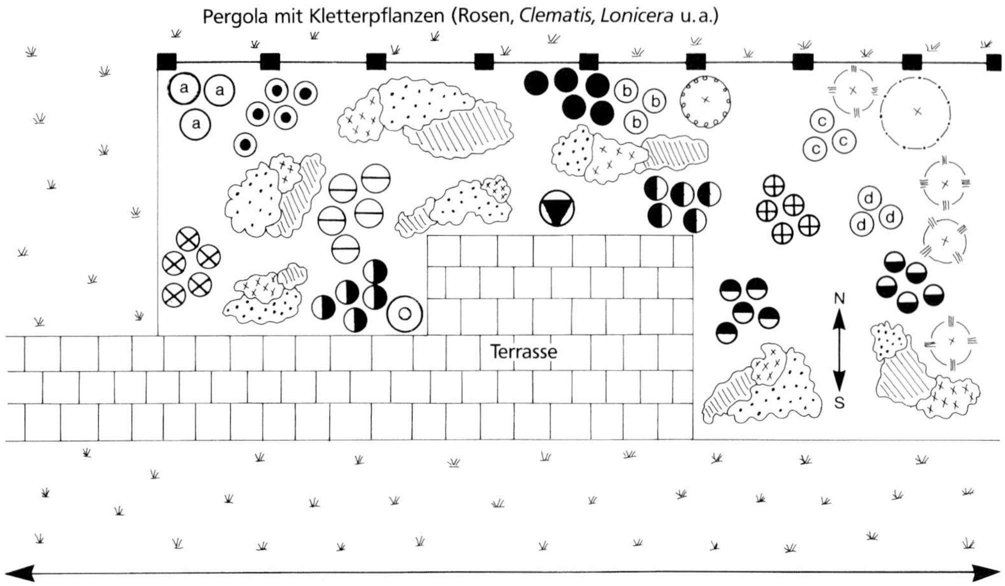

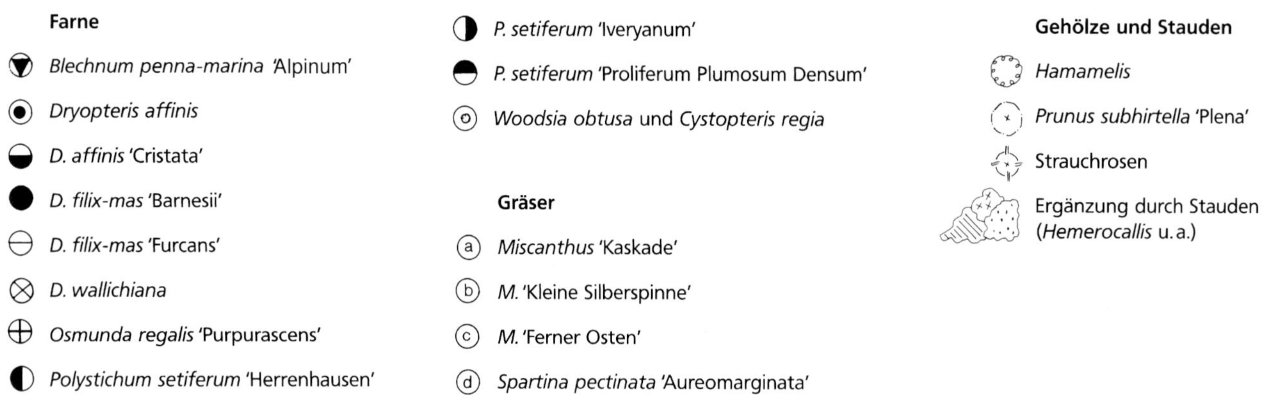

in jedem normalen Gartenboden. Wo Bohnen, Möhren und Kartoffeln, Stiefmütterchen, Phlox und Rosen gedeihen, wachsen auch Farne. Nur dort, wo es zu trocken und heiß wird, kommen sie nicht zurecht. (Aber da wachsen auch keine Stiefmütterchen und Bohnen.) Man kann also Farne fast überall hinpflanzen, und es gibt inzwischen in den Gärtnereien so viele verschiedene Farnarten, besser noch, Farngestalten, daß man, wenn man nur ein bißchen sucht, jede denkbare Wuchsform finden kann.

Farne lenken im Staudengarten durch ihr ruhiges Grün den Blick immer mal wieder auf sich und gönnen damit dem Auge beim Betrachten all der Blütenstaudenpracht eine Erholungspause. Farne heben aber gleichzeitig die Blumen in ein anderes Licht. Die folgenden Beispiele geben dazu einige Anregungen.

Im **Prachtstaudenbeet** lassen drei Inseln von je drei ausgewachsenen Wurmfarnen, zum Beispiel vom Goldschuppenfarn *(Dryopteris affinis)*, vom Nepal-Schwarzschuppenfarn *(Dryopteris wallichiana)* und vom Riesenwurmfarn *(Dryopteris goldiana)* die sommerliche Pracht von Phloxen, Glockenblumen, Lilien und Taglilien *(Hemerocallis)* erst richtig harmonisch wirken. Wenn da noch ein paar dekorative Gräser hinzugesellt werden, wie das hohe Pfeifengras *Molinia arundinacea* 'Transparent' oder die Sorte 'Karl Foerster' und zwei oder drei Pflanzen der neuen, sicher blühenden, etwas niedrigeren Chinaschilfsorten des Züchters Ernst Pagels, wie *Miscanthus sinensis* 'Kleine Silberspinne', 'Kleine Fontäne' und 'Ferner Osten', so ist ein Sommerstaudenbeet vollkommen.

Bei **weniger hohen Stauden** wird man auf die verschiedenen Schildfarne, *Polystichum aculeatum, P. braunii, P. setiferum* und *P. munitum* zurückgreifen, und für den vorderen Rand eines solchen Staudenbeetes wählt man die als Mutation des Weichen Schildfarns *(Polystichum setiferum)* hervorgegangenen Sorten: 'Dahlem', 'Herrenhausen', 'Plumosum Densum' und 'Seestern', die alle recht flach bleiben und – abgesehen von der Sorte 'Dahlem' – nicht über 30 cm hoch werden.

Als **Abgrenzung zum Weg** lassen sich Hirschzungenfarne *(Phyllitis scolopendrium)* und Tüpfelfarne *(Polypodium vulgare* und *P. interjectum)*, beide Arten mit vielen Varianten, und natürlich die Rippenfarne (*Blechnum*-Arten) verwenden. Der Neuseeländer Seefederrippenfarn *(Blechnum penna-marina)*, und zwar besonders die niedrige, dunkel rötlichviolett austreibende Sorte 'Alpinum', eignet sich als direkte Kantenbepflanzung eines Staudenbeetes am besten. Dieser Farn ist absolut winterhart, immergrün, nahezu trittfest und bezaubernd schön. Er wuchert verhalten und bildet langsam bis zu 15 cm hohe, dichte Polster.

Interessant wäre der Versuch, Farne zusammen mit **einjährigen Frühlings- und Sommerblumen**, also mit Stiefmütterchen, Vergißmeinnicht und Marmelblumen (*Bellis perennis*) für den Frühling und im Sommer an gleicher Stelle zum Beispiel mit Fleißigen Lieschen, *Tagetes* und Begonien zu pflanzen. Dabei bleiben die Farne selbstredend über mehrere Jahre stehen, während man bei den einjährigen Blumen jedes Jahr eine andere Kombination wählen kann. Die Farne sollten in Form von Inseln oder Trennungsbändern als Bindefunktion und Ruhepol in so einer bunten Sommerblumenrabatte fungieren. Darum genügt es auch nicht, nur einzelne Exemplare zu pflanzen, sondern es ist anzuraten, kleine Flächen zu bilden.

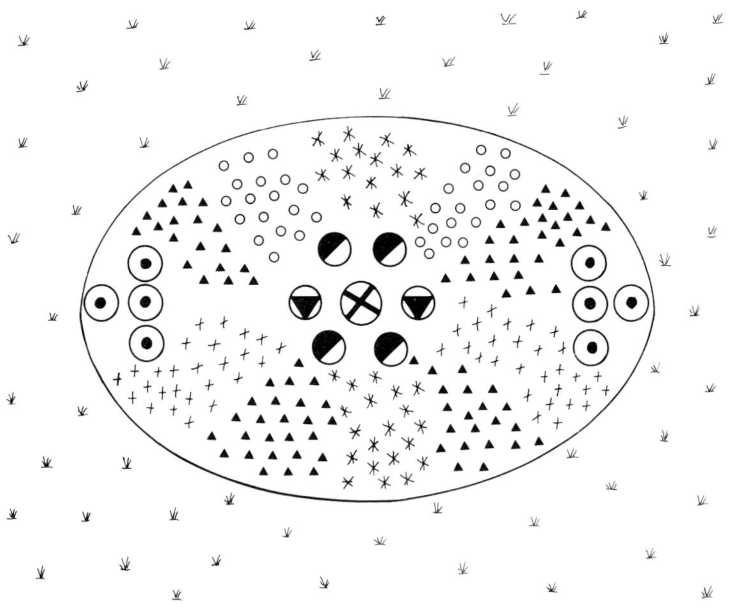

Athyrium filix-femina 'Corymbiferum'
A. filix-femina 'Fieldiae'
A. filix-femina 'Plumosum'
Osmunda regalis

Frühlingsblüher
Stiefmütterchen
Bellis
Hyazinthen
Tulpen

Farne zusammen mit einjährigen Frühlings- und Sommerblumen. Im Sommer treten an die Stelle der Frühjahrsblüher lila, rosa und weiße *Impatiens*, Fuchsien und *Ageratum* in Tönen von Lila bis Lavendel.

Für so eine Verwendung der Farne, die im ersten Augenblick ein bißchen abwegig erscheint, eignen sich, je nach Höhe der Sommerblumen, wieder die immergrünen Schildfarne *(Polystichum)* und zwar besonders die filigran gefiederten Formen, wie sie bereits als Zwischen- und Randbepflanzung im Vordergrund des Staudengartens erwähnt wurden. Wählt man Farne, die im Herbst einziehen, wie *Athyrium vidalii, Athyrium nipponicum* 'Metallicum' ('Pictum') oder die stark gegabelten und gefransten Formen unseres Frauenfarns (*Athyrium filix-femina*, siehe Seite 80), so läßt sich die im Frühling kahle Fläche zusätzlich gut mit **Kleinblumenzwiebeln** wie Krokus, *Hyacinthoides, Scilla, Chionodoxa, Eranthis*, ja auch mit Märzenbechern *(Leucojum)* und Schneeglöckchen unterpflanzen. Farne sind sehr verträgliche Pflanzen, zwischen denen solche Blumenzwiebeln gut zurechtkommen.

Bei all diesen Verwendungsvorschlägen kommt es darauf an, daß man den Mut aufbringt und die Farne von ihrem Abstellgleis holt und sie, wenn sie schon nicht die Hauptrolle im Beet oder im Garten spielen sollen oder können, wenigstens als untergeordnete Akteure am Staudengarten oder an allen anderen Blumengärten oder -rabatten teilnehmen läßt. Der Garten kann davon nur profitieren.

Schattengärten mit reichlichem Farnbestand

Wer erst einmal die Schönheit der verschiedenen Farne erkannt hat und sieht, welch vielfältige Formen es da gibt, der wird bald dem Farn in seinem Garten eine Hauptrolle zubilligen wollen. Besonders dann, wenn der Baumbestand, seien es Obstbäume oder Ziergehölze, im Laufe der Zeit so hoch geworden ist, daß der Garten am Tage mehr Schatten als Sonne erhält. Viele Gärten beherbergen hohe Bäume. Man soll doch nicht und darf auch nicht immer gleich mit der Säge bei der Hand sein. So kommt es, daß es immer mehr Gärten gibt, die ideale Bedingungen für Farne bieten, nämlich den lichten Schatten. Und da in diesen Bereichen der Gärten und Parks auch eine große Anzahl anderer Stauden, Gehölze, Knollen- und Zwiebelpflanzen wächst, brauchen solche halbschattigen Gärten keineswegs Nur-Farngärten zu werden. Das wäre auch schade um die Farne. Ihre zarten Grüntöne und vielfältigen Formmelodien kommen erst neben einer gut komponierten Begleitmusik so recht zur Geltung.

Der Waldpark mit Rhododendren, Farnen und Schattenstauden

Parks und parkähnliche große Gärten, die einen alten, nicht zu dichten Baumbestand aufweisen, bieten sich für eine dicht mit Farnen besetzte Pflanzung an. Es spielt dabei keine Rolle, ob es sich um einen reinen Nadel- oder Laubbaumbestand handelt oder ob ein Mischbestand vorhanden ist, immer lassen sich große Flächen mit Farnen ausstatten. Ideal ist so ein Park dann, wenn die Kronen der Bäume nicht mehr als ein Fünftel des Himmels verdecken und die Äste nicht zu tief herunterreichen, damit genügend Licht für die Begleitstauden einfallen kann. Wenn die Bedingungen nicht ausreichen, sollte man etwas auslichten, das heißt überschüssige, womöglich kranke oder minderwertige Bäume ausholzen und die übrigen hochkronig auslichten – allerdings mit Ausnahme einzelner weniger, besonders schöner Exemplare, die bis unten beastet bleiben müssen. Besonders viele Möglichkeiten bietet so ein Park, wenn er größere Lichtungen aufzuweisen hat und wenn er von einem Gewässer, einem Teich, einem Fluß oder auch nur einem Bach, durchzogen wird.

Es liegt auf der Hand, daß viele Wege durch den Park führen müssen, damit jeder interessierte Besucher die Schönheiten bewundern kann, ohne gleich in die Pflanzung stapfen zu müssen. Trotzdem sollte man einen beträchtlichen Teil der Anlage unzugänglich lassen, damit die Tiere – Vögel wie Kleinsäuger –, die sich schnell in so einem Paradies einstellen, auch genügend Ruhezonen vorfinden.

Es kommt beim Gestalten und bei der Auswahl der Farne und ihrer Begleiter ein bißchen auf Fingerspitzengefühl an. Auffällige Farne, wie etwa der Königsfarn *(Osmunda regalis)*, sollten dem Betrachter nahe sein, und wenn man ihn, da er ja bei gutem Stand recht hoch werden kann (bis 2 m) im Hintergrund pflanzen möchte, so sollten wenigstens in Wegnähe auch ein paar Exemplare stehen. Man kann ja den Boden dort mit Sand etwas abmagern, damit der Farn niedriger bleibt.

Mit den Begleitstauden kann man es genauso halten. Wenn im Hintergrund neben der Königsfarngruppe ein größerer Fleck mit Waldgeißbart (*Aruncus dioicus* oder *Aruncus sinensis* 'Zweiweltenkind') be-

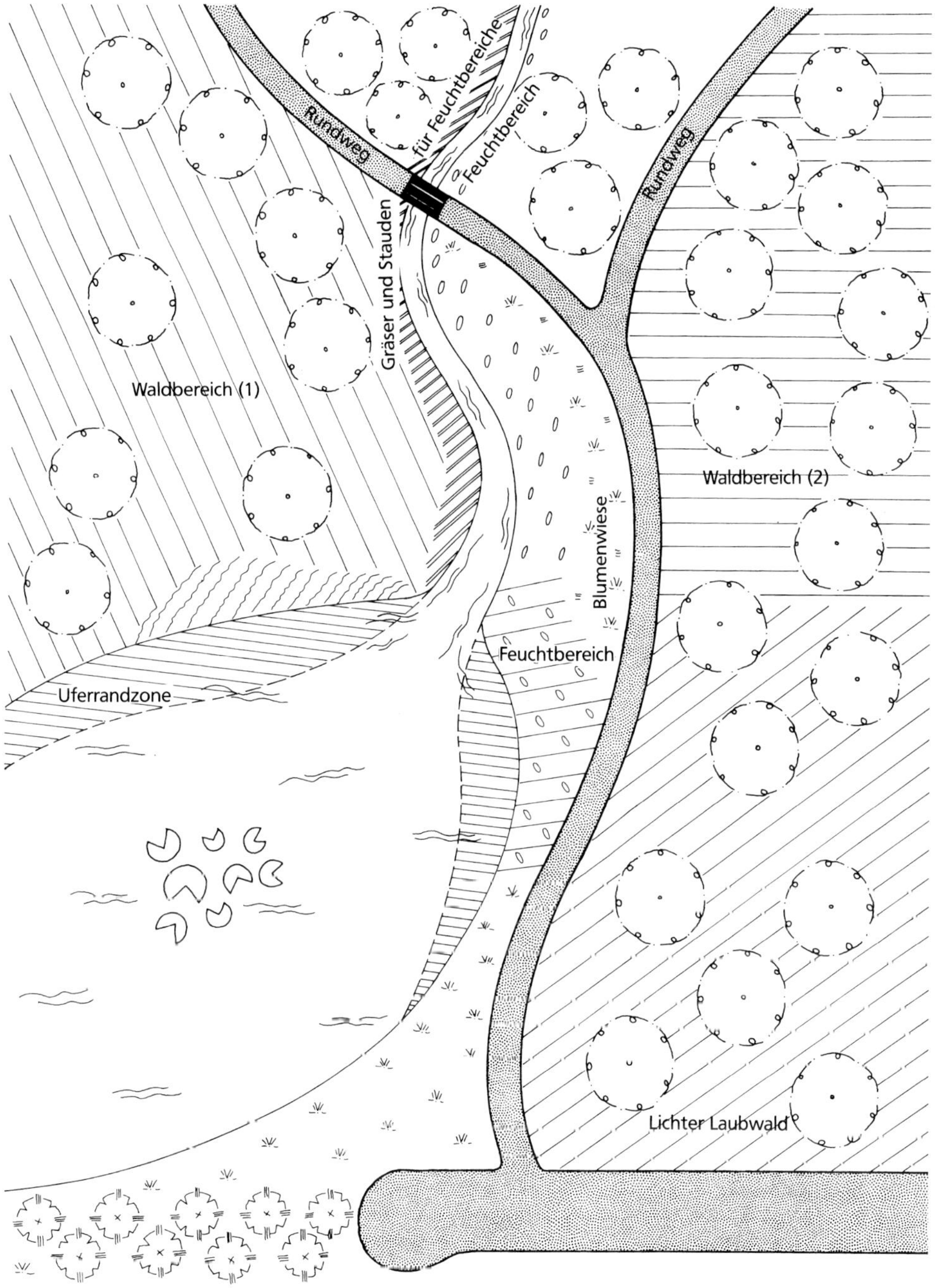

Vorschlag für die Verwendung von Farnen in einer naturnah gestalteten öffentlichen Parkanlage.

- *Osmunda regalis*
- Waldbereich (1): *Athyrium filix-femina* (feuchte Standorte), *Dryopteris filix-mas, D. carthusiana* (feuchte Standorte), *D. dilatata,* zusätzlich verschiedene Wildstauden
- Waldbereich (2): *Dryopteris affinis, Blechnum spicant, Polystichum aculeatum,* zusätzlich Farne aus Bereich (1)
- Lichter Laubwald mit Unterpflanzung aus *Anemone nemorosa, Corydalis cava, C. solida*
- Feuchtgebiet mit *Petasites*
- Feuchtgebiet mit Gräsern und Stauden
- Feuchtgebiet mit *Matteuccia struthiopteris*

Farne für den Schattengarten bzw. für den Farnpark

Arten und Sorten	Standort, Bereich	Höhe/Breite in cm	Bemerkungen, Beipflanzung
Adiantum pedatum	◑–◕	40–60/bis 100, je nach Alter	Geeignete Partnerpflanzen: *Cyclamen coum* und *C. hederifolium*, *Primula elatior* und deren robuste Hybriden, *Arum maculatum* und *A. italicum*
Athyrium distentifolium	◑–●	150/150	Besonders zusammen mit Zwiebelblumen: *Galanthus nivalis* mit den Sorten 'Atkinsii', 'Hortensis' und 'S. Arnott', *Hyacinthoides hispanica* und *H. non-scripta, Leucojum vernum* und *L. aestivum, Corydalis cava* und *C. solida*, alle *Chionodoxa*-Arten; außerdem die Gräser *Carex pendula* und *C. morrowii, Luzula sylvatica*
'Kupferstiel'	M–H	150/150	
– *filix-femina*		120/120	
'Fieldiae'		100/100	
'Plumosum'		60/ 60	
'Rotstiel'		120/120	
– *niponicum* 'Metallicum'		40/ 50	
– *vidalii*	M–H	80/ 60	
Blechnum capense	◔–◕	50– 30	Nur für milde Klimabereiche, guter Schutz nötig
– spicant		25– 70/ 50	Bevorzugt sauren Boden, am besten unter Nadelgehölzen. Zusammen mit *Cornus canadensis, Trientalis europaea*
Cyrtomium fortunei	◑–◕ M	bis 80/40	Möglichst solitär pflanzen, braucht Winterschutz Zusammen mit *Cyclamen coum* und *C. hederifolium*
– *macrophyllum*	V–M	40/60	
Dennstaedtia punctiloba	◔–◕ V–M	40–70	Wuchert stark, auch an trockenen Plätzen. Abgrenzung durch vitale, großblättrige Stauden
Diplazium pycnocarpon	◐–◕	bis 100/50	Staudenkonkurrenz etwas auf Abstand halten. Zwiebelblumen wie bei *Athyrium*
– *thelypteroides*	V–M	bis 100/50	
Dryopteris affinis	◔–◕ H	90–130	Meist wintergrün. Alle Arten passen zu allen kräftigen Stauden auch mit auffallenden Farben (siehe Tabelle der Schattenstauden auf Seite 177, weniger zu Zwiebelblumen. Für große Gruppen, direktes Sonnenlicht zur Austriebszeit
'Cristata'	V–M	70–90	Solitär, höchstens mit Abstand zu dritt. Zusammen mit bunten niedrigen *Hosta*
'Pinderi'	V–M	70–100/100	Für größere Gruppen
'Punctata'	M	80–110/100	Für größere Gruppen
– *atrata*	◐–◕	60–80/100	Elegante Erscheinung, braucht aber Extraschutz
– *celsa*	◐–◕ M–H	90–110/50	Für kleine Gruppen
– *dilatata*	◑–● H	60–80/100	Mit *Blechnum spicant* unter hochstämmigen Nadelgehölzen
'Recurvata'	M	50–70/80	
– *erythrosora*	◔–◑ V	40–60/60	Der am längsten wintergrüne Farn. In kleinen Inseln zwischen Primeln und Leberblümchen
– *filix-mas*	◔–○ H	100–130/150	Nur bedingt wintergrün; für den hinteren Bereich in kleinen Gruppen, 'Barnesii' kann auch solitär stehen
'Barnesii'	H	100–130/100	
'Foliosa'	M	80–100/100	
'Furcans'	M	80–100/100	In kleinen Gruppen oder solitär. Schön mit Herbstanemonen
'Linearis'	V–M	60–70/80	Kleine Gruppen bis in den Vordergrund. Schön mit Astilben oder – als Kontrast zum zierlichen Laub – mit *Astilboides tabularis*

Farne für den Schattengarten bzw. für den Farnpark

Arten und Sorten	Standort, Bereich	Höhe/Breite in cm	Bemerkungen, Beipflanzung
– *goldiana*	◔–◕ H	100–130/80	In windgeschützten Gehölznischen zu mehreren, aber nicht flächig pflanzen
– *remota*	◑–●	70–90/80	Für Einzelstellung oder in kleinen Gruppen
– *stewartii*	◑–● M	70–90/100	An spätfrostgeschützter Stelle. Schön mit *Trillium*
– *tavelii*	◔–◕ H	100–130/150	Für große Gruppen im Hintergrund
– *wallichiana*	◔–◑ M	50–70/120	Mit gelben Primeln dort, wo die Frühlingssonne hingelangt
Currania *dryopteris* – *robertianum*	◑–● V–M V–M	 10–25 15–35	Beide Arten wuchern, bodendeckend für den Vorderrand. *C. robertianum* ist kalkhold. Zusammen mit diversen Zwiebelblumen
Hypolepis millefolia	◔–◕ V–M	30–45	Verwendung wie *Dennstaedtia*, aber an weniger trockenen Plätzen
Matteuccia orientalis	◔–◕ M	50–65/100	Einzeln oder in kleinen Gruppen, an feuchten Stellen. Schön zusammen mit Märzenbechern, Scharbockskraut, (*Ranunculus ficaria* 'Salmons White' und 'Aurantiaca')
– *pensylvanica*	○–◕ M–H	100–200/80	In kleineren Gruppen, aber auch einzeln
– *struthiopteris*	○–◕ M–H	80–130/80	Großflächig pflanzen, da wuchernd; durch Wege, Gehölzhecken oder Gewässer begrenzen
Onoclea sensibilis 'Rotstiel'	◔–◕ V V	50–80 30–70	Wuchert, ist aber leicht zu bändigen. Für frische bis feuchte Standorte entlang von Gewässern
Osmunda cinnamomea	◔–◕ M	70–90/100	Kann am günstigen Platz sehr mächtig werden. Wegen der goldenen Sporenwedel sonniger Platz, einzeln oder in kleinsten Gruppen
– *claytoniana*	M–H	80–110/130	Ähnlich dem vorigen, noch größer
– *regalis* 'Purpurascens'	M–H	80–130/200	Wird im Alter sehr mächtig. Solitär oder in mittelgroßen Gruppen pflanzen; frische bis feuchte, der Sonne zugängliche Plätze
Phyllitis scolopendrium 'Crispa' 'Marginata' 'Undulata Fertile'	V ◑–●	20–30/50 15–25/30 15–25/30 15–25/30	Immergrün, von besonderem Aussehen, daher am Wegesrand in kleinen Gruppen bis großflächig. Zusammen mit Märzenbechern, *Cyclamen*, Leberblümchen, *Trillium*, im Sommer Astilben, im Herbst Herbstanemonen
Polypodium interjectum 'Cornubiense' – *vulgare*	◑–● V V	20–30 15–25	Flächig am Wegrand, auch für trockene Plätze, wenn Anwachshilfe geleistet wird. In sonnigen Lagen kann *Calluna* zugesellt werden
Thelypteris limbosperma	◔–◕ V–M	50–70/70	Zusammen mit *Blechnum spicant* unter Nadelgehölzen

○ = volle Sonne ◔ = leicht schattig ◑ = Halbschatten ◕ = überwiegend schattig ● = voller Laubwaldschatten V = vorderer Bereich in Wegnähe M = weiter hinten, 5 bis 10 m vom Weg H = Bereiche im Hintergrund, mindestens 10 m vom Weg entfernt

pflanzt ist, so lassen sich immer zwei oder drei Exemplare als Solitärpflanzen in die niedrigere Vorderpflanzung einstreuen. Der Betrachter wird dadurch leichter davon abgehalten, in die Pflanzung zu treten – besonders, wenn er fotografieren will.

Was pflanzt man nun an Farnen, aber auch an Gehölzen, Stauden und – nicht zu vergessen – an Gräsern in so einen Park? Das oberste, eigentlich selbstverständliche Prinzip lautet: Hohes kommt nach hinten, Niedriges nach vorn. Das darf aber wiederum auch nicht übertrieben werden. Wie schon oben erwähnt, muß die niedrigere Vorderpflanzung mit höheren Exemplaren durchsetzt werden, nicht nur um alles vom Weg aus betrachten zu können, sondern auch, um ein rhythmisches Gesamtbild zu kreieren. Den Abschluß nach hinten bilden, locker gesetzt, hohe Rhododendren oder Azaleen. Sie können auch den Trennungsbereich zwischen zwei Hauptwegen füllen. Es eignen sich vor allem die lila, rot und rosa blühenden Catawbiense-Hybriden, da sie am wüchsigsten sind und auch die beste Winterhärte aufweisen. Sie blühen Ende Mai-Anfang Juni und bilden dann, da zu dieser Zeit auch der Königsfarn in seiner Tracht steht und viele Begleitpflanzen blühen, den jahreszeitlichen Höhepunkt des Farnparks.

Weil aber in so einem Waldpark ein recht günstiges ausgeglichenes Kleinklima herrscht, wo viele Spätfröste und auch übermäßige Hitze gar nicht erst eindringen, lassen sich auch empfindlichere Rhododendren pflanzen. *Rhododendron calophytum* zum Beispiel wird 4 m hoch und öffnet Ende März seine zartrosa Riesenblüten. Ebenso eignet sich *Rhododendron sutchuenense*, das etwas später blüht, aber ebenso hoch wächst. *Rhododendron vernicosum* folgt dann Mitte April mit der Blüte, gleich nach *Rhododendron oreodoxa*, von dem es ein paar herrliche Hybriden gibt, die sogenannten Ronsdorfer Frühblühenden. Mitte Mai blüht dann *Rhododendron fortunei* und zugleich das Heer der vielen Williamsianum-Hybriden, deren Farbskala von Rosarot über Weiß bis Cremegelb reicht. Aber diese Rhododendren bleiben bereits niedriger und rücken daher in der Pflanzung weiter nach vorn. Noch mehr im Vordergrund stehen dann die Yakushimanum-Hybriden, die ein noch größeres Farbspektrum aufzuweisen haben. Auch die verschiedenen *Rhododendron*-Repens-Hybriden mit Blüten in einem dunklen, glühenden Rot lassen sich gut in so einem Farn-Waldpark integrieren.

Welche Farne wählt man nun? Für den Hintergrund zwischen und vor den hohen Rhododendren, aber auch vereinzelt nach vorn verstreut, wählt man am besten die 2-m-Gestalten, den Königsfarn *(Osmunda regalis)* in seiner grünen und roten Form, den Amerikanischen Straußfarn *(Matteuccia pensylvanica)*, der nicht so wuchert wie sein europäischer Vetter, und den Riesenwurmfarn *(Dryopteris goldiana)*. Auch alle Farnarten und -sorten, die über einen Meter hoch werden, gehören an so einen Platz, wie zum Beispiel der Kronenfarn *(Osmunda claytoniana)* und ebenso hohe Wurmfarne – vom heimischen *Dryopteris filix-mas* mit einigen Varianten bis zum Goldschuppenfarn *(Dryopteris affinis)*, wobei die interessanten Spielarten wie etwa der Königsgoldschuppenfarn *(Dryopteris affinis* 'Cristata') mit den gegabelten und betroddelten Wedeln näher zum Weg hin gepflanzt werden sollten, damit man sie besser betrachten kann. Frauenfarne, wie das im Flachland heimische grün- und rotstengelige *Athyrium filix-femina* und der Gebirgsfrauenfarn *(Athyrium distentifolium)* wachsen an solchen humosen Plätzen zu meterhohen Gebilden heran.

Je näher sie am Weg gepflanzt werden, desto niedriger sollten auch die Farngestalten sein. Der Glanzschildfarn *(Polystichum aculeatum)* und der Weiche Schildfarn *(Polystichum setiferum)*, beide bis in den Frühling wintergrün, eignen sich für größere Gruppen im Vordergrund, während Brauns Schildfarn *(Polystichum braunii)* und der Japanische Glanzschildfarn *(Polystichum polyblepharum)* besser in kleinen Gruppen oder einzeln gesetzt werden sollten.

linke Seite:
Wie Blütenkerzen wirken die fertilen Wedel des Zimtfarns, *Osmunda cinnamomea*, fast starr die dunklen des Elefantenrüsselfarns, *Dryopteris atrata*. Den attraktiven Rahmen bilden *Rhododendron* 'Purple Splendor' und der Goldlerchensporn, *Corydalis lutea*.

Für Parkanlagen in klimatisch günstig gelegenen Gebieten, in denen nicht so strenge Winter zu erwarten sind wie etwa inmitten einer Stadt oder in westdeutschen Regionen, und generell für Westeuropa und England kommen auch weniger winterfeste Arten in Betracht: Als wintergrüne die beiden Ilexfarne *Cyrtomium macrophyllum* und *Cyrtomium fortunei*, dann der Elefantenrüsselfarn *(Dryopteris atrata)*, sowie der Amerikanische Schwertfarn *(Polystichum munitum)* oder gar der stammbildende Kaprippenfarn *(Blechnum capense)*. Als laubeinziehende Arten bieten sich der Regenbogenfarn *Athyrium niponicum* 'Metallicum' oder die beiden Doppelschleierfarne *Diplazium pycnocarpon* und *Diplazium thelypteroides* an. Auch erst in neuerer Zeit eingeführte Farne wie *Dryopteris stewartii, Dryopteris dickinsii* und – ganz besonders schön – *Dryopteris nipponensis* wären einen Versuch wert.

Solche Farngestalten setzen fast schon einen subtropischen Akzent im Park, und die Begleitgehölze dürfen diesem Charakter durchaus entsprechen, indem man statt einzelner Rhododendren Kamelien oder großblättrige Mahonien *(Mahonia japonica* und *Mahonia bealei)* wählt. Aus dem Staudenreich setzt man die herrlichen blauen Scheinmohne *(Meconopsis betonicifolia, M. horridula* und *M. napaulensis)* dazu; in einen größeren Bestand fügt sich die bis zu 3 m hoch werdende Riesenlilie *(Cardiocrinum giganteum)* hervorragend ein.

Ein Drittel, höchstens aber die Hälfte des Raumes, der nicht von den Gehölzen eingenommen wird, sollte den Stauden vorbehalten bleiben. Leberblümchen sind darunter die niedrigsten, dann kommen größere Flächen verschiedenen Lungenkrautes in Rot, Blau und Weiß, mit und ohne Blattzeichnung, in Frage; so ein Teppich hebt besonders die Solitärfarne hervor. Astilben in Rot bis Weiß wetteifern mit Königsfarn *(Osmunda regalis)* und Zimtfarnen *(Osmunda cinnamomea)*. Rodgersien bilden ein Gegengewicht zu den verschiedenen Wurmfarnen. Ligularien spielen die Begleitmusik zu den stattlichen Trichtern des Pensylvanischen Straußfarns *(Matteuccia pensylvanica)*, und zarte Elfenblumen umschmeicheln die breiten Büsche der unterschiedlichen Schildfarne. Aus der Liste der Begleitpflanzen kann man jede erdenkliche Kombination zusammenstellen, wenn man nur darauf achtet, daß nicht eine Pflanze der anderen die Schau stiehlt.

Auch eine ganze Anzahl von Zwiebelblumen und Knollengewächsen gehört in so einen Park. Sie können direkt zwischen die Farne und Stauden, die ihr Laub im Winter verlieren, gesetzt werden. Von immergrünen Farnen sollte der Abstand so weit gewählt werden, wie das Laub reicht. Schneeglöckchen verschiedenster Art, soweit sie robust sind, der Hohle und der Gefingerte Lerchensporn, Buschwindröschen, aber auch Märzenbecher, Sommertürchen, *Hyacinthoides hispanica* und die ähnlichen Hasenglöckchen (die englischen »Blue Bells«) finden ideale Bedingungen zwischen den Farnen. Und aus der Gruppe der Lilien wählt man die Kaukasuslilie *(Lilium monadelphum)* oder deren Verwandte *Lilium szovitsianum* und den Türkenbund *(Lilium martagon)* mit seinen vielen Zuchtformen. Beide wachsen, besonders wenn etwas Sonne einfallen kann, gut zwischen Farnen. Die Kaukasuslilie muß nur etwas Lehm zusätzlich bekommen, der Türkenbund etwas Kalk, aber punktuell verabreicht, um dem Farn und den Rhododendren nicht zu schaden.

Wenn auch die Rhododendren als Gehölze am schönsten neben den Farnen wirken, so muß man in vielen Gegenden doch auf sie verzichten, weil der Boden ihnen nicht zusagt. In solchen Fällen kann man auf andere schattenverträgliche Gehölze zurückgreifen wie Stechpalmen, Kirschlorbeer und Eiben als Immergrüne und als laubabwerfende Sträucher Schneeball, Zaubernuß, Falscher Jasmin, Pfaffenhütchen und auf größeren Lichtungen sogar halbhohe Magnolien. Auch der Efeu sollte nicht fehlen. Man verwendet ihn sowohl als Kletterer, der an den Stämmen der Parkbäume emporwächst, als auch als lockeren Bodendecker. Farne harmonieren sehr gut mit Efeu, und sollte die Efeudecke einmal zu dicht werden und eventuell die Farnpflanzen, die sich noch nicht genügend etabliert haben, bedrängen, so muß man mit Schere und Forke ein wenig Luft schaffen und den frei gewordenen Raum um den Farn herum mit Kompost, Rindenhäcksel oder auch »nur« mit angerottetem Laub auffüllen.

Die Pflege eines solchen Farn-Waldparks gestaltet sich verhältnismäßig wenig aufwendig. Hat man anfangs dafür gesorgt, daß gefährliche Schattenunkräuter, wie der unterirdisch wuchernde Giersch *(Aegopodium podagraria)*, die nicht weniger lästige Brennessel *(Urtica dioica)* sowie das durch reichliche Aussaat alles überdekkende Springkraut *(Impatiens parviflora)*, gründlich entfernt wurden, so fällt nur noch wenig Arbeit an.

Wichtig ist, daß alles Fallaub liegen bleibt. Von den Wegen wird es weggekehrt und über die mit Farnen und Schattenstauden bestandenen Flächen gleichmäßig verteilt. Wenn das zu wenig ist, muß man gegen Ende Oktober oder spätestens bis zum Frosteinbruch eine zusätzliche, etwa 3 bis 5 cm dicke Schüttung aus Laubkompost, kalkfreiem Kompost oder einem anderen halbverrotteten Substrat um die Pflanzen herum aufbringen. Bei empfindlichen Farnen sollte diese Decke 10 cm stark sein. Zugleich sollte eine lockere Lage Fichtenreisig die Vögel und den Wind davon abhalten, die Schutzdecke auseinanderzubringen. Das Laub der wintergrünen Farne bleibt stehen. Wenn es aus optischen Gründen unbedingt erforderlich ist, es zu entfernen, darf das nicht vor Mitte März geschehen. In diesem Fall muß aber die Humusschüttung im Herbst dicker sein. Farne, die ihr Laub einziehen, werden einfach mit der genannten Schüttung bedeckt.

Sollte das Wachstum der Farne anfangs nicht zufriedenstellen, so kann man mit chloridfreiem Volldünger (Blaukorn) nachhelfen. Man wirft etwa eine Handvoll pro Quadratmeter aus, am besten bei trokkenem Wetter. Man muß aber dafür sorgen, daß nichts davon auf dem Laub der Farne und Stauden haften bleibt. Farne, selbst der gartenempfindliche Rippenfarn *(Blechnum spicant)*, sprechen auf eine solche Düngung gut an.

Diese zusätzliche Düngung ist später nicht mehr erforderlich. Als einzige Pflegemaßnahme gilt es dann noch, ein Auge darauf zu werfen, ob sich die Pflanzen nicht gegenseitig bedrängen. Dann muß man einzelne Exemplare herausnehmen, um vielleicht an anderer Stelle wieder eine neue Pflanzung einzurichten.

Dem Charakter dieses Farngartens, oder besser gesagt, dieses Farnparks entsprechend, sollte sich die Auswahl der Farne auf robuste, wüchsige und wenig vom Normalen abweichende Arten und Formen beschränken. Auf zu sehr ausgefallene, aus Mutationen hervorgegangene Spielarten sollte man verzichten. Außerdem ist es ratsam, keine zarten oder niedrigen Farngestalten zu wählen, damit Gärtner und Hilfskräfte nicht bei der eigentlich wenig aufwendigen Pflege unnötig strapaziert werden. In einer solchen Pflanzung sollen die Farne, Gräser und Stauden gut wachsen, ohne daß dazu über Gebühr etwas getan wird.

Die Tabelle nennt geeignete Farnarten und -sorten für den naturnahen Schattengarten bzw. den Farnpark. Höhen- und Breitenangaben beziehen sich auf alteingewachsene Pflanzen.

Der Gehölzhain im großen Hausgarten

Jeder Haus- und Gartenbesitzer hegt bei der Anlage seines Gartens den Wunsch, auch ein paar Gehölze zu pflanzen. Eine Abgrenzung zum Nachbarn soll geschaffen werden, geboren aus dem Wunsch nach Zurückgezogenheit von äußerem Trubel, oder man will eine unschöne Aussicht verdecken. Manchmal geschieht der Erwerb von Gehölzen einfach nur aus einem Kaufzwang heraus. Dann stehen, eh man sichs versieht, rasch sogar zu viele Gehölze im Garten.

Angenommen, man hat in einer Ecke des Gartens zwei oder drei schönblühende Gehölze, vielleicht eine Hasel, eine Zaubernuß und einen Schneeball. Nach zehn Jahren können das schon kleine Bäumchen sein, und wenn diese dann noch an der südlichen Grundstücksgrenze stehen, ergibt sich ein Schatten spendender Gehölzhain, der je nach Grundstücksgröße unterschiedlich groß ausfallen kann. In meinem Garten befindet sich ein Schattenhain nach Süden, bestehend aus einem etwa 20 m hohen, mächtigstämmigen Mammutbaum *(Sequoiadendron)*, einer Baummagnolie, einer Chinesischen Rotzeder *(Metasequoia)* und diversen großen Rhododendren auf meiner Gartenseite, ergänzt durch einen Goldregen von ebenfalls 15 m Höhe und einer Flußzeder *(Calocedrus)* auf der Seite des Nachbarn. Das ergibt schon fast einen kleinen Wald, und Sonne fällt in diesen Gartenteil nur morgens und abends. Am Tage ist das Licht diffus.

Viele Gärten haben so einen Part, der wie gesagt oft zufällig entstanden ist. So einen Gehölzhain kann sich der Farnliebhaber aber auch gezielt erschaffen. Zum Beispiel können ein paar ältere Obstbäume die Grundstruktur eines solchen Haines bilden. Ähnlich wie im Waldpark mit Schattenstauden, aber doch anders wegen der Überschaubarkeit, läßt sich aus so einem schattigen Gartenteil ein reichhaltiges, mit Farnen durchsetztes Paradies schaffen. Wichtig ist dabei, daß man nicht den Fehler macht, dort so eine Art Farnsammlung anzulegen. Aber man kann sich trotzdem eine beträchtliche Anzahl verschiedener Arten und Formen aus dem Gesamtsortiment herauspicken. In meinem kleinen Hain bilden drei bodendekkende, das heißt leicht wuchernde Farne die Grenze zum Weg oder zur Rasenkante, und zwar der zierliche Himalaja-Venushaarfarn *(Adiantum venustum)*, der sich um meine Gartenbank schmiegt, der Ruprechtsfarn *(Currania robertiana)*, der sich an der Autoeinfahrt gut behauptet, und nach hinten zum Zaun nach der Straße der Vielblättrige Buchtenfarn *(Hypolepsis millefolia)*, der ziemlich stark wuchert und nach innen hin jedes Jahr gebändigt werden muß. Die morgendliche Sonne dürfen an dieser Stelle noch ein paar Königsfarne genießen: der Purpurkönigsfarn (*Osmunda regalis* 'Purpurascens' als massiger Eckpfeiler, der Zimtfarn *(Osmunda cinnamomea)* und noch zwei Varianten des Königsfarns – und zwar der Hahnenkammkönigsfarn (*Osmunda regalis* 'Cristata') und der Zierliche Königsfarn (*Osmunda regalis* 'Gracilis'), die ich in die Nähe der Bank gestellt habe, um sie von dort aus gut betrachten zu können. Berglappenfarn *(Thelypteris limbosperma)* und Rippenfarn *(Blechnum spicant)* stehen an einem besonders frischen Standort, und als Hintergrundriesen ohne besondere hervorstechende Merkmale stehen der Riesenwurmfarn *(Dryopteris goldiana)* und sein erst kürzlich für den Garten entdeckter Vetter *Dryopteris celsa*.

Das alles sind – da die Pflanzen schon seit rund 20 Jahren dort stehen – sehr viele Farne für die etwa 100 m^2 große Gartenfläche. Trotzdem bleibt eine Menge Raum für viel »Blumenbeiwerk« übers ganze Jahr. Etwa ein halbes Dutzend Christ- und Lenzrosen, meist aus Samen gezogen, mit Blüten von Rot bis weißlichem Grün, weitteifern mit dem Hohlen Lerchensporn *(Corydalis cava)*, der sich jetzt schon fast zu breit gemacht hat. Schneeglöckchen, einfache und gefüllte, eröffnen davor den Blütenreigen, zusammen mit etlichen Winterlingen. Auch Märzenbecher wachsen in dem humosen Boden zu üppiger Höhe heran, während die weißen und hellgelben Narzissen immer wieder Opfer der Narzissenfliege werden.

In einem Teil des Haines habe ich eine ganze Anzahl der amerikanischen Dreiblatt-Waldlilien *(Trillium)* gepflanzt, die etwa zur Zeit des Farnaustriebs blühen. Recht wohl fühlen sich auch die Türkenbundlilien, und zwar besonders die Hybriden aus *Lilium martagon* und *Lilium hansonii*, wenn man den Boden um sie herum nur etwas mit Kalk entsäuert. Es genügt meist eine Handvoll Eierschalen.

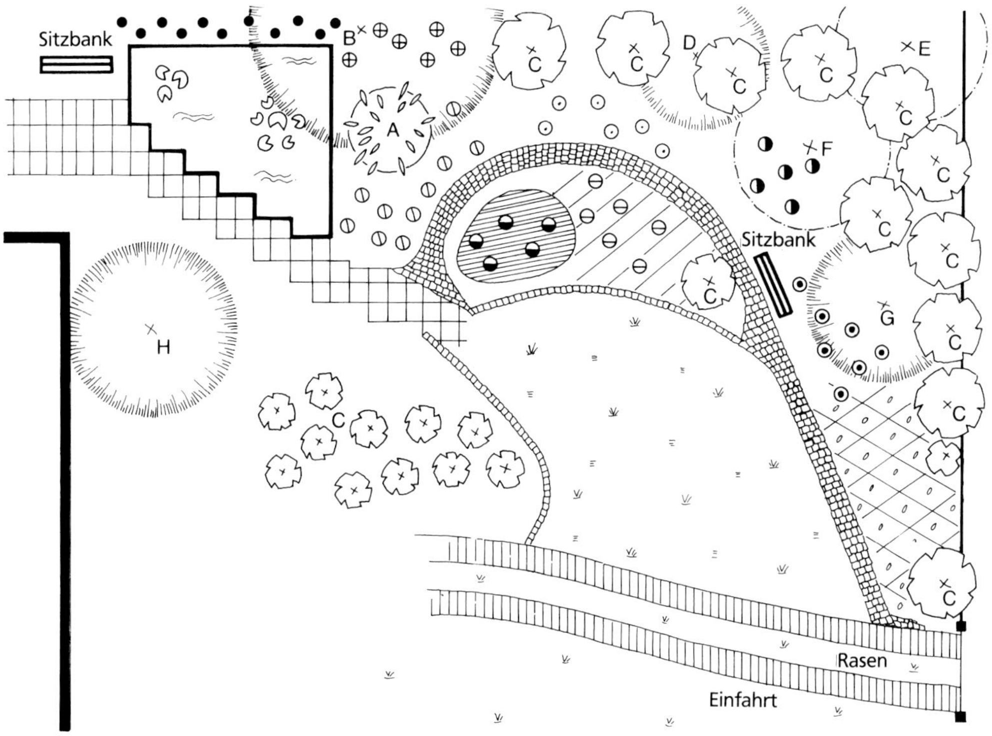

Gehölzhain im großen Hausgarten (diese Pflanzung besteht so seit 20 Jahren).

A *Fargesia murielae*
B *Metasequoia glyptostroboides* (20 m)
C *Rhododendron*
D *Cryptomeria japonica* (15 m)
E *Magnolia tripetala* (7 m)
F *Magnolia kobus* (10 m)
G *Sequoiadendron giganteum* (20 m)
H *Cedrus atlantica* 'Glauca' (15 m)

Rasenwiese mit Schneeglöckchen, Wildnarzissen und Krokus

Vorpflanzung mit *Aquilegia vulgaris, Helleborus, Hemerocallis, Leucojum Lilium martagon, Meconopsis betonicifolia, Corydalis*

Pflanzung mit *Anemone ranunculoides, Lilium szovitsianum, Trillium*

Farnbestand

Polystichum × luerssenii, P. × bricknellii

Polystichum aculeatum, P. setiferum (verschiedene Sorten)

Osmunda regalis, O. claytoniana, O. cinnamomea

Dryopteris goldiana, D. celsa, D. marginalis, D. monticola, Thelypteris limbosperma, Hypolepis millefolia, H. rugosula

Folienbeet mit *Dryopteris cristata, D. × uliginosa, D. carthusiana, D. expansa*

Farnhang mit *Arachniodes standishii, Osmunda cinnamomea, Dryopteris wallichiana*, im Vordergrund *Phyllitis scolopendrium, Cystopteris bulbifera* und *Woodsia obtusa*

Teichhintergrund: *Matteuccia pensylvanica*

Athyrium distentifolium, A. vidalii, Onoclea sensibilis

Ohne Kalk, aber mit etwas zusätzlichem Lehm gedeihen die Kaukasuslilien *Lilium monadelphum* und *Lilium szovitsianum*. Das Gelb ihrer Blüten wetteifert Ende Mai-Anfang Juni mit dem goldbronzefarbenen Ton der Königsfarnsporenwedel. Akelei und Scheinmohn *(Meconopsis)* begleiten den Farn am Sommeranfang. Die blaublühende Art *Meconopsis betonicifolia* ist etwas heikel, ihm gegenüber kann *Meconopsis cambrica* mit orangefarbenen oder gelben Blüten leicht die Oberhand bekommen. Daher müssen seine Samenkapseln ständig entfernt werden. Schließlich stehen Fingerhüte im tieferen Schatten.

Den Ausklang des Jahres bilden Silberkerzen *(Cimicifuga)* und die weißen, rotgestielten Früchte des Christophskrautes *(Actaea pachypoda)*. Wenn der Herbst sonnig und trocken ist und die ersten Fröste nur andeutungsweise auftreten, bildet eine intensive Herbstfärbung der Königsfarne den Abschluß. Da die Bäume, wenn man nicht den Mut hat, sie zu fällen, immer größer werden, wird sich leider auch das Bild der Pflanzung ändern. Doch diese Veränderung läßt sich steuern.

Gewiß sollte man, wenn der Baumbestand zu eng wird, die schwächsten oder die am wenigsten attraktiven Exemplare entfernen. Was dann stehen bleibt, kann in vielen Fällen hochkronig von Ästen befreit oder bei Sträuchern rigoros gekürzt werden. Meine herrliche *Sequoia* hat bald einen Stamm ähnlich wie man ihn aus dem Yosemite Park in Kalifornien kennt; die Baummagnolie wird dieses Jahr rigoros gekürzt, und die *Metasequoia* muß auch bis in 5 m Höhe »Federn lassen«. Wenn nun die Stämme zu kahl erscheinen, lasse ich einen Efeu daran hochranken.

Die Pflege besteht ähnlich wie beim Waldpark darin, daß sommergrüne Farne und alle Stauden im Spätherbst abgeschnitten werden, das Fallaub bleibt liegen, und man sorgt durch Gaben von grob verrottetem Kompost im November für Humusnachschub. Jahrelang habe ich im November Farnkraut und Stauden lediglich niedergedrückt, oft mit dem Fuß, und habe darüber eine Schüttung aus Kompost und Fallaub gestreut, die alles abdeckte.

Die Schneckenplagen der letzten Jahre, denen besonders die Trillien zum Opfer fielen, brachten mich dazu, etwas fleißiger zu sein. Jetzt entferne ich alle groben, abgestorbenen Teile und – soweit es geht, auch einen Teil des Fallaubes, gebe es durch den Häcksler, mische alles mit halbverrottetem Kompost und streue es tags darauf wieder auf den alten Platz. Das sieht wesentlich ordentlicher aus und bietet den Schnecken nicht so viele Unterschlupfmöglichkeiten.

Immergrüne Farne, wie der Glanzschildfarn *(Polystichum aculeatum)* oder der Weiche Schildfarn *(Polystichum setiferum)* und seine Varianten, bleiben selbstverständlich stehen. Ihr grünes Laub macht sich im Frühling, selbst wenn es durch Schnee oder Regen niedergedrückt wurde, ganz besonders schön, sobald die ersten Frühlingsblüher hindurchtreiben.

Farne unter großen Obstbäumen

Stellen wir uns folgende Situation vor: Ein alter Birnbaum, eine Zwetschge und ein Apfelbaum sind von dem Obstgarten übriggeblieben, auf dem das Haus gebaut wurde. Obstbäume erstrahlen wunderschön zur Blütezeit. Viele Gartenbesitzer begnügen sich mit diesem kurzen Blühhöhepunkt und lassen im Schatten der Bäume Gras wachsen. Vielleicht wird im Herbst noch geerntet, oder wenigstens wird das schönste Obst aus dem Rasen gesammelt. Aber damit erschöpfen sich die Nutzungsmöglichkeiten meistens. Dabei bietet sich so eine Schattenzone im Bereich von Obstbäumen für eine lockere Farnpflanzung geradezu an: Kein gepflegter Farngarten wird hier entstehen, sondern eine naturnahe, mit Gräsern, wildnishaften Stauden und robusten Zwiebelblumen durchsetzte und mit meist heimischen Farnen bestückte Anlage. Die Farne, Stauden und Gräser dürfen gar nicht so sehr empfindlich sein, denn im Herbst werden – je nach Güte des Jahres – viele Birnen, Äpfel oder anderes Obst auf die Pflanzen fallen. Auch bei der Ernte entsteht mancher Schaden, und die Schönheit des Obstwiesen-Farngartens ist dann meist dahin. Aber das ganze übrige Jahr kann man seine Freude daran haben.

Am Anfang blühen an dem Platz all die Blumenzwiebelkinder wie Schneeglöckchen, Märzenbecher, Blaustern, Schneeglanz und gleichzeitig mit der Obstbaumblüte besonders die Narzissen. Zu dieser Zeit entrollen sich auch die Farne. Sie dringen mühelos durch das Kraut der Zwiebelblumen, das schon bald vergeht. Im Schatten des Birnbaumes mag eine größere Gruppe mit Wurmfarnen (*Dryopteris*) stehen, daneben mit dunkel beschuppten Wedelrollen der Frauenfarn (*Athyrium*). Etwas weiter vom Baum entfernt hat man den Goldschuppenfarn (*Dryopteris affinis*) gesetzt, damit die jun-

Bepflanzungsvorschlag für einen Gehölzhain mit Birken, Kiefern, Heide und Farnen

Gehölze
1 Waldkiefer *(Pinus sylvestris)*
2 Doppelbirken *(Betula pendula)*
3 Wacholder *(Juniperus communis)* in den Sorten 'Lönsgrab', 'Wilsede', 'Schneverdinger Goldmachandel' oder 'Sieben Steinhäuser'

Gräser
4 Pfeifengräser *Molinia caerulea* 'Moorhexe' oder *Molinia arundinacea* 'Transparent'

Heide
Calluna vulgaris in den Sorten
'Allegro', karmin, 50 cm
'Barbara Fleur', rosa, 40 cm
'Caercetton White', weiß, 25 cm
'Carmen', violettrosa, 35 cm
'County Wicklow', lilarosa, 20 cm
'H.E. Beale', rosa, gefüllt, 40 cm
'Kinlochruel', weiß, gefüllt, 20 cm
'Long White', weiß, 60 cm
'Red Favorit', lachsrosa, 25 cm
'Red Star', rot, gefüllt, 40 cm

Erica carnea in den Sorten (alle bis 20 cm)
'Ann Sparkes', rosa, kupferlaubig
'Foxhollow', weißlichrosa, gelblaubig
'Myretoun Ruby', weinrot
'Starlet', weiß, Laub hellgrün
'Vivellii', rotviolett
'Winter Beauty', rosa, frühblühend

Erica x *stuartii* (20 cm)
'Irish Lemon', rosa, Austrieb gelb
'Irish Orange', rosa, Trieb orange

Erica tetralix (20 cm)
'Alba Mollis', weiß
'Ardy', tief rosarot
'Con Underwood', lilarosa
'Hookstone Pink', rosa
'Pink Star', rosa, sternförmig

Erica vagans (30 bis 40 cm)
'Alba Minor', weiß, 20 cm
'Holden Pink', weißrosa
'Lyonesse', weiß
'St. Keverne', lachsrosa
'Valerie Proudley', weiß, gelblaubig

Erica x *watsonii* (20 cm)
'Cherry Turpin', hellrosa
'Dawn', rosarot
'F. White', weißlichrosa
'Truro', karminrosa

Farne
Blechnum spicant
Dryopteris carthusiana
– *dilatata*
– – 'Recurvata'
– *expansa*
Osmunda regalis 'Purpurascens'
Polypodium vulgare

gen Wedel in der Sonne kräftig golden leuchten. Der Königsfarn (*Osmunda regalis*) hat einen Platz unter der Kronentraufe, wiederum der Sonne wegen, die seine Sporenwedel zum Glühen bringen soll, aber auch wegen der erhöhten Bodenfeuchtigkeit am Kronenrand. Die wintergrünen Schildfarne, der Glanzschildfarn (*Polystichum aculeatum*) und der Weiche Schildfarn (*Polystichum setiferum*), können unter die Krone in den Schatten gepflanzt werden. Sie vertragen eher den Stoß einer fallenden Birne. Am schönsten ist es aber, wenn der Straußfarn (*Matteuccia*) zwischen all dem Kraut seine Wedel entrollt. Steht er in einer größeren Gruppe, dauert es nur wenige Tage, und er beherrscht die Szene. 30 »Stöcke« im Schatten des hohen Birnbaumes bieten einen urweltlich faszinierenden Anblick.

Für den Sommer genügen als Stauden ein paar Fingerhüte und Glockenblumen, vielleicht – wenn der Gartenbesitzer oder der Nachbar nichts dagegen hat – auch das Große Springkraut *(Impatiens noli-tangere)* oder gar das Indische Springkraut *(Impatiens glandulifera)*. Als »echte« Gartenstaude kommt der Waliser Scheinmohn *(Meconopsis cambrica)* in Betracht, der fast den ganzen Sommer über blüht.

Das ist ein Farngarten ohne Aufwand. Man braucht ihn nicht auf einmal anzulegen, sondern läßt ihn sich so peu à peu entwickeln. Das einzige an Pflege, was vielleicht getan werden könnte, ist, daß man im Herbst alles – abgesehen von den wintergrünen Farnen – abmäht (nicht zu kurz) und das Mähgut vom Fallaub der Bäume zudecken läßt. Und damit man während der Obstreife auch an das Fall-

Gehölzhain mit Birken, Kiefern, Heide und Farnen.

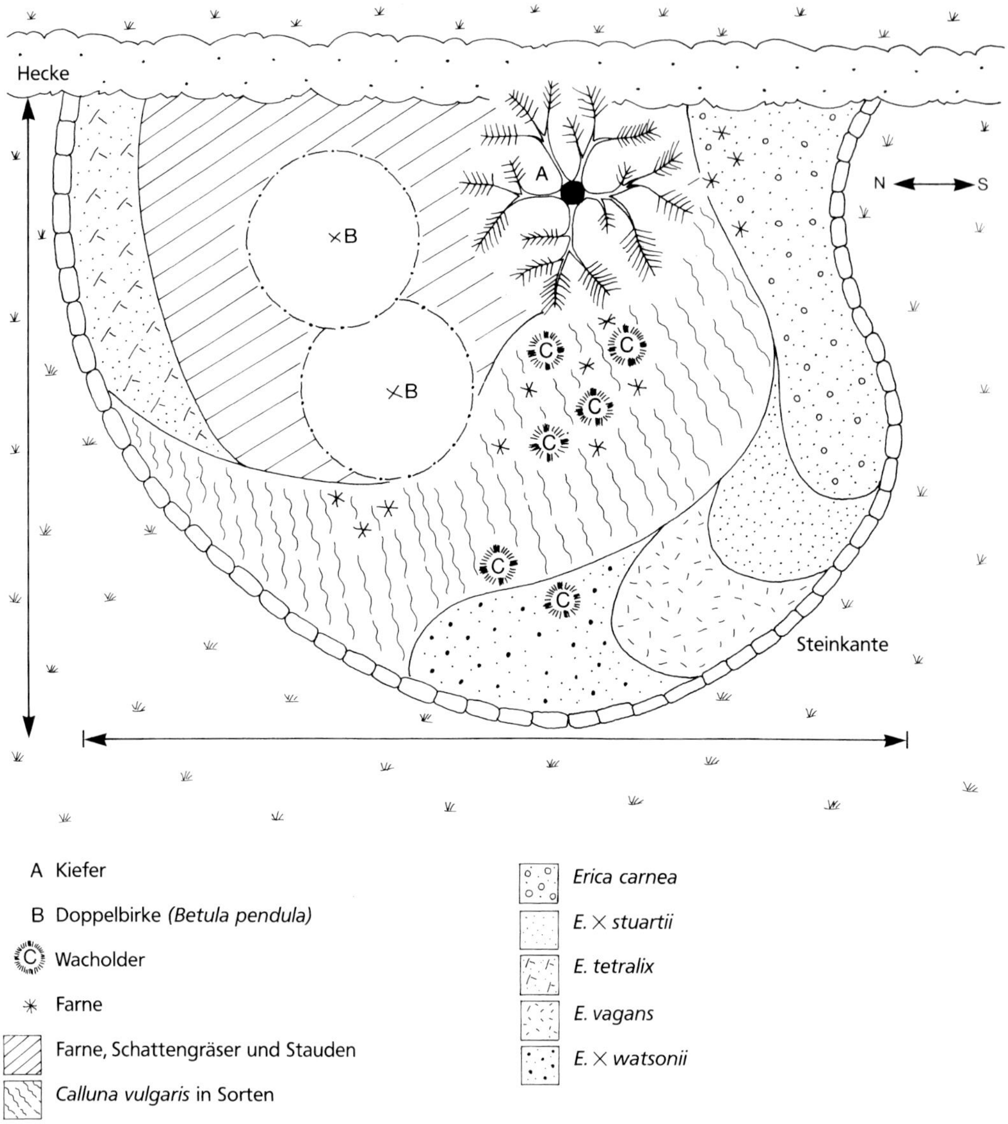

obst heran kann oder zur Ernte ein paar Plätze für die Leiter hat, sollten kleine Pfade und Freiräume zwischen dem Farndickicht bleiben. Die könnten sogar öfter einmal gemäht werden.

Der Gehölzhain mit Heide, Birken und Farnen

Eine größere Rasenfläche oder auch ein ebenso großer Heidegarten gewinnt oft erheblich an Reiz, wenn man eine kleine Gehölzgruppe einfügt. Das muß nicht exakt in der Mitte sein, aber doch so, daß Rasen oder Heide den kleinen Hain ganz umfassen, wenigstens aber sollte – wenn vielleicht das Grundstück recht klein ist – die Gehölzgruppe halbinselförmig in den Rasen oder in die Heide hineingreifen. Viele Gartenbesitzer neigen dazu, so eine Gruppe auf einen Hügel zu setzen, sozusagen als Akzent. Für die Farne aber ist es besser, wenn man das Gelände an der Stelle, wo der Hain entstehen soll, etwas vertieft oder wenigstens eben läßt. Lediglich, wenn man es so einrichten kann, daß der Boden überwiegend absonnig abfällt, wenn also nach Süden hin ein etwas steilerer, trockener Hang und dafür nach Norden eine flachere, sonnenabgeneigte Böschung entstehen, läßt sich ein mit Farnen bepflanzter Hügel mit einem Gehölzhain verwirklichen. Dann aber sollte man die Farne in den ersten drei Jahren nach der Pflanzung bei Trockenheit zusätzlich bewässern, damit sie ohne Schaden wachsen.

Für den Gehölzhain in einer Rasenfläche kann man die Gehölze frei nach eigenem Geschmack wählen. Bei der Heidegartenversion bieten sich Birken als Grundstock an, eventuell noch durch eine oder zwei Kiefern ergänzt. Wem ein großer Heidegarten in der Pflege zu aufwendig erscheint, der kann die Heidepflanzung auf einen 2 bis 3 m breiten Streifen um das Wäldchen herum beschränken und den übrigen Bereich als Rasen belassen.

Der Heidegarten-Gehölzhain zwingt dazu, aus dem recht umfangreichen Farnangebot eine beschränkte Zahl von Arten auszuwählen. Sie sollen einerseits unter Birken und Kiefern gedeihen und außerdem zur Heide und zu den Gehölzen passen. So wird man im wesentlichen nur die heimischen Farne wählen. Die beiden Dornfarne, der Karthäuser Dornfarn *(Dryopteris carthusiana)* und der Breitwedeldornfarn *(Dryopteris dilutata)*, passen an eine solche Stelle. Gleiches gilt für unseren heimischen Wurmfarn sowie für Rippenfarn und sogar für den Königsfarn. Ebenso eignen sich alle nicht heimischen Farne, die im Charakter ähnlich wirken. Auf Varianten mit gegabelten oder betroddelten Wedeln sollte man verzichten. Als Begleitstauden wählt man am besten solche mit wildnishaftem Charakter. Sie sollten auch etwas trockenheitsresistent sein, denn Birken und Kiefern lassen dem Boden nicht allzuviel Feuchtigkeit; das sollte man bei der Auswahl bedenken. Ganz genauso verhält es sich mit den Gräsern und den Kleingehölzen, die man noch einfügen möchte: Sie müssen zur Heide passen und dürfen auch nicht zu durstig sein.

Das Farnbeet im Schatten einer großen Hecke oder an der Nordwand des Hauses

Die Hecke hat man vor Jahren einmal gepflanzt. Schön ist sie geworden, ein bißchen hoch zwar, weil man sie nicht immer rechtzeitig schneidet. Die Hecke bietet viele Vorteile: Sie hält den ärgsten Wind ab, sie schützt vor allzu neugierigen Blikken, und sie bietet vielen Vögeln Nistplätze und auch Nahrung. Wie viele Vogelnester haben die Kinder in ihr schon entdeckt und beobachtet, wie sich die Brut darin bis zum Flüggewerden entwickelte. Aber weil die Hecke die Südgrenze des Gartens bildet, wirft sie auch Schatten...

Häuser haben ihre geschmähten oder auch vernachlässigten Nordseiten. Da die Sonne nicht dahinkommt, weiß niemand etwas mit dem Platz anzufangen. Oft liegt der Eingang dort, und man legt dann die Platten oder das Pflaster bis an die Hauswand. Man sagt, dies wäre dem Haus sogar sehr zuträglich. Meist ist so ein Weg recht breit, eigentlich sogar zu breit. Sollte man also doch lieber direkt am Haus drei Platten aussparen und an die Wand etwas Grünes, Belebendes pflanzen?

Hauswand und Hecke, beide geben uns die Chance, einen vielseitigen und doch überschaubaren Farngarten anzulegen. Beide Farngärten würden sich nur wenig voneinander unterscheiden. Das eine Mal ist die Hecke der Schattenspender, im zweiten Fall die Wand. Wenn allerdings ein zu breiter Dachüberstand vorhanden ist, sollte man auf ein Farnbeet verzichten. Farne gedeihen nur, wenn Regen die Wand erreicht. Die Hecke gibt höchstens anderthalb Meter Schatten, im Sommer weniger, im Winter mehr, aber die Verhältnisse im Winter zählen nicht. Also wird man die Pflanzung – man kann getrost von einem Beet sprechen – höchstens 1,5 m breit anlegen, vielleicht begrenzt durch Platten oder gar durch eine altmodische und wieder in Mode kommende Buchshecke. Auch das Beet am Haus kann mit Buchs begrenzt werden. Oder man wählt eine dezente Steinkante, damit sich der Weg beim

An einer Steinkante hat sich ein Hirschzungenfarn etabliert, ein »Sämling«, der im Habitus zwischen 'Marginata' und 'Lacerata' steht.

Haus noch besser sauber halten läßt. Im ersten Fall bildet die grüne Hecke die Südabgrenzung, im anderen die Hauswand.

Hauswände wirken im Grunde immer etwas langweilig. Aber es bietet sich ja an, die vertikale Fläche mit Efeu, einer Kletterhortensie – die beide ohne Kletterhilfe auskommen – oder auch mit einem Geißblatt (Jelängerjelieber) oder mit Hilfe einer robusten Clematis aufzulockern. Efeu schadet der Hauswand nicht, im Gegenteil, er schützt sie, ganz zu schweigen von den Brutmöglichkeiten, die er für viele Vögel bietet. *Clematis* und Geißblatt *(Lonicera)* erzielen fast den gleichen Effekt, nur muß man ihnen ein Spalier bauen.

Ich würde immer empfehlen, so ein Farnbeet reichhaltig zu bepflanzen, nicht wahllos, sondern schon mit Bedacht gestaltet. Aber da die Farne nicht dicht gedrängt beieinanderstehen, sondern mehr aufgereiht sind, bietet das Beet die vielfältigsten Möglichkeiten. Man kann sogar bei ausreichender Beetlänge eine richtige Farnsammlung anlegen: Ein Abschnitt für kräftige Wurmfarne, einer für breit ausladende Schildfarne; die eigenartigen Gestalten der Ilexfarne *(Cyrtomium)* zusammen mit dem Doppelschleierfarn *(Diplazium)* im Schutz des Hauses; ausgefallene Sorten neben schlichten Gestalten, immergrüne neben vergehenden. Alles nur wenig unterbrochen durch ein paar ruhig etwas auffallende, aber nicht zu riesige Stauden wie Astilben, vielleicht gar Taglilien; sehr gut sind verschiedene Türkenbundlilien und das beliebte Tränende Herz. Auch buntlaubige *Hosta* bieten sich an, und was gerade an Schattenstauden anfällt. Man kann dabei nicht viel falsch machen.

Auf keinen Fall sollte man an kleinen Zwiebelblumen sparen. Deren ganze Vielfalt kann so ein Farnbeet erfassen, und sogar zartere Geschöpfe wie die Gartenalpenveilchen oder die *Trillium*-Arten finden darin einen Platz. Dies alles wird dem Beschauer direkt präsentiert.

Eines hat das Heckenbeet dem Beet an der Wand voraus: Die Farne und auch die Zwiebelblumen, ja sogar Veilchen und Buschwindröschen werden den Bereich unter der Hecke bald in das Beet mit einbeziehen. Sie finden dort ideale Bedingungen und werden, wenn man nicht die Fehler macht und das Laub herausharkt, sich schnell dahin aussäen. Solche Voraussetzungen kann eine Wand nicht bieten. Aber dafür hat man an der Wand Efeu, Geißblatt und andere Schattenkletterer.

Absonnige Hänge

Im Bergland, sei es in den Mittelgebirgen oder in den niedrigeren Lagen der Alpen, ist nicht jedes Grundstück der Sonne zugewandt. Nordost-, Nord- oder Nordwestlagen sind genauso häufig wie die sonnigeren Grundstücke. Zudem sind solche Grundstücke im Erwerb meistens billiger. Ist der Hang nicht zu steil, läßt sich auf

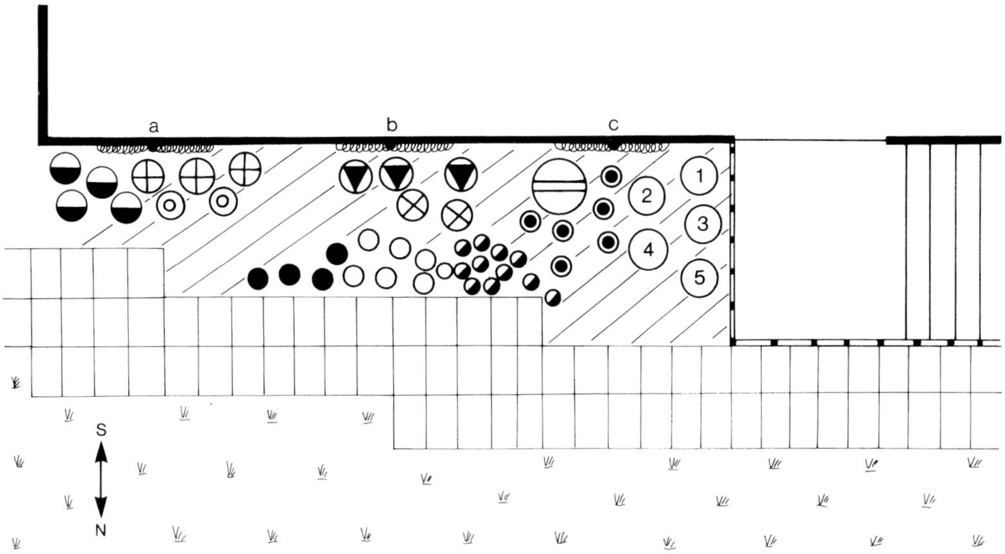

Farne an der Nordwand eines Hauses.

- *Blechnum penna-marina* 'Alpinum'
- *Cyrtomium fortunei*
- *C. macrophyllum*
- *Diplazium pycnocarpon*
- *P. acrostichoides*
- (1) *Dryopteris tavellii*
- (2) *D. affinis*
- (3) *D. affinis* 'Cristata'
- (4) *D. affinis* 'Pinderi'
- (5) *D. affinis* 'Punctata'
- *D. erythrosora*
- *Osmunda regalis* 'Purpurascens'
- *Polystichum setiferum* 'Proliferum' und 'Plumosum Densum'
- *Woodsia polystichoides*
- *W. fragilis*
- Ergänzung durch Stauden: *Hosta*, Astilben, *Primula*, *Cyclamen*, *Trillium*
- Wandbegrünung mit Efeu: *Hedera helix* 'Buttercup' (a), 'Minima' (b) und 'Goldherzchen' (c)

solchen Grundstücken vieles pflanzen – vom Gemüsebeet bis zum Staudengarten –, denn oft wurden solche Ländereien vorher landwirtschaftlich genutzt, als Weideland, zur Heugewinnung oder, besonders in den wärmeren Regionen, den Weinbaugebieten, für den Obstanbau. So eine Hanglage eignet sich ausgezeichnet zum Gestalten eines Farngartens, mit vielen Stauden vermischt, und zwar je nach Neigung des Hanges nicht nur mit reinen Schattenstauden, sondern auch mit Arten, die eigentlich auf dem Sonnenbeet der Staudenrabatte zu finden sind. So wie sich Farne weit in sonnige Standorte vorwagen, wenn nur der Boden genügend Feuchtigkeit aufweist, genauso gedeihen viele Stauden noch an Standorten, die absonnig liegen, wenn sie nur im Laufe des Tages von der Sonne beschienen werden.

Ein der Sonne abgewandter, aber doch heller Standort bereitet für die Ansiedelung von Farnen keine Schwierigkeiten. Man kann darin sogar gezielt einen Farn-Staudengarten gestalten. Man braucht keine schattenspendenden großen Bäume, sondern kann schon bei der Neuanlage des Gartens die Farne an ihren – jedenfalls für längere Zeit – endgültigen Platz setzen. Allerdings muß der Boden gut vorbereitet werden.

Zunächst wird der Weg, der zum höher gelegenen Haus führt, fertiggestellt, entweder – bei flach ansteigendem Hang – befestigt durch Granitsplitt, Asphalt oder rauhen Beton oder – wenn der Hang stei-

Farne als Begleiter für Rhododendren und andere immergrüne Gehölze im schattigen Hausgarten.

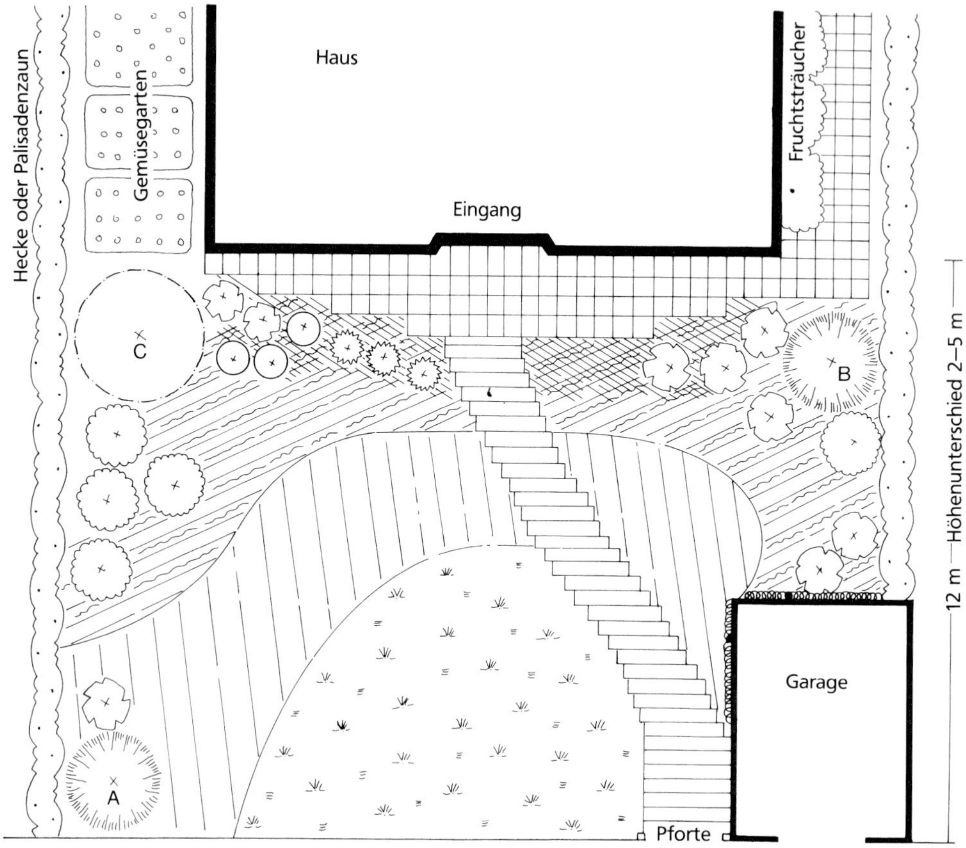

A *Pinus parviflora* 'Silberlocke'

B *Abies koreana*

C *Prunus subhirtella* 'Plena'

Rhododendron: – für kleine Gärten *R. yakushimanum*- und *R. williamsianum-Sorten*

– für große Gärten *R. catawbiense* ('Humboldt', 'Schneebukett', 'Kokardia', 'Constanze', 'Bariton', 'Rasputin' u. a.)

– als Ersatz für *Rhododendron* immergrüne Gehölze: *Buxus, Mahonia, Ilex, Prunus laurocerasus*

Blütengehölze: *Forsythia* × *intermedia* in Sorten, *Hamamelis, Cornus nutallii, C. kousa*

Azaleen, laubabwerfende, sommergrüne Sorten

Japanische Azaleen

Efeu

Rasen oder Wiese

niedrige Farne und Schattenstauden

hohe Farne und Schattenstauden

hohe robuste Stauden und vereinzelt Farne

Stauden und Farne für den absonnigen Hanggarten

Niedrige Farne
Blechnum penna-marina
Phyllitis scolopendrium
Polypodium interjectum
Polypodium-vulgare-Formen
Woodsia fragilis
– *obtusa*
– *polystichoides*

Hohe Farne
Adiantum pedatum
Athyrium filix-femina 'Plumosum', 'Fieldiae', 'Frizelliae', 'Corymbiferum'
Dryopteris affinis mit 'Pinderi', 'Cristata'
– *celsa*
– *erythrosora*
– *goldiana*
– *marginalis*
Osmunda cinnamomea

Stauden fürs Frühjahr
Adonis amurensis
Anemone nemorosa
Dicentra spectabilis
Helleborus in Sorten
Meconopsis cambrica
Mertensia
Primula-Arten
Pulmonaria in Sorten

Stauden für den Sommer
Campanula latifolia
– *persicifolia* in Sorten
Hemerocallis 'Bertie Ferris', 'Corky', 'Stella de Oro'
Hosta in Sorten
Iris sibirica in Sorten
Lilium martagon und Hybriden
Meconopsis betonicifolia
Monarda in Sorten
Phlox paniculata in Sorten
Primula florindae
Thalictrum aquilegifolium
– *dipterocarpum*

Stauden für den Herbst
Aconitum carmichaelii
Actaea pachypoda
Aster ericoides
– *novae-angliae* in Sorten
Cimicifuga
Gentiana asclepiadea

Blumenzwiebeln
siehe Tabelle auf Seite 194 ff.

ler ist – mit einer locker gestalteten Bohlen- oder Natursteintreppe versehen. Anschließend wird das Gartengelände modelliert. Vielleicht führt von oben nach unten um die Treppe die Andeutung eines Bachtals herum, leicht vertieft und etwas gewunden. Ideal wäre natürlich ein fließender Bach, mit Folie oder Weichtonziegeln abgedichtet. Den »Bach« begleiten ein paar Trittsteine, damit man dem Verlauf des Wassers folgen und all die Pflanzen, die im Feuchtbereich stehen, aus der Nähe beobachten kann. Zum Hintergrund kann das Gelände etwas ansteigen. Und im Bereich der Treppen können sich die Treppenabsätze angedeutet fortsetzen.

Ist der Boden zu alkalisch, muß reichlich saures Substrat untergemischt werden (siehe Abschnitt »Bodenvorbereitung und Pflanzung«). Dabei ist es anzuraten, auch grobere Teile wie Rindenhumus oder halb verrottete, gehäckselte Zweige unterzumischen. Bei sehr bindigem Boden, zum Beispiel steifem Lehm oder Ton, geschieht dies entsprechend großzügig. Wo solche Böden anstehen, muß unter Umständen sogar ein Teil der Gartenerde ausgetauscht werden.

Nach der Bodenmodellierung, nachdem Trittsteine und ein paar größere Steine als markante Punkte plaziert sind, geht es an die Auswahl der Pflanzen. Für den Hintergrund braucht man ein paar Gehölze, die den Garten abgrenzen. Sie dürfen nicht zu groß werden. Vielleicht fällt die Wahl auf Forsythien und Schneeball, die im Frühling blühen, oder auf die Zaubernuß mit Blüten in Gelb und Orange im Februar-März. Für den sommerlichen Gartenschmuck eignen sich Blumenhartriegel und Pfeifenstrauch (Falscher Jasmin). Wenn der Boden es zuläßt, kommen auch einige Rhododendren in Frage, für kleinere Gärten am besten die Yakushimanum-Formen, für große Gärten auch die rot, hell- und dunkellila blühenden Hybriden von *Rhododendron catawbiense*. Wenn der Boden für Rhododendren zu alkalisch ist, nimmt man andere Immergrüne wie Buchsbaum, *Ilex*, Mahonien und

rechte Seite:
Die Farnschlucht im neuen Hamburger Botanischen Garten ist nach geographischen Gesichtspunkten gestaltet. Unter Sumpfzypressen, *Taxodium distichum*, stehen die beiden Straußfarne, *Matteuccia pensylvanica* und *M. struthiopteris.*

Berberitzen in Sorten. Sie alle bleiben den Winter über grün.

Unter den Stauden bieten sich eine ganze Menge an, selbst solche, die eigentlich in die sonnige Staudenrabatte gehören. Typische Stauden für den absonnigen Hang aber wären als Frühjahrsblüher Primeln, *Adonis amurensis*, Tränendes Herz und Lenzrosen mit verschiedenen Blütenfarben. Am Bach oder im trockenen Bachtal könnten Sumpfdotterblumen und Sumpfvergißmeinnicht stehen. Als Blumenzwiebeln zwischen hohen Farnen sollte man Schneeglöckchen, Märzenbecher und vor allem auch die zierlichen, aber robusten Narzissensorten pflanzen. Im Vordergrund, nahe der Treppe zwischen niedrigem Farn, gedeihen dann diverse Krokus und was es noch an schönen Zwiebelblühern gibt.

Im Sommer macht sich der blaue Scheinmohn *(Meconopsis)* in Farnnähe gut. Sein Fuß darf aber nicht von den Farnwedeln überwachsen werden. *Hosta* und Sibirische Schwertlilien *(Iris sibirica)* harmonieren mit Taglilien, von denen man einmal die kleinblütigen Sorten, wie 'Corky', 'Bertie Ferris', 'Siloam Shocker', 'Stella de Oro' wählen sollte. Lilien aller Art nehmen diesen Standort auch an, besonders die Türkenbundlilien. Im Herbst machen sich die weißen Früchte des Christophskrautes *(Actaea pachypoda)* gut zwischen den dunklen Farnwedeln, gleiches gilt für die Blütenkaskaden der Silberkerzen. In Wegnähe sollte man aber Herbstkrokus und Herbstzeitlose einfügen, von den Herbstkrokussen nicht zu wenige und auch verschiedene Arten wie *Crocus cancellatus, C. pulchellus* in Sorten und *C. speciosus* mit dunkelblauen und weißen Blüten.

Aus der Vielzahl der Farne wählt man für den Hintergrund und als einige wenige Solitärpflanzen Vertreter aus der Gattung *Dryopteris*, zum Beispiel *Dryopteris affinis, D. goldiana, D. wallichiana* und *D. marginalis.* Wer es etwas abwechslungsreicher haben möchte, nimmt die Cristata-Formen von *Dryopteris affinis* oder auch die vielen Varianten von *Athyrium filix-femina* dazu. Für die Mitte des Beetes und für das Bachtal bieten sich die verschiedenen *Polystichum*-Arten an, allen voran der absolut wintergrüne *Polystichum aculeatum.* Ebenso aber auch die Filigranfarne, die Sorte *Polystichum setiferum* 'Proliferum' und ihre Abkömmlinge. Nahe der Treppe oder des Weges stehen dann *Cystopteris, Woodsia, Polypodium* und besonders der Neuseeländer Seefederrippenfarn (*Blechnum penna-marina* 'Alpinum'), der es auch verträgt, wenn man einmal versehentlich darauftritt. Ein solches Stauden-Farnbeet erfordert als Pflege denselben Aufwand wie jedes normale Staudenbeet.

Will man weniger Arbeit haben, so muß man mehr Farne pflanzen und die verbleibenden Lücken mit solchen Stauden und Blumenzwiebeln bepflanzen, die einen mehr wildnishaften Charakter haben und sich ohne besondere Pflege und nur mit ein bißchen Starthilfe von selbst behaupten. Dazu gehören die Nachtviole *(Hesperis)*, der Rote Fingerhut *(Digitalis purpurea)*, die Amstelraute *(Thalictrum)*, der Waliser Scheinmohn *(Meconopsis cambrica)* und das Silberblatt *(Lunaria annua).* Als Blumenzwiebeln wählt man beispielsweise Lerchensporn *(Corydalis cava* und *C. solida)*, besonders die leuchtendrote Variante des Gefingerten Lerchensporn *Corydalis solida* 'Transsylvanica'. Aber auch Schneeglanz, Blauglöckchen, sowie Schneeglöckchen und Märzenbecher lieben solch eine Pflanzung. Aus dem Farnangebot sollte man sich nun aber auf die Arten beschränken und auch den Königsfarn und den Straußfarn nicht vergessen, die sich beide in kühleren Senken besonders am Bachlauf wohlfühlen. Die Pflege beschränkt sich darauf, daß man zum Winterbeginn alles Kraut abschneidet (abgesehen natürlich von den echten Wintergrünen), das Kraut zusammen mit dem Fallaub häckselt und alles dem Farngarten wieder zufügt. Diese Prozedur ist besonders den Blumenzwiebeln zuträglich.

Die Naturgartenversion einer solchen Anlage ist sowohl in der Erstellung als auch in der Pflege die am wenigsten auf-

wendige. War das Grundstück vorher Wiese, ebnet man es nur etwas ein. Blieb durch die Bauerei der Boden unbewachsen, so sät man danach eine Wiese an. Dann wählt man reichlich Farne, am besten allerdings heimische Arten, reichert die Pflanzstellen etwas mit Humus an und überläßt dann alles sich selbst. Das funktioniert auch, wenn Obstbäume oder andere, locker angeordnete Gehölze auf der Hangwiese stehen.

Ganz anders allerdings sieht ein Farnhang aus, bei dem die Bäume ein ziemlich geschlossenes Dach bilden, wenn der Bestand zum Beispiel hohe Buchen oder Kiefern birgt. Falls man einen solchen Waldhang nicht auslichten will, braucht man trotzdem nicht auf eine interessante, wenn auch nicht ganz so reichhaltige Farnpflanzung zu verzichten. Oft bekommt man für so einen »Farngarten« die besten Anregungen aus der Natur. Ich war einmal auf Farnsuche in Kärnten und stand plötzlich vor einem Meer von Hirschzungenfarnen. Ein langer hoher Hang, mit allerlei Gesteinsbrocken versehen, barg Tausende von Hirschzungenfarnen, und da selbst in der Natur so eine Population sehr vielgestaltig ist, bot sich ein Bild unbeschreiblicher Schönheit. An diesem vollbeschatteten Nordhang konnte man noch nicht einmal richtig fotografieren, aber die Farne waren reine Prachtexemplare. Andere Farne, die sporadisch dazwischenstanden, waren der Breitwedeldornfarn, der Wurmfarn und der Glanzschildfarn.

Nun braucht man im Garten nicht nur Hirschzungen zu setzen, auch die Schildfarne und viele Wurmfarne fühlen sich an so einem vollschattigen Platz noch wohl. Nur eine Überschirmung mit dichten Nadelhölzern nehmen sie übel. Im Winter, besonders aber im Frühling, sollte doch die Sonne den Boden erreichen, aus gartengestalterischer Sicht schon deshalb, um die Räume zwischen den Farnen mit all den vielen Frühjahrsblühern ausfüllen zu können. Ihre Rolle sollten wir nicht unterschätzen, denn ohne sie ist alles nur halb so schön und unvollkommen.

Die Farnschlucht

Die Farnschlucht in botanischen Gärten

Farnpflanzungen in botanischen Gärten werden nach unterschiedlichen Gesichtspunkten angelegt. Oft werden Farne in geographisch orientierte Pflanzungen mit eingebunden. Die Farne bilden dann neben den Gehölzen, den Stauden, Gräsern, Knollen- und Zwiebelgewächsen ein Teil der gesamten dargestellten Flora. Man versucht, sie mit den am Naturstandort vorkommenden Gewächsen möglichst artgetreu zu vergesellschaften. In solchen Pflanzungen fallen die Farne weniger auf, und der interessierte Besucher muß schon genau hinsehen, um die verschiedenen Arten zu entdecken. Das Gesagte gilt auch für die Felsfarne (*Asplenium, Cystopteris, Woodsia* usw.), die meist ihren Bedürfnissen entsprechend in einen alpinen Bereich eingegliedert werden.

Vielleicht mag das ein Anstoß dafür gewesen sein, die Farnarten – und darum geht es in botanischen Gärten ja hauptsächlich – einmal in einer geschlossenen Pflanzung zusammen darzustellen. Der Botanische Garten in München-Nymphenburg hat da eine bahnbrechende Idee verwirklicht, nämlich die sogenannte Farnschlucht, die inzwischen auch in anderen Gärten, Parks oder Privatgärten nachvollzogen wurde.

Der Ausdruck »Schlucht« irritiert etwas. In München ist es ein langgestrecktes, gar nicht sehr tief eingekerbtes Tal, das von einem Weg und einem Bach durchzogen wird. Da diese »Farnschlucht« nicht allzu breit ist, sind die meisten Farne vom Weg aus gut zu sehen. Der begleitende Bach sorgt für ausreichende Feuchtigkeit und obendrein noch für ein farnfreundliches Kleinklima. Die Gehölze, zum Teil schon recht alt, stehen locker, so daß genügend Licht an die Farne herankommt. Selten findet man von einzelnen, zum Teil sogar recht heiklen Arten so gesunde und große Exemplare wie in München. Berühmt ist die riesige Staude des Nepal-Schwarzschuppenfarns *(Dryopteris wallichiana)*, von der bestimmt schon viele Sporen in alle Welt gingen. Ich glaube, auch meine Pflanzen stammen daher.

Der Botanische Garten Tübingen brauchte nicht einmal viel nachzuhelfen, um eine ähnlich schöne, aber viel tiefer eingekerbte Farnschlucht zu bauen. Ein natürliches Bachtal, locker mit großen und später nachgepflanzten kleineren Bäumen bestückt, bildet den Grundstock. Wenige Erdbewegungen und hin und wieder ein paar Steinblöcke machten diesen Teil des botanischen Gartens zu einer idealen Farnpflanzung. Auch hier wieder ist es der Bach, der die günstigen Bedingungen für die Farne schafft. Allerdings läuft der Weg nicht direkt parallel dazu, sondern wegen der Breite und der natürlichen Tiefe des Tals führen mehrere Wege das Tal entlang, und einer kreuzt den Bach sogar im unteren Teil. Am Anfang der Farnschlucht befindet sich ein Teich, umgeben von Rhododendren, und im sonnigeren Bereich leitet ein Primeltal die Farnschlucht ein. Auch in der Tübinger Farnschlucht gedeihen die Farne ausgezeichnet, besonders in den tieferen Teilen, die dem Bach nahe sind.

Der Botanische Garten von Hamburg in Flottbek hat eine Farnschlucht in einen geographisch orientierten Garten einbezogen. Obgleich das Gelände im Bereich des botanischen Gartens Geestcharakter hat und daher leichte Hügel aufweist, waren für die Farnschlucht doch beträchtliche Erdarbeiten erforderlich. Ein Kerbtal von etwa 3 bis 7 m Tiefe und bis zu 20 m Breite wurde ausgehoben, etwa 100 m lang. Auch hier wieder fließt ein Bach, allerdings ein künstlich gespeister, der verschiedene Teile des Botanischen Gartens durchfließt. Hin und wieder kreuzen Wege den Bach in Form von Brücken.

Die Farnschlucht in Flottbek ist ein Teil des Nordamerikanischen Gartens, und der Baumbestand rekrutiert sich fast ausschließlich aus Taxodien, die meist locker am Hang der Schlucht stehen, zum Teil aber auch im Wasser, um sie die bekannten Atemknie bilden zu lassen. An Farnen hat man nur fünf Arten verwendet, nämlich den Amerikanischen Straußfarn *(Matteuccia pensylvanica)*, zum Teil auch den heimischen Straußfarn *(Matteuccia struthiopteris)*, den Zimtfarn *(Osmunda cinnamomea)*, den Kronenfarn *(Osmunda claytoniana)* und den Perlfarn *(Onoclea sensibilis)*. Artenarm ist auch die Palette der Stauden. *Iris versicolor* begleitet in längeren Streifen den Bach, und in den kleinen Tümpelchen am Rande des Baches und an der Mündung zu dem größeren See stehen Trupps von *Nuphar advena*, die zum Teil bis 1 m hoch aus dem Wasser ragen. In den Taxodien *(Taxodium distichum)* hängen lange Schwaden des Louisianamooses *(Tillandsia usneoides)*, um der ganzen Sache einen besonderen amerikanischen Anstrich zu geben. Diese Tillandsien werden allerdings für den Winter ins Gewächshaus geholt und erst Ende Mai wieder angehängt.

Trotz der wenigen eingesetzten Farnarten ergibt sich eine eindrucksvolle Farnschlucht, die besonders während des Farnaustriebs durch das frische, helle Grün der Aberhunderte von Straußfarnen und durch die Transparenz der Taxodien ein einmalig schönes Bild abgibt. Besonders reizvoll ist auch der recht wasserreiche Bach, der alle zehn bis zwanzig Meter durch geschickt gelagerte Steinblöcke und Findlinge ein paar Dezimeter in die Tiefe stürzt und das ganze Farntal mit seinem Geräusch erfüllt.

Das leichte Gefälle des Geestrückens, der im Westteil Hamburgs von Blankenese bis hin zu den Landungsbrücken reicht und als höchste Erhebung direkt an der Elbe in Blankenese mit 75 m den Süllberg birgt, hat es möglich gemacht, diese attraktive Farnschlucht zu gestalten. Dazu wurde dann auch noch der Bodenaushub aus dem Tal und aus dem anschließenden See mit einbezogen.

Wie glücklich könnte sich da eine Stadt schätzen, deren botanischer Garten sich in einer Mittelgebirgslage befindet, besonders wenn, wie in Tübingen, noch ein wasserreicher Bach zur Verfügung stünde. Es könnte das reine Eldorado für Farne ent-

Höhenlinien einer »Farnschlucht« für den Hausgarten (in cm).

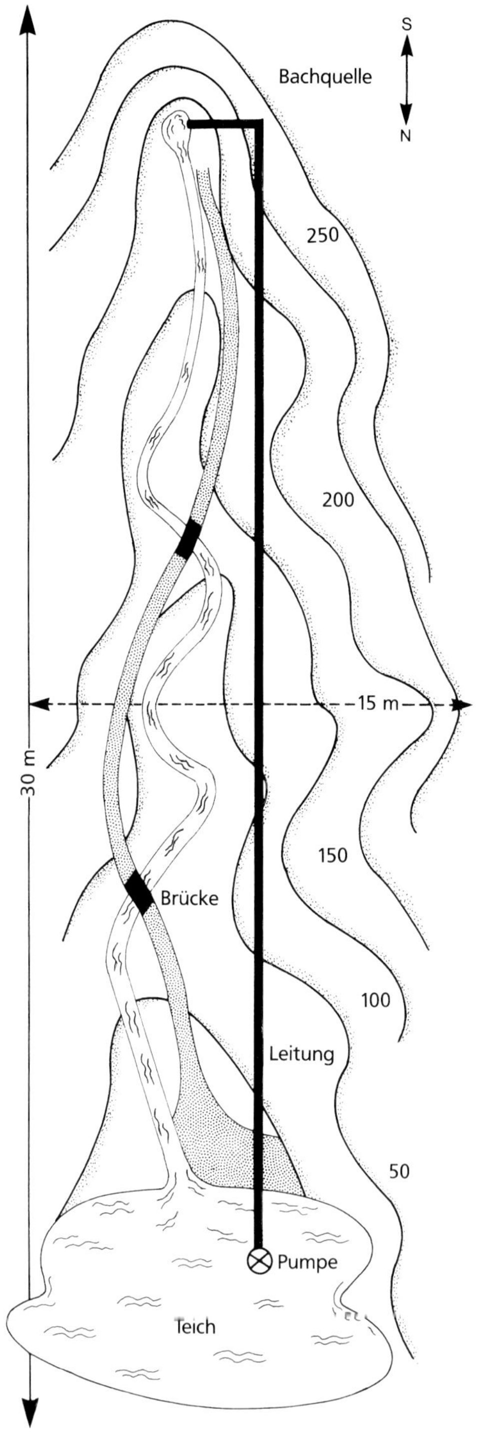

stehen. Außerdem könnte man auch die alpinen Farne in eine solche Schlucht mit einbeziehen, wenn man nämlich den oberen Bereich ohne große Gehölze gestalten würde und die seitlichen Böschungen oder Hänge mit Steinquadern verschiedener Größen aufbaute, so daß Ritzen, Fugen und Erdinseln für die ganze Palette der kleinen Farne zur Verfügung stünden. Auch ein Pfad könnte durch so eine Alpinen-Farnschlucht führen, allerdings sollte er nicht »greifbar nahe« an die Pflanzen heranreichen, denn es finden sich leider immer wieder Liebhaber, die solche Kostbarkeiten nicht stehen lassen können.

Die kleine Farnschlucht im Hausgarten

Der Pflanzenliebhaber, der seine Hauptaufmerksamkeit den Farnen zugewendet hat, sucht sicher nach einer Gartenform, die möglichst vielen Farnen gerecht wird, ob großwüchsig oder kleinbleibend, ob für nasse oder mehr trockene Standorte, für Hanglagen oder mehr für ebenes Gelände geeignet. In den Augen der engagierten Farnliebhaber ist die Farnschlucht die ergiebigste Gartenform. Vorbild ist auch hierin die Natur. Die schönsten Farnpopulationen findet man in Kerbtälern mit lichtem Waldbestand. Am allerschönsten sind solche Täler, wenn sie in Nord-Süd-Richtung verlaufen und wenn an ihrem Grund ein Bach fließt.

Nun wird man im Garten kein richtiges Kerbtal bauen können, aber andeutungsweise ist so etwas durchaus möglich. Da heute viele Grundstücke verhältnismäßig schmal sind – ich denke zum Beispiel an die Grundrisse von Reihenhausgärten –, bietet sich ein langgestreckter Farngarten geradezu an. Man muß allerdings so einen Garten genau planen und einige wichtige Dinge im voraus überlegen.

Zunächst ist die Himmelsrichtung wichtig. Am besten ist es, wenn der Garten in Nord-Süd-Richtung verläuft. Bei einem Reihenhausgarten kann man sich das nicht ohne weiteres aussuchen. Aber wenn es möglich ist und besonders dann, wenn der

Teil einer Farnschlucht für Felsfarne. Einen Teil der Schlucht sollte man aus Kalkgestein aufbauen für kalkliebende Farne; wenigstens das Fugensubstrat sollte alkalisch reagieren. Den weitaus größeren Teil errichtet man aus neutralem Gestein (Silikat); das Fugensubstrat reagiert sauer.

Garten groß und breit genug ist, sollte man die Farnschlucht in Nord-Süd-Lage bauen. Läßt sich das nicht verwirklichen, wenn also das Grundstück mehr oder weniger in Richtung Ost-West liegt, wird die Schlucht einen warmen, stark besonnten und einen kühlen, schattigen Hang haben. Die Sonnenseite wird dann nur wenige Farne aufnehmen können, höchstens am Grund und in der Nähe größerer Steinblöcke, oder aber – wenn ein Bachlauf mit der Farnschlucht gekoppelt ist, können Farne im Feuchtigkeitsbereich dieses Baches wachsen. Viele Farne gedeihen im feuchtfrischen Boden und in sonniger Lage ja besonders gut. Aber die meisten Pflanzen so eines besonnten Hanges werden keine Farne sein können. Vielleicht ist das gar nicht so schlimm. Man wird dann gezwungen, von der etwas einseitigen Farnleidenschaft ein wenig Abstand zu nehmen.

Ein zweiter wichtiger Punkt ist die Bodenbeschaffenheit. Solange der Boden sauer oder höchstens neutral ist, braucht man diesem Punkt keinen weiteren Gedanken zu widmen. Bei alkalischem Boden, besonders bei sehr festem Lehm oder Ton, gestaltet sich der Bau einer Farnschlucht wesentlich aufwendiger, da ein Teil des Bodens ausgetauscht werden muß.

Der dritte und letzte Punkt der Vorüberlegungen ist stark verknüpft mit der eigenen Vorstellung von der Gestalt der Farnschlucht. Wie tief soll sie sein? Wie steil sollen die Hänge sein? Kann ich durch Aufschüttung von Wällen als Begrenzung der Schlucht, ähnlich wie man sie heute zum Lärmschutz verwendet, die Schluchttiefe optisch verstärken? Und wie breit soll die Talsohle der Schlucht sein? Da muß ja wenigstens ein annehmbarer Weg entlangführen. Aber es könnte auch ein Bach dazukommen und eventuell ein Band grünen Rasens. Und letzten Endes: Welche Gehölze sollen verwendet werden?

Das alles sollte man genau überlegen und dann als Plan festlegen. Wer geschickt genug ist, kann seinen Plan selbst anfertigen. Wer sich das nicht zutraut, muß einen Gartenarchitekten zu Hilfe nehmen. Dem muß man allerdings seine Vorstellung von der Farnschlucht ziemlich genau darstellen. Denn Gartenarchitekten bauen sehr selten Farnschluchten. Die Zeichnung für die Erdarbeiten muß die exakt verlaufenden Höhenlinien enthalten.

Es wird am besten sein, wenn die Erdarbeiten von einer Firma getätigt werden oder wenigstens in Nachbarschaftshilfe. Denn es muß als erstes die gesamte Mutterbodenschicht entfernt und an einem möglichst nicht in die Farnschlucht eingeplanten Platz gelagert werden. Bei alkalischem Boden muß zusätzlich noch, je nach Säuregrad und Dichte, eine Schicht von 10 bis 25 cm Stärke abgetragen und ganz beseitigt werden; die gleiche Menge möglichst lockeren Bodens wird danach dem abgetragenen Mutterboden zugefügt. Erst dann wird das Tal modelliert, mit all seinen Buchten, Nebenhügeln und Nebentälerchen.

Wenn der abgetragene Mutterboden unkrautfrei oder wenigstens nahezu unkrautfrei war, kann er gleich wieder aufgetragen werden. Bei stark verunkrautetem Boden sollte man warten, bis die Unkräuter im inneren Bereich abgestorben und an der Oberfläche durch öfteres Jäten und Umsetzen ebenfalls unschädlich geworden sind. Die Unkrautbekämpfung sollte auch nach dem Aufbringen der Erde fortgesetzt werden. Es ist besser, erst im nächsten Jahr alles in unkrautfreie Erde zu setzen als sich später ständig mit den Unkräutern abzuplagen. Der Weg, der Bach (mit Folienbett) und eventuell das Rasenband können allerdings gleich nach Erdauftrag angelegt werden.

Der Belag des Weges sollte nach eigenem Geschmack gewählt werden. Zwar sind Natursteine, große Pflastersteine, Kleinpflaster oder auch rote Sandsteinplatten sehr schön, aber in der feuchten Talsohle einer Farnschlucht werden solche Beläge leicht moosig und dann auch rutschig. Da ist es praktischer, einen anderen, wenn auch nicht so schönen Belag zu wählen.

Der Bach braucht einen Mündungstümpel, in dem die Umlaufpumpe installiert wird, und ebenso, in einer kleinen Seitenbucht des Tales, einen Quelltümpel. Die »Quelle« sollte im Talgrund liegen und nicht, wie man es leider oft sieht, als Steinrinne oben vom »Berg« herunterfließen.

Nicht ganz billig, doch für die Farne, aber auch für das Aussehen der Farnschlucht wichtig sind die Steine, mit denen man die Hänge der Schlucht terrassiert. Es müssen verhältnismäßig große Steine sein, keine würfelförmigen oder rechteckigen Blöcke, sondern eher etwas abgeflachte. Neutrales Schichtgestein, zum Beispiel Sandstein, eignet sich gut. Die Steine werden so plaziert, daß sie zum Hang hin ganz ins Erdreich hineinreichen und zur anderen Seite höchstens zu zwei Drittel ihres Volumens herausschauen. Man legt die Steine nicht ganz waagerecht, sondern läßt zum Hang hin ein schwaches Gefälle, damit das Regenwasser zum Erdreich hin fließen kann und so nicht verlorengeht. Wer in Norddeutschland wohnt und seine Farnschlucht mit Findlingen bestückt, muß darauf achten, daß die Steine wenigstens zur Hälfte im Boden liegen.

Erst wenn die Steine liegen, wenn der Weg fertig ist und der Bach fließen kann, wird die obere Schicht des Bodens noch ein wenig verbessert, damit die Farne und ihre Begleitstauden gute Startbedingungen vorfinden. Dazu mischt man sich ein Substrat, das etwa zu gleichen Teilen aus kalkfreiem Gartenkompost, grobem, gehäckseltem Zweighumus oder halb verrottetem Rindenhumus und Torf besteht. Wer aus Gründen des Umweltschutzes auf Torf verzichten will, kann die beiden zuerst genannten Bodenverbesserungsmittel zu gleichen Teilen verwenden. Man trägt das gut gemischte Substrat etwa 5 cm dick auf, wirft pro Quadratmeter noch etwa zwei Handvoll Hornspäne darüber und arbeitet alles in die obere 15 cm dicke Schicht ein. Und dann kann gepflanzt werden.

Der engagierte Farnliebhaber wird selbst wissen, welche Farne er pflanzen will; die Begleitstauden, die geeigneten Gräser und Zwiebelblumen kann er sich aus den Tabellen dieses Buches aussuchen. Wichtig ist nur, daß die Endgröße der Farne und Stauden bedacht wird, damit die Pflanzen sich nicht so schnell gegenseitig bedrängen.

Farne im Biotop-ähnlichen Garten

Im Zeitalter der naturnahen Gärten, die sowohl in Hausgärten immer mehr ihre Verwirklichung finden, aber auch besonders im Zuge von Gartenschauen und in botanischen Gärten in bahnbrechender Weise gestaltet werden, sollte man die Farne nicht vergessen. Wiesen und Wasser bilden fast immer das Hauptthema in naturnahen Gestaltungen. Wenn aber große, lichte Gehölze vorhanden sind oder wenn höher wachsende Gehölze gepflanzt werden können, ist es nicht einzusehen, warum man unsere heimischen Farne nicht den anderen heimischen Gewächsen zugesellen sollte. Und es bedarf nicht einmal vieler schattenspendender Gehölze, ja oft sogar benötigt man gar keine Gehölze, wenn man Farne in einen naturnahen Garten integrieren will. Wenn das Gelände für das »Biotop« geschickt modelliert wird, so daß sonnige und auch absonnige Partien entstehen, sind die absonnigen Hänge und die Mulden durchaus farngeeignet. Alle mittelgroßen und großen Farne kann man da ansiedeln. In den Mulden gedeiht sogar der Königsfarn *(Osmunda regalis)*. Wenn dann noch ein Gewässer in das »Biotop« einbezogen ist, sei es ein Bach, Teich oder Tümpel, so ist noch mehr Gelegenheit und Platz für Farne vorhanden.

Gerade in Wassernähe am sonnigen Ort entfaltet der Königsfarn seine schönste Pracht. Vielleicht noch schöner ist der Straußfarn *(Matteuccia struthiopteris)* in einer teichnahen Wiesenniederung. Er sollte in größeren Flächen gepflanzt werden und an einer Seite mit der Pestwurz *(Petasites)* konkurrieren. Der Frauenfarn *(Athyrium filix-femina)* ist ein wunderschöner Bachbegleiter, und der Sumpffarn *(Thelypteris palustris)* wagt sich sogar bis ins flache Wasser der Teiche vor, wo er sich gut mit Sumpfdotterblumen, Schwanenblumen und nicht zu robusten Gräsern verträgt. Ihm behagt es allerdings am besten, wenn eine Erle oder eine Weide ein bißchen Schatten spendet.

Die beiden Dornfarne, der Breitwedeldornfarn *(Dryopteris dilatata)* und der Karthäuser Dornfarn *(Dryopteris carthusiana)*, brauchen sauren Boden und sollten in die Nähe von Kiefern oder Fichten gesetzt werden, während unser Wurmfarn *(Dryopteris filix-mas)* jeden etwas absonnigen Platz annimmt. Die kleineren Farne, wie *Cystopteris*, *Asplenium*, *Woodsia* und *Polypodium*, kann man in so einen Naturgarten nur einfügen, wenn Gesteinspartien vorhanden oder eingebaut sind, wenn der Boden an den Pflanzstellen nicht zu nährstoffreich und genügend Feuchtigkeit gewährleistet ist. Birgt der Boden zu hohe Nährstoffgehalte, halten die kleinen Farne der Konkurrenz durch die Gräser und Wildstauden nicht stand. Daher wird man wohl meistens auf diese Farne verzichten oder aber den ganzen Naturgarten in Form eines Alpinums gestalten. Dann aber müssen die großen Farne zurückstecken.

Es öffnet sich also für diese Version des Farngartens ein breites Spektrum, das sich je nach Bodenbeschaffenheit und Geländestruktur, nach Gehölzbestand und nicht zuletzt nach dem Ideenreichtum des Gestalters in die Realität umsetzen läßt. Positiv an so einem naturnahen Farngarten ist auch, daß der Pflegeaufwand, wenn der Garten einmal eingewachsen ist, äußerst gering ausfällt. Es genügt meistens schon, wenn das Gelände einmal im Spätherbst gemäht wird, um eventuell aufkommende Gehölzsämlinge zu beseitigen. Das Mäh-

Nordseiten des Alpinums sind Idealplätze für allerlei Farne wie hier *Asplenium trichomanes* und *Phyllitis scolopendrium*, eine angedeutete 'Cristata'-Form.

gut kann sogar liegen bleiben, sofern es nicht gar zu dick liegt. In Nähe der Farne darf nicht zu tief gemäht werden, um die Rhizomköpfe nicht zu beschädigen.

Wenn es sich um eine Wiese handelt, die auch im Sommer einmal gemäht werden soll, empfiehlt es sich, jeweils um die Farne herum zu mähen. Die Farne würden zwar nach der Mahd wieder austreiben, aber auf die Dauer würden sie geschwächt. Bei der Auswahl sollte man die Artbeschreibungen ab Seite 71 zu Rate ziehen.

Farne in Verbindung mit Stein

Die Stützmauer im Terrassengarten

Gärten in Gebirgslagen sind immer etwas problematisch. Jedenfalls sehen die Besitzer solcher Gärten das so. Sie schauen mit etwas Neid auf die ebenen Gärten mit ihren glatten Rasenflächen und bunten Blumenbeeten. Mühevoll werden die Hänge durch Stützmauern zu Terrassen umgebildet, um wenigstens ein paar Blumenbeete, Plätze für ein paar kleine Gehölze und vielleicht sogar für ein schmales Rasenband zu haben. Steine gibt es im Bergland meist genug, und sie sind dort preiswert zu haben. Mit etwas Geschick sind schnell ein paar Stützmauern fertig. In den Lagen an Südhängen kann man sie mit herrlichen Polsterstauden bepflanzen; neigt sich der Garten nach Norden, bleiben die Mauern kahl – allerdings meist nicht lange. In den Fugen siedeln sich nämlich sehr bald Farne an.

In einigen Gegenden sind solche Stützmauern, da sie aus dem dahinter befindlichen Erdreich genügend Feuchtigkeit ziehen, in Kürze mit Mauerraute *(Asplenium ruta-muraria)* und Steinfeder *(Asplenium trichomanes)* dicht besetzt. Aber auch andere Farne wie der Zerbrechliche Blasenfarn *(Cystopteris fragilis)* und sogar Frauenfarn und Wurmfarn finden sich ein. Da bietet es sich doch förmlich an, noch andere Farne hinzuzufügen. Der kleine Eichenfarn *(Currania dryopteris)* nimmt solche Mauern gern an. Der Glanzschildfarn *(Polystichum aculeatum)* tut sich etwas schwerer. Er braucht eine breitere Fuge, und sein Wurzelwerk muß recht tief in die Mauer gesenkt werden. Wenn er aber einmal etabliert ist, siedelt er sich in anderen Fugen oft von selbst an.

Mit Sicherheit kann man alle *Asplenium*-Arten ansiedeln, entweder durch Sporenaussaat oder durch Pflanzung. Während die Sporenaussaat eine langwierige und unsichere Angelegenheit darstellt, geht das Pflanzen schneller. Man muß dann allerdings bei Trockenheit zusätzlich gießen, möglichst mit feiner Brause (Tülle). Erst wenn sich die Wurzeln tief genug in die Fugen gesenkt haben, ist zusätzliches Wässern nicht mehr nötig. Das kann oft ein oder gar zwei Jahre dauern. Alle Farne, die einmal angesiedelt sind, säen sich fortan mehr oder weniger durch Sporen von selbst weiter aus. Die Stützmauer wird also ständig ihr Bild wechseln. Abgesehen von zusätzlicher Wässerung ist keine Pflege nötig. Interessanterweise ziehen sogar Mauern, deren Fugen mit Zementmörtel abgedichtet sind, im Laufe der Zeit kleine Farne an. Die Mauerraute besiedelt sogar Ziegelmauern.

Farntreppen

Ich stand einmal im Harz auf der weiträumigen Terrasse einer großen, etwas verfallenen Villa. Von der Terrasse führte eine breite Freitreppe in den halbschattigen Garten, und alle Fugen und Risse dieser Treppe waren mit Blasenfarn *(Cystopteris fragilis)* und Steinfeder *(Asplenium trichomanes)*, aber auch mit dem Goldenen Lerchensporn *(Corydalis lutea)* besetzt. Es bot sich mir ein fast märchenhafter Anblick.

Nun, nicht jeder Gartenbesitzer möchte seine Treppe, die von der Terrasse herabführt, so »verunkrauten« lassen. Aber besonders im Bergland gibt es immer mal eine Gartentreppe, die durch Ansiedlung von Farnen nur gewinnt. Oft stellen sie sich dort sogar von selbst ein. Und ist das der Fall, wird der Farnfreund darin ein Signal sehen, auch andere Kleinfarne anzusiedeln. Auch eine Treppe kann eine Farnsammlung bergen. Bei einer schmalen Treppe kann sie sich auf die kleinen Geröll- und Felsfarne beschränken, wenn die Treppe aber breiter ist, kann sie auch größere Farne aufnehmen. Je nach Schattenlage der Treppe werden die größeren Farne bald recht üppig werden, und man muß, ähnlich wie bei der Stützmauer des Senkgartens, zum Messer greifen, um einige herauszustechen. Aber solange man ungehindert rauf- und runtergehen kann, sollte man damit warten.

Die Farnmauer als Teil eines Atriumgartens

Die Farnleidenschaft muß schon ziemlich tief sitzen, um sich solch einen Farngarten anzulegen. Außerdem bedarf es dafür eines guten Maurermeisters. Das, was dem Gartenbesitzer in Gebirgsgegenden von selbst zufliegt, nämlich die Farne an seinen Terrassenstützmauern, an den Mau-

In der Mauerfuge steht der Krause Hirschzungenfarn, *Phyllitis scolopendrium* 'Crispa', oben *Hosta* 'Rheingold'.

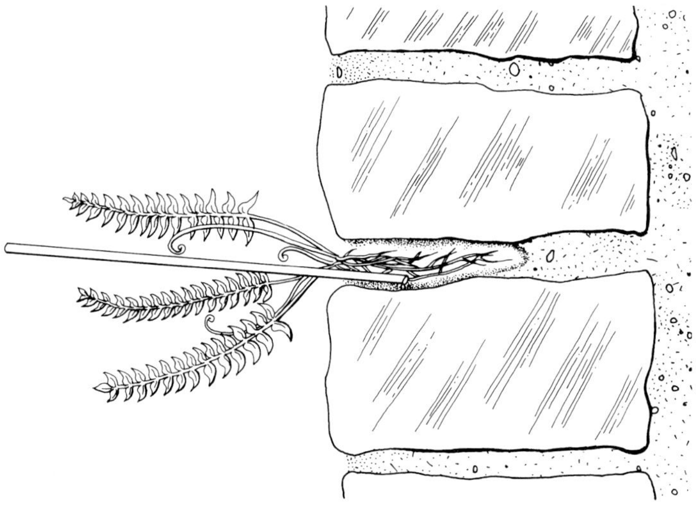

Das Pflanzen eines Farns in eine fertige Mauer. Die Fuge wird so tief wie möglich ausgehöhlt. Man legt die Farnwurzeln gestreckt ein und drückt das breiige Substrat mit dem Finger, mit einem Rundholz oder einer Leiste vorsichtig ein.

ern, die das Grundstück umgeben, ja sogar an Kellereingängen und schattigen Hauswänden, muß der Flachlandgärtner sich mühevoll anlegen. Abgesehen vom Senkgarten nach der Art Karl Foersters, in dem zwei-, höchstens vierschichtige Stützmauern die oberen Beete befestigen, gibt es in der Regel keinen Grund, auf ebener Fläche eine Stützmauer aufzubauen. Also muß man sie, wenn man das Bild einer mit Farnen bewachsenen Mauer genießen und im eigenen Garten immer vor Augen haben will, künstlich aufbauen, ohne daß sie eine Stützfunktion zu erfüllen hat.

Ein gemauerter Gartenhof ähnlich einer Laube oder auch ein Atriumgarten geben dazu zwar keinen Anlaß, aber Gelegenheit. Es gehört eine Portion Mut dazu, denn für den Atriumgarten heißt das: man muß der Nordwand des Hauses eine recht dicke und auch stets feucht gehaltene Natursteinwand vorsetzen. Für den Gartenhof gilt dies natürlich ebenso, nur daß dort die Gefahr einer Durchfeuchtung weniger akut besteht. In jedem Fall sollte man aber die bestehende Wand gut mit Bitumen, aufgeklebter Dachpappe oder Folie abisolieren. Außerdem müssen Anker oder Überbinder in der Wand befestigt werden, damit die vorgesetzte Farnmauer nicht abkippt. Dann müssen noch etwa alle 2 m Wasserzuleitungen verlegt werden, die bei Trockenheit eine Sprühberegnung ermöglichen. Wenn diese Vorarbeiten erfolgt sind, kann man mit dem Aufbau der Mauer beginnen.

Zuerst muß man ein Fundament schütten, das der Dicke der »Farnmauer« entspricht. Es muß also etwa 40 bis 50 cm dick sein bei einer Tiefe von 40 bis 60 cm, in geschützter Lage reicht eine Tiefe von 40 cm, sonst baut man das Fundament 60 cm tief, damit der Frost es nicht anheben kann. Es wäre ratsam, aber nicht unbedingt erforderlich, in das Fundament Bewehrungseisen einzugießen. Als Steine eignen sich am besten Sandstein, Schiefer oder ähnliches flach geformtes Schichtgestein, das möglichst keine Kalkanteile hat. Ein Problem ist der Mörtel, mit dem die Steine gebunden werden. Er muß fest genug werden, um die Mauer zu halten, aber doch so durchlässig, um die Wurzeln der Farne nicht abzublocken. Das ist besonders für die Farne wichtig, die sich später selbst ansäen sollen. Denn für die Pflanzen, die gleich am Anfang gepflanzt werden, kann man zwischen den Steinen tiefgreifende Lücken lassen, die beim Pflanzen mit bindiger Erde, also mit Lehm oder leichtem, sandigem Ton, geschlossen werden. Auch der Raum zwischen der Wand der Laube oder der des Hauses und der aufgebauten Farnmauer sollte mit einem ähnlichen Substrat (Lehm oder Ton) und zusätzlichem Steinsplitt gefüllt werden, damit die Farne genügend Nährstoffe finden. Man muß aber dafür sorgen, daß die Überbinder, also die Anker, die in die Wand eingelassen wurden, in eine dicke Betonmörtelbrücke zum Gestein der Farnmauer eingebettet werden. Man braucht also dreierlei Mörtel: Einmal Betonmörtel (1 Teil Zement + 4 Teile Sand), dann den Fugenmörtel ohne Kalk (1 Teil Zement + 8 Teile Sand) und einfachen, bindigen Lehm, möglichst auch ohne Kalk.

Das Aufbauen der Wand sollte je nach Höhe in zwei oder drei Etappen im Abstand von einer Woche vor sich gehen, damit die Mauer sich zwischendurch setzen kann und der Mörtel abbindet. Die Steine baut man möglichst nicht zu regelmäßig, aber das ist Geschmackssache. Es ist ratsam, auf den Mörtel, mit dem die Steine aufgebaut werden, hin und wieder etwas Lehmsubstrat (etwa 3 mm dick) aufzustreuen, bevor der nächste Stein aufgelegt wird, damit für die Farne, die sich durch Selbstaussaat ansiedeln sollen, eine Fuge für die Wurzeln vorhanden ist. Im oberen Bereich schauen dann die Leitungsenden (es genügt ein Kunststoffschlauch) heraus, auf die später die Sprühdüsen montiert werden. Am besten ist es, wenn die Farnpflanzen bereits beim Aufbau der Mauer, sozusagen mit eingemauert werden, aber wohlgemerkt, immer zusammen mit einer Gabe Lehm und mit einer Verbindung zum Füllsubstrat hinter der Mauer.

Die Auswahl der Farne ist die gleiche wie bei einer Terrassenstützmauer im Bergland. Man muß allerdings diese recht künstliche Farnmauer auch zu späterer Zeit, dann wenn die Farne eingewachsen scheinen, bei Trockenheit immer einmal übersprühen, besonders damit möglichst viel Farnnachwuchs gebildet wird.

Solch eine Farnmauer, im Gebirge eine Selbstverständlichkeit, stellt im Flachland doch ein rechtes Abenteuer dar.

Die Farnmauer im Wintergarten oder im Kalthaus

Absonnige Wände im Wintergarten oder im Kleingewächshaus bieten ähnliche Plätze für Farne wie die Stützmauern im Freien. Die Verglasung darf nur nicht bis zum Boden reichen, oder das Kalthaus ist etwas vertieft in den Boden gebaut. Voraussetzung ist, daß die Mauer durch Natursteine verstärkt wird, ähnlich wie wir es bei der Mauer in der Laube kennengelernt haben. Wenn die Mauer niedrig ist, also weniger als 1 m Höhe mißt, kann man die Fugen der vorgebauten Mauer mit Lehm füllen.

Da die Temperaturen im Kalthaus während des Winters nicht oder kaum unter den Gefrierpunkt sinken, lassen sich auch Farne anbringen, die im Freien nicht wachsen würden, wie *Pteris, Davallia* und *Adiantum capillus-veneris* und manch anderen kleinen Farn, den man oft im nächsten Blumenladen erhält. Am schönsten aber wirken auch hier die heimischen Kleinfarne aus den Gattungen *Asplenium, Cystopteris, Currania, Woodsia* und sogar *Ceterach* und *Cryptogramma.* Da die Luftfeuchtigkeit und auch die Feuchtigkeit der Wand im abgesenkten Gewächshaus immer recht hoch ist, vermehren sich einmal angesiedelte Farne rasch. Selbst Ziegelwände werden von den Farnen angenommen, und wenn die Fugen etwas vertieft sind, kann es passieren, daß so eine Wand im Laufe der Zeit so dicht mit Farnen besetzt wird, daß von den Steinen nichts mehr zu sehen ist.

Sehr schön ist es, wenn man so eine Farnwand mit einem Kalthausalpinum verbindet. Das Alpinum steht etwas erhöht, so daß die Pflanzen dem Auge näher sind. Gestützt wird alles zum Pfad hin durch eine senkrechte oder nahezu senkrechte Wand aus Natursteinen, die mit Lehm aufgebaut wurde. Solch eine Wand bietet eine Unmenge Platz für die verschiedensten Gebirgsfarne. Wenn der Pfad etwas vertieft in die Erde eingelassen und nicht breit ist, lassen sich sogar beide Wände mit Farnen besetzen, denn das bißchen Sonne, das da hingelangt, stört die Farne nicht.

Im sehr hellen Wintergarten eignen sich nur die absonnigen Wände für eine Bepflanzung mit Farnen. Bei Temperaturen, die im Schnitt über 15 °C liegen, sind auch tropische Farne zu verwenden, hingegen ist das Klima den heimischen Farnarten kaum zuträglich. Es würde den Rahmen dieses Buches sprengen, wollte man die zu verwendenden tropischen Farne aufzählen.

Schallschutzwälle

Immer häufiger werden Grundstücke gegen den Lärm der vorbeiführenden Straße mit Erdwällen begrenzt, auf deren Krone und an deren Hängen allerlei anspruchslose Ziergehölze gepflanzt werden. Um den Schall abzuschirmen, genügt es, wenn

die Außenseite und die Krone mit Sträuchern besetzt sind. Nach innen bietet so ein Hang eine Menge von Möglichkeiten zur Bepflanzung mit Stauden, sofern der Hang sonnig ist. Wenn es sich um einen absonnigen Hang oder gar um einen Nordhang handelt, läßt er sich mit Farnen und Schattenstauden begrünen.

An solch einem Hang läßt sich ein Farngarten mit der ganzen Palette hoher, mittelhoher und nicht ganz kleiner Farne einrichten. Besonders interessant wird dieser Garten, wenn man aus Platzmangel den Schutzwall etwas steiler aus Betonelementen aufbaut. In jeder Ausbuchtung eines solchen Elementes lassen sich einzelne Großfarne oder ein paar kleine setzen. Sie bieten sich dem Betrachter ganz anders dar, als wenn sie ebenerdig stünden. Außerdem kann man all die schönen Wucherfarne, wie zum Beispiel *Pteridium aquilinum*, *Matteuccia struthiopteris*, *Dennstaedtia punctiloba* oder *Hypolepis millefolia*, ansiedeln, ohne Gefahr zu laufen, daß sie sich auf Kosten der Nachbarn zu dick machen.

Farne im Senkgarten

Unter einem Senkgarten versteht man eine meist quadratisch oder rechteckig geformte Gartenfläche, deren mittlerer Bereich gegenüber dem übrigen Gelände um etwa einen halben Meter abgesenkt ist. Eine Stützmauer aus mittelgroßen Steinquadern trennt den oberen Bereich vom unteren. Je nach Größe führen zwei, drei oder gar vier Wege um den Garten herum, meist durch Querwege miteinander verbunden. Dazwischen liegen die etwa 1,50 bis 2 m breiten Staudenbeete. Ein ebenfalls rechteckiger oder quadratischer Teich mit einem Feuchtbeet bildet das Zentrum eines solchen Senkgartens. Der berühmteste Garten dieser Art wurde bereits Anfang des Jahrhunderts von Karl Foerster in seiner Bornimer Anlage gestaltet.

Die Stützmauern eines solchen Gartens, besonders die Nordmauer, aber auch die nach Westen und Osten weisenden Mauern, bieten eine Menge Platz für Farne. Das erhöhte Staudenbeet sorgt für ausrei-

Der Nordhang des Alpinums bietet Platz für viele Kleinfarne wie *Cryptogramma crispa* (hinten), *C. crispa* var. *acrostichoides* (vorn) und *Asplenium trichomanes* (rechts).

chend Feuchtigkeit, so daß selbst an besonnten Plätzen kaum Schwierigkeiten für Farne auftreten. Selbst größere Farne aus den Gattungen *Dryopteris, Athyrium* und auch *Osmunda* gedeihen gut, wenn sie auch nicht die Größe wie am normalen Gartenplatz erreichen. Im kleineren Senkgarten, wie ihn sich Besitzer eines kleineren Grundstückes leisten könnten, bieten sich aber eher Farne aus der Gattung der Schildfarne an, wie *Polystichum aculeatum, P. acrostichoides* und *P. mohrioides*. Die größeren Wimperfarne, *Woodsia obtusa* und *W. fragilis*, sowie die Blasenfarne *Cystopteris fragilis* und *C. bulbifera* eignen sich gut für den kleinen Garten, weil sie andere kleine Schattenstauden nicht so sehr bedrängen.

Wenn erst einmal einige Farne an der Mauer des Senkgartens stehen, verbreiten sie sich über Sporenaussaat nach und nach auf die weiteren Fugen. Sollten sie überhand nehmen, so kann man sie durch Ausstechen mit einem schmalen Messer sehr leicht in Schach halten. Das sollte man aber nur tun, wenn die Mauer von den Farnen zu sehr verdeckt wird, so daß der Habitus des Senkgartens darunter leidet.

Farne im Alpinum

Nicht jedes Alpinum wird eine Nordseite haben, vielleicht sogar die wenigsten. Ein Alpinum oder schlichter gesagt einen Steingarten legt man schließlich meist an einem Südhang an. Und da bieten sich wenig Möglichkeiten für Farne. Höchstens daß man Mulden und Vertiefungen, ähnlich einer kleinen Klamm, einbaut, in deren Schattenbereich ein paar kleine Farne

Seite 58 links oben: Farne an einer Schallschutzmauer. Als Farne bieten sich an: *Dryopteris affinis, D. filix-mas, D. wallichiana, Polystichum aculeatum, P. andersonii, P. braunii, P. setiferum.*

links unten: Lärmschutzwall einer Siedlung im Norden Hamburgs. Der Adlerfarn wurde mit dem Boden herangetragen: der Zufall als Gestalter.

einen Platz finden. Die sonnigen Stellen könnten allenfalls mit dem Schriftfarn *(Ceterach officinarum)* oder mit dem Pelzfarn *(Cheilanthes marantae)* besetzt werden.

Anders sieht es aus, wenn in einem Flachlandgarten ein Alpinum eingerichtet wird. Da muß man schon eine Art Hügel aufschütten. Und dabei ensteht zwangsläufig ein sonnenabgewandter Hang. Mancher Farnliebhaber wird sein Alpinum vielleicht gerade deswegen bauen. Die Sonnenseite ist dann vielleicht sogar zweitrangig. (Aber das soll niemandem nachgesagt werden.) Wichtig ist, was sich an so einem der Sonne abgewandten Teil des Alpinums alles verwirklichen läßt.

Es bieten sich drei Möglichkeiten für die Gestaltung des Nordhang-Alpinums an. Wenn die ganze Anlage aus Schichtgestein aufgebaut ist, kann die Schattenseite getrost etwas steiler sein, etwa bis 45 Grad. Die aufgeschichteten Steine bilden dann mehr oder weniger breite Fugen, in denen alle *Asplenium*-Arten oder -Sorten gut gedeihen. Aber auch die kleineren Blasenfarne, wie *Cystopteris fragilis* und besonders die zierliche Hochgebirgsform *Cystopteris regia* oder die schottische Variante *Cystopteris dickieana*, finden dort eine Heimat. Wer diese Kostbarkeiten nicht auftreiben kann, pflanzt statt dessen Eichenfarn *(Currania dryopteris)*, Ruprechtsfarn *(Currania robertiana)* und Buchenfarn *(Thelypteris phegopteris)*. Dazwischen stehen kleine Sorten des Moossteinbrechs, Leberblümchen oder Gelber Lerchensporn und der Farnwedel-Lerchensporn *(Corydalis cheilanthifolia)*. Es gibt noch eine ganze Reihe schattenverträglicher Steingartenpflanzen, die alle mit diesen etwas kräftiger wachsenden Kleinfarnen zurechtkommen. Wenn man *Asplenium*-Arten und -Sorten verwendet, sollte die Konkurrenz jedoch möglichst schwach sein.

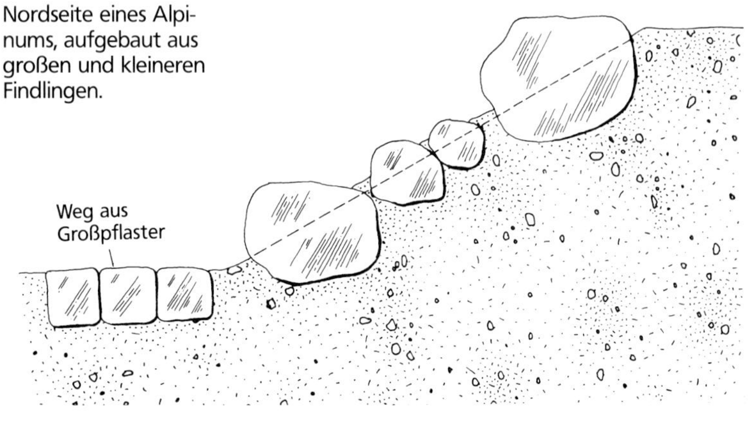

Nordseite eines Alpinums, aufgebaut aus großen und kleineren Findlingen.

Als zweite Version kann man das Alpinum aus unregelmäßigen Steinbrocken aufbauen, aus grobem Bruchgestein oder auch aus Findlingen. Der Farnhang wird dann eine Art Geröllhang. Dieser Hang sollte nicht so steil sein wie der vorher genannte. Zwischen solchen Steinen, besonders wenn das Erdreich mit Steinsplitt vermischt ist, wachsen alle Wimperfarne wie *Woodsia ilvensis* und *Woodsia alpina*. Aber auch die größeren passen da hinein. Am schönsten sind *Woodsia polystichoides*, *W. intermedia* und *W. obtusa*. Als Begleiter wählt man wiederum Leberblümchen, aber auch Alpenveilchen und, wenn man sie aus gärtnerischer Nachzucht bekommen kann, verschiedene Knabenkräuter, die für den sauren Bereich geeignet sind. An einer kühlen Stelle sollte man einmal die beiden etwas heiklen Rollfarne *(Cryptogramma crispa* und *C. acrostichoides)* probieren. Wenn sie sich wohlfühlen, bilden sie bald frischgrüne Polster aus filigranartigem Laub.

Die dritte Variante fällt ein wenig aus dem Rahmen, da man hierbei mit Holz arbeitet. Man baut den Nordhang aus geviertelten dickeren Stämmen schwer verrottender Hölzer, wie Robinienholz, auf. Man läßt aber zwischen den einzelnen Stämmen ein wenig Platz für die Farne, so daß eine Art Treppe entsteht. Die Stämme sollten aber mindestens 20 cm dick sein. In die Zwischenräume, also in die Erdstufen, setzt man Farne wie *Polypodium* in allen Varianten, aber auch Eichen-, Buchen- und Ruprechtsfarn. *Adiantum pedatum* 'Imbricatum', der Kleine Hufeisenfarn, macht sich an so einem Platz gut. Am schönsten aber sind der kleine Rippenfarn *Blechnum penna-marina* 'Alpinum', der Falkland-Seefederrippenfarn, und der Himalaja-Frauenhaarfarn *(Adiantum venustum)*. Diese beiden kleinen bezaubernden Farngestalten besetzen im Laufe der Zeit durch ihr dezentes Wuchern nicht nur die Zwischenräume, sondern sie überspinnen auch das Holz, so daß der Hang bald wie ein grüner Wasserfall aussieht – rötlich getönt, wenn der Himalaja-Frauenhaarfarn austreibt und schwärzlich lila, wenn der Falkland-Seefederrippenfarn seine Sporenkerzen ansteckt.

Begleitpflanzen sind für die Nordhangvariante des Alpinums kaum erforderlich. Vielleicht ein paar Zwiebelgewächse im Frühling, aber möglichst welche, die sich nicht so sehr ausbreiten, in Frage kommt zum Beispiel *Crocus chrysanthus*.

Besondere Gartenstandorte

Farne im Heidegarten

Wer offenen Auges durch die Heide geht, sei es durch die Lüneburger Heide, die ja eigentlich eine künstliche, durch jahrhundertelanges Eingreifen des Menschen geschaffene Heide ist, oder sei es ein Heidegebiet in Meeresnähe, eine echte Heide, in der keine Bäume stehen, weil der starke Meereswind es nicht zuläßt, der wird immer wieder auf vereinzelte Farne oder auch auf größere Gruppen von Farnen stoßen. Heidekraut hat leicht den Ruf, eine Trockenpflanze zu sein. Das stimmt aber nicht. Sie gedeiht nur dort gut, wo der Boden eine garantierte Dauerfeuchte, aber keine Nässe aufweist. In der Lüneburger Heide findet man zum Beispiel sehr häufig an absolut sonnigen Plätzen die beiden Dornfarne *Dryopteris dilatata* und *D. carthusiana*. Sie stehen an großen Steinen, im Schatten von Wacholder, in Mulden oder an der Nordseite kleiner Erdwälle und Hügel. In Seenähe besiedelt das Engelsüß *(Polypodium vulgare)* solche Plätze, auf Sylt findet man sogar den Königsfarn, wenn er auch wegen des kargen Bodens recht mickrig ausfällt.

Im Heidegarten wählt man ähnliche Plätze, wenn man Farne zur Heide gesellen will. Man hat es selbst in der Hand, den Farnen etwas mehr Nahrung zu geben, als sie in der freien Heide bekommen, und kann auch zusätzlich Wasser verabreichen, wenn der Himmel einmal streikt. Daher kann man recht viele Farne in den Heidegarten pflanzen. Der Königsfarn, sowohl der normal große *Osmunda regalis* als auch die zierlichere Form 'Gracilis' passen gut zu den Lila- und Rottönen der Besenheidesorten 'Mullian' und 'Allegro'. Der wunderschöne Rotschleierfarn *(Dryopteris erythrosora)* steht besonders weißblühenden Besenheiden, wie der schönsten weiß gefüllten Sorte 'Kinlochruel', gut zu Gesicht. Der heimische Rippenfarn wächst gern dort, wo eine kleine Kiefer oder auch eine kleinwüchsige Birke, wie zum Beispiel *Betula utilis*, etwas Schatten spenden. Große Farne sollten in etwas Abstand von der Heide stehen, besonders wenn sie wintergrün sind.

Und niemals dürfen Gräser im Heidegarten vergessen werden, nicht der Farne, sondern der Heide wegen. Sehr schön eignen sich die verschiedenen Pfeifengräser *(Molinia)*, aber auch mehr den Schatten liebende Arten wie *Deschampsia caespitosa*. Farne und Gräser dürfen im Heidegarten jedoch nicht zu zahlreich gepflanzt werden. Der Heidegarten soll ja kein Farngarten werden, sondern die Farne sollen nur Akzente setzen. Wenige Farne, zum Beispiel ein Königsfarn und zwei Breitwedeldornfarne, können einem kleinen Heidegarten schon eine ganz persönliche Note geben. In diesem Fall gilt, wie oft auch an anderer Stelle im Garten: Wenig ist mehr.

Man braucht sich aber nun nicht auf die heimischen Farne zu beschränken. Es gibt eine ganze Reihe fremdländischer, die sich gut in den Heidegarten integrieren lassen. Zwei Dinge sollte man aber bedenken: Da ein Heidegarten meist recht frei liegt, muß man die früh austreibenden Farne meiden, da sie sonst häufig Spätfrösten zum Opfer fallen. Brauns Schildfarn *(Polystichum braunii)* oder auch den Amerikanischen Weihnachtsfarn *(Polystichum acrostichoides)* und einige andere (Liste S. 71 ff.) sollten gemieden werden. Außerdem müssen sowohl alle abgestorbenen Wedel als auch die grünen Wedel vor dem Winter abgeschnitten oder wenigstens von den Heidesträuchern entfernt werden, da die Heide sonst den Winter über zu faulen beginnt.

Mit den Humusgaben sollte man bei Farnen im Heidegarten sparsam sein. Heide mag es gern mager und nährstoffarm. Daher werden die Farne im Heidegarten immer etwas kleiner bleiben als zum Beispiel im Farnhain. Aber es lohnt sich schon, im Heidegarten Farnen einen Platz einzuräumen.

Farne am Wasser

Wasser ist das Urelement der Farne. Ohne den berühmten Wassertropfen oder den Wasserfilm unter dem Prothallium wäre die Fortpflanzung der Farne, wäre die Befruchtung der Ovarien durch die Spermatozoiden nicht möglich. Und trotzdem wächst von unseren Gartenformen, also von den bei uns winterharten Farnen, nur einer direkt im Wasser, nämlich der Sumpffarn *(Thelypteris palustris)*. Alle anderen Arten bleiben mit den Rhizomköpfen und mit einem beträchtlichen Teil des Wurzelwerks außerhalb des Wassers, bei natürlichen Teichen oder Bächen bleiben sie auch oberhalb der im angrenzenden Boden sich fortsetzenden Wasseroberflächenlinie.

Daß Farne trotzdem Wasser, oder besser gesagt Feuchtigkeit, lieben, zeigt sich daran, daß sie im feuchten Boden am besten gedeihen. Außerdem steht den größeren Farnen eine Wasserfläche, sei es als Teich oder auch als Bach, besonders schön zu Gesicht. Nahezu unwirklich erscheint das Bild, wenn ein großer Königsfarn, der etwas erhöht an einem leicht beschatteten Teich steht – möglichst begleitet von ein oder zwei großen Findlingen –, seine breiten Wedel und die goldenen Sporenkerzen im schwarzen Wasser spiegelt. Wenn dann noch die schräge Morgen- oder Abendsonne ihn erreicht, findet man kaum etwas Schöneres im Garten.

War es vor einigen Jahren noch ein recht aufwendiges Unterfangen, sich im Garten einen Teich anzulegen, so stellt dies, seitdem sich die Teichfolie durchgesetzt hat, heute kein Problem mehr dar. Wenn man nun Farne an seinem Teich haben will, muß man einen kleinen Kompromiß schließen. Normalerweise legt man einen Teich so an, daß er möglichst viel Sonne erhält, damit die Seerosen gut gedeihen, und hier besonders die ausgefalleneren Sorten, die immer etwas wärmebedürftiger sind. Gewiß, Farne würden auch am sonnigen Teich gedeihen, aber ihren typischen, eleganten Habitus entwickeln sie nur, wenn ein wenig Schatten mit eingeplant wird. Das ist auch deshalb wichtig, weil ein Folienteich keine Feuchtigkeit in das umgebende Erdreich sickern läßt. Die Folie soll bündig mit der Umgebung abschließen, sie soll eine sogenannte Kapillarsperre bilden, um unnötigem Wasserverlust vorzubeugen. Das bedeutet aber, daß alle Pflanzen außerhalb eines solchen künstlichen Teiches in normal feuchtem bzw. trockenem Gartenboden stehen. Sie sind damit von der Wasserzufuhr durch Regen oder aus dem Gartenschlauch abhängig.

Farne pflanzt man am besten dort am Teich, wo keine Sumpfzone eingebaut ist. So können sie sich im Wasser spiegeln und ihre Wedel elegant überhängen lassen. Geeignet sind großwüchsige Farne, wie der Königsfarn *(Osmunda regalis)*, der Amerikanische Straußfarn *(Matteuccia pensylvanica)* und der Frauenfarn *(Athyrium filix-femina)*. Dazwischen stehen einige großblättrige oder großwüchsige Schattenstauden, vielleicht Rodgersien, Blutweiderich und Kreuzkraut. Die Stauden rücken aber immer etwas in den Hintergund, damit die Farne besser zur Wirkung kommen. Dahinter wiederum setzt man ein oder zwei hochwüchsige Gräser aus der Reihe der neuen, sicher blühenden Chinaschilfsorten *(Miscanthus sinensis)*. Am großen Teich können auch zwei Bambusgruppen, am besten *Fargesia nitida (Sinarundinaria nitida)*, und zwar die grazile Sorte 'Nym-

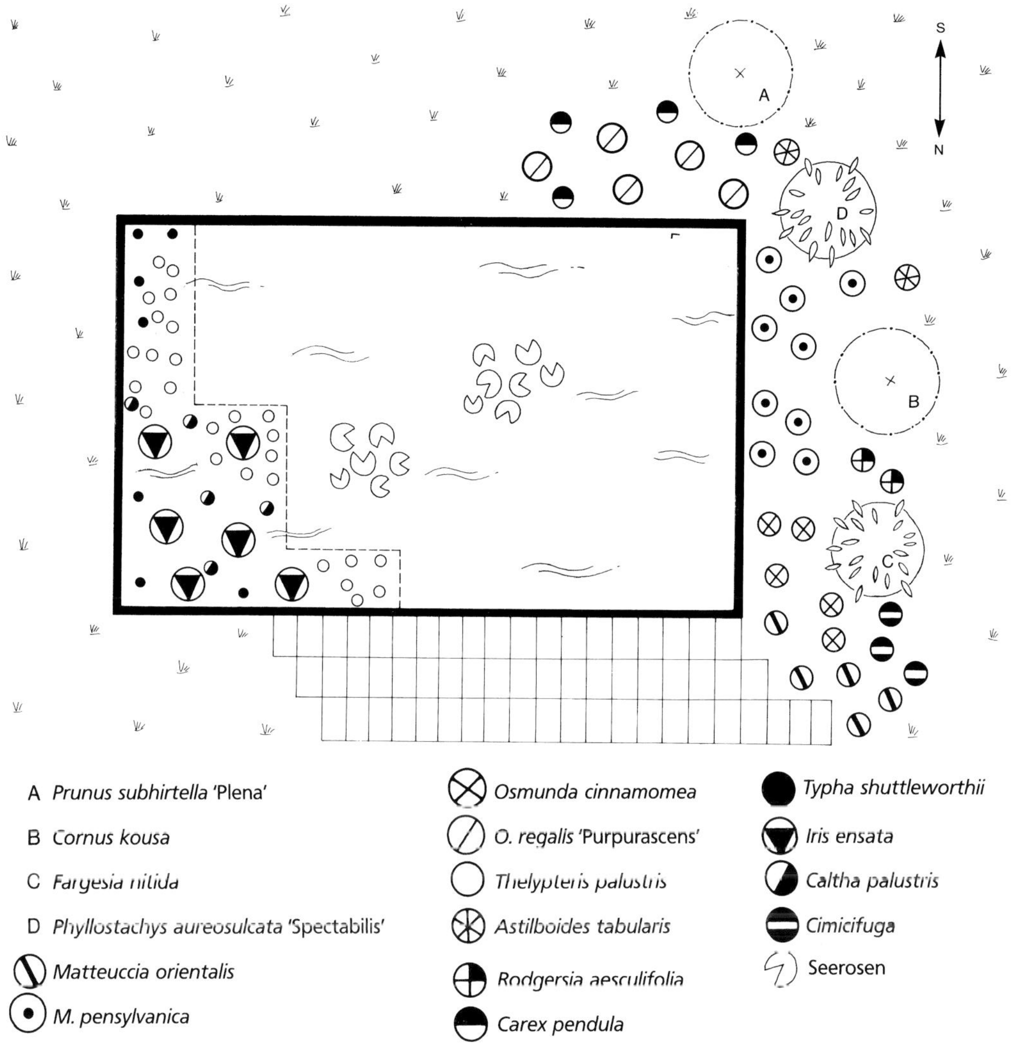

Farne in den weniger stark besonnten Bereichen am Gartenteich.

phenburg', stehen. Auf *Fargesia murielae* verzichtet man besser, da die Büsche vermutlich demnächst blühen und dann eingehen.

An der sonnigsten Teichseite, dort wo eine Sumpfzone eingebaut ist, läßt sich auch der zierliche Sumpffarn *(Thelypteris palustris)* anpflanzen. Am besten zusammen mit der Sumpfdotterblume *(Caltha palustris)* und mit ein paar großen Kübeln (um sie im Winter etwas trockener halten zu können) mit *Iris kaempferi.* Die Sumpfzone sollte ansonsten nicht viel mehr anderes enthalten, höchstens noch die Schwanenblume *(Butomus umbellatus)* und ein paar zierliche Rohrkolben *(Typha minima).* Der Sumpffarn sollte die Szene beherrschen.

In jedem Fall empfiehlt sich die Beschränkung auf wenige Farne. Drei oder vier Arten reichen aus. Und immer sollten es nicht zu kleine Farne sein, damit durch den üppigen Wuchs die Feuchtigkeit und Üppigkeit – auch wenn es sich um einen Kunstteich handelt – dokumentiert wird. Auf gegabelte und stark betroddelte Gartenformen verzichtet man besser ganz oder verwendet sie höchstens als gesondert stehende Einzelpflanzen.

Farne treten in der freien Natur oft in reinen Beständen auf. Besonders der Straußfarn füllt nicht selten riesige Flä-

Farnbach an einem absonnigen Hang mit großwüchsigen Farnen. Als Stauden kommen neben typischen Schattengräsern und Schattenstauden auch *Iris pseudacorus,* für kleinere Anlagen *Iris chrysographes* und *Iris versicolor* in Frage. Die teichartige Erweiterung dient beim künstlichen Bach als Auffangbecken für die Umwälzpumpe.

chen, oder der Königsfarn begleitet in Kolonien liebend gern langsam fließende Bäche. Ähnliche Standorte liebt der Frauenfarn. Ebenso entstehen beim Gartenteich die schönsten Bilder, wenn man sich nur auf eine Farnart beschränkt. Wird eine etwas beschattete Uferseite des Teiches, die keine Sumpfzone aufweist, so daß das Wasser direkt an die Farne reicht (das ist ja beim Kunstteich kein Problem), nur mit dem Amerikanischen Straußfarn, mit Königsfarn oder Frauenfarn besetzt, hat man immer eine gute Lösung, bei der nichts schiefgehen kann. Und damit die Fläche im Frühling nicht so kahl wirkt, setzt man viele Schneeglöckchen und Märzenbecher, aber vielleicht auch ein paar edle Scharbockskräuter wie *Ranunculus ficaria* 'Cuprea' oder 'Salmon White' dazwischen.

Sehr schön wirkt es auch, wenn man einen kleinen Teich mit einer Farnmauer kombiniert. Das Wasser beeinflußt das Kleinklima günstig. Die Luft im Bereich der Mauer am Teich ist feuchter und kühler, so daß viele Kleinfarne wie *Cystopteris, Asplenium,* aber auch *Phyllitis* sich sehr wohlfühlen und sich sogar aussäen und im Laufe der Zeit die ganze Mauer überziehen. Es genügen schon wenige Steinschichten übereinander (vielleicht bis vier), um viele Farne pflanzen zu können. Aber auch in diesem Fall hat es seinen besonderen Reiz, sich auf eine oder zwei Arten zu beschränken. Eine steilere Mauer nur mit dem Schottischen Blasenfarn *(Cystopteris dickieana)* oder ein etwas flacherer Steinhang (etwa 45 Grad), nur mit dem Himalaja-Venushaarfarn *(Adiantum venustum)* besetzt, geben ganz bezaubernde Bilder.

Der Farnbach

Im Zusammenhang mit der »Farnschlucht« ist der Bach bereits angesprochen worden. Und trotzdem gibt es noch etliche Möglichkeiten, einen Bach mit Farnen zu bereichern. Glücklich ist der Gartenbesitzer, durch dessen Garten ein Bach fließt. Durch geschicktes Umgestalten kann man so einen Bach mit Mäandern, kolkartigen

Je feuchter desto sonniger können Farne stehen wie hier ein Königsfarn am Ufer eines flachen Teiches.

Erweiterungen und kleinen »Stromschnellen« versehen. Dadurch erhält man viele Pflanzplätze für Farne.

Für die feuchten und nassen Bereiche bieten sich die beiden Sumpffarne an, der deutsche und der amerikanische *(Thelypteris palustris* und *T. hexagonoptera)*, aber auch der Kammfarn *(Dryopteris cristata)*. Der bei uns heimische Sumpffarn kann bis in 15 cm tiefes Wasser gesetzt werden. Noch ein Farn für feuchte bis nasse Standorte ist der Virginische Kettenfarn *(Woodwardia virginica)*. Sumpfvergißmeinnicht, Sumpfdotterblumen und Rosenprimeln können Begleiter dieser verhältnismäßig zarten Farne sein. Ist der Bach breiter und führt er mehr Wasser, so kommen auch alle anderen größeren Farne in Betracht, die gern in Wassernähe stehen. Sie wurden im Zusammenhang mit dem Gartenteich bereits angesprochen. Große Farne sollte man allerdings nicht oder nur ganz sparsam verwenden. Aber es gibt ja von den Farnen, die sich für feuchte Standorte eignen, auch kleine Varianten: vom Königsfarn *(Osmunda reglis)* die Form 'Gracilis', vom Frauenfarn *(Athyrium filix-femina)* den Typ 'Minutissimum'. Beide werden kaum halb so hoch wie die Art.

Den künstlich angelegten Folienbach oder den etwas aufwendigeren Bach aus Naßtonziegeln (das sind Elemente aus feuchtem, ungebranntem Ton, die durch Rütteln wasserundurchlässig gemacht werden) wird man kaum in den Dimensionen eines Naturbaches anlegen, er bietet aber letzten Endes fast die gleichen Bedingungen wie ein natürlicher Bach. Wenn die äußeren Erdbereiche in den mit Folie oder Ton abgedichteten Bereich überlappen, geht verhältnismäßig viel Wasser durch die Kapillarwirkung verloren. Das sollte man dort, wo das Wasser teuer ist, vorher bedenken. Ein geschickter Bastler kann das Regenwasser vom Dach seines Hauses in großen Behältern auffangen und durch ein regulierbares Ventil über ein Röhrensystem dem Bach bei Bedarf zuleiten. Regenwasser ist zudem sehr pflanzenfreundlich.

Ein Bach, der sich über verschiedene Stufen durch den lichten Schatten eines Hanggartens schlängelt, wird beiderseits von üppigen Farnen gesäumt. Für die Bepflanzung eignen sich *Athyrium distentifolium, A. filix-femina, Dryopteris filix-mas, Mattheuccia struthiopteris, Osmunda regalis, Polystichum aculeatum, Thelypteris limbosperma* und verschiedene Gräser.

Außerdem ist eine Umlaufpumpe erforderlich, die das Wasser vom Auffangteich zur »Quelle« zurückleitet. Die Quelle sollte niemals erhöht von einem Hügel herabführen, sondern eher vertieft aus einer mit Findlingen oder Steinblöcken gebauten Mulde bestehen, von der das Wasser aus dem versteckten Rohr herausquillt. Man kann so eine Quelle mit in das Alpinum einfügen und in ihrer Nähe kleine Felsfarne ansiedeln. Sie gedeihen zwischen den feuchten Steinen besonders gut.

Wenn der Garten an einem Hang liegt, lassen sich in den Bach Wassertreppen und sogar kleine Wasserfälle mit einbauen. So ein schnellfließender Bach, dessen Wasser hin und wieder über einen kleinen Wasserfall stürzt, bringt Akzente besonderer Art in den Garten: ein leises Glucksen, das Blinken und Blitzen der Sonnenstrahlen im fallenden Wasser und auf der bewegten Oberfläche des Baches. Außerdem beeinflußt der kleine Wasserfall das Kleinklima in seiner Nähe.

Wird der Hang wie ein Alpinum gestaltet, lassen sich ungeachtet einer sonnigen Lage Farne mit einbeziehen. Es kommen alle kleinen Farne der Gebirge in Betracht, wie sie auch an der Nordseite des Alpinums gepflanzt werden. Im sonnigen Alpinum muß man sie allerdings in den Wasserbereich des Baches setzen, wo immer genügend Feuchtigkeit gewährleistet ist. Sogar der Hirschzungenfarn *(Phyllitis scolopendrium)* und der Lanzenschildfarn *(Polystichum lonchitis)* ebenso wie der Zwerghufeisenfarn (*Adiantum pedatum* 'Imbricatum'), der Himalaja-Frauenhaarfarn *(Adiantum venustum)* und vor allem der wunderschöne Falkland-Seefederrippenfarn (*Blechnum penna-marina* 'Alpinum') gedeihen dann gut.

Begleitstauden für den sonnigen Alpinum-Farnbach sind nicht so leicht zu finden. Schließlich müssen sie drei Bedingungen erfüllen: Sie müssen Sonne vertragen, Feuchtigkeit lieben und zusätzlich noch auf saurem Boden gedeihen. Sehr schön würden verschiedene Knabenkräuter *(Dactylorhiza)* zu den kleinen Farnen passen. Selbstverständlich sind solche Erdorchideen nur aus gärtnerischen Nachzuchten zu beziehen. Wenn man nicht zu nahe ans Wasser herangeht, lassen sich auch die Moossteinbreche verwenden. Sie müssen allerdings regelmäßig alle zwei bis drei Jahre zur Ordnung gerufen werden, indem man sie verkleinert, den Boden leicht düngt oder sie ganz neu pflanzt. Die Tabelle gibt Vorschläge für Kleinstauden, die am sonnigen Alpinenbach verwendet werden können.

Farne in Trögen und Kübeln

Es ist Mode geworden, kleine Gärtchen in Trögen, Kübeln, ja sogar in größeren Keramikschalen zu gestalten. Als diese Mode vor 30 oder 40 Jahren ihren Einzug in die

Kleine Begleitstauden für kleine Farne am sonnigen Alpinumbach

wissenschaftlicher Name	deutscher Name	Höhe	Anmerkungen, Bodenansprüche
Andromeda polifolia 'Compacta'	Rosmarinheide	10	sehr feuchter und saurer Boden
Androsace carnea ssp. *rosea*	Fleischfarbenes Mannsschild	5	frischer, aber durchlässiger Boden
Aquilegia flabellata 'Nana'	Zwergakelei	15	nicht zu naß, neutrale Bodenreaktion
Arnica montana	Bergwohlverleih	30	sandiger, durchlässiger Boden
Callianthemum coriandrifolium	Jägerblume	15	besonders im Frühling naß halten, zieht bald nach der Blüte ein
Dactylorhiza maculata	Geflecktes Knabenkraut	25–70	leicht anmoorig bis frisch, sät sich leicht aus
– *majalis*	Breitblättriges Knabenkraut	20–50	ähnlich wie *D. maculata*
Gentiana-Hybriden	Herbstenzian	5–7	wie *G. sinoornata*
– *pneumonanthe*	Lungenenzian	15–40	feucht und sauer
– *sinoornata* 'Praecox'	Herbstenzian	5	frischer, sandig torfiger Boden, alle zwei Jahre umpflanzen
Hutchinsia alpina ssp. *auerswaldii*	Gemskresse	10–15	neutraler Boden, punktuell leicht gekalkt
Parnassia nubicola	Himalajaherzblatt	10–15	wüchsigste Art innerhalb der Gattung
– *palustris*	Sumpfherzblatt	10–20	recht feucht und sauer
– *parviflora*	Amerikanisches Herzblatt	10–15	ähnlich *P. palustris*, aber grünliche Blüten
Phyteuma coeruleum	Blaue Teufelskralle	20–30	frischer, leicht saurer Boden
Platanthera bifolia	Kuckucksblume	25–40	torfiger, feuchter Boden
Potentilla aurea	Goldfingerkraut, Sorte 'Goldklumpen'	5	im Sommer trocken
Primula hirsuta		10–15	steinig humoser Boden
– *rosea*	Rosenprimel	15–25	gedeiht noch unmittelbar am Wasser, spätfrostgefährdet
Saxifraga-Arendsii-Hybriden	Moossteinbrech, Sorten 'Ingeborg', 'Harder Zwerg'	15	kompakte Sorten wählen, nicht zu feucht halten
Soldanella alpina	Alpenglöckchen	15	sonniger, feuchter, torfiger Stand
– *hungarica* ssp. *major*	Ungarisches Alpenglöckchen	10	wüchsiger als *S. alpina*
Trollius pumilus	Zwergtrollblume	25	leicht saurer Boden

Gärten hielt, holte man sich vor allem Tröge von den Bauern, die ihrem Vieh inzwischen in moderneren Gefäßen das Futter reichten. Man bekam damals so einen aus Sandstein oder gar Granit gehauenen Trog für ein Butterbrot und Ei. Heute sind solche Gefäße fast unerschwinglich. Dafür aber hat sich eine ganze Industrie herausgebildet, die Tröge, Kübel und Gefäße jeder Art herstellt. Und da sie nicht allzu teuer sind, findet man sie in vielen Gärten und vor allem auf den Balkons, denn nicht jeder Pflanzenliebhaber ist Besitzer eines Gartens.

Meist stehen die Gefäße an sonniger Stelle und bergen allerlei kleine und kleinste Steingartengewächse: Sempervivien, Saxifragen, Edelweiß und Enzian. Aber am sonnigen Platz steht oft auch der Liegestuhl, und dann muß der Minigarten in den Schatten rücken; das ist dann gerade der richtige Platz für ein Farngärtchen im Trog. Nicht nur die Streifenfarne *(Asplenium)*, die Blasenfarne *(Cystopteris)* und die Wimperfarne *(Woodsia)* fühlen sich in so einem Schattentrog wohl, vielmehr noch all die zwergigen Varianten, die durch Mutation und Hybridisation, also

Kleine Farne für Tröge und Kübel

wissenschaftlicher Name	deutscher Name	Höhe in cm*
Adiantum pedatum 'Imbricatum'	Kleiner Hufeisenfarn	8–12
Asplenium x *alternifolium*	Deutscher Streifenfarn	3– 5
– *fontanum*	Fluhfarn	3– 8
– *trichomanes*	Braunstieliger Streifenfarn	5–10
– – 'Cristatum'	Verzweigte Steinfeder	4– 8
– – 'Incisum'	Gesägte Steinfeder	4– 8
– *septentrionale*	Gabelstreifenfarn	4– 7
Athyrium filix-femina 'Bornholmiense'	Bornholmer Zwergfrauenfarn	8–12
– – 'Frizelliae Nanum'	Zwergiger Wendeltreppen-Frauenfarn	12–15
– – 'Frizelliae Nanum Multifidum'	Gegabelter Zwergwendeltreppen-Frauenfarn	12–15
Blechnum penna-marina 'Alpinum'	Falkland-Seefederrippenfarn	8–15
Ceterach officinarum	Schriftfarn	4– 8
Cystopteris dickieana	Schottischer Blasenfarn	4– 8
– *regia*	Alpenblasenfarn	10–15
Dryopteris fragrans	Duftender Zwergwurmfarn	4– 8
Phyllitis scolopendrium 'Marginata Angustissima'	Zwerg-Doppelrand-Hirschzungenfarn	8–15
– – 'Marginata Angustissima Cristata'	Gabeliger Zwerg-Doppelrand-Hirschzungenfarn	8–15
– – 'Ramosa Cristata Nana'	Zwergiger Hahnenkamm-Hirschzungenfarn	5– 8
Woodsia alpina	Alpenwimperfarn	5–10
– *ilvensis*	Rasiger Wimperfarn	8–12
– *intermedia*	Mittlerer Wimperfarn	6–12
– *polystichoides*	Fernost-Wimperfarn	6–12

* Die kleinsten unter den Farnen wachsen in Trog und Kübel noch zwergiger als am normalen Gartenplatz, daher sind die in dieser Liste angegebenen Höhen nicht immer identisch mit den Angaben in der Liste Seite 71 ff.

durch Erbänderungen und Kreuzungen, aus größeren Farnen, besonders aus dem Frauenfarn *(Athyrium)* und dem Hirschzungenfarn *(Phyllitis)*, entstanden sind. Auch der Königsfarn hat einen Typ entwickelt, der höchstens 25 cm Höhe erreicht. Leider fällt er nicht echt aus Sporen, so daß er immer eine Rarität bleiben wird. Vom Hufeisenfarn gibt es eine zwergige Form, die nicht wuchert und sich daher ebenfalls für Tröge und Kübel anbietet: *Adiantum pedatum* 'Imbricatum'. Er bleibt im Trog besonders gedrungen und niedrig. Eine Cristata-Form des Amerikanischen Weihnachtsfarns (*Polystichum acrostichoides* 'Cristatum') besticht durch die wintergrünen Wedel. Ein bezaubernder Farn ist der Lanzenschildfarn *(Polystichum lonchitis)*, der ebenfalls wintergrün ist und kaum über 15 cm hoch wird. Als Hochgebirgsfarn braucht er aber einen hellen, kühlen Platz und erweist sich daher im Kübel als etwas heikel.

Ein paar begleitende Schattenstauden sind auch wichtig. So schön die Kissenprimeln sind, sie werden leider zu schnell zu breit und drücken die etwas zart besaiteten Farne bald tot. Moossteinbrech (*Saxifraga*-Arendsii-Hybriden), Silberrosettensteinbrech *(Saxifraga paniculata)*, das Porzellanblümchen *(Saxifraga umbrosa)* sind annehmbare Begleiter; ebenso der Felsenteller *(Ramonda)*, das Hundsveilchen *(Viola canina)* und das Labradorveilchen *(Viola labradorica)*. Es gibt noch eine Reihe anderer kleiner Schattenpflanzen, die sich für den Minifarngarten eignen. Selbst die Sternmiere *(Stellaria holostea)* zählt dazu. Alle Begleitpflanzen sollten aber in Polstern und ohne große Ausdehnungsbestrebungen wachsen, und wenn sie zum Wuchern neigen, wie etwa die Waldsternmiere, so sollten sie leicht zu bändigen sein. Die Tabelle zeigt alle kleinen und mittelhohen Farne auf, die nicht über 30 cm hoch werden und robust und

Der Braunstielige Streifenfarn, *Asplenium trichomanes*, steht in diesem Trog schon 5 Jahre, und er wird jedes Jahr schöner.

wüchsig sind, aber nicht wuchern, um in einen Trog oder Kübel gepflanzt zu werden.

Bleibt zu ergänzen, daß man auch große Farne in Kubel setzen kann, zum Beispiel zusammen mit Sommerblumen, mit Pelargonien, Petunien und vor allem mit Fuchsien kombiniert. Dazu nimmt man eine oder höchstens drei Pflanzen eines dekorativen Farns, am besten vom Straußfarn *(Matteuccia)*. In diesem Falle spielt der Farn eine untergeordnete Rolle. Er ist nicht Teil eines kleinen Farngärtchens, sondern ergänzendes Element eines Schmuckkübels, der jedes Jahr neu bepflanzt werden kann.

Farne als Grabbepflanzung

Gräber auf Friedhöfen mit hohem, altem Baumbestand sind nicht immer leicht zu pflegen. Die bunten Stiefmütterchen, die im Frühling mit viel Liebe gepflanzt werden, vergeilen im Schatten der hohen Bäume sehr schnell und geben dann einen unordentlichen Anblick. Auch mit den meisten Sommerblumen verhält es sich so. Viele Menschen, die die Gräber ihrer Angehörigen pflegen, resignieren und greifen dann allenfalls noch zu Efeu und Immergrün *(Vinca minor)*. Efeu ist zwar sehr vielgestaltig, und auch Immergrün bietet mit seinem gut einem halben Dutzend

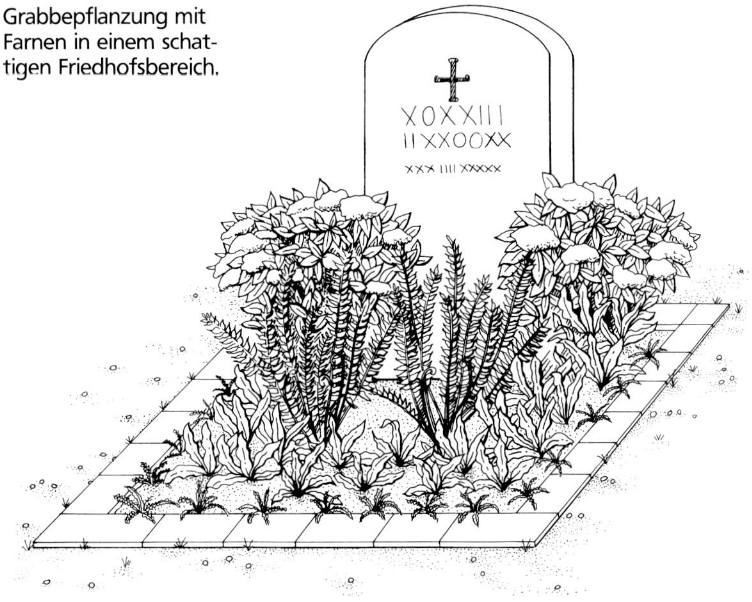

Grabbepflanzung mit Farnen in einem schattigen Friedhofsbereich.

Sorten schöne Möglichkeiten der Grabbepflanzung. Aber warum sieht man Farne so selten als gestalterisches Element?

Wie wunderschön – und dem Ort angemessen – würde ein Grab wirken, dessen Ränder mit einem breiten Band des Falkland-Seefederrippenfarns (*Blechnum penna-marina* 'Alpinum') umgrenzt ist. Der Mittelteil könnte dann mit Fleißigen Lieschen *(Impatiens balsamina)*, einer schattenliebenden Einjährigen, bepflanzt werden. Aber auch ausschließlich mit Farnen besetzt, kann ein Grab das ganze Jahr über einen sauberen und tröstlichen Anblick bieten, wenn man wintergrüne Arten und Formen wählt. Der etwas größere Neuseeländer Seefederrippenfarn, wieder als Kante, kombiniert mit der einfachen Hirschzunge oder auch mit der Form 'Gracilis' des Rotschleierfarns, in der Mitte betont durch zwei Exemplare des Elefantenrüsselfarns *(Dryopteris atrata)* oder des Himalaja-Schwarzschuppenfarns *(Dryopteris wallichiana)*, wäre eine Nur-Farnmöglichkeit für ein größeres Grab, die zudem noch fast keiner Pflege bedarf.

Am schönsten würden sich aber die beiden herrlichen Wucherfarne, der Falkland-Seefederrippenfarn und der Himalaja-Venushaarfarn, machen – der kleine als Teppichrand, der andere als höheres, langes Rechteck in der Mitte. Damit die beiden sich bei ihrem Wuchern nicht in die Quere kommen, grenzt man sie, unsichtbar versenkt, mit einer grünen Kunststoffkante gegeneinander ab. Der sommergrüne Venushaarfarn könnte für den Frühling mit einigen gefüllten Schneeglöckchen (*Galanthus nivalis* 'Hortensis') durchsetzt werden, deren Laub aber zeitig ausgezupft werden sollte, damit dieser überaus zarte Farn ordentlich aussieht, sobald der bronzene Austrieb erscheint. Es empfiehlt sich, das Kraut des sommergrünen Venushaarfarns im Spätherbst abzuschneiden und die Fläche 2 cm dick mit leicht saurem Kompost abzudecken, damit der Frost in einem harten Winter keinen Schaden anrichten kann.

Man sollte sich aber immer davor hüten, ein kleines Grab mit großen Farnen zu bestücken. Immer muß man beim Bepflanzen eines Grabes mit Farnen bedenken, wie groß ein Farn einmal werden kann. Man sieht es ihm, wenn man ihn im kleinen Topf kauft, ja nicht so ohne weiteres an.

Die Farnarten und ihre Varianten

Die folgenden Beschreibungen der Farne sollen aufzeigen, wie vielfältig und vielgestaltig die Natur das Thema Farne behandelt hat. Allein schon die Wuchshöhe, die von wenigen Zentimetern beim Nordischen Streifenfarn *(Asplenium septentrionale)* bis zum Zweimeterriesen, dem Königsfarn *(Osmunda regalis)*, reicht, gibt einen Einblick über die Variationsbreite. Vielmehr aber noch die Form der Wedel, der Aufbau der Pflanze, die Fiederung und nicht zuletzt die zwar dezente, aber doch immer wieder faszinierende Variierung der Farbe Grün. Bieten allein schon die Arten ein so breites Spektrum an Formen und Farben, so eröffnet die um die Sorten erweiterte Palette eine schier unerschöpfliche Vielfalt an Form und Gestalt.

Die Arten sind im folgenden recht ausführlich beschrieben. Dabei wird versucht, nach einem bestimmten Schema vorzugehen, um klare Vergleichsmöglichkeiten anzubieten. Wenn bei selteneren oder neu eingeführten Farnen Ähnlichkeiten mit einem gut bekannten Farn bestehen, werden sie erwähnt. Als Heimatstandorte werden nur die reichhaltigsten, also die wichtigsten, erwähnt.

Im Anschluß an die jeweilige Art werden die aus Mutation und – weitaus weniger häufig – durch Hybridisation entstandenen Sorten angeführt. Dabei wird versucht, die Beschreibung so knapp wie möglich zu halten, ohne daß dabei Unklarheiten entstehen. Die Namen dieser »Spielarten« sind oft sehr lang und für den Farnneuling verwirrend. Leider gibt es nicht immer dafür einen deutschen Namen. Oft ist auch der Name, wenn man einen findet, aus dem Englischen oder gar aus dem Japanischen übersetzt und daher nicht sonderlich ansprechend. Trotzdem wird es versucht, einen Namen in Deutsch anzugeben. Dabei sind die schönsten immer noch die vom Altmeister der Stauden und Farne, Karl Foerster, formulierten. Vielleicht findet ja der eine oder andere Leser dieses Buches den Mut, einen passenden und eingängigen Namen für einen neuen, bisher noch unbenannten Farn oder für eine Farnvarietät zu finden.

Adiantum, Frauenhaarfarn

Die Gattung *Adiantum* umfaßt hauptsächlich tropische und subtropische, bei uns nicht winterharte Farne, die aber wegen ihres grazilen Wuchses gern als Topffarne gezogen werden. Von den etwas über 200 Arten kommen für unsere Gärten lediglich drei in Frage. Wirklich winterhart sind nur zwei.

Adiantum capillus-veneris

Der Venushaarfarn ist eine zierliche Farngestalt. Sein natürliches Vorkommen beginnt südlich der Alpen und reicht bis zu den Kanarischen Inseln. Er wächst an feuchten, oft auch quelligen Felswänden, in Gräben und Brunnen und kann je nach Standort nur wenige, oft aber bis zu 40 cm lange, schmal-ovale, überhängende Wedel bilden. Die Wedel sind zweifach gefiedert. Die Blättchen, an schwarzglänzenden, drahtigen Stielen sitzend, haben die Form winziger Ginkgoblätter: dreieckig und vorn gelappt. Sie sind transparent mittelgrün und vergilben nicht.

Dieser zarte Farn ist nicht winterhart, er stellt aber für nordwärts gerichtete Standorte im leicht temperierten Kalthaus einen guten Begleiter für Halbschattengewächse des Alpinums dar. Für das Freiland kann man den ähnlichen Himalaja-Venushaarfarn wählen.

Adiantum pedatum

Farbbild auf Seite 2 und 175

Der Hufeisenfarn oder Pfauenradfarn wirkt auf den ersten Blick tropisch empfindlich trotz seiner oft 1 m breiten und bis zu 70 cm hohen Büschel. Sein Verbreitungsgebiet reicht von Nordamerika über Ostasien bis zum Himalaja, wo er an Wasserläufen und anderen feuchten, stark humosen und nicht zu schattigen Stellen reichlich vorkommt. Aus schwach kriechenden Rhizomen steigen oft recht zeitig im Farnjahr die dünnen, drahtigen Stengel 30 bis 60 cm senkrecht empor. Dort gabelt sich der Stiel in zwei waagerecht hufeisenförmig verlaufende Zweige, an denen die einfach gefiederten Wedel strahlenförmig abstehen. Die ovalrautenförmigen Blättchen sind zart, zuerst bronze-, später matt dunkelgrün, am Rand sind sie gelappt oder auch leicht gezähnt. Die Herbstfärbung reicht von Zitronen- bis Sattgelb. Die Sporenbehälter werden von blattähnlichen Auswüchsen bedeckt, die sich an den äußeren Blatträndern befinden. Obgleich der Hufeisenfarn manchmal bis in den Spätsommer Wedel nachtreibt, entwickeln sich die Sporen nur an den Erstwedeln.

Der Hufeisenfarn treibt recht früh und wirkt dann mit den dünnen Stielen sehr zerbrechlich. Er übersteht Spätfröste aber besser als fast alle anderen frühtreibenden Farne. Dieser wunderschöne Farn paßt gut zu halbhohen Rhododendren, Schattengräsern, vielerlei Zwiebelblumen, Primeln und Anemonen. Alte Horste lassen sich gut teilen, am besten im Sommer, wobei die Wedel gestützt werden müssen. Größere Anzuchten erfolgen am besten aus Sporen. Die Sporen reifen ab Ende Juli bis Ende August. Ausgereifte Wedel lassen sich gut als Schnittgrün verwenden. Vom Hufeisenfarn gibt es zwei Varianten:

'Imbricatum'. Der Krause Hufeisenfarn, Zwerghufeisenfarn oder auch Dachziegelhufeisenfarn ist aus gärtnerischer Sicht die wichtigere Sorte. In den Katalogen mancher Gärtnereien wird er auch unter den Namen *Adiantum pedatum* 'Aleuticum', 'Compactum' oder 'Nanum' geführt. Ein Pflanzensammler fand den Farn in den Wäldern von Washington. Der Krause Pfauenradfarn wird nur 15 bis 20 cm hoch. Seine Gestalt könnte man in allem als die gestauchte Form des normalen Hufeisenfarns bezeichnen. Allerdings sind die Blätter bläulichgrün, stark gekraust und dachziegelartig übereinander angeordnet. Er breitet sich noch langsamer aus als sein naher Verwandter und entwickelt nach zehn Jahren etwa halbmeterbreite, flachkuppelige Polster von eigener Schönheit.

Am besten wächst er an der Nordseite des Alpinums zusammen mit edlen Zwiebelblumen und kleinen Schattenstauden. Wo der Boden nicht austrocknet, gedeiht er auch an sonnigen Plätzen; seine Färbung fällt dann besonders intensiv aus. Der Farn kann aber bei zu starker Einstrahlung auch braun werden. Man sollte ihn dann ausputzen. Er treibt bis September willig nach. Vermehrt wird der Krause Hufeisenfarn durch Teilung und Sporenaussaat. Er fällt völlig echt. Die Sporen reifen im Juli bis August. Dieser kleine,

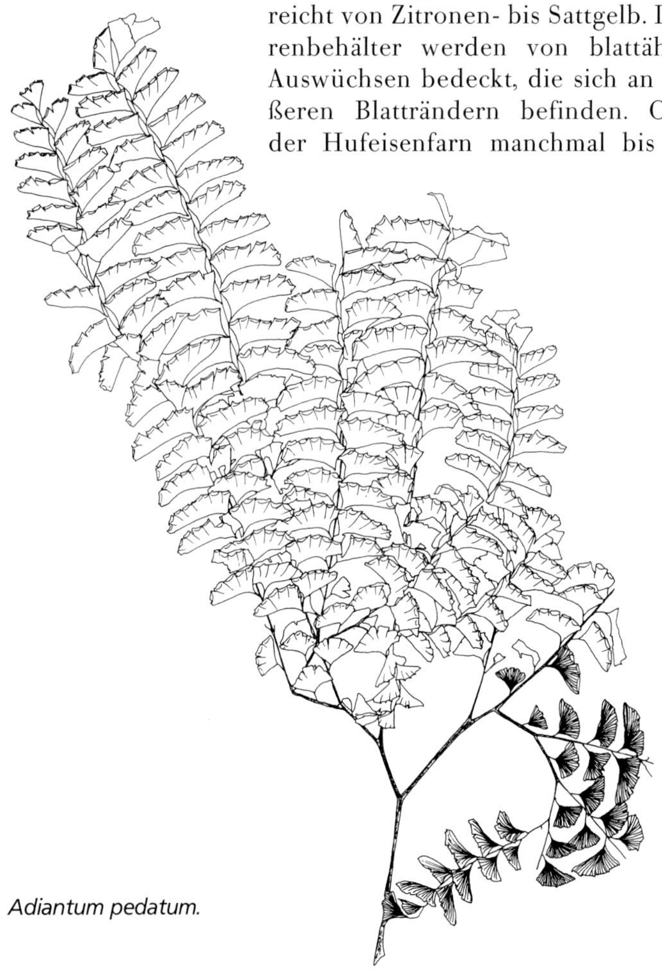

Adiantum pedatum.

bezaubernde und so robuste Farn sollte viel häufiger in den Gärten verwendet werden.

'Japonicum'. Der Frührote Pfauenradfarn unterscheidet sich von der Art nur durch den intensiver rötlich gefärbten Austrieb und die länger grün bleibenden Wedel. Leider fällt dieser Farn nicht echt aus Sporen. Man muß sich also aus einem Jungpflanzengemisch die besten auslesen.

Adiantum venustum

Der Himalaja-Venushaarfarn, auch Himalaja-Frauenhaarfarn oder Anmutiges Venushaar genannt, sieht den tropischen Frauenhaarfarnen am ähnlichsten. Er bildet mit seinen leicht wuchernden Rhizomen schnell zarte Teppiche von zerbrechlichem Reiz. Trotz der Zartheit erweist sich dieser Farn, einmal eingewachsen, als absolut winterhart. Seine Heimat ist der Himalaja, wo er in Nepal in Höhen bis 2400 m vorkommt. Er ist dort besonders in feuchtem Waldhumus zu finden, in Felsnischen und auf Baumstümpfen. Die länglich dreieckigen, bis 15 cm breiten, dreifach gefiederten Wedel werden bis 40 cm lang. Sie wachsen überhängend auf schwarzem, dünnem Stiel und werden dadurch kaum über 25 cm hoch. Die zartwandigen, hellgrünen, im Austrieb bronzefarbenen Fiederblätter haben die Form winziger Fächer mit leicht gezähntem Rand. Die Sori sind zierlich und ähneln in der Form denen der anderen Frauenhaarfarne.

Der Himalaja-Venushaarfarn ist als Jungpflanze frostempfindlich. Er braucht im Winter etwas Schutz durch feinen Laubhumus oder durch eine lockere Abdeckung aus Fichtenreisig. Das Laub sollte im Winter an der Pflanze bleiben und kann erst kurz vor dem Neuaustrieb gekürzt werden. Alteingewachsene Exemplare, die quadratmetergroße Teppiche bilden, bieten einen bezaubernden Anblick, besonders, wenn man den Farn über Stufen an einem Hang heruntergleiten läßt. Die Wirkung gleicht einem grün schäumenden Wasserfall.

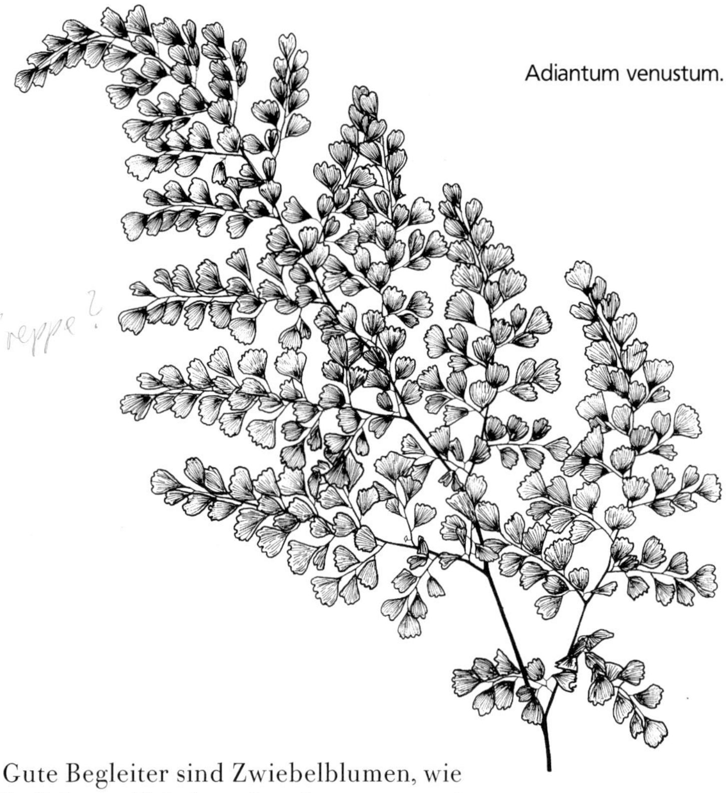

Adiantum venustum.

Gute Begleiter sind Zwiebelblumen, wie edle Schneeglöckchen, Lerchensporn und Märzenbecher, die sich auch im Farnpolster behaupten. Primeln, *Anemone nemorosa*, Aronstab, auch Christ- und Lenzrosen sind schöne gleichwertige Partner. *Adiantum venustum* kann durch Teilung, am besten im April-Mai, oder aus Sporen vermehrt werden. Die Sporen reifen im August bis September. Alle Jungpflanzen sollten für die ersten zwei Jahre im kalten Kasten stehen.

Arachniodes

Oft wurde der Name der für uns gartenwürdigen Formen dieser Gattung geändert. So rechnete man sie vor kurzem noch zur Gattung *Dryopteris*, Karl Foerster zählte sie in seinem ersten Buch »Einzug der Gräser und Farne in die Gärten« sogar zu *Polystichum*. Die meisten der etwa 50 Arten sind tropische oder subtropische Farne. Zwei haben sich herauskristallisiert, die bei uns einigermaßen winterhart sind.

Arachniodes miqueliana

Der nur mittelhohe, breit und locker büschelig wachsende Farn gelangte erst kürzlich in unsere Gärten. Seine Heimat ist Japan, wo er besonders auf Hokkaido vorkommt. Die Wedel entrollen sich ziemlich spät, stehen schräg und etwas entfernt vom Rhizom, das seitlich aufsteigend wächst und seinen Standort dadurch jedes Jahr etwas verändert. An vierjährigen Exemplaren haben die Wedel eine Länge von 50 cm, die Pflanze wird aber durch das elegante Überhängen nur 30 cm hoch. Die Spreite ist etwa 35 cm lang und 40 cm breit und gleicht einem breiten Dreieck. Sie ist drei- bis vierfach gefiedert. Die Fiedern stehen entfernt voneinander. Ebenso die Fiederchen, die die Form eines winzigen Eichenblattes haben.

Der ganze Farn wirkt wie ziseliertes, matt hellgrünes Gitterwerk. Er scheint aber recht robust zu sein, härter womöglich als *Arachniodes standishii.* Das fein geformte Laub reizt zu Kontrasten. So steht der Farn in meinem Garten zusammen mit kleinen *Hosta* und pastellfarbenen Fleißigen Lieschen *(Impatiens).* Im Frühling wird sein Platz von Winterlingen, Krokus-Arten und Frühlingsalpenveilchen eingenommen. Es ist angeraten, ihn im Winter durch eine handbreit starke Schicht Laubhumus zu schützen. Dieser Farn läßt sich schlecht teilen, die Anzucht aus Sporen ist dagegen problemlos. Die Sporen reifen verhältnismäßig spät, je nach Witterung setzt die Sporenreife von September bis Oktober ein.

Arachniodes standishii Bild S. 76

Es gibt noch keinen festen deutschen Namen für diesen herrlichen Farn. Die griechische Bezeichnung *arachnion* bedeutet »Spinnengewebe«, und *odes* steht für »der Form nach«. Spinnwebfarn würde treffend sein. Als man diesen Farn noch zur Gattung *Dryopteris* rechnete, bekam er den Namen Filigranwurmfarn. Karl Foerster nannte ihn Breitwedelfiligranfarn. An botanischen Namen hatte er in den vergangenen Jahrzehnten noch drei inne: *Dryopteris standishii, Polystichum standishii* und *Polystichum laserpitiifolium.* Die Art kommt in tropischen und subtropischen Ländern vor. Die in unserem Klima winterharten Typen stammen aus Japan und Korea. Der Farn wächst breit trichterförmig oder bei größeren, mehrköpfigen Stöcken lockerständig und wird 30 bis 40 cm hoch. Die Wedel wachsen mit ihren mattbraunen, im oberen Teil strohgelben spreuschuppigen oder oben spreuhaarigen Stielen schräg aus dem Rhizom. Sie sind 70 cm bis 1 m lang, länglich dreieckig bis halblanzettlich, zartkrautig und drei- bis vierfach gefiedert. Die hellgrünen Fiederchen sind länglich-oval, gelappt oder auch geteilt und deutlich gezähnt. Sie sind ebenfalls mit Spreuhaaren besetzt. Die Wedel stehen oft fast waagerecht.

Der Spinnwebfarn ist eine zarte Farngestalt. Er sollte wegen seiner nicht ganz sicheren Winterhärte an einer geschützten Stelle im Garten stehen. An großen Steinen oder Baumstümpfen oder auch am Fuße eines Westhanges fühlt er sich wohl. Er braucht eine etwa 10 cm dicke Laubschüttung als Winterschutz. Edle Schattenstauden, wie *Cyclamen, Meconopsis, Trillium* und *Dicentra,* passen gut dazu. Man muß achtgeben, daß die Begleitpflanzen nicht vom Winterschutz erdrückt werden. Die Vermehrung erfolgt nur aus Sporen. Die Sporenreife setzt sehr spät ein und ist meist nur unter Glas zu erzielen. Die Anzucht ist schwierig und langwierig.

Asplenium, Streifenfarn

Die Gattung *Asplenium* umfaßt rund 650 sehr formenreiche Arten, von denen die meisten im tropischen und subtropischen Klima, besonders in Zentral- und Südamerika, vorkommen. In unserem Klimabereich findet man gut 20 Arten, von denen sich, wenn man ehrlich ist, nur eine für den Garten wirklich eignet, nämlich *Asplenium trichomanes.* Da es aber unter den vielen Gartenfans etliche gibt, die sich auch an schwierigere Farne heranwagen, werden die anderen im folgenden kurz angesprochen.

Asplenium adiantum-nigrum
Der Schwarzstielige Milzfarn stammt aus den Bergwäldern Mittel- und Südeuropas, Asiens und Afrikas. Die dunkelstieligen Wedel werden 15 bis 30 cm hoch. Sie sind zwei- bis dreifach gefiedert, länglich dreieckig bis lanzettlich und dunkelgrün. Dieser Farn wächst auf saurem Substrat. Er ist wärmebedürftig und läßt sich problemlos nur im Weinbauklima halten. Die Art wird aus Sporen vermehrt, was verhältnismäßig leicht gelingt. Die Sporen reifen im Juli bis Oktober.

Asplenium adulterinum
Die Serpentinsteinfeder, auch Bastardstreifenfarn und Bastardmilzfarn genannt, ist vermutlich ein Kreuzungsprodukt aus *Asplenium trichomanes* und *A. viride*. Da der Farn genetisch fixiert ist, fällt er echt aus Sporen. Er ähnelt stark der Schwarzbraunen Steinfeder, unterscheidet sich davon aber dadurch, daß das letzte Drittel der Mittelrippe grün ist. Dieser sehr seltene Farn wächst wesentlich schwächer als beide Eltern und ist nur für den Liebhaber geeignet. Die Anzucht aus Sporen gelingt, ist aber schwierig. Die Sporen reifen im Juli bis August.

Asplenium × alternifolium
(A. germanicum)
Der Deutsche Streifenfarn ist ein Bastard aus *Asplenium trichomanes* und *A. septentrionale*. Er ähnelt entfernt dem Braunstieligen Streifenfarn *(Asplenium trichomanes)*, hat aber viel weniger und auf die dreifache Länge gestreckte Fiederchen. Dieser Farn ist nur etwas für ausgesprochene Sammler. Er steht streng unter Naturschutz. Da er keine Sporen ansetzt, ist eine Vermehrung nur durch Teilung möglich.

Asplenium billotii
Der Vogesen-Milzfarn sieht dem Schwarzstieligen Milzfarn *(Asplenium adiantum-nigrum)* ähnlich. Er hat aber hellere, zweifach gefiederte Wedel. Die wärmeliebende Art pflanzt man am besten in das alpine Gewächshaus. Die Vermehrung geschieht über Sporen, die von Juli bis September reifen.

Asplenium adiantum-nigrum.

Asplenium fissum
Der Zerschlitzte Milzfarn kommt auf Kalkgeröllhalden, besonders der Ostalpen, aber auch in höheren Gebirgslagen Italiens und Sloweniens, vor. Er ist im Garten schwer zu halten. Nur wer den Bogen mit der Anzucht aus Sporen heraus hat, wird durch ständigen Jungpflanzennachschub diesen zierlichen Felsfarn über längere Zeit im Garten halten können. Die Pflan-

Der Spinnwebfarn, *Arachniodes standishii*, ist der Traum jedes Farnliebhabers. Er ist schwer heranzuziehen und wird daher immer ein seltener Gast im Garten sein.

zen sind recht kurzlebig. Die Anzucht aus Sporen, die ab Juli reifen, ist nicht einfach.

Asplenium flabellifolium

Der kleine, zierliche Farn stammt aus Neuseeland und Tasmanien. Bevorzugte Standorte sind lichte, feuchte Felspartien, die er dank seiner reichlichen vegetativen Vermehrung teppichartig überziehen kann. Er besitzt einfach gefiederte, schmale bis zu 20 cm lange, sattgrüne Wedel mit fächerförmig angeordneten, vorn gezähnten, etwa 1 cm langen Fiedern. Die Besonderheit sind die sich an den Spitzen der teilweise lang ausgewachsenen Blattrispen entwickelnden Tochterpflanzen.

Dieser Farn für Liebhaber ist nicht einfach zu kultivieren. Er benötigt einen steinigen, stets frischen bis feuchten Boden in heller bis sonniger Lage. Besondere Probleme bereitet die ausgesprochene Vorliebe der Schnecken für diese Pflanze. In rauhen Gebieten ist Winterschutz mit etwas Fichtenreisig notwendig. Die Vermehrung gestaltet sich durch Tochterpflanzen einfach, ist aber auch über Sporen relativ rasch möglich.

Asplenium fontanum

Der Fluhfarn besiedelt – im Gegensatz zu dem Artnamen, der auf Feuchtigkeit schließen läßt – schattige und eher trokkene, kalkhaltige Wände und Mauern der Südwestalpen. Er hat 10 bis 20 cm lange, zweifach gefiederte, tief fiederschnittige, sehr schmal-lanzettliche Wedel von mattglänzendem Dunkelgrün. Sie ähneln den Blättern der Schafgarbe. Vorausgesetzt, man konnte der Schnecken Herr werden, wächst der Fluhfarn fast so gut wie *Asplenium trichomanes*. Mauern aus Kalkstein und teilsonnige Hänge im Alpinum bevorzugt er, sofern das lehmige, neutrale Bodensubstrat niemals ganz austrocknet. Die Anzucht erfolgt durch Teilung und aus Sporen und gestaltet sich verhältnismäßig problemlos. Trotzdem ist dieser filigranblättrige, bezaubernde Felsfarn schwer im Handel zu bekommen, wohl weil die Anzucht sich nicht lohnt oder die meisten Gärtnereien sich damit immer noch recht schwertun. Die Sporen reifen von Juli bis Oktober.

Asplenium foresiense

Der Französische Milzfarn stammt vom Fluhfarn ab, dem er sehr ähnlich sieht. Man nimmt an, daß er sich aus einer Kreuzung zwischen dem Fluhfarn *(Asplenium fontanum)* und dem Lanzenblättrigen Milzfarn *(Asplenium obovatum)* gebildet hat und sich später genetisch festigte. Der Französische Milzfarn wächst aber auf Kieselfelsen, also kalkfreien Standorten, in den Cevennen und im Tessin. Er ist ein Farn für den Liebhaber und schwer zu kultivieren. Die Anzucht erfolgt aus Sporen, die man vom Wildstandort in Form eines einzelnen Fiederchens mitnehmen darf, ohne gegen die Bestimmungen des Naturschutzes zu verstoßen. Die Sporen reifen je nach Höhenlage im Juli bis September.

Asplenium incisum

Dieser Streifenfarn ist ein Neuling in unseren Gärten. Er stammt aus China und Japan und ist sogar noch in Kamtschatka zu finden. Er ähnelt entfernt dem Fluhfarn. Die zweifach gefiederten und tief fiederschnittigen, hellgrünen Wedel werden aber länger, und die fertilen sind stärker aufgerichtet als die sterilen. *Asplenium incisum* liebt vollsonnige, aber wenigstens helle Standorte und könnte im Alpinum eine schöne Bereicherung unseres Farnsortiments darstellen, wenn ihn nicht so gern – ähnlich wie *Asplenium fontanum* – die Schnecken heimsuchen würden. Wo man die Schnecken fernhält, ist dieser Farn sehr wüchsig. Die letzten kalten Winter überstand er gut. Die Anzucht aus Sporen ist problemlos und führt schnell zu kräftigen Pflanzen. Die Sporenreife beginnt im Juli und zieht sich durch nachtreibende Wedel bis in den Herbst hin.

Asplenium platyneuron

Der Ebenholzstreifenfarn, heimisch in südlicheren Staaten der USA, wächst in schattigen Wäldern auf Kalk- und Sandstein. Seine Wedel sind schmal-lanzettlich, einfach gefiedert und matt mittelgrün, dabei oft etwas bronze eingefärbt. Er entwickelt, ähnlich wie der Rippenfarn *(Blechnum spicant)* dimorphe Wedel, eher seitlich wachsende, bis 20 cm lange sterile und fast senkrecht stehende, bis 30 cm lange fertile Wedel. Diese Art ist nicht ganz winterhart und daher nur fürs Weinbauklima oder für das Alpinenhaus geeignet. Die Anzucht aus Sporen gelingt problemlos. Dagegen ist es oft nicht einfach, an Sporen zu gelangen.

Asplenium ruta-muraria

Die Mauerraute ist ein absoluter Kulturfolger. Sie kommt in fast allen mittelhohen Gebirgen der gemäßigten Nordhalbkugel unserer Erde vor. Es gibt in den Mittelgebirgen unseres Landes keine Mauer, gleich aus welchem Gestein, wenn nur leicht kalkhaltige Mörtelfugen vorhanden sind, wo sie sich nicht angesiedelt hat. Selbst im Norddeutschen Flachland findet man die Mauerraute, nicht selten sogar an Ziegelmauern, wie zum Beispiel im Oldenburgischen und in Schleswig-Holstein an alten Kirchhofsmauern und sogar an der Mauer des Gefängnisses Fuhlsbüttel in Hamburg.

Trotzdem ist dieser etwa 15 cm hohe Farn mit den dunkel mattgrünen, zwei- oder selten dreifach gefiederten Blattwedelchen im Garten ganz schwierig zu halten. Man sollte sich eine sonnenabgewandte, dicke Mauer bauen mit nicht zu festen Lehm- oder Kalkmörtelfugen, die nicht austrocknen. Zusätzlich bringt man von jedem Urlaub ein beträchtliches Quantum an Sporen mit, die man an der Mauer verstäubt. Irgendwann wird es klappen, und die Mauerraute wird langsam die Mauer erobern, ähnlich wie in den Mittelgebirgen, wo sie fast ein »Unkraut« ist. Vergesellschaften kann man sie unter Umständen mit der Steinfeder *(Asplenium trichomanes)*, dem Fluhfarn *(Asplenium fontanum)* und dem Blasenfarn *(Cystopteris)*. Die ständigen Begleiter müssen ähnlich »ausgesät« werden wie die Mauerraute.

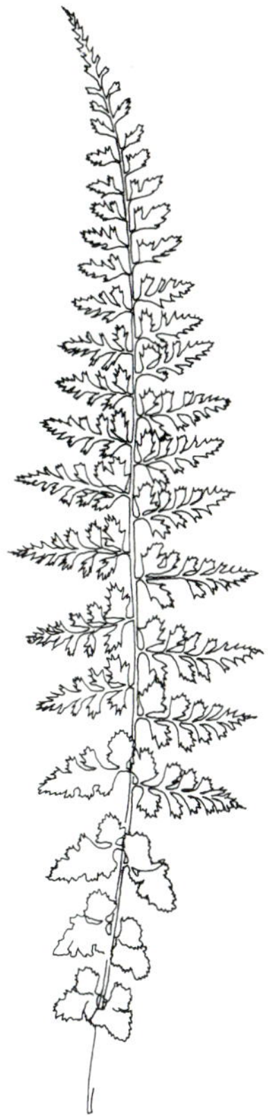

Asplenium incisum.

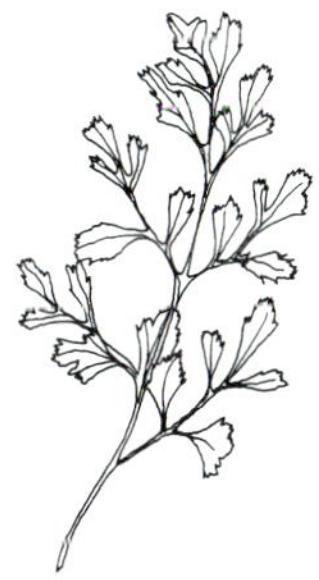

Asplenium ruta-muraria.

Der Gabelstreifenfarn, *Asplenium septentrionale*, sieht ausgewachsen wie ein gedrungenes Grasbüschel aus. Wenn er sich entrollt ist er unverkennbar ein Farn.

Auf diese Weise läßt sich eine Stützmauer gut »begrünen«. Die Anzucht aus Sporen unter normalen gärtnerischen Bedingungen ist schwierig. Die Sporenreife beginnt im Juli.

Asplenium septentrionale

Der Nordische Streifenfarn oder besser der Gabelstreifenfarn, der im gemäßigten Mitteleuropa, in Asien und Nordamerika auf Silikat- und ähnlichem sauren Gestein vorkommt, weicht in seiner Gestalt vom normalen Farnschema ab. Seine dichtbüschelig wachsenden, wie ein Miniaturgeweih gegabelten, 5 bis 15 cm langen Wedelchen erinnern eher an ein Gras als an einen Farn. Nur beim Entrollen zeigen sie Farncharakter. Der Gabelstreifenfarn wächst verhältnismäßig leicht im normalen Boden an Mauern und Stufen, nur darf der Boden nicht trocken und es darf kein Kalk darin sein. Wegen der geringen Größe gestaltet sich die Anzucht aus Sporen etwas schwierig. Die Sporen reifen von Juli bis September. Die jungen Sporophytenblätter sind verhältnismäßig groß und nicht gegabelt. Das erste Blatt ähnelt fast dem eines Wurmfarnsporophyten. Alte Stöcke lassen sich gut teilen, am besten während der Wachstumsperiode.

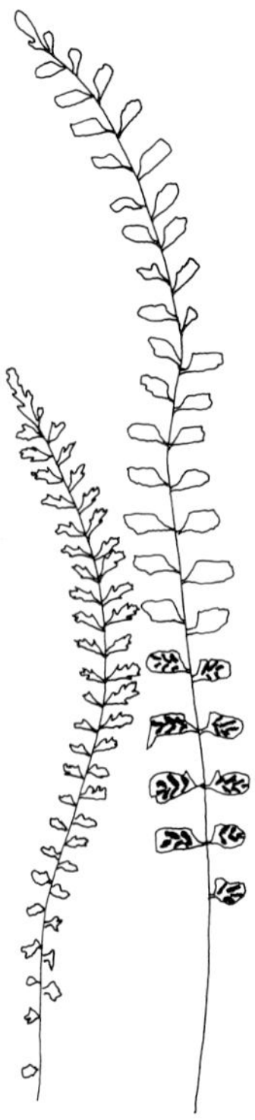

Asplenium trichomanes 'Incisium' (links), *A. trichomanes* (rechts).

Asplenium trichomanes

Farbbild auf Seite 54 und 69

Der Braunstielige Streifenfarn, auch Schwarzbraune Steinfeder genannt, ist ein zierlicher Felsfarn, der in Fugen und Spalten feuchtschattiger Mauern, Felsen und Hänge, auf Humusauflagen und Baumstümpfen, in Höhlen und Mörtelfugen zu finden ist. Er ist ähnlich wie die Mauerraute ein Kulturfolger, allerdings weniger auffällig. Als Kosmopolit besiedelt er die gemäßigten und subarktischen Zonen und die Gebirge warmer Länder auf beiden Erdhälften. *Asplenium trichomanes* wächst in Büscheln mit bis zu hundert Wedelchen, die eine Länge von 5 bis 20 cm erreichen. Die Wedel sind einfach gefiedert, der kurze Stiel und die Mittelrippe sind schwarzbraun bis ans Ende durchgefärbt. Die halbovalen Fiederchen zeigen ein mattes Grün. Sie sind andeutungsweise gelappt oder gezähnt. Die Wedel überdauern milde Winter.

Dieser Streifenfarn ist recht wüchsig und gartenwürdig. Er kann leicht schattig, sowohl an Beeträndern ohne umgebende Steine als auch in allen sonnenabgewandten Partien des Alpinums, an Terrassenmauern, hinter großen Steinen und in Trögen verwendet werden. Da dieser Farn zierlich bleibt, dürfen seine Begleitpflanzen keine zu starke Konkurrenz darstellen. Schattenvertragende Saxifragen, *Cyclamen* und zierliche, nicht zu ausbreitungswütige Zwiebelblumen sind denkbar. Die gebräuchliche Form der Art liebt leicht sauren Boden, der mit etwas Gesteinssplitt und Lehm versehen wird. Es gibt aber auch Unterarten, die auf Kalk vorkommen. Da mancher vom Urlaubsort (Vorsicht Naturschutz!) Pflanzen mitbringt, muß man die Ansprüche an den Boden austesten oder sich das Substrat am Fundort genau ansehen. Die Vermehrung erfolgt durch Teilung, bei Anzucht größerer Mengen aus Sporen, die willig auflaufen. Die Temperatur sollte bei der Sporenkeimung 20 °C nicht übersteigen. Die Sporen reifen im Juli, an nachgetriebenen Blattwedeln dauert die Sporenreife bis September. Der Braunstielige Streifenfarn hat zwei Mutanten hervorgebracht:

'Incisum'. Die Gesägte Steinfeder hat tief eingeschnittene oder gesägte Blattfiedern. Sie wirkt zierlicher, bleibt etwas kleiner, ist aber ebenso wüchsig wie die Art. Sie fällt echt aus Sporen.

'Ramo Cristatum'. Die Verzweigte Kammsteinfeder weist ab dem letzten Wedeldrittel vereinzelt und am Wedelende gehäuft Gabelungen auf. Auch diese Sorte fällt echt aus Sporen.

Verwendet werden beide Spielarten ähnlich wie die Art. Weil sie so auffällig sind, sollten beide aber dem Auge näher gepflanzt werden. Bei der Auswahl der Begleitstauden muß man noch mehr darauf achten, daß sie nicht zu kräftig werden.

Asplenium viride
Der Grünstielige Streifenfarn oder die Grüne Steinfeder unterscheidet sich von *Asplenium trichomanes* durch einen eher bogenförmigen Wuchs und durch den in allen Bereichen des Wedels grünen Stiel. Er wächst in den Kalkgebirgen der Alpen in bis zu 2500 m Höhe und bevorzugt dort schattige, feuchte Wuchsplätze an Felsen, Erdabbrüchen und Baumwurzeln. Oft findet man diesen Farn an den Böschungen waldiger Wege.

Im Garten liebt er leicht gekalkten Boden an der Nordseite des Alpinums oder auch an schrägen Böschungsmauern, wo er meist gut gedeiht. Oft aber verschwinden alte Stöcke plötzlich, so daß man stets für Nachwuchs sorgen sollte. Die Anzucht aus Sporen verspricht den besten Erfolg. Das Substrat sollte leicht gekalkt sein, man gibt etwa einen halben Teelöffel Kalk auf den Inhalt eines 10-cm-Topfes. Die Sporen reifen von Juli bis Ende August.

× Asplenosorus ebenoides
Aus einer Kreuzung zwischen *Asplenium platyneuron* und *Camptosorus rhizophyllus* entstand dieser Hybridfarn. Seine zierlichen, schmal-dreieckigen, mit einer langen Spitze auslaufenden, einfach gefiederten Wedel werden kaum 12 cm lang. Es handelt sich um eine Kuriosität für den Farnliebhaber.

Athyrium, Frauenfarn

Die Gattung *Athyrium* umfaßt mehr als 110 Arten und liefert uns eine stattliche Anzahl schöner Gartenfarne. Ihr natürliches Vorkommen verteilt sich über die ganze Erde. Zu den Arten kommen noch viele durch Mutation entstandene und durch Kreuzungen weiter ausgeformte Varianten mit einem Größenspektrum von knappen 15 cm bis 1,5 m Höhe. Allein in Japan kommen 40 Arten mit 19 Varianten vor. Und es läßt sich behaupten, daß sich auf diesem Farnsektor in den kommenden Jahren noch einiges tun wird.

Athyrium distentifolium
Der Gebirgsfrauenfarn oder Alpenfrauenfarn stellt an seinem Naturstandort eine der mächtigsten Farngestalten dar. Er wächst in den 800 bis 2400 m hoch gelegenen Lagen der Mittel- und Hochgebirge Europas, Asiens und Nordamerikas, besonders in den Alpen und im Schwarzwald, wo er auf felsigen Matten und in der Krummholzzone oft reine Bestände von üppiger Dichte bildet. Er ähnelt stark dem Waldfrauenfarn des Tieflandes, hat aber kräftigere Wurzelstöcke und mächtigere Wedel, die bis zu 2 m lang und 50 cm breit werden können. Die Wedel sind zweifach gefiedert, tief fiederschnittig und filigranartig geformt. Sie hängen leicht über. Die Fiedern sind mattgrün, der Stiel an ausgewachsenen Wedeln strohgelb. Das wichtigste Merkmal aber, um den Alpenfrauenfarn vom Waldfrauenfarn zu unterscheiden, bilden die Sori an der Blattunterseite. Sie sind beim Alpenfrauenfarn kleiner und mehr rundlich im Gegensatz zu den länglichen Sori des Waldfrauenfarns, und durch die geschrumpften Schleierchen erscheinen sie nackt.

Entsprechend seiner Hochgebirgsherkunft ist dieser Farn im Flachland nicht problemlos zu halten. Er braucht einen kühlen feuchten, aber hellen Platz, womöglich zwischen großen Findlingen im Schatten des Hauses oder zwischen größeren, etwas entfernt voneinander stehenden Bäumen. Mit Astilben, Rodgersien und Ligularien im Sommer, im Frühling mit *Leucojum* und *Trillium* vergesellschaftet, könnte sich so ein schönes Bild ergeben. Es genügt aber meist eine Pflanze. Für Kurgärten in höheren Lagen sollte man den Alpenfrauenfarn statt des Waldfrauenfarns wählen und großflächig entlang der Bäche und an Teichufern aufpflanzen. Die Vermehrung erfolgt am besten aus Sporen, die man nicht wärmer als bei 20 °C hält. Die Vermehrung durch Teilung ist schwer, aber möglich. Die Sporen reifen im August.
'Kupferstiel'. Der Naturschützer Karl Partsch fand diese Variante des Alpenfrau-

Der Alpenfrauenfarn, *Athyrium distentifolium*, besticht durch besonders helles Grün.

enfarns 1976 im Allgäu und benannte sie auch. Sie unterscheidet sich nur durch mattrote Stiele von der Art und findet die gleiche Verwendung. Rotstengelige Typen müssen im Aussaatbeet ausgelesen werden, denn der Farn fällt nicht echt aus Sporen. Aber schon die kleinen Sämlinge lassen die rötlichen Stiele erkennen.

Athyrium filix-femina

Der Waldfrauenfarn oder schlicht Frauenfarn ist einer der häufigsten Farne. Er besiedelt fast alle Bereiche der arktischen und gemäßigten Zonen der Nordhalbkugel, kommt aber auch sehr verbreitet im südlichen Südamerika vor. Dieser ebenfalls recht mächtig werdende Farn wächst in feuchten Wäldern, an schattigen Wegrändern, Gräben, Bächen und Mulden und steigt im Gebirge bis 2000 m hoch, wo sich sein Verbreitungsgebiet mit dem des Bergfrauenfarns überschneidet. Aus einzelnen oder mehreren kräftigen Rhizomen, die oft leicht aus dem humosen Grund herausschauen, wachsen die meist 1 m, bei günstigem Stand bis 1,50 m langen, 30 bis 40 cm breiten, doppelt bis dreifach gefiederten Wedel leicht schräg hervor. Sie hängen nur bei sehr schattigem Stand über und gehen dort mehr in die Breite, bei sonnigem, nassem Stand wachsen sie dagegen äußerst straff und oft senkrecht. Die Fiederchen sind länglich-lanzettlich und zugespitzt. Sie sind anfangs hellgrün, später sattgrün, und sie vergilben oft bereits im Spätsommer. Vielleicht handelt es sich dabei auch um einen Befall vermutlich durch eine Blattwanze, die am Gewebe saugt. Der Stiel ist mit schwarzen Spreuschuppen besetzt. Die Sori sind länglich kommaförmig, die Schleier haften im Gegensatz zum Gebirgsfrauenfarn bis nach der Reife.

Der Frauenfarn wächst im Garten an jedem normalen Standort, wenn man anfangs für ausreichende Wasserzufuhr sorgt. Er liebt die Feuchtigkeit und kann sogar auf kleinen Erhebungen in Wasserflächen stehen. Seinem Wildnischarakter entsprechend, sollte er in biotopähnlichen Pflanzungen, in Waldparks in Gruppen oder sogar großflächig und mit anderen Waldstauden wie *Aruncus* oder *Campanula* vergesellschaftet Verwendung finden. Im Garten genügt oft ein Exemplar. Da der Farn im Herbst einzieht, ist die Umgebung besonders gut mit Zwiebel- und Knollenpflanzen zu bestücken. Als Vorpflanzung zu Gewässern dienen Sumpfdotterblumen, Sumpfvergißmeinnicht und Sumpfiris (*Iris kaempferi* und *Iris sibirica* im Garten, *Iris pseudocarus* in der natürlichen Pflanzung). Die Vermehrung erfolgt bei geringen Mengen durch Teilung, sonst aus Sporen, die leicht aufgehen, oft sogar keimen sie von selbst an feuchten Gartenplätzen oder Baumstümpfen. Die Sporen reifen im Juli bis August. Der Frauenfarn hat durch Mutation und durch zufällige oder auch gezielte Kreuzung solcher Mutanten eine ganze Reihe verschiedener Sorten hervorgebracht, deren Zahl sich der 100 nähert oder noch weitaus höher liegt. Hier sollen nur die 20 wichtigsten aufgeführt werden, soweit sie sich merklich unterscheiden.

'Bornholmiense'. Der Bornholmer Zwergfrauenfarn ist eine genetisch stabilisierte Variante von der Insel Bornholm. Er wächst trichterförmig, straff aufrecht und wird nicht über 25 cm hoch. Er eignet sich gut fürs Alpinum und kann mit vielen Polstergewächsen zusammenstehen. Die Vermehrung geschieht durch Teilung und aus Sporen. Der Bornholmer Zwergfrauenfarn fällt echt, setzt aber die Sporen nicht reichlich an. Die Sporen reifen im Juli bis August. Die Schleier färben sich kurz vor der Reife blauschwarz.

'Congestum'. Der Steifwedelige Frauenfarn (nach Richard Maatsch) taucht oft bei Mischaussaaten auf. Er ähnelt dem Bornholmer Zwergfrauenfarn, wächst etwas höher und auch unregelmäßiger. Er kann nur durch Teilung vermehrt werden, da sich bei der Sporenaussaat ein vielfältiges Gemisch ergibt.

'Congestum Cristatum'. Der Steifwedelige Hahnenkammfrauenfarn (nach Richard Maatsch) unterscheidet sich vom vorigen durch Gabelungen an den Fiederenden und am Wedelende. Die Vermehrung geschieht durch Teilung.

'Corymbosum'. Der Troddelfrauenfarn stellt eine wahre Bereicherung des Sortiments dar. Alle Fiederenden und die Wedelspitze sind mit Troddeln besetzt, bedingt durch die starke Gabelung. Dieser auffällige Farn für besondere Plätze wird bis 80 cm hoch. 'Corymbiferum' ist ähnlich.

'Corymbosum Rotstiel' ist ein Troddelfrauenfarn mit kräftig roten Stielen und mit einem dunkleren Grün. Er wirkt besonders im Gegenlicht äußerst dekorativ. Sehr schön macht er sich mit Fleißigen Lieschen und frühblühenden Formen von *Miscanthus sinensis* (Auslesen von Ernst Pagels). Die Vermehrung ist nur durch Teilung möglich.

'Cristatum'. Der Name Hahnenkammfrauenfarn (nach Karl Foerster) steht als ein Sammelbegriff für alle Frauenfarne mit Gabelungen und Troddelbildung an den Fiederenden und der Wedelspitze. Bei sehr breit gefächerter Wedelspitze spricht man von 'Cristatum Capitatum'.

Der Frauenfarn, hier die Sorte 'Rotstiel', ist sowohl im Garten als auch im Park zu verwenden.

'Cruciatum'. Der Kreuzfiederfrauenfarn ist eine etwa 60 cm hohe Variante mit im oberen Ende des Wedels sich überkreuzenden Fiedern.

'Fieldiae'. Der Omorikafrauenfarn (nach Karl Foerster) kann bis zu 1 m hoch werden. Die einzelnen Wedel zeigen den Aufbau einer Omorikafichte. Die Sorte fällt nicht echt. Aussaaten erfordern eine dreijährige Auslese.

'Fieldiae Cristatum'. Der Hahnenkamm-Omorikafrauenfarn (nach Karl Foerster) zeigt im Gegensatz zum vorigen zahlreiche kurze Gabelungen und Troddeln an der Wedelspitze.

'Fieldiae Multifidum' trägt am Wedelende lang ansetzende Vergabelungen wie Extrawedel. Diesen Typ gibt es auch mit rotem Stiel.

'Frizelliae'. Der Wendeltreppen-Frauenfarn (nach Karl Foerster) hat seine abge-

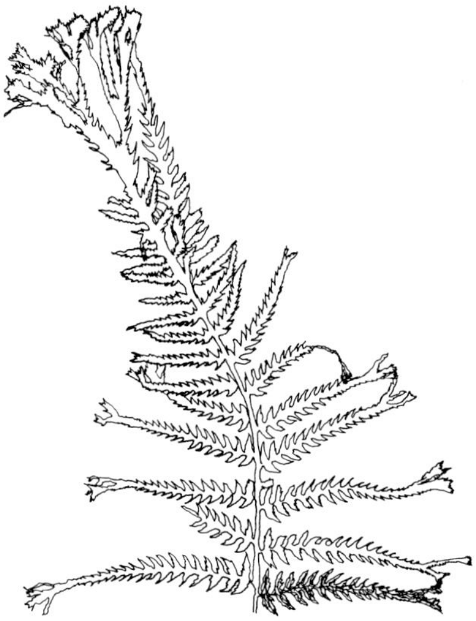

Athyrium filix-femina 'Fieldiae Cristatum'.

Athyrium filix-femina 'Grandiceps'.

rundeten Fiedern am Stiel so angeordnet, daß es wie eine eng sich windende Wendeltreppe anmutet. Er wird nur 40 cm hoch.

'Frizelliae Multifidum' hat zahlreiche lange Gabelungen am Wedelende.

'Frizelliae Nanum' ist eine nur 15 cm hohe Miniaturausgabe des Wendeltreppen-Frauenfarns und stellt ein originelles Schmuckstück fürs absonnige Alpinum dar. Dieser Typ variiert etwas. Bei 'Frizelliae Nanum Multidum' sind die Fiedern besonders winzig, dafür gabeln sich die Wedel am Ende vom letzten Drittel ab. Dieser zierliche Farn wird kaum 20 cm hoch.

'Grandiceps' ist eine Zwergform, kaum 20 cm hoch, mit Fiedern, die Petersilienlaub ähneln, und mit einem verhältnismäßig großen Troddelkopf am Wedelende.

'Minutissimum'. Der Kleine Frauenfarn wird kaum halb so hoch wie die Art und eignet sich damit für den kleinen Garten. Leider ist der Farn steril, kann also nur durch Teilung vermehrt werden.

'Plumosum'. Der Federfrauenfarn (nach Karl Foerster) wächst fast so hoch wie die Art, mit doppelt bis dreifach gefiederten, tief fiederschnittigen, sich überlappenden, weichkrautigen Wedeln. Eine Gestalt wie aus zartester Spitze.

'Plumosum Cristatum'. Der Hahnenkamm-Federfrauenfarn (nach Karl Foerster) hat zusätzlich kleine Troddeln an den Fiederenden und an der Wedelspitze. Diese exotisch wirkende Farngestalt bietet sich für ganz besondere Gartenplätze an.

'Pseudovictoriae'. Der Falsche Harpunenfrauenfarn ist ein Cruciata-Typ mit in allen Teilen sich kreuzenden Fiedern und einem Troddel am Wedelende.

'Rotstiel' entspricht der Art, hat jedoch einen kräftig roten Stiel und Wedel in etwas dunkler wirkendem Grün. Diese Variante wird auch heute noch in manchen Gärtnereien unter dem abenteuerlichen Namen *Athyrium filix-femina* 'Multidentatum Purpureum' geführt. Der Typ fällt nicht rein aus Sporen. Unter Aussaaten befinden sich durchschnittlich aber etwa 10 Prozent mehr oder weniger rotstielige Exemplare. Dieser Farn sollte wie die Art in Gärten und Parks mit Waldatmosphäre gepflanzt werden. Schön ist er, wenn ihn die schrägstehende Sonne beleuchtet.

'Victoriae'. Der Harpunenfrauenfarn (nach Karl Foerster) wurde von botanisierenden Studenten schon 1861 an einem Waldrand in Stirlingshire entdeckt und nach der englischen Königin Victoria benannt. Es ist ein Meisterstück der Natur und wird oft als »Queen of Ferns« bezeichnet. Die Wedel sind kaum einen halben Meter lang und 10 cm breit. Die Fiedern aber verzweigen sich an der Mittelrippe rechtwinkelig und bilden mit den gegenüberstehenden ein absolut regelmäßiges Kreuzmuster. Dieser Farn sollte ohne Konkurrenz zwischen flachen Polstern stehen, damit das Auge nicht von seiner Gestalt abgelenkt wird. Leider ist diese Sorte sehr selten, da sie sich nur vegetativ vermehren läßt.

Athyrium niponicum

Der Japanische Frauenfarn, der aus dem äußersten Ostasien stammt, zeigt mit dem Frauenfarn keinerlei Ähnlichkeit. Er wird kaum halb so hoch, wächst aus dem kriechenden Rhizom locker und unregelmäßig und treibt als einer der letzten im späten Frühjahr aus. Dafür treibt er aber noch bis in den Spätsommer hinein nach. Die Art mit den dunkelgrünen, leicht bräunlich markierten, etwas zusammengefaltet wirkenden Wedeln ist zu Unrecht nur selten in den Gärten zu finden. Viel häufiger wird die folgende Sorte kultiviert.

'Metallicum'. Der Brokatfarn oder auch Regenbogenfarn wird in einigen Katalogen immer noch unter *Athyrium goeringianum* 'Pictum' geführt. Er wächst etwas flacher als die Art, und seine eiförmigen, spitz geschwänzt auslaufenden Wedel werden selten über 50 cm lang und 20 cm breit. Sie haben einen etwas brüchigen Stiel, der etwa so lang wie die Blattspreite ist. Die Wedel sind flacher als bei der Art und hängen seitlich über. Ausschlaggebend dafür, daß er bevorzugt im Garten verwendet wird, ist die einmalige Färbung der zweifach gefiederten, tief fiederschnit-

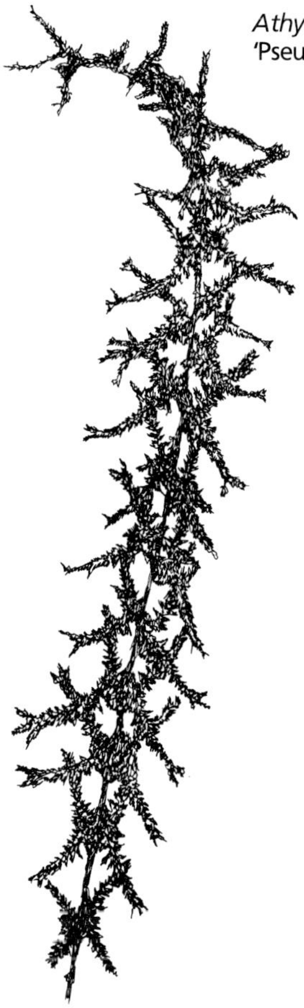

Athyrium filix-femina 'Pseudovictoriae'.

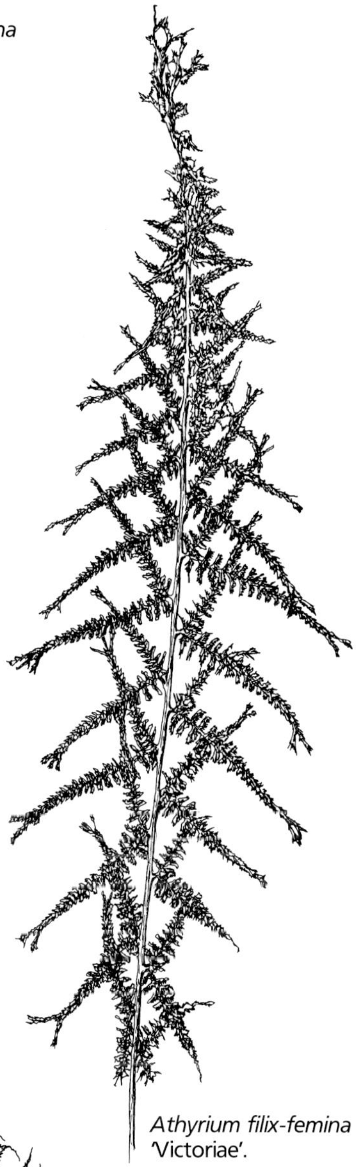

Athyrium filix-femina 'Victoriae'.

Athyrium filix-femina.

zwei Ex F 2004
1. vor Palisade, sehr schattig, schön treibt früh aus (bei Treppenaufgang)
2. vor Schopf, hinter Clem. heracleifolia – treibt spät aus!

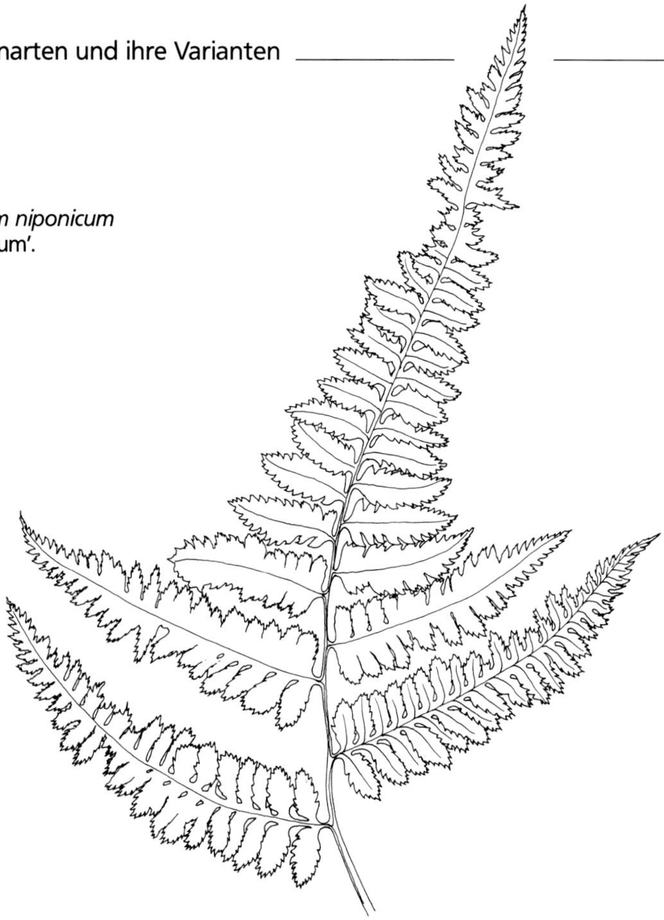

Athyrium niponicum 'Metallicum'.

tigen Wedel: Auf mattgrünem Grund schimmern sie metallisch graublau. Dazu im Kontrast sind die Stengel, Fiederrippen und Adern rötlich purpurn gefärbt.

Der Brokatfarn ist ein Juwel im Garten und paßt zu herbstblühenden Alpenveilchen *(Cyclamen hederifolium)* und Herbstkrokussen (wie *Crocus cancellatus, C. speciosus* 'Albus' und *C. pulchellus*) vor niedrigen *Rhododendron*-Yakushimanum-Hybriden. Starke Konkurrenz, etwa durch dichtlaubige Frühlingsblumenzwiebeln, sollte man meiden, da sonst der Austrieb im Blattgewirr untergeht. Der Brokatfarn braucht gut humosen Boden, einen halbschattigen Stand und für den Winter einen Schutz aus halbverrottetem Laub, das mit einigen Fichtenreisern vor Drosseln geschützt wird. Die Vermehrung guter Typen erfolgt durch Teilung oder Abtrennen der häufig am Hauptrhizom entstehenden kleinen Nebenpflänzchen. Sehr interessant ist die Nachzucht aus Sporen. Durch Selektion kann man immer bessere Färbungen finden, und die Sämlinge fallen nach ein paar Generationen immer einheitlicher. Die Sporen reifen spät, im September bis Oktober, weil nur die im Sommer treibenden Wedel Sporen ansetzen. Die Anzucht aus Sporen gelingt aber ohne Probleme.

Athyrium otophorum var. okanum

Dieser elegante, mittelgroße Farn stammt aus Japan, China und Korea. Dort wächst er in geschützten, lichten Waldlagen. Aus dem aufrechten, manchmal auch etwas kriechenden Rhizom entrollen sich nur wenige Wedel, die zunächst rötlich bis cremefarben sind und als ausgewachsene Blätter eine bläuliche, in der Sonne hellgrüne Farbe annehmen. Das Erscheinungsbild ähnelt dem von *Athyrium vidalii*, wirkt aber viel zarter mit den dichter gestellten Fiedern. Die Wedel werden nur 40, selten 70 cm lang. Die Spreite ist im Umriß breit dreieckig, dabei zwei- bis dreifach gefiedert und papierartig krautig. Die Fiedern stehen locker, wechselständig. Sie sind lanzettlich, lang zugespitzt und kurz gestielt. Die Fiederchen sind sehr kurz gestielt, lanzettlich-oval mit kurzer Spitze, grob gezähnt bis fiederschnittig und deutlich geöhrt. Der Stiel ist etwas mehr als halb so lang wie die Spreite. Er glänzt schwach und ist ebenso wie die Rachís und die Fiederrippen im deutlichen Kontrast zu den bläulichen Spreiten auffallend rötlich gefärbt. Die Sori sind schmal-oval und stehen fischgrätenartig angeordnet an der Unterseite der Fiederchen.

Dieser Farn hat erst in neuerer Zeit Eingang in unsere Gärten gefunden. Er bildet eine zarte, aber elegante Erscheinung für lichte bis halbschattige Plätze im geschützten Garten mit gleichbleibender Bodenfeuchte. Er sollte mit edlen Kleinstauden, wie *Trillium, Anemone nemorosa, Dicentra, Cyclamen,* und eventuell in Gesellschaft mit *Crocus speciosus* stehen. Der Farn braucht aber eine Schüttung Laubkompost als Schutz für den Winter, so daß die Begleitpflanzen etwas auf Abstand gesetzt werden müssen. Die Vermehrung aus Sporen ist relativ einfach. Die Sporen reifen von Juni bis August.

Athyrium rubripes

Der Rotstielfrauenfarn ist in Japan, der Mandschurei, auf den Kurilen und auf Sachalin beheimatet. In der Literatur findet man ihn oft noch unter dem Artnamen *Athyrium brevifrons*. Der mittelgroße Farn ähnelt unserem heimischen Frauenfarn, von dem er sich hauptsächlich durch die im Verhältnis zur Länge deutlich breiteren Wedel und die rötlich-strohfarbenen Blattstiele unterscheidet. Die Blätter entspringen büschelig einem kurzen, im Alter meist mehrköpfigen Rhizom und stehen stark übergeneigt bis flach ausgebreitet. Sie erreichen 50 bis 80 cm Länge und 20 bis 30 cm Breite, sind zweifach gefiedert und fiederschnittig, im Umriß dreieckig-oval, hellgrün und von dünner Textur. Der Stiel ist halb so lang wie die Spreite. Die Fiedern sind lanzettlich, lang zugespitzt und wechselständig, wobei die unteren stark schräg zur Wedelbasis gerichtet sind. Die Fiederchen sind bis 3 cm lang, lanzettlich oder lanzettlich-oval, sehr kurz gestielt, tief fiederschnittig und zusätzlich scharf und fein gezähnt. Die zahlreichen Sori sind klein und oval. Der Rotstielfrauenfarn zieht im Herbst sehr zeitig ein.

Der auffallend rot gefärbte frühe Austrieb ist sehr frostgefährdet. Allerdings werden nach Spätfrostverlusten problemlos neue Wedel gebildet. Es handelt sich sonst um einen vollständig winterharten Farn, der besonders im Austrieb interessant ist und sich wegen der überhängenden und ausgebreiteten Wedel gut zur Hangbepflanzung in heller Lage eignet. Die Anzucht geschieht aus Sporen, da die Teilung wenig ergiebig ist. Die Sporen reifen bereits im Juni-Juli.

Athyrium vidalii

Vidals Frauenfarn ist eine kräftige und trotz der filigranartigen Fiederung düster wirkende Farngestalt. Er kam erst kürzlich aus Japan in unsere Gärten und hat sich schnell aufgrund seiner Winterhärte und

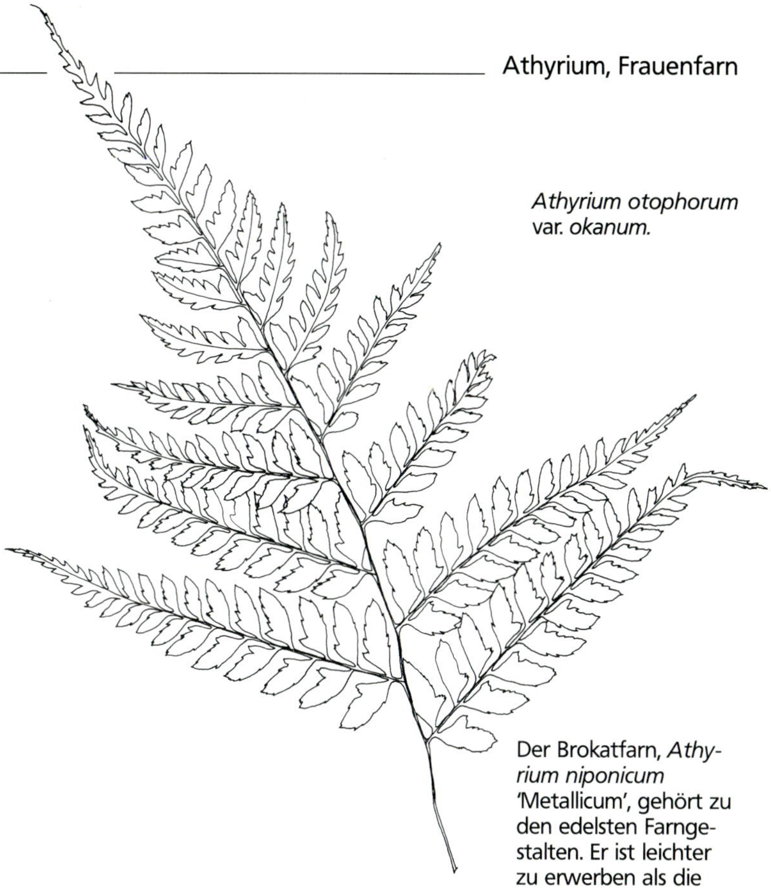

Athyrium otophorum var. *okanum*.

Der Brokatfarn, *Athyrium niponicum* 'Metallicum', gehört zu den edelsten Farngestalten. Er ist leichter zu erwerben als die daneben stehende grüne Art.

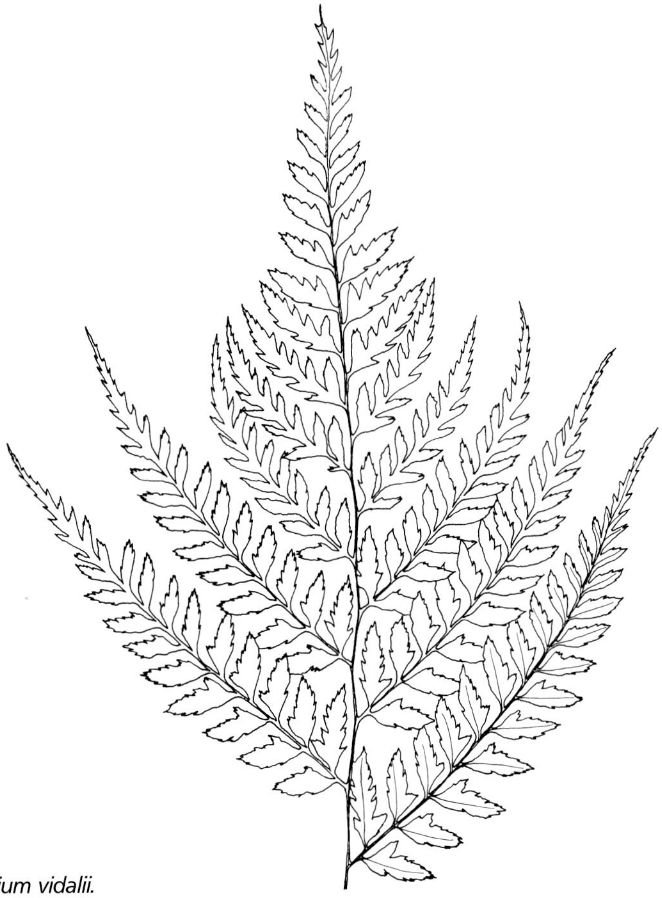
Athyrium vidalii.

Wuchskraft seinen Platz erobert. Auch in den feuchten Bergwäldern Koreas, Chinas und sogar Taiwans ist er zu finden. Den deutschen Namen prägte der Farnkenner Helmut Schmick, und solange kein besserer gefunden wird, sollte er gelten. Spät im Jahr, erst im Juni, entrollt dieser Frauenfarn aus kräftigen Wurzelstöcken seine dunkelroten, durch die schwärzlichen Spreuschuppen fast schwarzen Wedelrollen. Die ausgewachsenen dunkelgrünen, etwas rot pigmentierten Wedel stehen auf sehr langen Stielen. Die Spreite ist abgerundet, dreieckig, zwei- bis dreifach gefiedert, bis 1 m lang und 40 cm breit. Ein besonderes Merkmal stellt die deutlich im Zickzack verlaufende rotbraune Mittelrippe dar.

Im Garten setzt man diesen Farn mit hellaubigen Gehölzen und Stauden zusammen oder pflanzt ihn auf hellgrüne Pfennigkrautpolster *(Lysimachia)*. Feuchter, humoser Boden sagt ihm zu. Trotz des späten Austriebs werden die noch ruhenden Wedelrollen oft Opfer später Fröste. Eine nur fingerdicke Laub- oder Kompostschüttung hilft dagegen. Da die Wurzelstöcke sehr stark werden, lohnt sich eine Teilung nicht. Die Anzucht aus Sporen ist dagegen leicht. Die Sporen reifen frühestens Ende Juli.

Blechnum, Rippenfarn

Von den etwa 200 Arten dieser Gattung wachsen die meisten in den Tropen oder den Subtropen und überwiegend auf der Südhalbkugel. Sie haben aber alle gemeinsam, daß sie dimorphe, das heißt fertile und sterile Wedel bilden. Nur zwei Rippenfarnarten sind für das mitteleuropäische Klima vorbehaltlos geeignet: der einheimische und der neuseeländische. Aber auch der afrikanische Vertreter, der Tafelberg-Rippenfarn, ist im geschützten Garten zu gebrauchen.

Blechnum capense

Der Tafelberg-Rippenfarn oder Kaprippenfarn stammt aus dem gemäßigten, antarktischen Florenbereich Australiens, Neuseelands und Südafrikas. Er wird oft verwechselt mit *Blechnum tabulare* und soll nach anderer Meinung sogar mit diesem identisch sein. Es ist ein tropisch anmutender Farn. An kräftigen, bis 30 cm langen Stielen befinden sich einfach gefiederte, länglich-eiförmige Blattspreiten. Beim Austrieb sind die Wedel zartrosa bis bräunlich, später lederig glänzendgrün. Der Kaprippenfarn entwickelt Ausläufer. Als Altpflanze bildet er kleine Stämme. Er ist nur in mildem Klima oder sonst an absolut geschützten Plätzen ausreichend winterhart. Dort aber kann er mit ausgewählten Stauden ein ganz besonderes Bild prägen. Die Vermehrung erfolgt durch Ausläufer unter Glas oder aus Sporen. Im norddeutschen Raum setzt er keine Sporen an, es sei denn im leicht temperierten Kalthaus.

Blechnum penna-marina

Der Seefederrippenfarn oder Feuerlandfarn, auch Seefeder genannt, ist ein zarter Farn, der durch Ausläufer schnell größere Matten und Polster bildet. Ausgenommen Afrika, besiedelt er alle kühleren südlichen Gebiete der Erde. Die sterilen Wedel sehen denen unseres heimischen Rippenfarns sehr ähnlich, sie sind aber kleiner und wachsen aus dicht verfilztem Rhizomgeflecht übereinander lagernd in Matten oder großen Polstern. Die einfach gefiederten Wedel mit zierlichen, breit-linealen Fiedern sind dunkelgrün, matt glänzend und überdauern den Winter. Fertile Wedel werden selten gebildet, am ehesten noch in sonniger, feuchter Lage. Sie wachsen senkrecht aus den Wedelpolstern empor, etwa doppelt so hoch wie diese. In einem niedersächsischen Garten entwickelten sich in einem großen Bestand an einem sonnigen, leicht abschüssigen Hang in Ufernähe eines Teiches regelmäßig reichlich fertile Wedel.

Dieser immergrüne Farn paßt gut zu frühblühenden Zwiebelgewächsen, die aus ihm herausblühen. Bei anderen Kleinstauden sollte man der Wuchskonkurrenz vorbeugen. Sehr schön wirkt die Seefeder auch als Bodendecker zwischen kleinen Rhododendren und kräftiger Heide *(Calluna, Erica ciliaris)*.

'Alpinum'. Der Falkland-Seefederrippenfarn ist eine Variante des Seefederrippenfarns, die aus Südneuseeland zu uns kam und darum zunächst als 'Forma Novae Zeelandiae' bezeichnet wurde. Auch auf den Falkland-Inseln ist dieser Farn zu Hause. Darum wird er in englischen Katalogen auch *Blechnum penna-marina* 'Falkland Gem' genannt. Der Falkland-Seefederrippenfarn ist zierlicher als der vorher beschriebene. Die Wedel sind nur halb so lang (8 bis 10 cm) und bilden aus dichtem Rhizomgeflecht feste Polster und kleine Matten, deren Wucherkraft leicht zu zähmen ist. Drei besondere Merkmale zeichnen diesen Kleinfarn vor dem anderen aus. Der Austrieb ist bräunlichrosa und belebt dadurch die matt dunkelgrünen Polster für lange Zeit. Die Pflanzen bilden reichlich Sporenwedel von etwa 18 cm Höhe, die senkrecht aus den Polstern herausstehen und besonders anfangs im Gegenlicht rötlichviolett leuchten.

Der Farn ist absolut winterhart. Kein Frost kann ihm etwas anhaben. Durch sein dezentes, aber stetiges Wuchern läßt er sich gut vermehren, da alle Teilstücke bei halbschattiger Kultur leicht anwachsen. Sicherlich wird dieses Kleinod unter den Farnen bald viele Gärten und die Herzen der Gärtner erobern. Verwenden läßt er sich vielseitig – als Bodendecker, am Nordhang des Alpinums, im Heidegarten und an künstlichen Bachläufen, dort kann er sogar in voller Sonne stehen. Die Vermehrung durch Teilung gelingt sehr gut, aber auch die Sporenaussaat bereitet keine Schwierigkeiten. Die Sporen reifen im Juli-August.

'Cristatum' ähnelt der Art, wird aber nur halb so hoch und wuchert schwächer. Die Enden der zierlichen Wedel sind mehrfach gegabelt. Wegen der geringen Wuchskraft sind *Cyclamen, Hepatica* und Zwergnarzissen *(Narcissus asturiensis)* gute Begleiter. Auch diese Form der Seefeder entwickelt nur an günstigen Stellen fertile Wedel.

Blechnum spicant

Der Rippenfarn ist ein heimischer, immergrüner, kaum mittelhoch werdender Kleinfarn. Er wächst auf sauren Rohhumusböden, an schattigen Bachläufen, in lichtem Nadelwald, an sonnenabgewandten Plätzen, wo er oft zusammen mit dem Bergfarn *(Thelypteris limbosperma)* größere Bestände bildet. Er steigt in den Alpen bis auf 2500 m Höhe. Die Art kommt zirkumpolar vor, abgesehen von Zentralasien ist sie in fast allen Regionen der Nordhalbkugel beheimatet. Sie meidet allerdings Kalk. Wie alle Rippenfarne bildet auch dieser bimorphe Wedel. Die sterilen Wedel sind einfach gefiedert. Sie können am günstigen Stand bis 40 cm lang werden, messen aber meist nur 25 cm in der Länge. Sie sind dunkelgrün, mattglänzend und hängen seitwärts stark über oder liegen dem

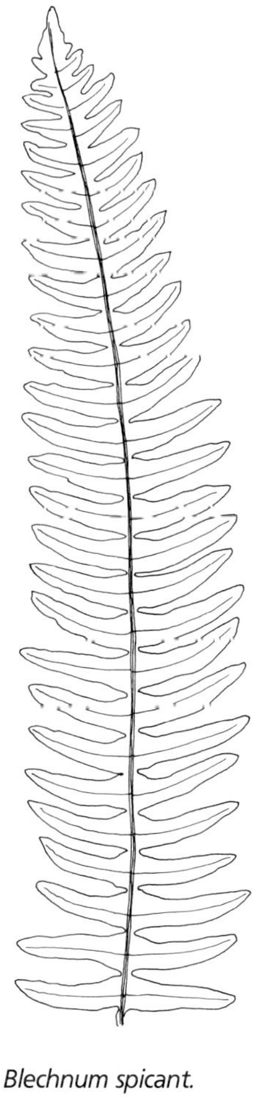

Blechnum spicant.

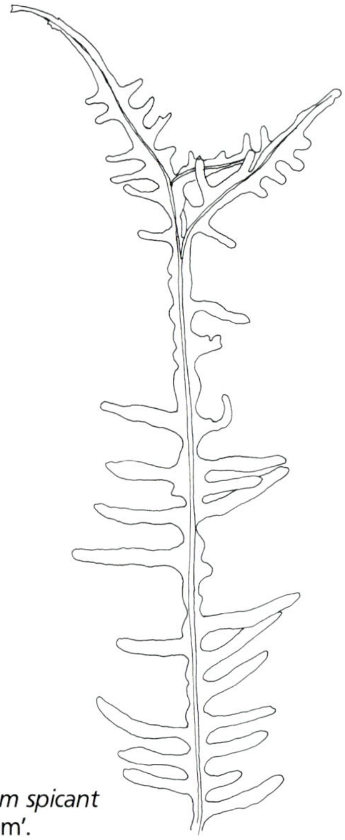

Blechnum spicant 'Cristatum'.

Der Kaprippenfarn, *Blechnum capense,* (Bild Mitte rechts) ist nur etwas für Kenner. Hier steht er umgeben von *Dryopteris wallichiana* (rechts) und *Polystichum munitum* (oben).

Boden nahezu auf. Junge, einköpfige Pflanzen bilden regelmäßige Rosetten, ältere Exemplare formen dichte Büschel, in denen die sterilen Wedel aufrechter sein können. Die fertilen Wedel stehen straff aufrecht, bis 75 cm hoch, bleiben meist aber niedriger. Da die Fiedern zum Schutze der Sporangien einrollen, wirken diese Wedel wie ein Schlangengerippe.

Der Rippenfarn ist einer der schönsten Farne unserer Gärten. Er galt lange Zeit als schwer zu kultivieren. Wo aber die Kulturbedingungen, das heißt feuchter, saurer, möglichst mit Nadelstreu oder Rindensplitt durchsetzter Boden, erfüllt werden, wird er keine Schwierigkeiten haben. Bei feuchtem Boden kann er sogar ein ziemliches Maß an Sonne ertragen. Er paßt gut in den Heidegarten, wo er am Rande des Heidemoores oder eines Baches stehen kann, in Nachbarschaft zu *Erica tetralix, Gentiana pneumonanthe, Gladiolus palustris, Calluna* und *Andromeda.* Auch Erdorchideen, wie *Dactylorhiza majalis* oder diverse *Epipactis*-Arten, eventuell auch *Platanthera bifolia,* können ihm zugesellt werden, zusammen mit dem Siebenstern *(Trientalis europaea)* und dem Kanadischen Hartriegel *(Cornus canadensis).* Vermehrt wird der Rippenfarn durch Teilung älterer Stöcke oder aus Sporen. Beides ist bei Berücksichtigung der angegebenen Kulturbedingungen leicht. Er steht unter Schutz und darf nicht der Natur entnommen werden. Abgesehen davon wachsen in Kultur herangezogene Pflanzen erheblich besser. Auch die angegebenen Erdorchideen dürfen nur aus nachgewiesener gärtnerischer Anzucht erworben werden. Die Sporen des Rippenfarns reifen im Juli-August.

'Crispum'. Der Wellenrippenfarn ist ein bei uns winterharter, aus dem Anaga-Gebirge Teneriffas stammender Rippenfarn. Er bleibt etwas kleiner als die Art. Seine Fiedern sind mehrfach gewellt, die fertilen Wedel sind verhältnismäßig niedrig und nicht so stark rippig eingerollt. Er fällt echt aus Sporen.

'Cristatum'. Der Gabel- oder Kammrippenfarn weicht von der Art dadurch ab, daß sowohl die fertilen als auch besonders die sterilen Wedel im oberen Viertel mehrfach gegabelt sind. Solche Gabelungen sind am Rippenfarn in verschiedenen Gegenden der Nordhalbkugel aufgetreten. Ein Typ aus Amerika hat sich nicht als winterhart erwiesen. Dagegen ist der bei deutschen Vorkommen gefundene absolut winterhart. Die Vermehrung geschieht durch Teilung. Aus Sporen gezogene Pflanzen sind zwar fast alle gegabelt, wirken aber doch sehr unterschiedlich. Zur weiteren Vermehrung sollte man die besten Typen auswählen oder die Pflanzen durch Teilung vermehren.
'Serratum'. Der Sägerippenfarn hat dichtstehende Fiedern, die tief gesägt sind. Die Vermehrung ist nur durch Teilung möglich.

Alle drei Varianten sollten ähnlich wie die Art verwendet werden. Die Ansprüche an den Boden sind dieselben.

Der Falkland-Seefederrippenfarn, *Blechnum penna-marina* 'Alpinum', ist einer der schönsten und gleichzeitig robustesten Kleinfarne, der sogar gelegentliches Betreten nicht übelnimmt.

Camptosorus rhizophyllus, Wanderfarn

In Kanada und Alaska ist der Wanderfarn heimisch, ein Kleinfarn, der an einen Miniaturhirschzungenfarn erinnert. Die lang und sehr schmal auslaufenden Enden der im Grunde herzförmigen, spitz-lanzettlichen Wedelchen bewurzeln sich und bilden dort neue Pflanzen. Man kann diesen Farn an geschützter Stelle zwischen großen Findlingen zusammen zum Beispiel mit Herbstenzianen (*Gentiana sinoornata* und ähnlichen Hybriden) halten. Er braucht aber einen Winterschutz und eignet sich eher fürs Alpinenhaus. Er liebt kalkhaltigen Boden. Wer sich vor Verlust hüten will, sollte stets unter Glas ein paar junge Pflanzen nachziehen. Die Vermehrung erfolgt durch oberirdische Ausläufer oder auch aus Sporen. Nur wenn Schnekken Zugang haben, kann dieses Farnkleinod schnell verlorengehen. Darauf sollte man achten.

Ceterach officinarum, Schriftfarn

Sowohl im mediterranen als auch im atlantischen Klimabereich kommt der Schriftfarn vor und wächst dort an sonnenzugewandten und auch an mehr schattigen Felswänden und Stützmauern. Nach Osten erstreckt sich sein Verbreitungsgebiet bis zum Kaukasus und den Himalajaausläufern, nördlich entlang der Atlantikküste bis England und den Rhein aufwärts bis zur Eifel. Es handelt sich um einen recht kleinen, in Rosetten oder Büscheln wachsenden Felsfarn. Seine derb dunkelgrünen, im Austrieb mit silbernen Härchen bedeckten Wedel sind selten über 15 cm lang. Sie sind regelmäßig, wechselständig und bis zur Mittelrippe lappig eingeschnitten. Die fiederähnlichen Lappen sind abgerundet. Unterseits befindet sich ein dichter Pelz aus zimtbraunen Spreuschuppen, so daß die Sori kaum erkennbar sind.

Der Schriftfarn ist ein Xerophyt. Bei länger anhaltender Trockenheit rollen sich die Blätter ein, so daß man meint, der Farn wäre eingegangen. Sobald wieder Feuchtigkeit zugeführt wird, steht er da, als wäre nichts gewesen.

Der Schriftfarn, der sowohl auf saurem Gestein als auch auf Kalk vorkommt, der nachgewiesenermaßen sowohl schattig als auch vollsonnig stehen kann, gilt immer noch als schwer zu halten. Es kommt aber wohl darauf an, woher man ihn hat. Pflanzen aus Sporennachzuchten sowohl von südosteuropäischen als auch von schattigen Standorten des Tessins bewähren sich im Hamburger Klima auf neutralem bis saurem Boden gut. Der Schriftfarn ist ein sehr attraktiver Kleinfarn, der zusammen mit *Saxifraga-*, *Sempervivum-* und *Campanula-*Arten, aber auch mit *Asplenium trichomanes* einem Alpinum eine besondere Note verleiht, gleich ob es in der Sonne oder auch beschattet liegt. Die Vermehrung sollte nur aus Sporen erfolgen. Sie ist recht einfach, braucht aber Zeit. Pflanzen, aus der Natur entnommen, gehen meist ein. Auch stauende Winternässe ist tödlich. Die Sporen reifen je nach Klimazone von Mai bis September.

Cheilanthes, Pelzfarn

Hier handelt es sich um einen typischen Vertreter trockenwarmer Magerböden. Zwei Arten haben bei uns für den ausgesprochenen Farnliebhaber Versuchswert.

Cheilanthes maranthae
Der Pelzfarn wird oft noch unter dem Namen *Notholaena marantae* geführt. Sein Verbreitungsgebiet erstreckt sich weiter südlich als jenes von *Cheilanthes pteridioides*; dennoch erweist er sich als weniger heikel. Seine Wedel können bis 30 cm lang werden, sind aber meist kürzer. Sie sind länglich-lanzettlich, zweifach gefiedert, deutlich gestielt, derbkantig, oberseits bläulichgrün und kahl, unterseits dicht rostbraun pelzartig beschuppt. Er braucht im Garten einen vollsonnigen Platz mit kalkfreiem, durchlässigem, recht magerem Boden. Konkurrenz durch andere Pflanzen, wie zum Beispiel Saxifragen und ähnliche, muß ferngehalten werden. Dieser Farn ist zwar recht frosthart, er verträgt aber keine ausgesprochene Winternässe und sollte durch eine locker darüber liegende (Abstand 20 cm) Folie geschützt werden. Die Vermehrung ist meist nur aus Sporen möglich und einfacher, als zu vermuten ist. Die Prothallien und jungen Sporophyten sollten nur mäßig feucht und recht warm gehalten werden, jedoch nicht unter direkter Sonne. Die Sporen reifen am Naturstandort Anfang Juni, hierzulande aber wesentlich später.

Cheilanthes pteridioides *(C. fragrans)*
Der Wohlriechende Felsfarn läßt sich nur im Kalthaus kultivieren, und das, obwohl er am weitesten nach Norden vordringt, nämlich über die südlichen Alpentäler hinaus bis Niederösterreich, ja sogar bis nach Mähren. Dieser kleine, kaum 10 cm hohe, derbkrautige Farn braucht einen wirklich sonnigen Standort und verträgt keine Konkurrenz. Ein Farn für den Sammler.

Für den Liebhaber sind auch amerikanische Arten wie **Cheilanthes tomentosa**, **Cheilanthes canosa** und **Cheilanthes feei** von Interesse. Es handelt sich um zierliche Felsfarne mit zwei- bis dreifach gefiederten Wedeln und filzig behaarter Unterseite. Diese Farne benötigen, ebenso wie *Cheilanthes maranthae*, vollsonnige Standorte in Südlage zwischen Tuffgestein und ähnlichem, wärmespeicherndem Gestein. Zum Schutz vor Winternässe und bei Barfrost ist für zusätzliche Abdeckung zu sorgen. Die Anzucht aus Sporen ist schnell und problemlos. Sporen sind allerdings nur über die Tauschaktionen diverser Farnliebhaber-Gesellschaften zu bekommen.

Coniogramme intermedia

Der mittelgroße, fremdartig anmutende Farn ist in Japan, China, auf Sachalin und auf den Kurilen beheimatet. Aus kriechendem, verzweigtem Rhizom wachsen einzeln, doch relativ dicht stehend, die 30 bis 50 cm langen, sommergrünen Blattwedel. Fast die Hälfte der Länge nimmt der kahle runde, grünliche bis strohfarbene Blattstiel ein. Die hellgrüne und dünnkrautige Spreite ist im Umriß drei- bis fünfeckig und einfach bis doppelt gefiedert, aber mit nur wenigen Fiedern. Doppelte Fiederung weisen nur die unteren ein bis drei Fiederpaare auf. Die Fiederchen sind deutlich gestielt, lanzettlich geformt, 1 bis 3 cm breit und 5 bis 12 cm lang. Sie sind fein und dicht gezähnt. Die fertilen Spreiten sind meist etwas größer, länger gestielt und an der Basis oft sogar dreifach gefiedert. Die Sori haben die Form gegabelter Streifen. Sie reichen von der Fiederrippe bis zum Rand.

Dieser Farn stellt wegen seiner aparten Gestalt eine Bereicherung jeder Farnpflanzung dar. Er liebt helle bis halbschattige Standorte mit guter Bodenfeuchtigkeit. Er reagiert empfindlich auf Sonnenbrand und Trockenheit. Der Austrieb ist zart und zerbrechlich. Es entstehen leicht Schäden zum Beispiel durch Amseln, aber auch durch Schneckenfraß. Der Farn zieht im Herbst früh ein. Da er sich nur allmählich und unaufdringlich ausbreitet, ist er leicht in Schach zu halten. Er erfordert nur wenige, ausgesuchte Begleitstauden, die seiner aparten Gestalt Rechnung tragen und ebenso wie er ein bißchen Winterschutz brauchen. Die Vermehrung erfolgt durch Teilung und aus Sporen. Die Sporen reifen im Juni-Juli.

Cryptogramma, Rollfarn

Von den vier Arten, die in den nördlichen und südlichen gemäßigten Zonen vorkommen, sind zwei für unsere Gärten interessant.

Cryptogramma crispa

Farbbild auf Seite 59

Der Krause Rollfarn oder Petersilienfarn bewohnt die Grobschutthalden der Alpen und des Kaukasus, verstreut kommt er auch in einigen deutschen Mittelgebirgen in Höhenlagen zwischen 800 und 2500 m vor. Er meidet Kalk und gedeiht am besten im kühlen, feuchten Bereich größerer Gesteinsbrocken. Der Farn wächst aus einem eng verzweigten Rhizom büschelig 15 bis 25 cm hoch. Er entwickelt fertile und sterile Wedel. Die sterilen werden höchstens 15 cm hoch, haben eine dreieckige Form und sind zwei- bis vierfach gefiedert. Die fertilen Wedel treiben später aus und ragen bis 25 cm hoch aus dem sterilen Wedelbüschel heraus. Weil sich die Fiederchen an den fertilen Wedeln einrollen, um die Sori einzudecken, erscheinen sie wesentlich schmaler, als ob sie aus dünnen Röllchen bestünden.

Der Rollfarn ist ein etwas schwieriger Kleinfarn, der zwischen größeren Steinen im Alpinum stehen sollte. Er braucht einen kühlen Platz und saures Substrat, das stark mit Gesteinssplitt durchsetzt ist. Als Begleiter dienen alle zierlichen Steingartengewächse, die ähnliche Bedingungen lieben.

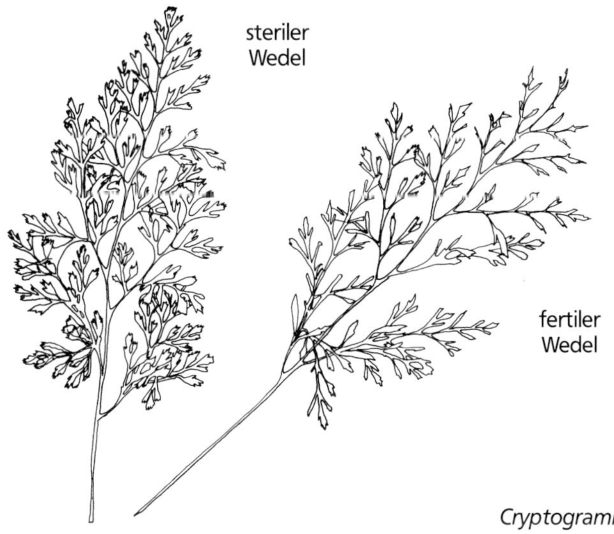

Cryptogramma crispa.

Der Eichenfarn, *Currania dryopteris*, wirkt zwar zierlich, er ist aber ein unermüdlicher Wucherer. Man muß ihm hin und wieder Einhalt gebieten.

Cryptogramma acrostichoides.

Cryptogramma crispa var. acrostichoides

Farbbild auf Seite 59

Der Amerikanische Rollfarn stammt aus Nordamerika, von ähnlichen Standorten wie der Krause Rollfarn. Er bleibt kleiner, hat dagegen etwas größere Fiederchen an den zwei- bis vierfach geteilten Wedeln. Die Röllchen an den fertilen Wedeln sind etwa doppelt so dick wie die von *C. crispa.* Der Standplatz dieses Farns sollte noch kühler, aber hell sein.

Beide Rollfarne sind schwer zu teilen. Dies gilt besonders für den Amerikanischen. Man muß für ein steiniges, kühles, aber helles Anzuchtbeet sorgen. Sporen, die reichlich angesetzt werden und von Juli bis September entnommen werden können, keimen gut. Schwierig ist es, die richtige Temperatur zur Weiterkultur zu ermitteln. Offenbar muß sie weit unter 20 °C liegen. Auch das Aussetzen ins Freiland fordert Verluste.

Currania, Teppichfarn

Die Teppichfarne lassen sich schwer in die botanische Systematik einordnen. Daher haben sie sehr oft den Namen gewechselt: *Dryopteris, Gymnocarpium, Phegopteris.* Für unsere Gärten stellt die Gattung *Currania* zwei Arten zur Verfügung.

Currania dryopteris

Farbbild auf Seite 2 und 92

Der Eichenfarn ist ein zierlicher, teppichbildender Farn, der in fast allen gemäßigten Bereichen der Nordhalbkugel zu finden ist, manchmal tritt er in riesigen Flächen auf. Bevorzugte Plätze sind humose, recht schattige Wälder. Der Farn wächst aber auch in Humusnischen am Fels und siedelt nicht selten zusammen mit *Asplenium ruta-muraria* und *Asplenium trichomanes* an künstlichen Mauern. Aus dichtfilzigem, zartem Rhizomgeflecht wachsen einzeln auf millimeterdünnen Stielen die Wedelchen bis allenfalls 30 cm Höhe hervor. Die Form der dreifach gefiederten Wedel ist ein gleichseitiges Dreieck, die beiden ersten Fiedern sind so groß wie die folgende Mittelfieder. Am schattigen Platz breiten sich die Spreiten auf den Stielen waagerecht aus, an sonnigen Standorten stehen sie mehr aufrecht, und die Fiederchen sind dort deutlich nach innen gerollt. Die Blattoberseite ist glatt. Im Schatten sind die Fiedern mittelgrün, in der Sonne wirken sie bräunlich überhaucht.

Der Eichenfarn kann zusammen mit *Anemone nemorosa* und verschiedenen Knollen- und Zwiebelgewächsen dort gepflanzt werden, wo aufgrund von Lichtmangel im Sommer kaum noch etwas gedeiht. Er wächst auch willig in den Fugen von Mauern und Treppen. Etwas Vorsicht bei der Verwendung ist aber geboten! Bei günstigen Verhältnissen erobert er sich sehr schnell größere Flächen. Allerdings läßt er sich auch leicht wieder entfernen. Die Vermehrung durch Teilung ist leicht, ebenso wie die aus Sporen. Die Sporenreife beginnt Anfang Juli.

'Plumosum'. Der Krause Eichenfarn ist eine Variante, die sich durch unregelmäßig tief gelappte, engstehende Fiederchen von der Art unterscheidet. Die Ränder der Fiederchen sind außerdem mehr oder weniger und ebenfalls ungleichmäßig nach unten gebogen, so daß sie wie gekräuselt wirken. Höhe, Wedelform und Wuchseigenschaften entsprechen der Art. Der Krause Eichenfarn ist ein etwas skurriler, aber sehr ansprechender kleiner Wucherfarn, den man durch Teilung rasch vermehren kann. Über die Nachzucht aus Sporen fehlen noch die Erfahrungen.

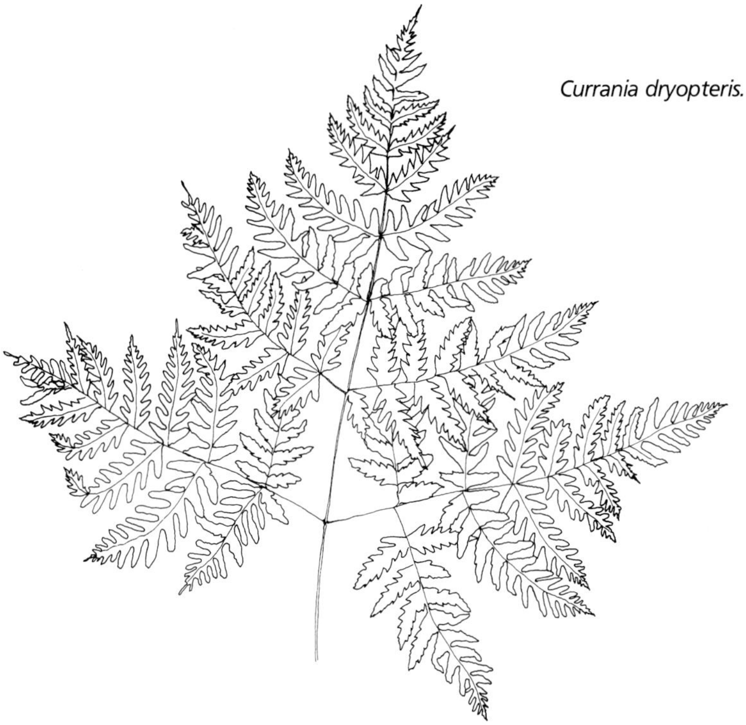

Currania dryopteris.

Currania dryopteris 'Plumosa'.

Currania robertiana.

Currania robertianna

Der Ruprechtsfarn wächst in seiner Heimat – Europa, Westasien und Nordamerika – vornehmlich auf Kalkgestein in Felsnischen und auf Geröll, allerdings nicht in solchen Flächen wie der Eichenfarn, sondern oft örtlich sehr begrenzt. Diese Art wird oft mit dem Eichenfarn verwechselt, wächst aber etwas höher (bis 60 cm) und hat einen sehr langen Stiel, der oft zwei Drittel des gesamten Wedels ausmacht. Die Spreite ist dreieckig eiförmig, doppelt gefiedert, graugrün, recht derb und leicht bedrüst. Das unterste Fiedernpaar hebt sich nicht so deutlich von den anderen ab, wie das beim Eichenfarn der Fall ist.

Der Ruprechtsfarn gedeiht gut, wenn der Boden nicht zu sauer ist. Er wächst auch noch an sonnigen Plätzen, eignet sich aber besonders für der Sonne etwas abgewandte Teile im Steingarten. Er wird nicht so leicht lästig wie der Eichenfarn. Man vermehrt ihn durch Teilen des Rhizomgeflechtes; er läuft aber auch willig aus Sporen auf. Die Sporen reifen Ende Juni bis August.

Cyrtomium, Ilexfarn

Diese Gattung umfaßt nur wenige Arten, die in den temperierten Gebieten Asiens, Afrikas, Amerikas und sogar auf Hawaii vorkommen. Zwei davon sind gartenwürdig.

Cyrtomium fortunei

Die Art hat noch keinen festen deutschen Namen. Am besten bezeichnet man sie als Schmalen Ilexfarn. Die ins Deutsche aus dem Japanischen übersetzte Bezeichnung lautet Bergwald-Sagopalmenfarn. Auch der Name Sichelfarn ist gebräuchlich und auch recht treffend. Dieser immergrüne Farn stammt aus den feuchten japanischen Bergwäldern. Das Rhizom, meist ungeteilt, ist kurz und aufrecht. Die Wedel stehen trichterförmig schräg aufrecht. Sie sind bis 60 cm lang, 20 cm breit, stehen auf 15 cm langem Stiel und sind einfach gefiedert. Die Fiedern stehen unten wechselständig, oben gegenständig. Sie sind lederig matt oder auch glänzendgrün, je nach Typ, und zeigen besonders bei ausgewachsenen Exemplaren die Form einer kurzen Sense (Sichel). *Cyrtomium fortunei* ist nicht ganz winterhart und braucht eine kräftige (15 cm starke) Laubschüttung im Winter, aus der die Wedel herausschauen. Die Schüttung sollte – als Schutz vor Drosseln – mit Fichtenreisig oder etwas ähnlichem befestigt werden. In milden Wintern bleibt der Farn bis zum Frühling grün.

Cyrtomium macrophyllum

Der Großblättrige Ilexfarn oder, aus dem Japanischen übersetzt, Großblättrige Bergwald-Sagopalmenfarn stammt ebenfalls aus Japan. Aber auch im Himalaja, in China und auf Formosa ist er heimisch. Die Wedel sind ebenfalls immergrün, allerdings zeigen sie eine ausgesprochen hellgrüne, glänzende Färbung. Die Wedel werden ähnlich lang wie bei *Cyrtomium fortunei*, hängen aber stärker über, sind einfach gefiedert und haben höchstens acht bis zehn Fiedern. Die ziemlich großen, derben Fiedern sind breit-lanzettlich und spitz auslaufend. Dieser vom üblichen Farnbild stark abweichende, schöne Farn hat sich in Hamburg als etwas härter erwiesen als der zuvor beschriebene Sichelfarn.

Beide Ilexfarne lassen sich gut mit großblättrigen Rhododendren (zum Beispiel *Rhododendron calophytum)*, aber auch mit *Mahonia japonica* und *Mahonia bealei* kombinieren. Stauden, wie etwa Primeln und Zwiebelblumen, die im übrigen gut dazu passen, müssen wegen der Winterschutzschüttung etwas entfernt vom Farn stehen, da sie sonst vergeilen. Wo es möglich ist, sollten im Frühling nur die Schutzreiser entfernt werden. Die Drosseln verteilen schon das Laub, und der Boden wird mit organischem Material angereichert. In Kalthäusern können beide Ilexfarne die doppelte Größe erreichen.

Cystopteris, Blasenfarn

Die Gattung *Cystopteris* ist mit ihren 18 Arten überall auf der Welt zu finden. Sechs Arten gelten als mehr oder weniger gartenwürdig. Der etwas seltsame Name rührt nicht etwa daher, daß dieser Farn medizinischen Nutzen hätte, sondern weil die Sori unter seinen Blattwedeln mit einem blasenförmig umhüllenden Schleier versehen sind.

Cystopteris bulbifera

Der Brutknospen-Blasenfarn ist eine mittelhohe, zerbrechlich wirkende Farngestalt, die im östlichen Nordamerika an feuchten Felsen oder in feuchten Waldschluchten in Spalten oder auf Humusauflagen recht verbreitet vorkommt. Seine Wedel sind sehr schlank, 40 cm, selten bis 80 cm lang, hellgrün mit rötlichem Stiel und Rippen, zierlich doppelt bis dreifach gefiedert und von der Mitte ab oft leicht gekrümmt. Was diesen Farn von den anderen Blasenfarnen und überhaupt von den meisten Gartenfarnen untescheidet, sind die an den oberen Fiedern wachsenden und im Hebst abfallenden, erbsengroßen Brutknospen, die bereits im ersten Jahr zu etwa 15 cm hohen Jungpflanzen heranwachsen. Man verwendet diesen Farn daher am besten als Bodendecker, zusammen mit Frühlingsblumenzwiebeln, zwischen Rhododendren und anderen Schattengehölzen, oder an Mauern und Treppen, wo er schnell alle Lücken besetzt. Die Vermehrung aus Brutknospen ist am lukrativsten, aber über Sporenaussaat erhält man ebenso schnell kräftige Pflanzen.

Cystopteris dickieana

Der Schottische Blasenfarn, der in einer Höhle bei Aberdeen in Schottland entdeckt wurde, ist wohl der schönste Vertreter dieser Gattung. Oft findet man ihn in den Pflanzenkatalogen noch unter dem Namen *Cystopteris fragilis* 'Dickieana'. Er ähnelt dem Zerbrechlichen Blasenfarn *(Cystopteris fragilis)*, wächst aber gedrungener. Die meist nur 10 cm, selten bis 15 cm langen Wedel sind mit 5 bis 7 cm verhältnismäßig breit und enden stumpf. Die Fiederchen überlappen sich, so daß die Wedelchen geschlossen wirken. Oft vergilben sie bei Hitze im Hochsommer. Dann sollte man sie entfernen, einige wenige Körnchen Mineraldünger (Blaukorn chloridfrei) und etwas Kompost streuen und gut wässern. Nach wenigen Tagen setzt dann ein zweiter Trieb ein, frischgrün wie im Frühling, der dann bis zum Herbst hält. Gleiches gilt für die im folgenden beschriebenen Arten. Der Schottische Blasenfarn fällt echt aus Sporen. Die Sporen reifen oft bereits Anfang Juni.

Cystopteris fragilis

Der Zerbrechliche Blasenfarn oder Gemeine Blasenfarn ist ein Kosmopolit, dessen Verbreitungsgebiet vom nördlichen Polarkreis bis nach Neuseeland reicht. Er

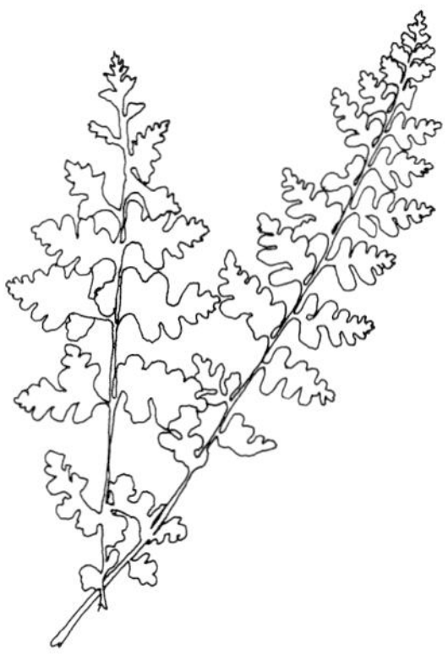

Cystopteris dickieana.

Cystopteris fragilis.

Cystopteris regia.

wächst sowohl auf Kalk- wie auf Silikatfelsen, an Mauern, in Steinhaufen an Erdwällen (wie den Holsteinischen Knicks) und sogar in Rissen verputzter Mauern, wenn er nur ein gewisses Maß an Feuchtigkeit vorfindet. Er dringt von allen Arten der Gattung am weitesten nach Norden vor, verschmäht aber auch nicht die Basaltblöcke der Kanaren. Aus relativ dickem Rhizom wachsen schon sehr zeitig im Frühling die 10 bis 40 cm langen, schmallanzettlichen, ein- bis dreifach gefiederten Wedel hervor. Die Gestalt und die Fiederung der Wedel fällt sehr unterschiedlich aus. Formen des Flachlandes sind weniger stark und grober gefiedert, Hochgebirgstypen (aus 3100 m Höhe) dagegen weisen eine sehr feine und filigranartige Fiederung auf.

So zerbrechlich die Wedel wirken, so robust erweist sich dieser Farn. Sogar Fröste bis −10 °C kann der junge Austrieb ertragen. Verwenden kann man den Farn in allen nicht vollsonnigen Partien des Steingartens. Wo er einmal steht, sät er sich gern aus, ohne so lästig zu werden wie der Brutknospenblasenfarn. Wer das Glück hat, eine feuchte Ziegel- oder Natursteinmauer zu besitzen, etwa am Kellereingang oder am Geräteschuppen, der sollte einmal eine Handvoll sporentragende Wedel daran entlangstreichen. Es dauert nur ein paar Jahre, und die Wand ist grün vom Zerbrechlichen Blasenfarn. Die Vermehrung schöner Typen erfolgt durch Teilung das ganze Jahr über. Aber auch die Sporenanzucht ist einfach. Die Sporen reifen von Juni bis Oktober.

Cystopteris montana

Der Bergblasenfarn durchwuchert, wenn er einmal etabliert ist, mit seinen dünnen Rhizomen sehr schnell den Gartenplatz, ohne allerdings sehr lästig zu werden. Er stammt aus den Gebirgen Europas, Asiens und Nordamerikas. Die einzelnstehenden, langstieligen, dreieckig geformten, 10 bis 25 cm langen Wedel sind dreifach gefiedert. Man setzt diesen zierlichen Wucherfarn an sonnenabgewandte Plätze des Steingartens. Wegen seiner Zartheit ist er leicht in Schach zu halten. Die Vermehrung geschieht durch Teilung oder aus Sporen, die ab Ende Juni reifen.

Cystopteris regia

Der Alpenblasenfarn zeichnet sich durch eine äußerst zierliche drei-, manchmal vierfache Zerteilung der Wedelspreite aus. Von manchen Autoren wird dieser als Hochgebirgsform des Zerbrechlichen Blasenfarns angesehen *(Cystopteris fragilis* ssp. *alpina)*, und diese Auffassung ist gar nicht so abwegig, da es eine Vielzahl von Varianten davon gibt. Es lohnt – und ist auch erlaubt – sich auf dem Gebiet der Blasenfarne einmal als Sammler zu betätigen. Die zierlichsten, kaum 10 cm hohen Typen dieses Farns geben sich im Tieflandgarten heikel. Ein wesentlich kräftigerer, am Hochkönig bei Bischofshofen in 2000 m Höhe gefundener, etwa 15 cm hoher Typ wächst in Hamburg gut und begeistert immer wieder neu. Die Vermehrung guter, starkwüchsiger Typen geschieht auf vegetativem Weg. Das geht ziemlich schnell, weil sich die Pflanzen auf gutem Boden schnell bestocken.

Cystopteris sudetica

Der Sudeten-Blasenfarn kommt von den Ostalpen bis zum Kaukasus vor. Er ähnelt dem Bergblasenfarn, unterscheidet sich aber dadurch, daß die unteren beiden großen Fiederpaare sich nach vorn strecken. Dieser Farn ist kaum in den Gärtnereien zu finden. Die Verwendung gleicht derjenigen des Bergblasenfarns, nur daß *Cystopteris sudetica* schattiger stehen kann. Man vermehrt diese Art am besten durch Teilung der langen Rhizome, aber auch aus Sporen, die ab Juni reifen.

Alle Blasenfarne besitzen eine zarte Gestalt und brauchen kleine Stauden als Nachbarn. Leberblümchen, Steinbrech, aber auch zarte Primeln, im Herbst diverse Herbstkrokusse und auch Alpenveilchen *(Cyclamen hederifolium)* stehen ihnen gut zu Gesicht, wenn die Konkurrenz nicht zu groß ist.

Davallia

Davallia canariensis

Diese Art wächst im Vergleich zur folgenden etwas kräftiger, kann aber nur im Kalthaus gepflanzt werden.

Davallia mariesii

Der Japanische Hasenfußfarn erinnert an *Selaginella.* Seine dicht pelzschuppigen Rhizome kriechen oberirdisch über Felsbrocken, Moospolster und Baumstümpfe. Die Wedel stehen einzeln in kurzen Abständen voneinander. Sie werden 10 bis 15 cm hoch, sie haben eine dreieckige Form und sind zierlich dreifach gefiedert. Dieser vom allgemeinen Farntypus abweichende Farn ist recht frostempfindlich. Er gedeiht in geschützten Kleinklimaräumen, besser im Kalthaus auf großen Steinen oder Baumstümpfen. Wegen des ausgefallenen Wuchscharakters ist Moos als Begleiter geeignet.

Dennstaedtia punctilobula, Schüsselfarn, Heuduftfarn

Der Schüsselfarn stammt aus dem östlichen Nordamerika, wo er in lichten, trockenen Wäldern, an felsigen Hängen und auf steinigen Grasflächen wächst. Er ist ein bezaubernder Farn, der aber auch stark wuchert. Aus den dichten und weitstreichenden Rhizomen wachsen einzeln, jedoch sehr dicht beieinander, die 40 bis 70 cm langen und 12 bis 20 cm breiten, lanzettlichen Wedel empor. Sie sind auffallend hellgrün und stehen bei eingewachsenen Exemplaren fast senkrecht mit elegant gebogenem Wedelende. Die Mittelrippe ist hellbraun, auch grün oder strohfarben; fertile Wedel sind doppelt, sterile oft dreifach gefiedert. Die Sori sind klein und sitzen an den oberen Fiederlappen. Sie sind mit einem schüsselförmigen Schleierchen bedeckt. Getrocknet duften die Wedel nach Heu.

Der Schüsselfarn, so schön er ist, sollte mit Bedacht gepflanzt werden. Dort wo er sich ausbreiten kann, also als Bodendecker zwischen hohen Rhododendren, *Pieris* oder Hortensien, kann man ihn sich selbst überlassen. Er bedeckt dann nach Jahren unter Umständen eine Fläche von hundert Quadratmetern wie im Botanischen Garten Hamburg. Ansonsten sollte man ihn durch eine Sperre (Betonring und ähnliches) von seinem Umfeld abgrenzen. Der Farn läßt sich durch Teilung, aber auch aus Sporen vermehren. Teilstücke sollten im Topf vorkultiviert werden.

Diplazium, Doppelschleierfarn

Die Gattung umfaßt 400 Arten, von denen die meisten in den Tropen, viele aber auch in der nördlichen gemäßigten Zone verbreitet sind. Drei davon kommen für unsere Gärten in Frage. Eine dieser Arten, nämlich *Diplazium thelypteroides,* zählt heute oft zu *Athyrium,* findet sich aber

Der Heuduftfarn, *Dennstaedtia punctiloba*, bringt fast jedes Jahr eine goldgelbe Herbstfärbung. Aber Vorsicht, er wuchert stark!

noch in Katalogen und Angebotslisten der Gattung *Diplazium* zugeordnet, zuletzt sogar als *D. australe* mit dem deutschen Namen Silbriger Doppelschleierfarn (nach Maatsch). Solange keine Klarheit über die systematische Zuordnung herrscht, zählen wir diese Art zu *Diplazium*.

Diplazium pycnocarpon
Der Schmale Doppelschleierfarn wächst mittelhoch bis hoch mit straffem Wuchs. Feuchte und manchmal sogar sumpfige Waldlichtungen und -wiesen im Norden der Vereinigten Staaten bis hinauf nach Kanada sind seine Heimat. Besonders häufig wächst er auf neutralen bis leicht alkalischen Böden. Saure Standorte meidet er. Aus dicht unter der Oberfläche horizontal wachsenden, im Laufe der Zeit reich verzweigten Rhizomen steigen, betont aufrecht, jeweils sechs bis zehn Wedel auf, die zwischen 60 und 120 cm hoch werden können und 30 cm lange, fast kahle Stiele haben. Sie stehen dicht beieinander, haben eine schmal-lanzettliche Spreite von 10 bis 15 cm Breite. Die Wedel sind einfach gefiedert, die Fiedern stehen wechselständig mit klarem Abstand zueinander. Sie sind ganzrandig oder allenfalls leicht gesägt und etwas gewellt, besonders bei jungen Pflanzen. Die Farbe ist hell, ja nahezu fahlgrün. Die fertilen Wedel stehen noch straffer aufrecht und haben deutlich schmalere Fiedern als die im oberen Viertel etwas überhängenden, sterilen Wedel. Die reichlich vorhandenen Sori stehen einzeln oder doppelt, dann auch mit einem zusammengewachsenen Doppelschleier.

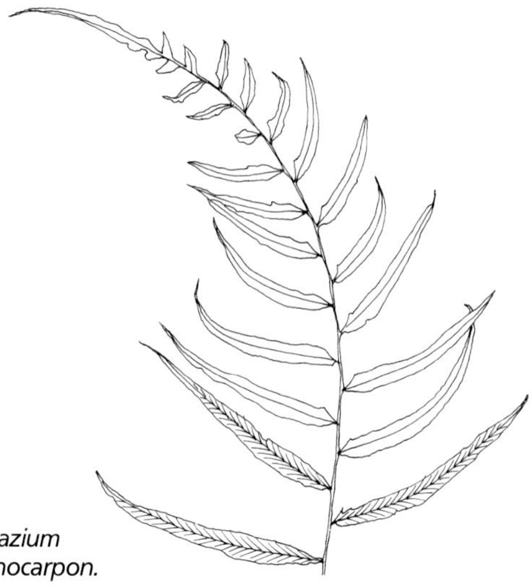
Diplazium pycnocarpon.

Der Schmale Doppelschleierfarn wirkt recht elegant. Leider hält sich dieser Eindruck nur bis zum Frühherbst. Der Farn zieht schnell ein, und die Wedel sollten dann entfernt werden. Man pflanzt den Farn am besten an feuchte, sonnige Gartenplätze neben Bäche und Teiche in windgeschützter Lage, zusammen mit etwas edleren Stauden wie *Iris sibirica*, farbigen *Hosta*-Sorten, *Primula rosea*, *Myosotis palustris* und ähnlichen. Auch *Leucojum vernum* und *L. aestivum* wachsen gut am feuchten Ort. Die Nachzucht erfolgt aus Sporen. Eine Teilung ist nur bei ganz alten Stöcken lukrativ.

Diplazium sibiricum
Das Verbreitungsgebiet des Kleinen Doppelschleierfarns oder Sibirischen Doppelschleierfarns reicht von Nordosteuropa über Zentral- und Nordrußland bis in die Mandschurei und nach Nordjapan. Es ist ein kaum mittelgroßer Waldfarn mit kriechendem Rhizom und einzelnstehenden Wedeln; er wirkt etwa wie eine Großausgabe des Alpenblasenfarns. Die langgestielten, dreieckig geformten Wedel sind 30 bis 40 cm lang und bis 25 cm breit. Sie sind im unteren Drittel dreifach, darüber zweifach gefiedert und stehen meist waagerecht, aber am sonnigen Stand schräg aufrecht zum Erdboden.

Dieser Farn wuchert nicht so stark, so daß man ihn mit Kleinstauden wie Lungenkraut *(Pulmonaria)*, Buschwindröschen oder Tränendes Herz und Breitblättriger Glockenblume *(Campanula latifolia)* im Halbschatten lichter Gehölzgruppen verwenden kann. Der Boden sollte sauer humos sein. Man vermehrt *Diplazium sibiricum* durch Teilung und kultiviert die Rhizomstücke, die Endknospen haben sollten, in Töpfen vor. Eine Vermehrung aus Sporen ist ebenfalls möglich. Die Sporenreife beginnt im Juli.

Diplazium thelypteroides.

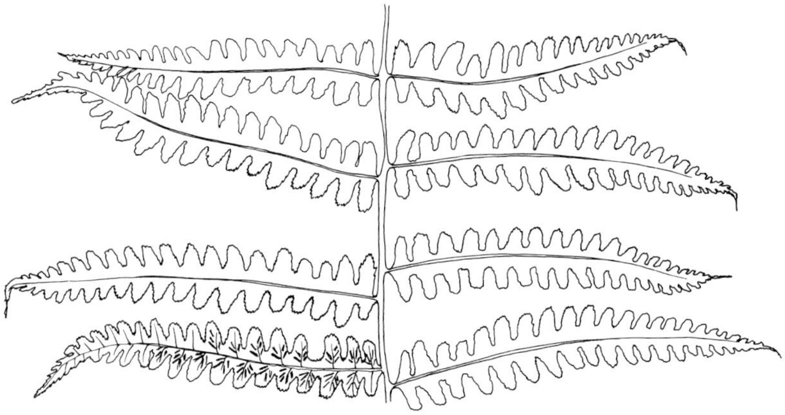

Diplazium thelypteroides (Unterseite).

Diplazium thelypteroides

Der Silbrige Doppelschleierfarn ist ein mittelhoher bis hoher, locker trichterförmig wachsender Waldfarn. Seit neuem zählen einige Wissenschaftler ihn zu den Frauenfarnen, benannt *Athyrium thelypteroides.* Es besteht aber noch keine endgültige Klarheit über die korrekte systematische Zuordnung. Der Farn stammt aus dem östlichen Nordamerika, aus China und dem Himalaja, er wächst an Bachläufen und in schattigen Wäldern. Er ähnelt entfernt dem echten Frauenfarn. Der Wurzelstock ist aufrecht und wenig- bis mehrköpfig. Die 45 bis 80 cm langen, bis 25 cm breiten Wedel sind im Austrieb weißfilzig, später frischgrün und wirken durch eine zarte Behaarung wie mit einem fahlen Schimmer überzogen. Die Wedel sind einfach gefiedert, die Fiedern laufen betont spitz aus und sind bis zur Fiederrippe in zahlreiche ganzrandige oder fein gezähnte, fast wie engstehende Fiedern aussehende Segmente eingeschnitten. Die Sori stehen in regelmäßigen Reihen und sind mit einem silbrigen Schleier überzogen. Als Jungpflanze bis etwa 20 cm Höhe präsentiert sich der Farn in etwas anderem Habitus. Dann sind alle Fiedern leicht gewellt, so daß man oft meint, einen anderen Farn vor sich zu haben.

Verwendet wird der Silbrige Doppelschleierfarn ähnlich wie der Frauenfarn. Da er aber weniger robust ist und nicht so hoch wächst, kann man ihn auch mit empfindlichen Stauden wie Scheinmohn *(Meconopsis)*, Herbstanemomen und Silberkerzen *(Cimicifuga)* zusammenbringen. Die Vermehrung erfolgt durch Teilung oder besser noch aus Sporen. Die Anzucht ist etwas heikel und sollte gut kontrolliert ablaufen. Die Prothallien sind hitzeempfindlich und pilzanfällig. Die Sporen reifen ab Juli.

oben:
Der elegante Schmale Doppelschleierfarn, *Diplazium pycnocarpon*, sollte entsprechend edlen Stauden zugesellt werden.

Seite 101 oben:
Der »Allerwelts«-Wurmfarn, *Dryopteris filix-mas*, ist trotz seiner Allgegenwart eine distinguierte Farngestalt, die in vielen Nuancen auftritt.

Seite 101 unten:
Auch der Goldschuppenfarn, *Dryopteris affinis*, variiert, so daß man von derselben Art viele verschiedene Typen haben kann.

Dryopteris, Wurmfarn

Die Gattung *Dryopteris* kommt mit etwa 150 Arten besonders in den gemäßigten Zonen der Nordhalbkugel vor. Man findet sie aber auch in wärmeren Gebieten bis hin nach Australien. Die einzelnen Arten dieser Gattung sind in ihrem Habitus sehr unterschiedlich. Es gibt Riesen wie *Dryopteris goldiana* mit ein- bis dreifach gefiederten, oft 1,50 m langen Wedeln, halbhohe Farne wie *Dryopteris amurensis* mit eher breiten, oft nahezu dreieckigen Wedeln, ebenfalls unterschiedlich gefiedert, oder aber Miniaturfarne wie der kleinste unter ihnen, *Dryopteris fragrans*, der eher wie ein kleiner Schildfarn oder auch wie ein Wimperfarn aussieht. Der Name Wurmfarn hat keinerlei Bezug zur Gestalt und zum Aussehen der Farne. Man hat aus dem Rhizom unseres heimischen Wurmfarns *(Dryopteris filix-mas)* schon im Altertum ein Bandwurmmittel hergestellt. Wegen der oft heftigen Nebenwirkungen mußte man aber davon absehen, zumal heute bessere Mittel zur Verfügung stehen.

Dryopteris aemula

Hierbei handelt es sich um den zierlichen, atlantischen Vertreter unseres Breitwedeldornfarns. Heimisch ist er in Westeuropa von Großbritannien bis zu den Kanarischen Inseln. Er ist ein ausgesprochener Waldfarn, der feuchten, humosen Boden, Beschattung und ausreichend hohe Luftfeuchtigkeit benötigt. Dieser kaum mittelgroße Farn bildet lockere, ausgebreitete Rosetten von sechs bis zehn Wedeln, die sich aus einem meist einköpfigen Rhizom entfalten. Die Wedel sind auffallend hellgrün, 20 bis 40 cm lang und zierlich dreifach gefiedert. Die Blattstiele sind spärlich spreuschuppig und nur im unteren Teil dunkel gefärbt. Die Spreiten sind im Umriß dreieckig-oval, von dünner Textur und deutlich kraus. Die Fiedern stehen im unteren Teil der Spreite entfernt voneinander, sie stehen aber auch am Wedelende recht locker; die Fiederchen sind im unteren Spreitenbereich viel stärker entwikkelt. Besonders auffällig an diesem zierlichen Farn ist die hellgrüne, gekräuselte Textur, die ihn von anderen Farnen unterscheidet.

Es ist eine interessante Pflanze für den Liebhaber und nicht leicht zu kultivieren. Der Farn benötigt viel Aufmerksamkeit und guten Winterschutz. Die Standorte im Garten müssen den natürlichen Standortverhältnissen angenähert sein. Die Vermehrung ist nur aus Sporen möglich.

Dryopteris affinis

Farbbild auf Seite 101 und 193

Der Goldschuppenfarn hat seinen wissenschaftlichen Namen in den vergangenen Jahrzehnten dreimal gewechselt. Kürzlich hieß er noch *Dryopteris borreri*, zu Zeiten Karl Foersters (1957) *Dryopteris paleacea*, und in amerikanischen Sporentauschlisten fand ich ihn unter dem Namen *Dryopteris pseudomas*. Es ist ein kräftiger, an günstigem Stand riesig werdender Farn, der in lichten Wäldern Westeuropas, zum Beispiel im Schwarzwald, aber auch im Mittelmeerraum und in den Tropen auf nährstoffreichen Böden wächst. Er dringt sogar bis in den atlantisch temperierten Teil Norwegens und Großbritanniens vor. In den Alpen steigt er bis 1000 m Höhe. Aus einem meist mehrköpfigen, kompakten Wurzelstock wachsen die kurzgestielten Wedel trichterförmig oder bei mehreren Köpfen büschelig ziemlich straff aufrecht empor. Je nach Standortbedingungen erreichen sie zwischen 80 cm und 1,50 m Höhe. Dieser Farn hat große Ähnlichkeit mit dem Gemeinen Wurmfarn *(Dryopteris filix-mas)*, sein Wuchs wirkt aber straffer, und die Fiedern zeigen ein etwas frisches und leicht glänzendes Grün, besonders aber ist er unten an den Stielen oft bis hinein in die Mitte der Wedelspreite mit langen, in der Sonne braungold leuchtenden Spreuschuppen besetzt. Die zweifach gefiederten Wedel sind 80 cm bis 1,50 m lang mit kurzem, 15 cm messendem Stiel und bis zu 20 cm breit. Die Fiederchen setzen breit an, deren Seitenränder sind parallel, ganzrandig und nur an den Enden gestutzt oder leicht gekerbt. Sie sind derb, manchmal schwach gewellt und glänzend sattgrün. Sie überdauern den Winter. Die Schleierchen der Sori sind bei der Reife blaugrau.

Der Goldschuppenfarn ist einer der prächtigsten unter den Großfarnen. Sowohl der Austrieb mit den oft einige Zentimeter langen Schuppen, die in der Morgen- und Abendsonne intensiv golden leuchten, als auch das satte, wie gehämmert wirkende Grün der Wedel verlangen nach einem exponierten Gartenplatz. In Parks kann man den Goldschuppenfarn aber auch in Gruppen oder großflächig pflanzen. Seine Ansprüche sind gering. Er wächst in jedem leicht sauren Gartenboden, je humoser und nährstoffreicher desto üppiger. Sehr schön passen Schneeglöckchen, Märzenbecher, *Hyacinthoides* und *Scilla* zu ihm, die mit den überwinterten, meist noch grünen Wedeln gut harmonieren. Der Goldschuppenfarn ist verhältnismäßig vielgestaltig. Man erkennt ihn an

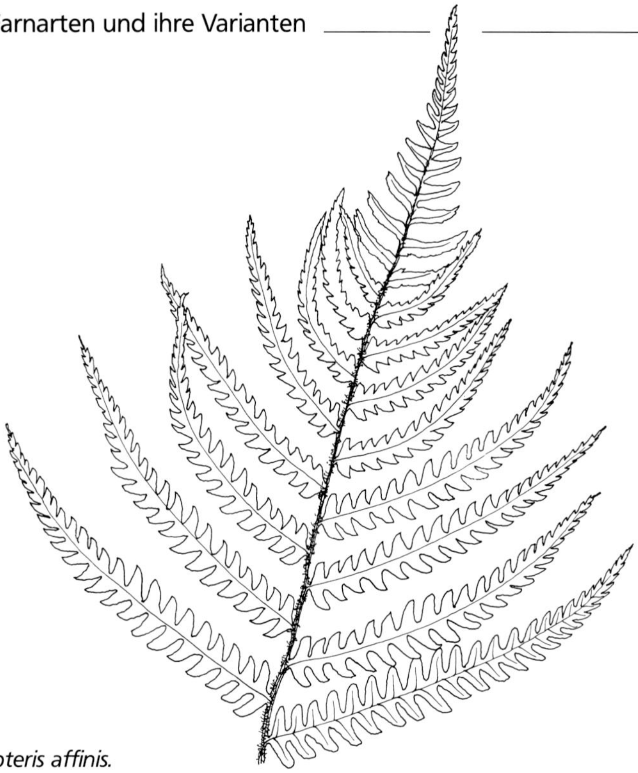

Dryopteris affinis.

seinem Naturstandort nicht immer sofort. Das liegt einmal daran, daß er in diploider, triploider und tetraploider Form auftritt und daß er sich mit anderen Farnen, zum Beispiel mit *Dryopteris filix-mas*, kreuzt und Bastarde *(Dryopteris × tavelii)* bildet. Die Vermehrung unter gärtnerischen Bedingungen erfolgt aus Sporen, da sich eine Teilung nicht lohnt. Die Anzucht ist leicht, weil sich der Farn apogam, das heißt ohne Befruchtung, vermehrt und daher sehr gleichmäßig wächst. Die Sporen reifen im Juli. Vom Goldschuppenfarn gibt es einige Sorten, die in den Wäldern gefunden wurden und aus Sporen vermehrt werden.

'Crispa'. Der Kleine Krause Goldschuppenfarn ist eine 40 bis 60 cm hohe, gedrungen wachsende Form mit auffällig gewellten, wie gekräuselt wirkenden Fiedern und ebenfalls goldbeschupptem Austrieb. Darin unterscheidet sich der Krause Goldschuppenfarn von der ähnlichen Crispa-Form des Gemeinen Wurmfarns, *Dryopteris filix-mas* 'Crispa'.

'Cristata'. Der Königsgoldschuppenfarn (nach Karl Foerster), im englischen Sprachraum »The King of Ferns« genannt, stellt wohl die edelste Erscheinung aller Goldschuppenfarne und vielleicht aller Farne dar. Er wurde in der Mitte des vorigen Jahrhunderts in Cornwall gefunden. Seine Fiederspitzen sind auffallend regelmäßig kurz fächerförmig gegabelt, so dicht, daß die Wedel wie mit einer Borte von Troddeln verziert erscheinen und sich durch das Gewicht der Troddeln elegant nach allen Seiten überneigen. Diese Sorte bleibt etwas niedriger als die Art, bestockt sich gut und zeichnet sich ebenfalls durch goldbraune Schuppen aus. Sie fällt absolut echt aus Sporen, da sie ebenfalls apogam keimt. Als einziges Manko kann der Farn in strengen Wintern Schäden erleiden. Das läßt sich aber durch eine kräftige Laubschüttung, die man auf die Rhizomköpfe und rings um den Farn ausbringt, leicht abwenden.

'Cristata Angustata'. Der Schmale Troddelgoldschuppenfarn ist eine kleinere Ausgabe des Königsgoldschuppenfarns.

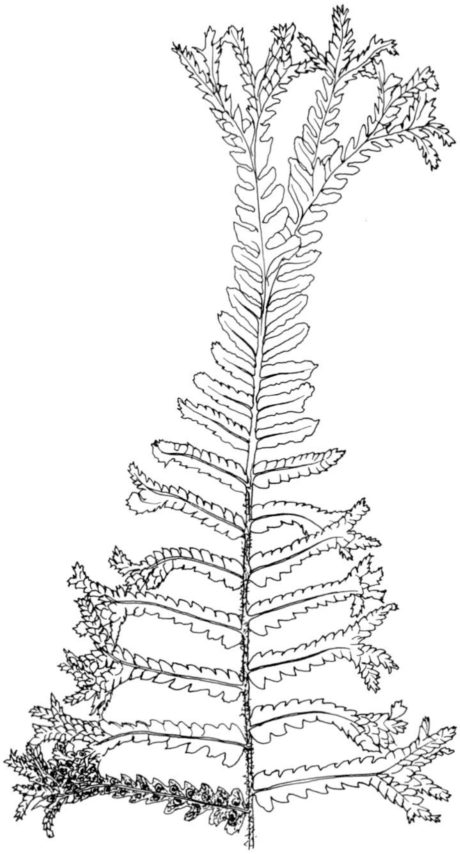

Dryopteris affinis
'Cristata'.

Die Wedel werden bis 45 cm hoch und 5 bis 8 cm breit. Sie sind nur im unteren Bereich und an der Spitze gegabelt und betroddelt. Aussaaten variieren etwas. So gibt es Typen ohne Spitzentroddel oder auch stark gegabelte. Es ist ebenfalls ein bezaubernder Farn, der überall gepflanzt werden sollte, wo der Königsgoldschuppenfarn zu mächtig wird. Das Grün seiner Wedel wirkt sehr frisch.

'Cristata Nana'. Der Zwerggoldschuppenfarn ist mit etwa 35 cm Höhe der kleinste unter den Goldschuppenfarnen. Er zeichnet sich ebenfalls durch sein frisches Grün aus. Er ist recht stark gegabelt, mit oft sehr groß betroddelten Wedelchen. Man pflanzt ihn am Nordhang des Alpinums oder verwendet ihn als Randbepflanzung vor größeren Farnen und Stauden. Er eignet sich auch als Grabpflanze, zusammen etwa mit *Blechnum penna-marina* 'Alpinum', dem Falkland-Seefederrippenfarn.

'Pinderi'. Der Schmale Goldschuppenfarn ist eine elegante Sorte des Goldschuppenfarns mit halb so breiten Wedeln, die sich nach der Basis und zur Spitze hin stark verschmälern. Das Grün wirkt dunkel und matt, die goldene Beschuppung fällt allerdings schwächer aus als bei der Art. Bei Aussaaten gibt es eine geringfügige Streuung im Habitus. Besonders schlanke und elegant gebogene Typen sollte man selektieren und eventuell vegetativ vermehren. Obgleich auch der Schmale Goldschuppenfarn sich apogam vermehrt, sind diese Unterschiede erkennbar. Es wäre eine Aufgabe des Fachwissenschaftlers, die Ursachen herauszufinden.

'Punctata'. Der Große Krause Goldschuppenfarn ähnelt in der Form 'Crispa' sehr, erreicht aber fast die Höhe der Art. Die Fiederchen sind stark gewellt. Die Wedel wachsen aufrecht und laden an zusagender Stelle mächtig aus. Da sich der Goldschuppenfarn ohnehin auch in der Natur als recht variabel erweist, kann man diese Sorte gut in größere Pflanzungen einstreuen. Aber auch als Solitär wirkt dieser Farn prächtig. Da er sich wie die Art apogam vermehrt, fällt er einheitlich aus Sporen.

Dryopteris amurensis

Der Amur-Wurmfarn ist ein eher kleiner, nur an günstigsten Plätzen mittelhoher, sehr locker büschelig wachsender Farn. Seine Heimat ist die Mandschurei, das Amurgebiet, aber auch die nördlichen japanischen Inseln (Hokkaido) und Sachalin. Dieser Farn entwickelt pro Rhizom nur wenige, 30 cm lange und 20 cm breite Wedel von breit-eiförmiger bis nahezu dreieckiger Gestalt. Der wenig beschuppte, hellgrüne Stiel erreicht die gleiche Länge wie die Blattspreite. Die Wedel sind zweifach, im unteren Bereich bis dreifach gefiedert. Fiedern und Fiederchen stehen locker mit deutlichem Abstand. Sie haben eine matte, mittelgrüne Färbung.

Als typischer Vertreter der Arktis treibt der Farn früh aus, da der kurze Sommer ihm dort nicht viel Zeit läßt. Er ist daher spätfrostgefährdet. Der verhältnismäßig kleine Farn kann aber durch Überstülpen eines Styroportopfes leicht geschützt werden. Der Amur-Wurmfarn hat große Ähnlichkeit mit dem wuchernden Sibirischen Doppelschleierfarn *(Diplazium sibiricum)* und kann an seiner Statt in kühle Steingartenpartien zwischen hohe Findlinge gesetzt werden. Die Vermehrung sollte aus Sporen erfolgen, da sich der Farn kaum bestockt. Es werden aber wenig Sporen gebildet. Die Sporenreife setzt recht früh ein, oft schon Anfang Juni. Es ist ein Farn von bescheidenem Charakter, der im Grunde nur Liebhaber und Sammler interessiert.

Dryopteris atrata

Farbbild auf Seite 32

Der Elefantenrüsselfarn stammt aus den gemäßigten und subtropischen Gegenden Japans, Taiwans, Indiens und Nepals. Aus kurzen, aufrechten Rhizomen entwickeln sich erst sehr spät, nämlich Ende Mai, bis in den Herbst hinein die 60 bis 80 cm langen und 15 bis 25 cm breiten, betont spitz-lanzettlichen Wedel. Es sind immer nur relativ wenige, so daß dieser schöne Farn selbst bei alten, mehrköpfigen Stökken immer einen lockeren Habitus aufweist. Die Wedel sind fest, leicht gebogen, dunkel mattgrün und zeigen vor der vollen Entfaltung eine rüsselartig herabhängende Spitze. Der Wedelstiel ist mit 20 bis 30 cm verhältnismäßig lang. Die klar geformten, schmal-lanzettlichen, an den Rändern grob gesägten Fiedern stehen horizontal von der Mittelrippe ab, unten locker, oben recht dicht. Der Stiel wie auch die Rippen sind dicht mit anfangs schwarzen, später rotbraunen Spreuschuppen besetzt.

Einen guten Winterschutz durch eine kräftige, 15 cm dicke Laubschüttung vorausgesetzt, ist der Elefantenrüsselfarn absolut winterhart. Seine vornehme Gestalt läßt keine Verwechslung mit einem anderen Farn zu. Dementsprechend sollte man ihn einzeln oder in kleinsten Gruppen pflanzen und ihn besonders edel anmutenden Stauden und Gräsern zugesellen. *Dryopteris atrata* läßt sich leicht aus Sporen vermehren. Kritisch wird die Anzucht, wenn die jungen Pflanzen ins Freiland kommen. Junge Pflanzen erfrieren leicht und sollten im ersten und zweiten Winter mit Vlies oder anderweitig geschützt werden. Die Sporen reifen frühestens im August.

Dryopteris atrata.

Dryopteris blanfordii

Blanfords Wurmfarn (nach Helmut Schmick) ist ein etwas über mittelhoher Farn, der als einköpfige Staude regelmäßige Trichter bildet, im Alter aber locker buschig wächst. Man findet ihn an halbschattigen, nicht zu lichtarmen, feucht-humosen Standorten im Westhimalaja, wo er an günstigen Stellen bis in Höhenlagen über 3000 m vorkommt. Aus einem mittelgroßen, kurz aufgerichteten Rhizom wachsen die verhältnismäßig kurzstieligen, lanzettlich geformten Wedel, die bis 80 cm Höhe erreichen. Die Wedelspreite ist zweifach gefiedert, die Fiedern stehen verhältnismäßig eng beieinander. Die Fiederchen sind länglich, meist abgerundet und derb krautig glatt. Ihre Farbe ist matt mittelgrün. Der kurze Stiel und die Mittelrippe sind unterseits mit braunen Schuppen besetzt, so daß besonders beim Austrieb eine Verwechslung mit dem Goldschuppenfarn *(Dryopteris affinis)* möglich ist.

Blanfords Wurmfarn sollte überall dort gepflanzt werden, wo die wuchtigeren Vertreter der Wurmfarngruppe zu üppig werden. Da er in Mitteleuropa nicht hundertprozentig winterhart ist, sollten geschützte Standorte gewählt werden, zum Beispiel zwischen großen Findlingen am Nordhang eines Alpinums, wo er sich zwischen schattenliebenden, nicht zu kleinen Steingartengewächsen *(Primula japonica* und *Primula florindae* sowie *Trillium* und *Tricyrtis)* und vielen kleinen Frühlingsblühern gut ausmacht. Da sich der Farn langsam bestockt, ist nur die Vermehrung aus Sporen anzuraten. Die Sporen reifen im Juli.

Dryopteris carthusiana

Der Karthäuser Wurmfarn oder Schmale Dornfarn ist in der gesamten gemäßigten Zone der nördlichen Erdhalbkugel zu Hause. Bei uns findet man ihn in Bruchwäldern, in feuchten, lichten Fichten- und Kiefernwäldern, aber auch an trocknen

Knicks und in Mulden des tieferen Berglandes. Der Farn hat seinen wissenschaftlichen Namen nach seinem zuerst beschriebenen Fundort nahe dem Karthäuserkloster bei Grenoble. Die schmalen Wedel bilden lockere, aufrechte Büschel, die meist 50 cm, an günstigen Standplätzen bis zu 1 m hoch werden. Die fertilen Wedel sind höher und stehen straffer als die meist schräg seitlich wachsenden sterilen. Der Stiel ist hellgrün bis strohgelb, fast so lang wie die Spreite und mit hellbraunen Spreuschuppen besetzt. Die Spreite ist lanzettlich, doppelt gefiedert, weichkrautig und mattgrün. Typischerweise stehen die unteren ein bis zwei Fiederpaare deutlich nach vorn.

Der Karthäuser Wurmfarn ist ein ausgesprochener Wildfarn, der in naturnahen feuchten Partien der Parks, im Garten zwischen Stubben, zusammen mit *Andromeda, Erica tetralix*, aber auch mit *Caltha, Iris pseudacorus*, und bei engerem Raum mit *Iris chrysographes*, gepflanzt werden sollte. Die Vermehrung geschieht am besten aus Sporen. Die Sporen reifen von Juli bis August. Eine Teilung ist kaum ergiebig. Auch von diesem Farn gibt es eine Variante:

'Cristata' unterscheidet sich lediglich darin von der Art, daß die Fiederenden etwa 2 cm lange Gabelungen und Troddeln aufweisen. Diese Variante kann etwas trockener stehen und hat sich als sicherer im Garten erwiesen als die Art. Sie fällt echt aus Sporen.

Dryopteris carthusiana.

Dryopteris caucasica

Der Kaukasus-Wurmfarn wird als eine der Elternpflanzen unseres weltweit verbreiteten Wurmfarns, *Dryopteris filix-mas*, angesehen. (Der zweite Elter soll *Dryopteris oreades* sein.) Es ist ein mittlerer bis großer Waldfarn, der besonders im Kaukasus, in den türkischen Küstenwäldern des Schwarzen Meeres und in den kaspischen Küstenwäldern des Irans in Waldlagen mit hohen Niederschlägen zu finden ist. Er wächst in Höhen zwischen 700 und 2700 m. Sein Wuchs ist locker überhängend. Die Wedel entwickeln sich aus meist einköpfigen Rhizomen. Die zweifach gefiederten Wedel werden bis zu 1 m lang und 30 cm breit. Die Spreite ist oval-lanzettlich, zum Grunde etwas verschmälert, in der Mitte am breitesten, bei sonnigem Stand hellgrün, sonst sattgrün. Der Stiel ist höchstens halb so lang wie die Spreite, meist kürzer und heller gefärbt sowie mit bräunlichen Schuppen besetzt. Die Fiedern stehen locker. Sie sind breit-lanzettlich, über 15 cm lang und 5 cm breit, oft asymmetrisch geformt. Die Sori sind rundlich-nierenförmig, relativ klein und sitzen meist nur im oberen Wedeldrittel.

Dieser wüchsige Farn entwickelt an günstigen Plätzen dichte, sattgrüne Wedel und scheint ideal für Waldarrangements. Es muß aber eine ausreichende Bodenfeuchtigkeit gewährleistet sein. Der Farn treibt sehr früh aus und ist dann mit der starken, dunklen Beschuppung besonders attraktiv, aber leider auch sehr spätfrostanfällig. Etwas Winterschutz ist anzuraten. Die Vermehrung erfolgt aus Sporen, die Ende Juni-Anfang Juli reifen.

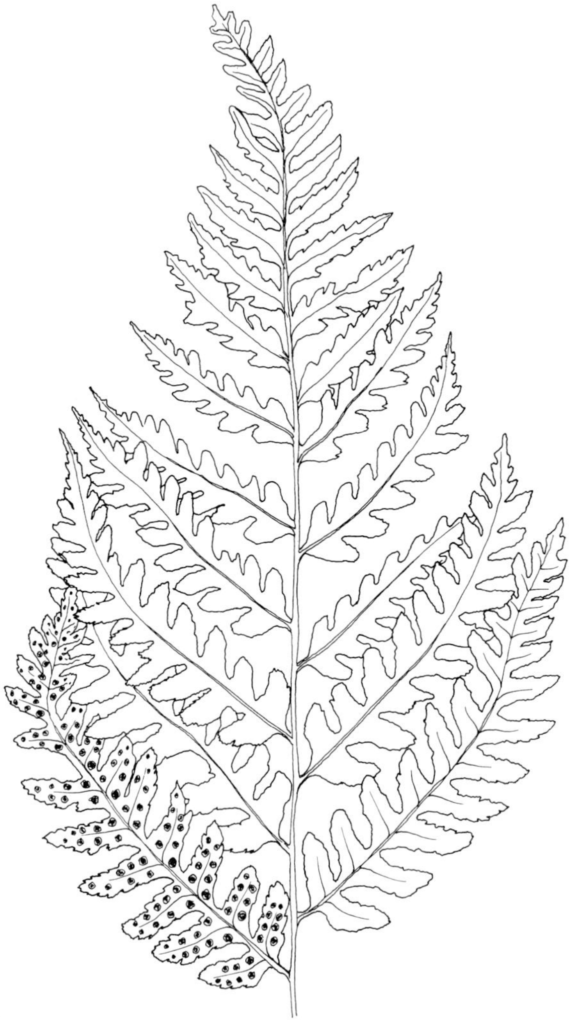

Dryopteris celsa.

Dryopteris celsa

Den deutschen Namen Stubbenfarn hat die Art von dem Farnkenner Helmut Schmick, der als einer der ersten den Farn in seinem Garten testete. Er ist in den östlichen und südöstlichen Teilen der USA beheimatet und bevorzugt dort feuchte, lichtschattige, humose Böden. Man vermutet, daß er von *Dryopteris goldiana* abstammt, mit dem er gewisse Ähnlichkeit hat. *Dryopteris celsa* wächst recht betont aufrecht, locker büschelig und wird 50 bis 90 cm hoch. Die Wedel sind lang gestielt, die Spreite länglich-lanzettlich, 15 bis 20 cm breit, doppelt gefiedert und von frischgrüner Farbe. Fertile Wedel tragen die Sporenkapseln im Enddrittel. Sie unterscheiden sich kaum von den sterilen Wedeln. Der Stubbenfarn hat erst in jüngerer Zeit Einzug in unsere Gärten gefunden. Er verlangt feuchten, sauer humosen Boden und könnte mit größeren Stauden, Gehölzen und Gräsern vergesellschaftet werden, die ähnliche Bedingungen brauchen. Es kommt ganz auf die Experimentierfreudigkeit des jeweiligen Farnliebhabers an. Die Vermehrung geschieht aus Sporen. Eine Teilung ist nur für kleinste Mengen anzuraten. Die Sporen reifen von Juli bis September.

Dryopteris clintoniana

Clintons Wurmfarn ist ein recht locker büschelig, aufrecht wachsender, mittelhoher Farn, der in seiner Heimat Nordamerika in den östlichen Teilen von Quebec bis nach Georgia in Sümpfen und recht feuchten Wäldern vorkommt. Er sieht unserem Kammfarn *(Dryopteris cristata)* sehr ähnlich, nur stehen die Fiedern lockerer. Seine Wedel sind zweifach gefiedert und stumpf graugrün. Sie brechen leicht und benötigen daher Stützen durch beigefügte Stauden.

Im Garten wächst dieser Farn auch an trockeneren Plätzen, wenn nur der Boden nie ganz austrocknet. Er ist ein Farn für den Sammler. Die Vermehrung erfolgt aus Sporen. Meist reicht das Teilen, da man diese Art nicht in größeren Mengen anbieten kann. Der Farn bildet reichlich kleine Seitenpflanzen, die man schnell etablieren kann. Die Sporen reifen im Juli.

Dryopteris crassirhizoma

Bei Farnen, die neu in unsere Gärten kommen, sollte immer jemand den Mut haben, ihnen einen deutschen Namen zu geben. Ob der sich hält oder nicht angenommen wird, soll sich dann zeigen. Treffend gewählt ist wegen seiner entfernten Ähnlichkeit zum Wurmfarn und der glänzenden Blätter der Name Japanischer Glanzwurmfarn (nach Helmut Schmick) für diese Art. Es handelt sich um einen mittelgroßen bis großen, mehr breit als hoch wachsenden, robusten Farn. In seiner Heimat Japan, Korea und Ostsibirien findet man ihn in feuchten Waldschluchten. Dort kann er recht mächtig werden. Kennzeichnend ist ein sehr kräftiger Wurzelstock. Aus ihm wachsen die kurzgestielten, 60 bis 80 cm langen und bis zu 20 cm breiten Wedel mehr flach als aufrecht in breiten, flachen Trichtern heraus. Die Wedel sind zweifach gefiedert. Fiedern und Fiederchen stehen recht eng. Sie sind oberseits glänzend frischgrün und leicht bräunlich behaart. Die Unterseite ist hellgrün und dicht behaart.

Dieser breitwüchsige, winterharte Farn mit dem etwas unproportional wirkenden, dicken, mit kräftigen Blattrollen fürs nächste Jahr versehenem Kopf erfordert eine wohlüberlegte Verwendung. Am besten steht er solitär und von anderen Stauden und Farnen etwas entfernt. So kommt er mit seinen glänzenden, leicht behaarten oder beschuppten Blättern am besten zur Geltung. Die Vermehrung erfolgt aus Sporen, die willig keimen und auch rasch Sporophyten bilden. Die Sporen reifen im Juli.

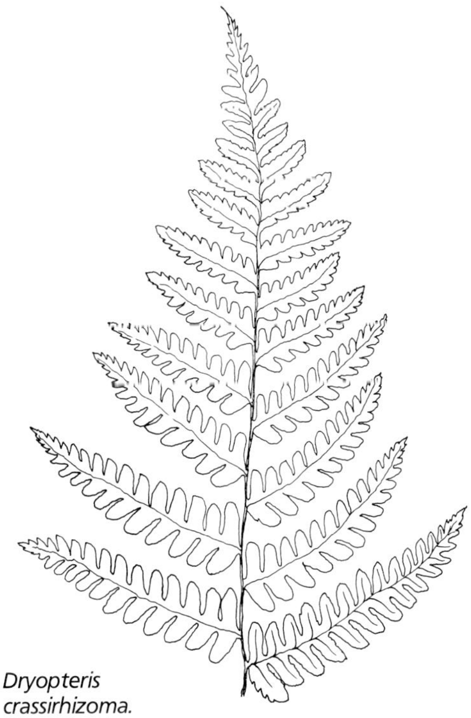

Dryopteris crassirhizoma.

Dryopteris cristata

Der Kammfarn wächst in den Niederungsmooren und Waldsümpfen Nord- und Mitteleuropas, Asiens und des östlichen Nordamerikas. In Deutschland findet man ihn am ehesten in Erlenbrüchen des norddeutschen Flachlandes. Er entwickelt rosettenartig angeordnete, flach ausgebreitete, etwa 25 cm lange sterile Wedel, in deren Mitte 40 bis 60 cm lange, schmale, straff aufrechte fertile Wedel stehen. An diesen aufrechten Sporenwedeln sind die soritragenden Fiedern im rechten Winkel zur Spreite gestellt, so daß sie wie ein aufrechter Kamm wirken. Die langen, dünnen Blattstiele sind strohgelb, grünlich oder auch leicht purpurn gefärbt und haben nur am Grund wenige Spreuschuppen.

Der Kammfarn liebt recht feuchten, ziemlich rohen Moorboden. Er wächst im Garten aber auch an verhältnismäßig trokkenen Plätzen, wenn genügend Torf oder verrottete Nadelstreu eingebracht wird, und wenn der Boden nie austrocknet. Der Kammfarn wirkt schön zusammen mit Sumpfdotterblumen, Sumpfvergißmeinnicht oder aber im Heidemoor mit Wollgras, Rosmarinheide, Scheinbeere *(Gaultheria)*, Sumpfporst *(Ledum)* und Rauschbeere *(Vaccinium uliginosum)*. Die Vermehrung geschieht durch Teilung und aus Sporen; sie läßt sich gut bewerkstelligen, wenn reichlich Feuchtigkeit gewährleistet wird.

Dryopteris dickinsii

Dieser mittelgroße Farn von eigenwilligem Habitus kommt aus Japan und China. Aus stets einköpfigem Rhizom wächst ein locker überhängender Trichter. Die Wedel sind bis zu 70 cm lang und von auffallend frischgrüner Färbung. Die Wedelstiele sind kurz. Die Spreite ist breit-lanzettlich, am Ende zugespitzt und zum Grund hin etwas schmaler. Sie ist einfach gefiedert. Die lanzettlichen Fiedern stehen recht dicht, nur im unteren Bereich entfernter und dort schräg abwärts gerichtet. Sie sind tief lappig eingeschnitten und besonders bei jüngeren Pflanzen stark gewellt. Be-

Dryopteris dickinsii.

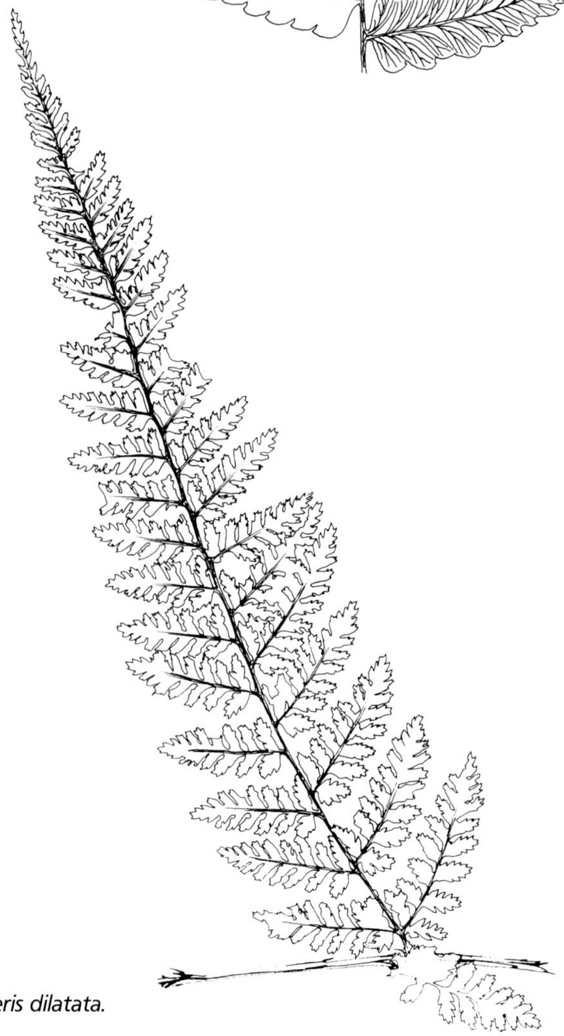
Dryopteris dilatata.

sonders auffällig kontrastieren die dunklen Blattnerven zum hellen Grün der Fiedern. Die auffällige Farngestalt hat als ausgewachsene Pflanze etwas Ähnlichkeit mit *Dryopteris atrata*, ist aber heller grün.

Gut gedeiht diese Art an einem leicht schattigen Platz. Da der Farn fast den ganzen Winter über grün bleibt, kann man ihn mit frühblühenden Knollen- und Zwiebelgewächsen zusammentun. Am sonnigen Platz zeigt er trotz guter Wasserversorgung leicht Schäden durch Sonnenbrand. Außerdem ist er wegen seines frühen Austriebes spätfrostgefährdet. Er erholt sich nach solchen Frostschäden meist nur langsam, manchmal gar nicht. Für den Winter sollte er eine leichte Laubschüttung bekommen. Alles das sollte man bedenken, wenn man an diesem schönen Farn seine Freude haben will. Vermehrt wird die Art aus Sporen, die willig keimen und sich schnell zum Pflänzchen entwickeln. Die Sporen reifen von Juni bis August.

Dryopteris dilatata

Den Breitwedeldornfarn findet man in der Literatur oft noch unter dem Namen *Dryopteris austriaca* oder auch *Dryopteris spinulosa.* Er ist ein dekorativer, ziemlich mächtig werdender Farn lichter, feuchter Kiefern- und Fichtenwälder des Flachlandes, er kommt aber auch in mittleren Gebirgslagen vor. Er besiedelt alle möglichen Plätze, wenn sie nur feucht und sauerhumos sind. So findet man ihn auf Stubben, in der Moosschicht auf Steinbrocken und an Felswänden, ja sogar als Epiphyt in den Astgabeln der Bäume und in den Rissen der Rinde alter Stämme. Seine Heimat ist die gesamte nördliche gemäßigte Zone.

Die breittrichterförmigen Wedel wachsen schräg seitlich aus kräftigen Rhizomen, am Ende leicht überhängend. Sie werden bis zu 1 m lang und 40 cm breit und besitzen einen langen Stiel. Die Wedelspreite hat eine breit dreieckige Form, ist drei- bis vierfach gefiedert und von dunkelgrüner Farbe, bei jüngeren Wedeln frisch hellgrün. Gerade der Unterschied in der Farbe zwischen den alten und nach-

Der Breitwedeldornfarn, *Dryopteris dilatata*, wird, wenn er reichlich sauren Humus kriegt, sehr mächtig.

treibenden Wedeln gibt dem Farn seinen besonderen Reiz. Aber auch sonst ist es eine breitwachsende, imposante Farngestalt. Der Name Dornfarn rührt von den dornähnlichen gezähnten Fiederchen her.

Im Garten zeigt sich der Breitwedeldornfarn manchmal etwas heikel. Er braucht sehr sauren Boden mit hohem Nadelhumusanteil. Außerdem ist er sehr trockenheitsempfindlich. Aber einmal eingewachsen, wird er recht mächtig. Daher eignet er sich nur für große Gärten und feuchte Partien des Parkes, wo er zusammen mit Rhododendren ein besonderes Bild ergibt. Die Vermehrung geschieht leicht aus Sporen, die im Juli-August reifen. Auch aus diesem Farn entstanden einige wenige Sonderformen, die zum Teil besser in die Gärten passen als die Art:

'Lepidota Cristata'. Der Spreuschuppige Breitwedeldornfarn wurde bereits 1865 in England gefunden. Die Wedel werden nur 40 cm hoch und 15 cm breit. Der Stiel und die Mittelrippe sind dicht mit dunkelbraunen Spreuschuppen besetzt. Die Spreite ist dreifach gefiedert und zusätzlich fiederschnittig. Die Fiedern sind an den Enden andeutungsweise gegabelt. Es handelt sich um eine bizarre, zierliche Kleinausgabe des großen Verwandten. Im Garten ist diese Sorte nicht so wählerisch wie die Art. Der Farn kann daher viele Begleitstauden verkraften, wenn sie ihn nur nicht überwuchern. Er fällt fast echt aus Sporen und variiert nur geringfügig.

'Lepidota Cristata Nana'. Diese Sorte entsteht manchmal bei Aussaaten der vorigen Variante. Sie wird nur 20 cm hoch und macht sich gut zwischen niedrigen Zwergheiden oder an der Nordseite des Alpinums. Sie mag allerdings keinen Kalk. Die Vermehrung durch Teilung geschieht verhältnismäßig schnell.

'Recurvata'. Den Hanstedter Breitwedeldornfarn findet man hin und wieder in größeren Dornfarnbeständen. Er wurde in Großbritannien bereits 1861 erwähnt und 1932 von Richard Maatsch bei Hanstedt in der Lüneburger Heide gefunden. Seine Fiederchen sind nach innen umgebogen, und wirken dadurch feiner als die der Art.

Dryopteris erythrosora

Den Rotschleierfarn findet man in Japan, Korea, China, Taiwan bis hin zu den Philippinen. Es ist ein nur mittelhoher, locker büschelig oder trichterförmig wachsender, in Gestalt und Farbe auffallend schöner Farn. Die Wedel haben eine länglich dreieckige, am Ende zugespitzte Form. Sie sind 40 bis 60 cm lang und bis 35 cm breit, haben einen relativ langen Stiel und sind seitwärts locker trichterförmig ausgebreitet. Sie sind zweifach gefiedert, oberseits glänzend dunkelgrün, im Austrieb aber rötlich hellbraun. Die Sori haben vor der Reife leuchtend hellrote Schleierchen – darauf bezieht sich der deutsche Name.

Der Rotschleierfarn ist ein schöner, bis in den Herbst mit rötlichen, später vergrünenden Wedeln nachtreibender Farn, der an fast jedem Gartenplatz gedeiht und dessen Grün sich den Winter über bis in den Mai hinein fast unverändert frisch hält. Die Wedel knicken nicht, sie halten starken Wind und mittlere Schneelasten aus. Sie lassen sich im ausgereiften Zustand vorzüglich als Schnittgrün verwenden. Der Farn braucht allerdings eine leichte Laubschüttung als Winterschutz, da das Rhizom etwas empfindlich ist. Der Rotschleierfarn ist besonders im kleineren Garten vielseitig verwendbar. Die fast immergrünen Wedel kann man mit vielen kleinen und mittelgroßen Stauden und Blumenzwiebeln kombinieren. Ein sehr schönes Bild ergeben Winterlinge, Schneeglöckchen und Märzenbecher, die mit ihren frischen Frühlingsfarben zwischen den dunklen Wedeln emporschießen. Der Rotschleierfarn läßt sich sehr leicht aus Sporen heranziehen. Die Sporenreife beginnt im Juni und kann sich durch nachtreibende Wedel bis Ende September hinziehen. Am Naturstandort und im Sämlingsbeet treten hin und wieder zwei Varianten auf:

'Gracilis'. Der Zierliche Rotschleierfarn bleibt wesentlich kleiner als die Art und wirkt zierlicher mit festen, schmalfiedrigen Wedeln, die besonders am sonnigen Stand wie aus festem Kunststoff gestanzt wirken und immer etwas Rot im hellen Grün behalten. Bei Sporentauschaktionen werden manchmal Sporen von einem Rotschleierfarn mit der Bezeichnung *Dryopteris erythrosora* 'Prolifica' angeboten. Dieser Farn soll an den Wedeln Brutknospen bilden. Bei allen von mir bisher versuch-

Dryopteris erythrosora.

ten Aussaaten waren die erzielten Pflanzen ähnlich der Form 'Gracilis' oder sogar identisch. Wedel mit Brutknospen konnte ich niemals feststellen. Diese Variante paßt gut ins Alpinum, eventuell zusammen mit Zwergheide und anderen zwergigen Eriken.

'Purpurascens'. Der Purpurstiel-Rotschleierfarn gleicht der Art, nur hat die Sorte intensiver rote Stiele. Er findet Verwendung wie die Art.

Bei Sporenanzuchten von den Varianten fällt nur ein Teil der Pflanzen echt, bei der rotstengeligen Sorte sind es oft nur sehr wenige. Daher sollte man gute Typen vegetativ vermehren. Das ist aber langwierig, da dieser Farn sich kaum bestockt. Vielleicht erhält man durch längere Zuchtauslese höhere Anteile der gewünschten Formen.

Dryopteris expansa

Der Blaßgrüne Wurmfarn, häufig noch unter *Dryopteris assimilis* geführt, ist ein etwas über mittelhoher, buschig wachsender Farn. Sein Verbreitungsgebiet erstreckt sich in Europa von Skandinavien bis nach Ungarn, in Amerika von Alaska bis Kalifornien und in Asien von Sibirien bis nach Japan. In kühleren Gebieten findet man ihn in der Ebene, weiter nach Süden in Gebirgen bis 2000 m Höhe. Auch in Deutschland ist er heimisch. Er bevorzugt schattige, kühle, luftfeuchte Lagen, steht aber im Gebirge auch frei. Die Wedel sind bis 60 cm lang und 25 cm breit. Der Stiel ist relativ lang und mißt etwa die Hälfte der Wedellänge. Die Spreite ist dreifach gefiedert, sporenreife Fiedern sind etwas gedreht und mehr waagerecht gestellt, die längsten Fiedern befinden sich am Grund der Spreite. Frisch ausgetriebene Wedel sind auffallend hellgrün. Sie werden später blaß mittelgrün.

Man pflanzt den Farn ähnlich wie den Karthäuser Wurmfarn, dem er ähnelt, am Moorbeetrand oder besser noch zwischen Rhododendren und ähnliche Gehölze. Wer das frische Grün der Jungwedel liebt, sollte den Farn im Sommer rigoros zurückschneiden und etwas düngen (Kompost oder sogar Blaukorn geben). Man hat dann in kurzer Zeit einen, allerdings niedrigeren, leuchtendgrünen Farnbusch, der sehr schön zu allerhand Herbstblühern wie Herbstenzianen, aber auch zu Einjahrsblumen wie blaßrosa bis weißen *Impatiens* paßt. Die Vermehrung geschieht aus Sporen. Da der Farn sich rasch bestockt, lohnt die Teilung ebenfalls.

Dryopteris filix-mas

Der Wurmfarn oder Gewöhnliche Wurmfarn ist der Vertreter dieser Gattung, der ihr den Namen gab. Es ist der »Allerwelts-Wurmfarn«, der – abgesehen von der Arktis, von Afrika und Australien – überall in der Welt vorkommt. Er ist bei uns zusammen mit dem Frauenfarn der häufigste Farn unserer lichten Wälder, Knicks, Wegränder, Straßengräben und auch der Gär-

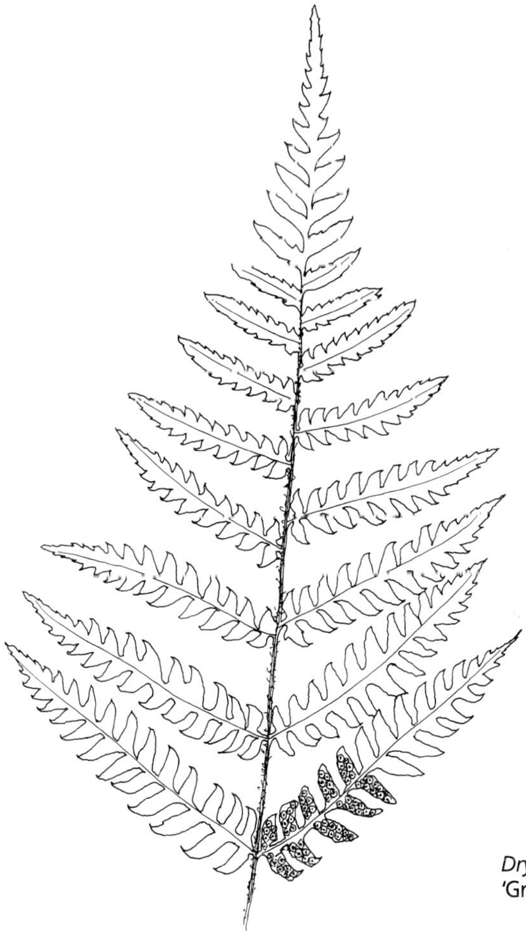

Dryopteris erythrosora 'Gracilis'.

Dryopteris filix-mas.

ten. Er steigt von der Ebene bis in 2600 m Höhe. Am besten gedeiht er in nährstoffreichen, lichten Laubwäldern, wo man Exemplare von 1,50 m Durchmesser und brusthohem Wuchs finden kann. Die kurzgestielten Wedel sind schmal-lanzettlich, 80 bis 140 cm hoch und 20 cm breit, leicht gedreht und an der Spitze etwas geneigt. Sie wachsen bei einzelköpfigen Pflanzen regelmäßig trichterförmig, bei mehrköpfigen in eleganten Büscheln. Die Wedel sind meist doppelt gefiedert. Die schmal-lanzettlichen, fast länglich-konischen Fiedern sind oben matt dunkelgrün, unterseits heller. Stiel und Mittelrippe sind gut mit braunen Spreuschuppen besetzt, die aber bei weitem nicht so lang und leuchtend ausfallen wie beim Goldschuppenfarn, mit dem diese Art hier leicht verwechselt wird. Die Sori sitzen am Rücken der Adern und sind mit nierenförmigen, längs einer Falte befestigten Schleiern bedeckt.

Dieser mächtige Farn war wohl der erste, der sich einen Platz im Garten eroberte. Da er robust ist und allen Unbilden trotzt, steht er selbst in pflanzenlosen Hinterhöfen und auf kargen Schotterbergen. In den Garten sollte man ihn einzeln setzen oder nur wenige Exemplare im Hintergrund als Kulisse plazieren. Sein eigentlicher Platz ist der naturnahe Waldpark, wo sein Wedelgewoge sehr eindrucksvoll wirkt. Die Vermehrung durch Teilung und aus Sporen ist einfach. Die Sporen reifen im Juli-August. Ähnlich wie beim Goldschuppenfarn hat man auch vom Gewöhnlichen Wurmfarn viele Mutanten in der Natur, aber auch in Parks und Gärten gefunden, die dann durch Teilung oder aus Sporen vermehrt wurden.

'Barnesii'. Der Steile Wurmfarn entwickelt bis 1 m lange, schräg aufrechte und nur an der Spitze etwas gebogene Wedel von höchstens 15 cm Breite. Die Fiedern sind besonders im unteren Teil der Wedelspreite nach vorn gestellt, die Fiederchen überlappen sich und geben dem Farn ein leicht gekraustes Aussehen. Dieser recht große Farn zeigt wildnishaften Charakter.

'Crispa'. Der Krause Wurmfarn wird nur 40 bis 50 cm hoch; er wächst gedrungen und recht starr auf kurzen Stielen. Fiedern und Fiederchen überdecken sich und zeigen eine kräftige Kräuselung.

'Cristata'. Der Kammwurmfarn ähnelt im Habitus dem Königsgoldschuppenfarn. Seine Textur ist weicher, die Troddeln länger und lockerer, die Fiedern kurz, so daß sich die Troddeln über der Mittelrippe nahezu berühren. Diese recht eigenwillige Farngestalt kristallisierte sich aus größeren Aussaaten heraus. Eine Vermehrung ist nur auf vegetativem Weg möglich.

'Foliosa'. Der Vielblättrige Wurmfarn erreicht bis 1 m Höhe und entwickelt eine ähnliche Wuchskraft wie die Art. Die Wedel sind zweifach gefiedert, die Fiederchen aber zusätzlich tief fiederschnittig, so daß der Eindruck von Vielblättrigkeit entsteht. Für diese auffällige, grazil wirkende Erscheinung sollte man die Nachbarn sorgfältig wählen.

'Foliosa Furcans'. Bei diesem sehr schönen Farn weisen die Fiederenden Gabelungen auf.

'Furcans'. Der Gabelwurmfarn gleicht in bezug auf die Wuchskraft der Art. Die Fiedern sind jedoch an den Spitzen leicht gegabelt.

'Grandiceps'. Der Großkopfwurmfarn ist ein recht kräftig wachsender Farn von eigenwilligem Aussehen. Besonders die Wedelspitzen sind stark gegabelt und reich betroddelt, oft wirken sie, als trügen sie ein Büschel Petersilie. Auch die Fiedern haben Gabelungen.

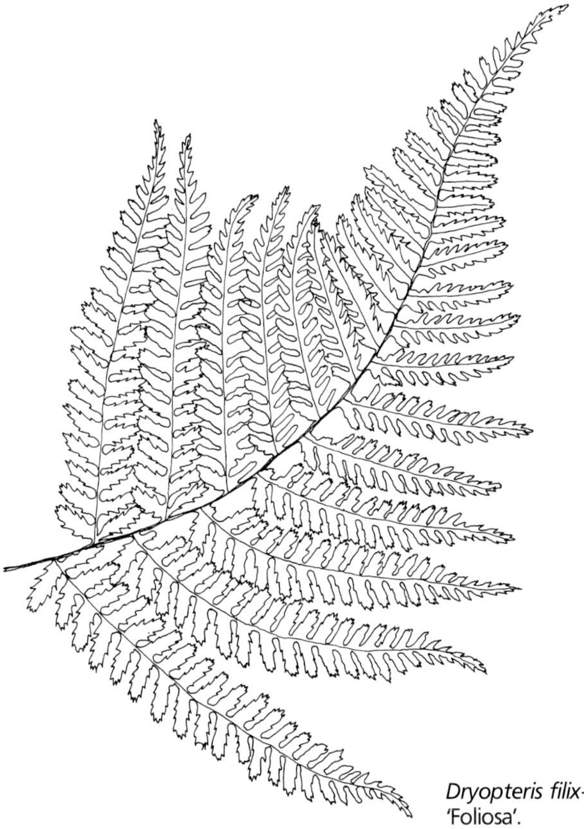

Dryopteris filix-mas 'Foliosa'.

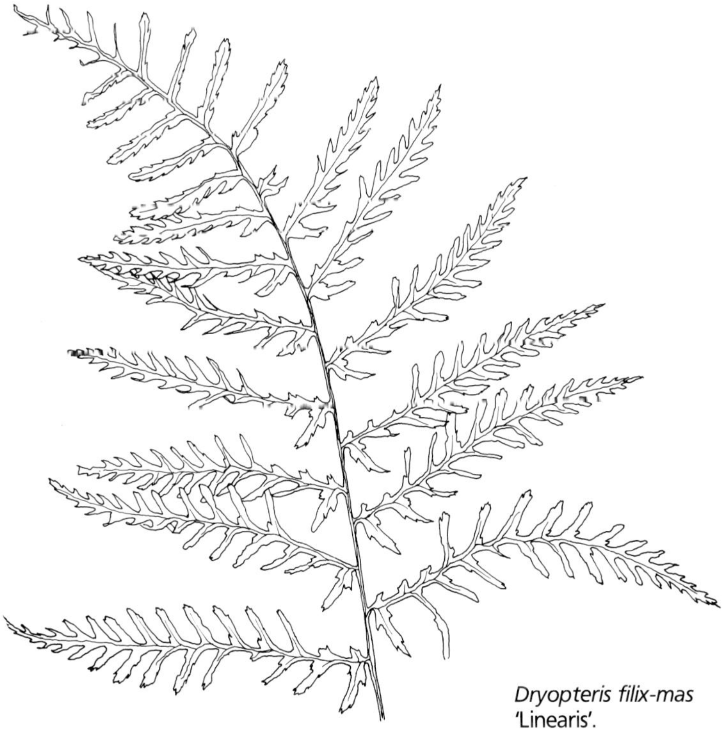

Dryopteris filix-mas 'Linearis'.

'Incisa'. Der Bergwaldwurmfarn ist die 1,50 m hoch werdende, sehr breitblättrige Riesenausgabe der Art, die besonders in feuchten Gebirgswäldern, zum Beispiel im Sauerland, vorkommt. Er könnte, wenn er »gut gefüttert« würde, noch mächtiger werden und sollte im Waldpark am besten in feuchten, humosen Mulden seinen Platz finden, am besten so, daß ein Weg daran entlangführt, damit man diesen üppigsten aller Farne so richtig bestaunen kann.

'Jervisii'. Der Riesentroddelfarn ähnelt dem Großkopfwurmfarn, er wird jedoch noch um ein Drittel höher und ist nicht so stark betroddelt.

'Linearis'. Der Leiterwurmfarn wird 70 bis 90 cm hoch. Er hat fein zerteilte Wedel mit schmalen Fiedern und handförmigen Fiederchen.

'Linearis Polydactylon'. Der Schellenbaumfarn (nach Karl Foerster) gleicht 'Linearis', er weist aber an den Fiederenden kleine troddelartige Vergabelungen auf.

Alle diese Sorten fallen echt aus Sporen, lediglich die Cristataform nicht. Die beiden zuletzt genannten bringen bei Aussaaten oft ein Gemisch beider Typen hervor, ganz gleich von welcher Sorte man die Sporen entnahm. Bei Aussaaten, besonders wenn Sporen verschiedener Typen in ein Saatgefäß gelangen, entstehen manchmal wieder Zwischenformen und oft neue Typen. Sie können sehr schön sein, fallen aber bei einer Weitervermehrung nicht echt aus Sporen. Besonders ausgefallene oder auch attraktive »Sämlinge« sollte man nicht vernichten. Sie sollten aber auch nicht als »neue Sorte« benannt in den Handel kommen. Erstens würde es dann zu einer Flut von Farnnamen kommen, und zweitens wird kaum jemand sie erwerben können, da die Vermehrung durch Teilung zu langwierig ist.

Alle Varianten des Wurmfarns sollten wegen ihrer oft eigenwilligen Gestalt mit Vorsicht plaziert werden, entweder solitär oder auch im Hintergrund niedrigerer Waldstauden. In größeren Gärten und Parks lassen sich auch größere Gruppen pflanzen, am besten so, daß sie an einen Weg grenzen. So richtet sich die Aufmerksamkeit des Besuchers immer wieder darauf, besonders wenn die einzelnen Gruppen durch Astilben, Silberkerzen oder auch Herbstanemonen voneinander getrennt werden.

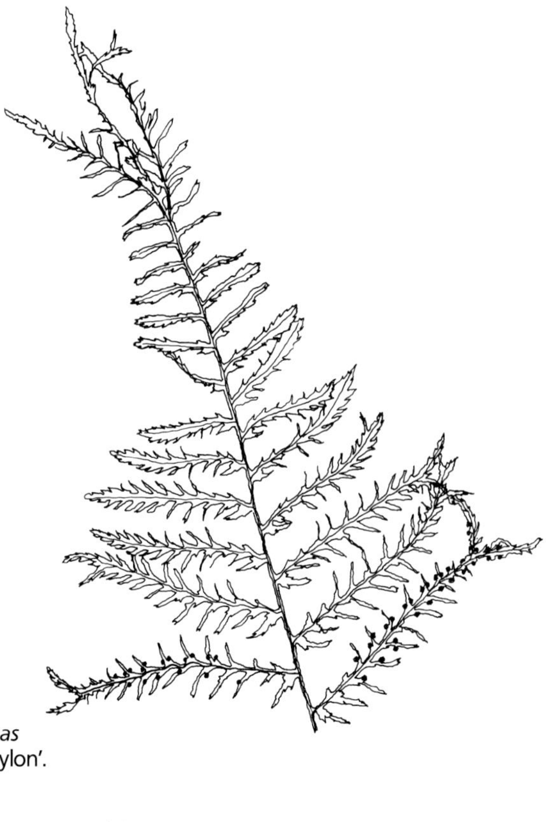

Dryopteris filix-mas 'Linearis Polydactylon'.

Dryopteris formosana

Der Formosa-Rotschleierdornfarn stellt eine recht exotische Farngestalt dar, die in Honshu, Kyushu und Taiwan zu Hause ist. Die Art ähnelt übrigens *Dryopteris nipponensis*. Aus stets einköpfigem Rhizom werden lockere Trichter aus vier bis acht schräg aufwärts gestellten, relativ starren Wedeln gebildet. Sie sind 40 bis 60 cm lang, davon wird fast die Hälfte vom dunkel spreuschuppigen, unterseits fast schwärzlichen Stiel eingenommen. Die Spreite ist leuchtend hellgrün, relativ derb, etwas glänzend, im Umriß dreieckig bis fast fünfeckig und sehr lang zugespitzt. Sie ist zwei- bis dreifach gefiedert und wintergrün. Die Fiedern sind lanzettlich, lang zugespitzt und sehr kurz gestielt, die

Fiederchen stark aufgebogen, besonders bei hellem Standort. Die Sori sind sehr groß, rundlich-nierenförmig und stehen in zwei Reihen unter den Fiederchen. Als ein besonderes und typisches Merkmal des Formosa-Rotschleierfarns sind die Fiedern zweiter Ordnung des untersten Fiederpaares extrem verlängert. Dadurch ist dieses Fiedernpaar auffallend schief dreieckig. Der auffällige Farn zeichnet sich neben den frischgrünen, glänzenden Wedeln vor allem durch die aparte, angenähert fünfeckige Blattform aus. Die Wedel bleiben in schneereichen oder sogar in mäßig kalten Wintern gut grün.

Der Farn treibt sehr spät aus und braucht daher einen relativ warmen Standort zum Ausreifen. Winterschutz ist aber unbedingt ratsam. Man vermehrt ihn aus Sporen, die erst im August bis September reifen.

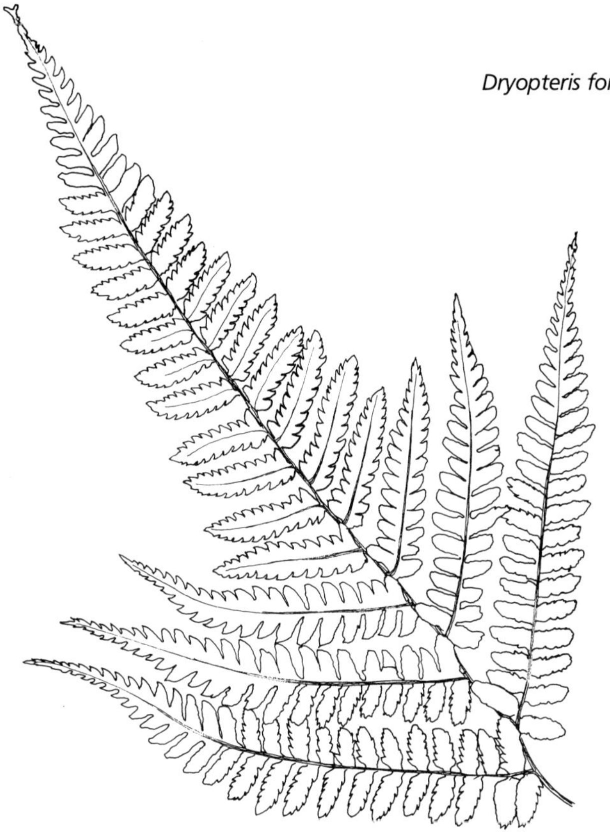

Dryopteris formosana.

Dryopteris fragrans

Der Duftende Zwergwurmfarn weicht in bezug auf Gestalt und Wuchshöhe völlig von allen in unseren Gärten stehenden Wurmfarnen ab. Er ist schlicht eine Miniaturausgabe. Seine Heimat sind steinige Hochgebirgslagen Japans – von Sachalin bis Kyushu –, Koreas und der Mandschurei. Seine sehr kurz gestielten, 6 bis höchstens 12 cm langen, kaum über 2 cm breiten Wedel sind elliptisch geformt. Sie wachsen fast dem Boden aufliegend in kleinen breiten Trichtern, bei älteren Pflanzen flach büschelig. Die Spreite ist zweifach gefiedert. Die Fiedern sind lanzettlich geformt, das untere Paar deutlich abgehoben und dreieckig. Sie sind stufenähnlich aufgerichtet und überlappen sich um ein Viertel ihrer Breite. Die Farbe der Wedel ist dunkelgrün mit deutlich hellerer Mittelrippe. Manchmal wird der Duftende Zwergwurmfarn mit einigen Wimperfarnen verwechselt, so besonders mit *Woodsia polystichoides.* Diese Art hat aber einfach gefiederte Wedel und deutlich bewimperte Sori.

Verwendung findet dieser Farn an nicht zu sonnigen, etwas frisch-feuchten Plätzen im Alpinum, ähnlich wie die Streifenfarne. Man muß ihn aber bei Spätfrösten schützen, sonst vergeht die erste Wedelgeneration, und er treibt erst im Juli neu und auch schwächer. Die Vermehrung geschieht vornehmlich aus Sporen. Die Sporen reifen je nach Austrieb von Juli bis September.

Dryopteris goldiana

Der Riesenwurmfarn kommt in schattigen, felsigen Schluchten Nordamerikas, besonders südlich der Großen Seen vor. Es ist ein großwüchsiger Farn, der an zusagender, windgeschützter Stelle bis 1,50 m hoch werden kann. Das etwas schräg stehende, sich nur wenig teilende Rhizom entwickelt langgestielte, 1 bis 1,50 m lange und 40 cm breite, deutlich aufrecht stehende Wedel. Die Blattspreite ist eiförmig-lanzettlich, einfach gefiedert und tief fie-

Dryopteris goldiana.

derschnittig, so daß nicht selten der Eindruck zweifacher Fiederung entsteht. Die Fiedern stehen sehr dicht beieinander, sind in der Mitte am breitesten und enden unvermittelt kurz und stumpf. Die Farbe ist beim Austrieb gelbgrün, später hellgrün mit bronzenem Schimmer. Die Sori sind rund und stehen nahe der Mittelrippe.

Dieser prächtige, tropisch wirkende Farn bedarf eines gut ausgewählten Standortes: windgeschützt, zwischen halbhohen Rhododendren, in nährstoffreichem, humosem Boden, möglichst seitlich von stabilen Stauden wie *Rodgersia* oder *Cimicifuga* gestützt. Der Farn nimmt solche Konkurrenz nicht übel. Besonders eindrucksvoll sind die dicht mit dunkelbraunen, großen Spreuschuppen besetzten Wedel beim Entrollen. Aber leider brechen die ausgewachsenen Wedel oder auch nur die Spreiten bei heftigem Wind leicht um. Der Riesenwurmfarn läßt sich leicht aus Sporen vermehren. Sie reifen von Juli bis September und keimen willig. Die Jungpflanzen wachsen auch relativ schnell heran. Die Teilung lohnt sich nicht.

Dryopteris hondoensis

Der Hondo-Wurmfarn ist eine kaum mittelgroße, in allem sehr edel wirkende Farngestalt. Seine Heimat ist Japan, besonders Honshu, Shikoku und Kyushu. Am verhältnismäßig zarten Rhizom wachsen die Wedel in etwas unregelmäßigen, eher ausgebreiteten Trichtern heran. Dieser Farn treibt als einer der letzten, und oft denkt man, er käme gar nicht mehr. Die Wedel sind deutlich gestielt, 40 bis 60 cm lang, 15 bis 18 cm breit und von länglich dreieckiger Form. Sie sind zweifach gefiedert, die untersten sogar dreifach. Die Fiederchen sind unregelmäßig gelappt, von eigenartiger, bedeckt hellgrüner Farbe. Auffällig ist der Kontrast zwischen der Farbe der Fiedern und dem tiefen Dunkelgrün der Rippen und des Stengels.

Die Winterhärte ist der Herkunft des Farnes entsprechend in Mitteleuropa nicht immer ausreichend. Darum sollte er geschützt gesetzt werden und im Winter eine etwa 10 cm dicke Schüttung aus halbverrottetem Laub erhalten, die zum Schutz vor Drosseln und vor Wind durch Fichtenreisig gefestigt werden muß. Um diesen Farn so recht zur Wirkung kommen zu lassen, sollte er einzeln oder höchstens zu dritt und etwas entfernt von anderen Farnen und Stauden stehen. Kleine Kissenprimeln, Leberblümchen, nicht zu raumgreifende Blumenzwiebeln wie *Galanthus ikariae, Galanthus caucasicus* oder *Cyclamen coum* und *Cyclamen hederifolium*, aber auch verschiedene Formen von *Adonis amurensis* sagen ihm besonders zu. Die weitgehend den Winter überdauernden, pastellgrünen Wedel ergeben zwischen blühenden Frühlingsalpenveilchen *(Cyclamen coum)* ein bezauberndes Bild. Dieser Farn ist zwar heikel im Garten, läßt sich aber sehr leicht aus Sporen ziehen. Die Sporen reifen

Ende Juli bis September. Etwas schwierig ist das Umgewöhnen der Jungpflanzen von drinnen nach draußen.

Dryopteris lacera

Für diesen mittelgroßen, locker büschelig wachsenden Farn, der, wie viele »neue« Farne, in Japan, in Korea und anderen Gebieten Ostasiens in humosen Gebirgwäldern recht häufig zu finden ist, fehlt noch der deutsche Name. Seine verhältnismäßig lang gestielten Wedel sind dreieckig bis eiförmig, das untere Fiederpaar ist oft am breitesten. Die Wedel werden 60 cm lang und 18 bis 20 cm breit; sie sind zweifach gefiedert, mit deutlich gelappten Fiederchen. Die fertilen Fiedern befinden sich im oberen Viertel der Wedel. Sie sind bedeutend schmaler, wirken derber und sind oft so weit aufgebogen, daß man die Sori oberhalb sieht. Dieser Farn hat Ähnlichkeit mit *Dryopteris uniformis* und ist oft nur an der Anordnung der Sori zu unterscheiden.

Dryopteris lacera treibt früh aus. Aber selbst wenn die Wedel noch eingerollt sind, können Spätfröste alles zerstören, so daß die Pflanze abstirbt. Darum sollte man ihn an spätfrostgeschützter Stelle ansiedeln, vielleicht zusammen mit Tränendem Herz und Tibet-Scheinmohn *(Meconopsis betonicifolia)*. Auch Winterschutz ist ratsam. Da genügt oft eine durch Fichtenreisig fixierte Laubschüttung, die übrigens auch vor härteren Maifrösten schützt, sofern noch kein Austrieb erfolgt ist. Vermehrt wird dieser Farn aus Sporen. Die Sporen reifen im Juli. Keimung und Wachstum verlaufen ohne Schwierigkeiten.

Dryopteris marginalis

Der deutsche Name Randständiger Wurmfarn – wegen der am Rande (*marginalis* = randständig) der Fiederchen sitzenden Sori – erscheint mir wenig glücklich und sagt überhaupt nichts über die Schönheit dieses Wurmfarnes aus. *Dryopteris marginalis* ist eine mittelgroße, locker und breit trichterförmig wachsende, »sehr edle« Farngestalt, die mit keinem anderen Farn

Dryopteris hondoensis.

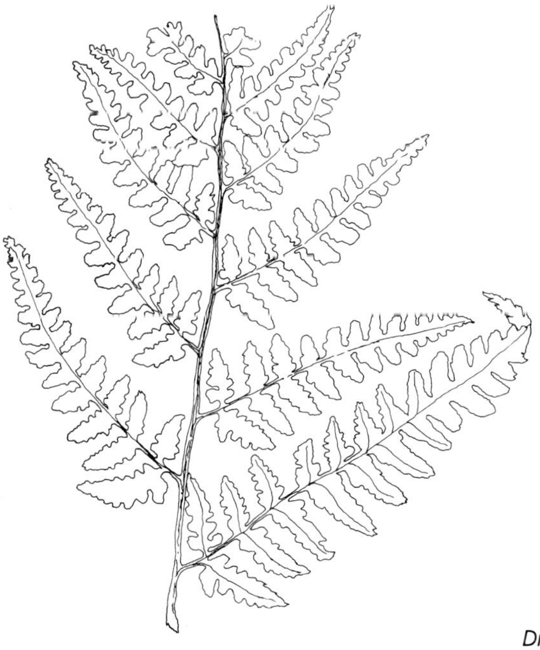

Dryopteris lacera.

Der Riesenwurmfarn, *Dryopteris goldiana*, ist wirklich ein Riese, dazu noch von tropisch anmutender Pracht.

Dryopteris marginalis.

zu verwechseln ist. Die Art stammt aus dem östlichen Nordamerika, wo sie in Humusnischen und an schrägen Felspartien oft in größeren Trupps vorkommt, selbst noch bei alkalischem Untergrund. Die Wedel werden bis 60 cm lang und 20 cm breit. Davon entfällt auf den locker beschuppten Stiel etwa ein Drittel der Länge. Die Wedel sind schmal bauchig dreieckig und zweifach gefiedert. Die Fiederchen stehen nicht sehr eng und sind regelmäßig und deutlich gelappt. Die Sori sitzen am Rande der Fiederchen. Da dieser Farn bis in den Spätsommer nachtreibt, kommt das Hellgrün der frischen Wedel als Kontrast zum dunklen, fast bläulichen Grün der Altwedel besonders gut zur Geltung.

Dieser Farn sollte einzeln oder in kleinen Gruppen dem Auge nahe stehen. Edel anmutende Stauden wie *Thalictrum, Dicentra, Trillium* und *Cimicifuga*, aber auch spätblühende Blumenzwiebeln wie *Hyacinthoides (Scilla) hispanica* und frühe Lilien wie *Lilium martagon* passen gut dazu. Wenn die Morgensonne durch die hellgrünen Wedel leuchtet, entstehen Gartenszenen von einmaliger Schönheit. Die Vermehrung ist etwas schwierig. Die Sporen keimen zwar willig, aber das Eingewöhnen an die Freilandsituation zieht oft Verluste nach sich. Dadurch wird dieser Farn immer eine seltene Kostbarkeit bleiben. Die Sporenreife erstreckt sich, wegen der nachtreibenden Wedel, von Juli bis in den Frühherbst. Trotz aller Schwierigkeiten sollte dieser Farn häufiger vermehrt werden.

Dryopteris monticola

Der Japanische Bergfarn oder auch Ostasien-Bergwurmfarn ist ein großer, aufrecht trichterförmig oder büschelig wachsender Farn. Man findet ihn in feuchten Gebirgswäldern Japans, Koreas, Chinas und der Mandschurei. Er ist dem Riesenwurmfarn *Dryopteris goldiana* sehr ähnlich, wirkt aber in allen Teilen zierlicher. Die Wedel werden bis 1 m lang und über 30 cm breit. Sie hängen im oberen Teil locker über. Der Stiel erreicht oft ein Drittel der Wedellänge. Er ist oberseits kahl, seitlich und unten glänzend wollig beschuppt, seitlich zusätzlich noch bestückt mit 1 cm langen und 5 mm breiten Schuppen. Die Spreite ist dreieckig-oval, spitz auslaufend, dabei am Grunde am breitesten. Sie ist zweifach gefiedert. Die Fiedern sind lanzettlich und zugespitzt. Sie stehen ziemlich eng, sind meist leicht aufgekrümmt und von mattgrüner Färbung, unterseits hellgrün. Die Sori sitzen in zwei Reihen längs der Rippen und Fiederchen.

Gut eignet sich dieser winterharte Farn für waldartige Arrangements in halbschattiger bis schattiger Lage. Er wächst wie eine etwas zierlichere Ausgabe von *Dryopteris goldiana* und ist weniger windanfällig. Als Waldfarn benötigt er stets ausreichende Bodenfeuchtigkeit. Als Begleiter dienen alle mittelhohen und hohen Schattenstauden. Da das Rhizom leicht kriecht und sich bestockt, ist die Vermehrung bei geringen Mengen durch Teilung möglich, sonst durch Sporenanzucht. Die Sporen reifen von Ende Juni bis August.

Dryopteris uniformis wird nicht sehr hoch und könnte im kleinen Hausgarten manche Schattenpartie verschönen.

Dryopteris nipponensis

Der Nippon-Wurmfarn ist ein mittelhoher Farn. Er wächst eher büschelig in die Breite und als Einzelpflanze locker trichterförmig. Er findet sich noch nicht lange in unseren Gärten, aber wegen seiner Grazie und seiner eleganten Erscheinung wird er sich schnell die Herzen der Farnliebhaber erobern. Aus einem aufrechten Rhizom entrollen sich die 60 cm langen und an der Basis bis 40 cm breiten Wedel sehr spät Ende Mai. Die Spreite ist regelmäßig dreieckig geformt, der Stiel ist so lang wie die Spreite, dunkelbraun beschuppt und recht stabil. Die Spreite ist im unteren Bereich sehr exakt und regelmäßig dreifach, in der Mitte zweifach gefiedert, tief fiederschnittig und am schlank und spitz auslaufenden Wedelende noch einfach gefiedert und regelmäßig gesägt. Alle Fiederchen und Zähnchen sind gleichmäßig leicht aufgebogen und enden in einem zierlichen Dorn. Die Farbe der Spreite ist ein helles Grün, zur Spitze hin wirkt es heller, betont durch die dunklen Fieder-

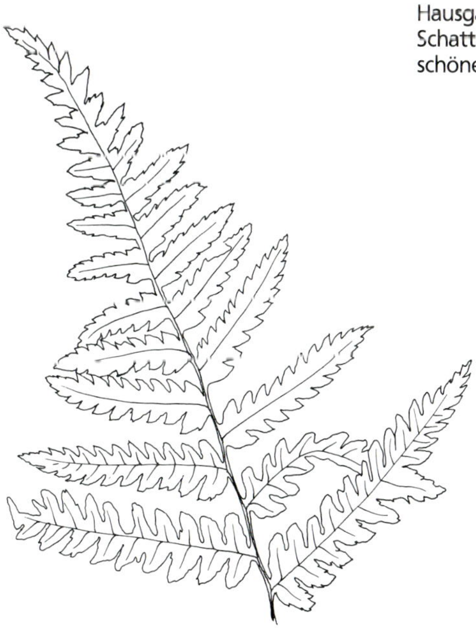

Dryopteris monticola.

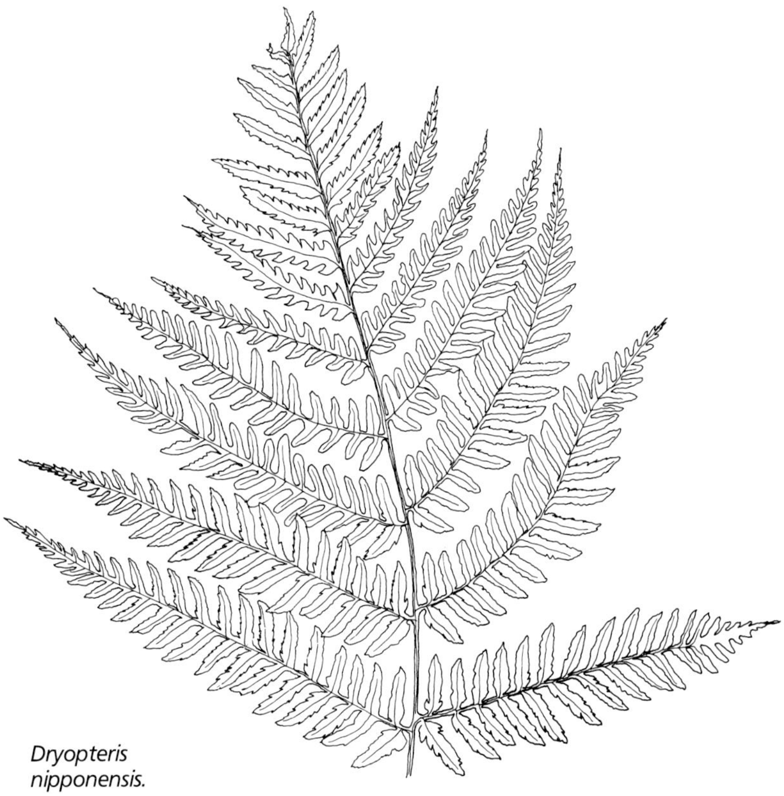

Dryopteris nipponensis.

rippen und bei fertilen Wedeln durch helle Punkte an den Stellen, wo unterseits die Sori sitzen. Die Sori sind rund und mittelgroß; sie sind aber zweireihig so dicht über alle Fiederchen verteilt, daß die Blattunterseite nach der Sporenreife braun erscheint.

Der wintergrüne Nippon-Wurmfarn stellt eine so auffallende Erscheinung dar, daß man ihm einen Sonderplatz zubilligen sollte. Bei mir steht er zusammen mit einem ähnlich auffallenden Farn, dem bläulich rötlich schimmernden Brokatfarn *(Athyrium niponicum* 'Metallicum'), umgeben von frühjahrs- und herbstblühenden *Cyclamen.* Übrigens ist *Dryopteris nipponensis* gut zum Schnitt geeignet, allerdings verbunden mit starkem Sporenfall. Da die Winterhärte noch nicht lange genug getestet ist, sollte man diesen Farn gut schützen. Er läßt sich leicht aus Sporen heranziehen. Die Sporenreife beginnt im Juli und zieht sich bis Oktober hin.

Dryopteris odontoloma

Der Himalaja-Wurmfarn wurde erst vor wenigen Jahren im Himalaja gefunden und ist dementsprechend auch erst kürzlich in wenige Gärten gelangt. In seiner Heimat, dem Himalaja, Afghanistan, Kaschmir, Assam, Tonking, in Südchina und noch einigen Gebieten dieser Region, wächst er an offenen, aber absonnigen Stellen in Gebirgslagen zwischen 1700 und 3300 m Höhe. Der mittelgroße Farn bildet nur wenige Wedel. Sie sind lanzettlich, 60 bis 80 cm lang und etwa 15 bis 20 cm breit. Davon entfällt ein Drittel auf den stark mit Spreuschuppen besetzten, grünen Stiel. Die Spreite ist doppelt gefiedert, zum Ende der Fiederchen fiederschnittig bis ganzrandig. Die Wedel haben eine feste Substanz, die Oberseite ist matt dunkelgrün, die Unterseite heller bläulichgrün. Die Sporen bilden sich in der oberen Hälfte.

Wegen des lockeren, trichterförmigen, mehr in die Breite gehenden Habitus eignet sich dieser Farn für geschützte kleine Gärten, in denen jeder Platz, also auch der unter den Farnblättern, für allerhand kleine Staudenkostbarkeiten genutzt werden sollte. Die Winterhärte ist nicht ganz sicher. Deshalb ist leichter Schutz erforderlich. Die Vermehrung erfolgt am besten aus Sporen, die willig keimen. Die Sporenreife beginnt im Juli.

Dryopteris oreades

Der Kleine Wurmfarn wird in einigen Katalogen und Büchern nur unter seinem langjährigen Namen *Dryopteris abbreviata* geführt. Es ist ein kaum mittelhoher, lokker büschelig wachsender Farn, der – erst kürzlich in unserem Land wieder gefunden – auf Geröllhalden der südeuropäischen Gebirge bis hin zum Kaukasus, oft noch oberhalb der Baumgrenze wächst. Er wirkt, grob betrachtet, wie eine Kleinausgabe unseres Wurmfarns *(Dryopteris filix-mas).* Die länglich-lanzettlichen, kurzgestielten Wedel sind 30, höchstens 50 cm lang, kaum über 12 cm breit und zweifach gefiedert. Die Fiederchen sind gewellt, unregelmäßig buchtig gekerbt und abgestumpft. Die Blattfarbe ähnelt der des großen Verwandten, sie ist oft aber etwas bläulich. Die Stiele sind reichlich mit großen, braunen Spreuschuppen besetzt.

Diesen Farn kann man überall dort verwenden, wo der Wurmfarn und ähnliche Arten zu groß werden, sogar am Nordhang des Alpinums. Bei sonnigem, frischem Stand wächst er recht straff, im Schatten locker. Die Bodenansprüche sind gering. Am besten eignet sich ein mit grobem Steinsplitt gemischtes, verhältnismäßig mageres, etwas saures Substrat. Die Vermehrung geschieht durch Teilung, da der Farn sich rasch bestockt. Die Anzucht aus Sporen darf nicht zu warm erfolgen (18 bis 20 °C). Die Sporenreife beginnt im Juli.

Dryopteris remota

Die beiden deutschen Namen Entferntfiedriger Wurmfarn und Brauns Bastardwurmfarn werden dieser eleganten Erscheinung kaum gerecht. Die Schreibweise des Artnamens war bis vor kurzem *Dryopteris × remota.* Man nahm nämlich an, daß der Farn als Kreuzungsprodukt aus *Dryopteris filix-mas* und *Dryopteris dilatata* entsteht, weil er immer nur dort zu finden ist, wo diese beiden Arten vorkommen. Dagegen spricht die Tatsache, daß *Dryopteris remota* triploid ist, die beiden mutmaßlichen Eltern aber sind tetraploid. *Dryopteris remota* wächst vornehmlich in humosen, oft recht schattigen Wäldern in der Nähe von Bächen und anderen Gewässern. Seine Heimat sind fast alle Mittelgebirgslagen Europas von den Pyrenäen bis zum Kaukasus. Er kommt überall aber immer nur sporadisch vor. Brauns Bastardwurmfarn wächst meistens als Einzeltrichter mit verhältnismäßig geringer Breite und elegant überhängenden Wedelenden. Die Wedel sind langgestielt, die Stiele haben große, dunkel bis hellbraun gefärbte Spreuschuppen. Die Spreite ist am Grund der Fiedern dreifach, sonst zweifach geteilt, dezent mattgrün mit grünen, braun beschuppten Adern. Wie fast

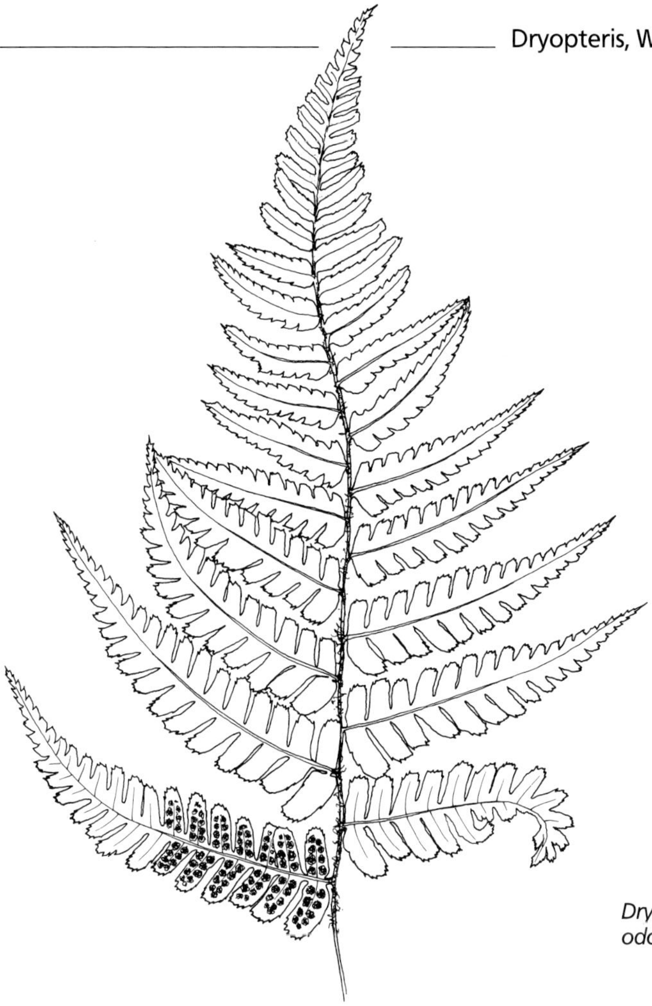

Dryopteris odontoloma.

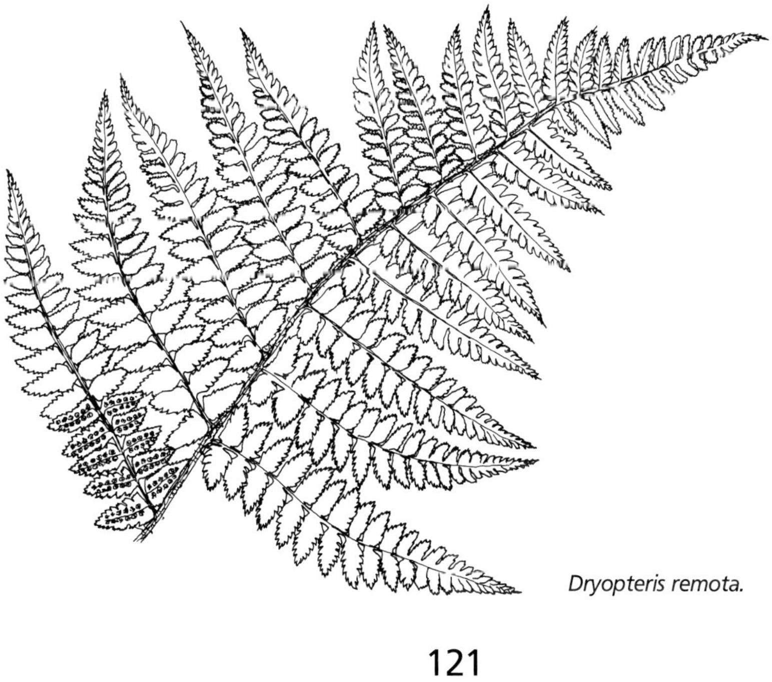

Dryopteris remota.

alle Hybridfarne kann auch dieser sehr mächtig werden. Seine schmalen, aufgerichteten und oft bis 1,20 m hohen Trichter sind schon von weitem zu erkennen.

Verwendung findet dieser Farn am besten in naturnaher Pflanzung. Im Garten wirkt er besonders als Einzelpflanze zwischen niedrigen Stauden wie Lungenkraut, Waldmeister, Pfennigkraut oder auch Waldmarbel. Trotz des triploiden Chromosomensatzes läßt sich *Dryopteris remota* aus Sporen vermehren, allerdings ist dies etwas mühsam, da nur ein Bruchteil der Sporen keimfähig ist. Die Teilung lohnt nicht, da der Farn sich nur schwer bestockt. Wegen der schwierigen Vermehrung wird diese »vornehme« Farngestalt immer selten zu finden sein.

Dryopteris stewartii

Stewarts Wurmfarn ist ein ziemlich großer, breit ausladender Farn. Zu Hause ist er im südlichen Teil des Himalaja, in Sikkim und China. Er steigt im Gebirge bis 3000 m hoch und findet sich mit Vorliebe an wenig beschatteten Plätzen auf sauren, groben Böden ein. Seine Wedel werden bis zu 1 m lang und oft bis 30 cm breit. Sie sind lang dreieckig, zweifach, an der Basis oft dreifach gefiedert, die Fiederchen sind stark gezähnt, zum Ende hin gesägt. Die Fiedern laufen ziemlich spitz aus. Der Farn hat eine frische hellgrüne Farbe, die unterseits ein wenig dunkler und oft leicht bläulich wirkt. Der Stiel ist ungefähr ein Viertel so lang wie der ganze Wedel.

Stewarts Wurmfarn paßt gut in naturnahe Gartenpartien, wo seine breiten Trichter einen üppigen Eindruck geben. Wegen seines frühen Austriebes – er ist einer der ersten – sollte er allerdings gegen Strahlungsfröste Ende April-Anfang Mai geschützt werden. Im eigentlichen aber ist dieser Farn bei normaler Behandlung winterhart. Er läßt sich leicht aus Sporen heranziehen und bildet schnell große Pflanzen. Die Sporenreife setzt, wenn die ersten Triebe nicht erfroren sind, bereits Ende Juni ein. Die Teilung lohnt sich kaum.

Dryopteris stewartii.

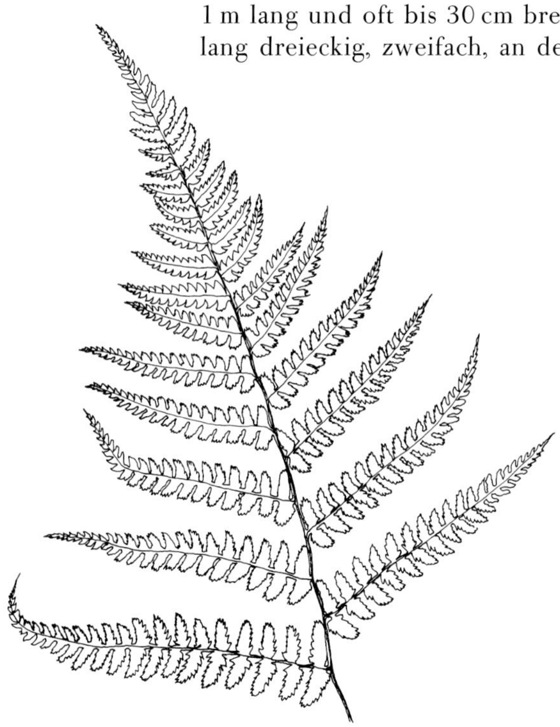

Dryopteris × tavelii

Tavels Bastardwurmfarn kommt als Kreuzungsprodukt überall dort vor, wo seine Eltern, *Dryopteris filix-mas* und *D. affinis*, beieinanderstehen. Bei uns zum Beispiel im Schwarzwald und im Odenwald, außerdem in England, Belgien, Luxemburg, im Kaukasus und sogar im Iran. Besonders üppig entwickelt er sich an Wasserläufen in Waldschluchten auf nährstoffreichen, quelligem Untergrund. Wie viele Farnbastarde übertrifft er an Höhe und Mächtigkeit oft seine Eltern. Aus einem Rhizom oder mehreren staudig beieinanderstehenden dicken Rhizomen entrollen sich die derben, zweifach gefiederten, kräftigen Wedel, die meist bis 1,20 m, nicht selten sogar bis zu 1,50 m Höhe und 30 cm Breite erreichen. Davon mißt der Stiel kaum 30 cm. Die Blattfarbe, ein matt glänzendes, sattes Grün, ähnelt stark der des Goldschuppenfarns *(Dryopteris affinis)*, von dem sich dieser Farn oft nur durch seine Mächtigkeit unterscheiden läßt.

Im Garten braucht *Dryopteris × tavelii* viel Platz. Er sollte im Hintergrund stehen. Je weniger Wurzelkonkurrenz er durch Gehölze hat, desto mächtiger wird er. Am feuchten Platz kann er sogar sonnig stehen. Eigentlich aber gehört er, zusammen mit seinen Eltern und begleitet von großen Blattschmuckstauden, in einen Park von naturhaftem Charakter. Obgleich er eindeutig ein Bastard ist, kann man ihn aus Sporen vermehren. Dabei stellt sich aber oft ein merkwürdiges Ergebnis ein. Etwa ein Drittel der Sämlinge sieht wie die Mutterpflanze aus. Der Rest zeigt eher einen Wuchs wie ein aufrecht wachsendes Exemplar von *Dryopteris wallichiana* mit deutlich dunkler beschuppten Stielen und auch dunkler grün gefärbten Wedeln. Beide Typen aber werden recht mächtig, der letztere entwickelt sich oft noch stärker. Wenn man diesen Farn »echt« vermehren will, muß man ihn teilen. Das dauert oft lange. Die Sporen reifen, wie bei *Dryopteris affinis*, Ende Juli bis August.

Dryopteris × uliginosa

Der Moorfarn steht in seiner Tracht in der Mitte (intermediär) zwischen seinen beiden Eltern, dem Kammfarn *(Dryopteris cristata)* und dem Karthäuser Wurmfarn *(Dryopteris carthusiana)*. Der mittelhohe, am günstigen Stand bis 1 m hohe, aufrecht wachsende Farn ist überall dort zu finden, wo die beiden oben genannten Farne beieinanderstehen.

Der Moorfarn bildet wie der Kammfarn verschieden geformte Wedel: Die wenigen fertilen Wedel stehen straff aufrecht, sind schmal-lanzettlich, doppelt gefiedert und an der Basis der Fiedern fiederschnittig. Die sterilen Wedel sind kaum halb so lang und ebenfalls zweifach gefiedert. Sie breiten sich schräg seitwärts in einem lockeren Kranz um die Sporenwedel.

Man verwendet den Moorfarn zusammen mit dem Kammfarn, dem Karthäuser Wurmfarn und Clintons Wurmfarn am Rande des Moorbeetes zusammen mit Sumpfporst, Rosmarinheide und Glockenheide. Die gemeinsame Verwendung dieser vier Farne gibt dem Betrachter die Möglichkeit, die Ähnlichkeiten und die Unterschiede dieser vier »Moorfarne« zu erkennen. *Dryopteris × uliginosa* wächst aber wie die anderen auch an trockenen Plätzen und macht sich wegen seiner straffen Gestalt gut zwischen halbhohen Rhododendren. Auch der Moorfarn, obgleich hybriden Ursprungs, läßt sich aus Sporen heranziehen, von denen allerdings nur ein Bruchteil keimt. Die Teilung lohnt nur für den Farnliebhaber.

Dryopteris uniformis

Dem Artnamen nach müßte dieser Farn auf Deutsch Einheitlicher Wurmfarn heißen; das würde sogar seinem regelmäßig geformten Habitus entsprechen. Es ist ein mittelhoher, breit büschelig wachsender Farn. Seine Heimat sind Japan, Korea und China. Die Wedel sind bei meinem sechsjährigen Exemplar 50 bis 70 cm lang, 15 bis 18 cm breit und von regelmäßig lanzettlicher Form. Sie sind doppelt gefiedert. Die Fiederchen sind sehr gleichförmig gezähnt und an der Basis mit einem Paar Öhrchen versehen. Die Farbe ist ein frisches Mittelgrün, das zum Spätsommer hin dunkler wird. Oft wird diese Art verwechselt mit *Dryopteris lacera*. Die Wedel von *Dryopteris lacera* sind aber lockerer aufgebaut. Vor allem aber befinden sich die sporentragenden Fiederchen nur im

Dryopteris × tavelii.

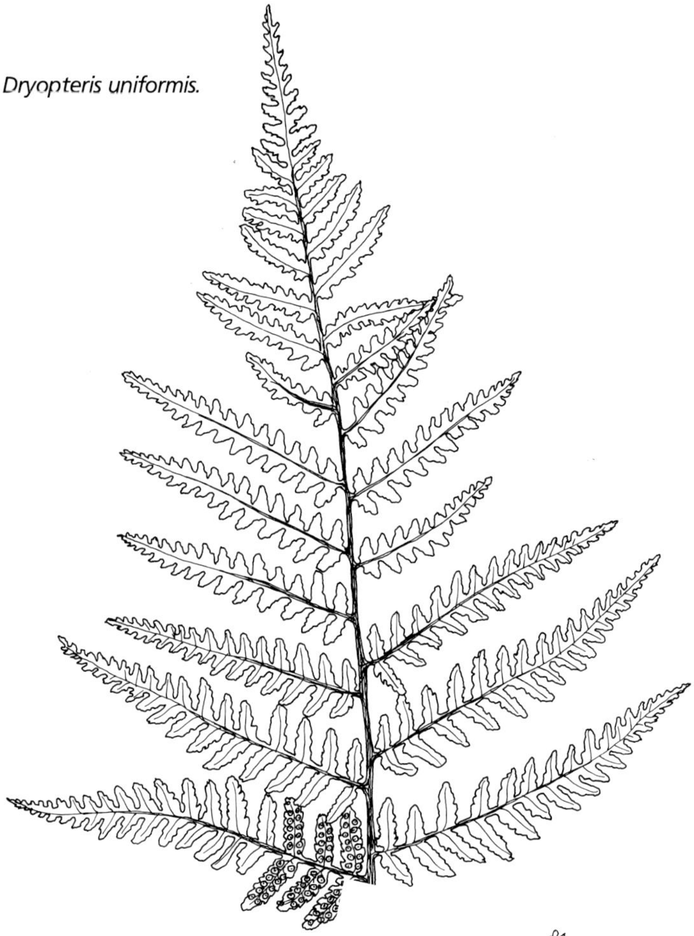

Dryopteris uniformis.

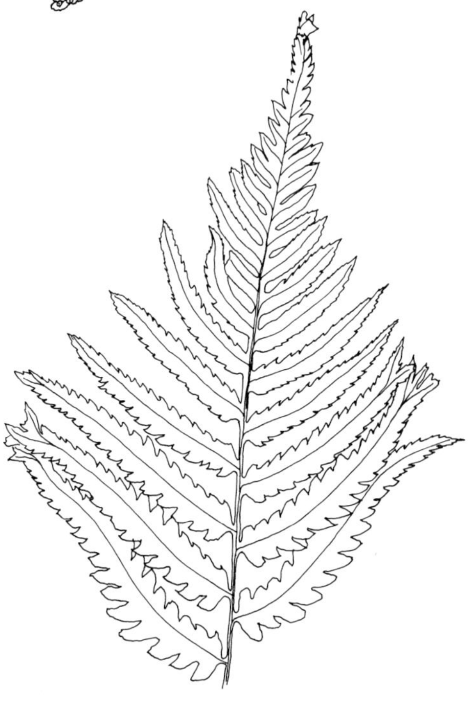

Dryopteris uniformis 'Cristata'.

obersten Spreitenviertel, und sie sind deutlich schmaler als die sterilen, weil sie nach oben gekraust sind, so daß man die Sori fast sehen kann. Die Fiederchen von *Dryopteris uniformis* zeigen keinen solchen Unterschied.

Dieser schöne Farn paßt mit seinen regelmäßig geformten, frischgrünen Wedeln zu vielen mittelhohen Stauden, besonders zu buntblättrigen *Hosta* oder gefleckten Lungenkräutern. Er ist ein Neuling in unseren Gärten, und seine Winterhärte ist nicht überall getestet. Im norddeutschen Raum kommt er gut durch, wegen des frühen Austriebs fällt er aber leicht Spätfrösten zum Opfer. Manchmal geht er daran zugrunde. Auch dieser Farn hat eine Mutante mit an den Enden leicht gegabelten Fiedern gebildet: *Dryopteris uniformis* 'Cristata'. Wer sich eine Jungpflanze erwirbt, sollte nicht ungeduldig werden – die Gabelungen und Troddeln bilden sich erst aus, wenn der Farn etwa 30 cm hoch ist. Art und Form zieht man am besten aus Sporen heran. Die Sporenreife fällt in die Zeit von Juli bis September. Die Cristataform fällt nahezu echt aus Sporen.

Dryopteris villarii

Den Steifen Wurmfarn findet man in England, in den Alpen, den Pyrenäen und dem westlichen Balkan. Er wächst in den Gebirgslagen zwischen 1000 und 2200 m überall dort, wo Kalkgestein vorherrscht. Der kaum mittelhohe, straff aufrecht oder etwas seitwärts büschelig wachsende Farn bildet als Einzelpflanze einen starren Trichter von kaum über 40 cm Höhe. Die Wedel, deren stark beschuppte Stiele etwa ein Drittel der Länge ausmachen, sind zweifach, selten dreifach gefiedert, die Fiedern sind lanzettlich, die Fiederchen sitzen sehr dicht und sind spitz gezähnt. Die Sori sind zahlreich, die Schleierchen grau.

Dieser kleine, starr wirkende Farn liebt alkalischen Boden. Man setzt ihn, wenn möglich, zwischen hohe Kalkbrocken, so daß er zusätzlich kühl, schattig und feucht steht – entsprechend seinem Naturstandort. Im Flachland, zum Beispiel im Hamburger Raum, zeigt er sich heikel, während er in höher gelegenen Gärten als Farn im Alpinum zusammen mit anderen kalkholden Pflanzen recht schön wirkt. Die Vermehrung geschieht aus Sporen und durch Teilung. Die Anzucht der Prothallien gelingt nur auf feinsteinigem, leicht kalkhaltigem Substrat mit geringer Torfbeimischung und bei möglichst kühlen Temperaturen, die nicht über 18 °C liegen dürfen.

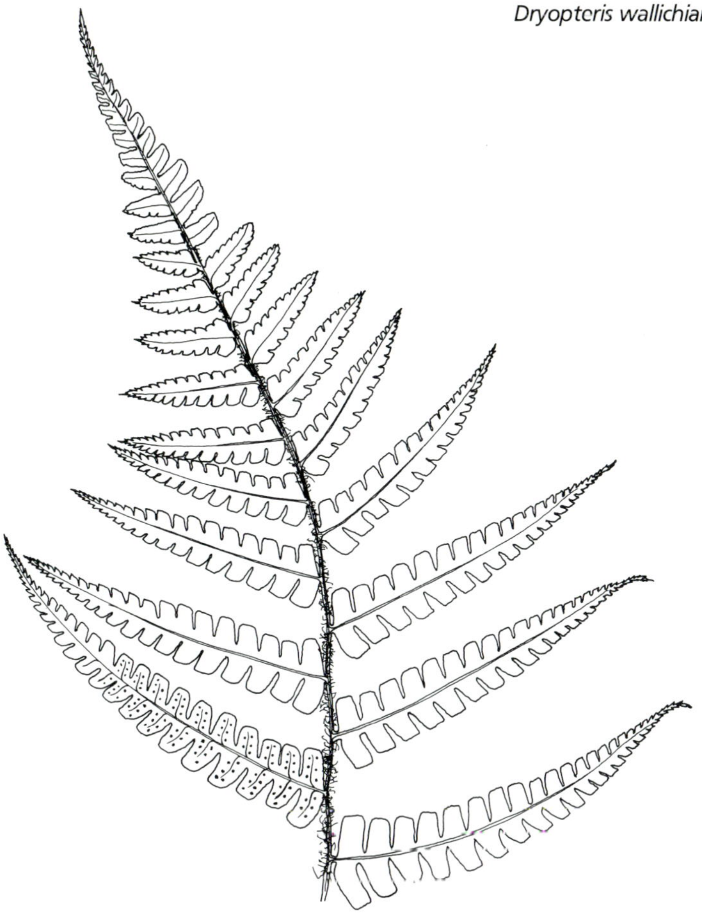

Dryopteris wallichiana.

Dryopteris wallichiana

Der Nepal-Schwarzschuppendornfarn ist in Nepal, Burma, China, Pakistan, in Südjapan bis nach Borneo zu Hause. Es gibt auch Standorte auf Madagaskar und in Simbabwe – Rhodesien. Es ist ein recht mächtig werdender Farn. Alteingewachsene Exemplare, wie die brusthohe Pflanze im Münchner Botanischen Garten, ergeben edle, eindrucksvolle Erscheinungen. Man kann diese Art mit kaum einem anderen Farn verwechseln. Die Wedel sind 90 cm, manchmal über 1 m lang und bis 30 cm breit. Sie sind zweifach gefiedert, die Fiedern laufen zum Ende hin lang und spitz und leicht nach oben geschwungen aus. Die Farbe ist ein oberseits glänzendes, sattes Grün, das unterseits deutlich heller ausfällt. Das Markanteste aber sind Stiel, Mittelrippe und Seitenadern. Der selten über 15 cm lange Stiel ist dicht mit schwarzbraunen, oft über 1 cm langen Spreuschuppen bedeckt. Ebenso sind Mittelrippe und Seitenadern entsprechend mit kürzeren Spreuschuppen oder Spreuhaaren besetzt, so daß zum Grün der Fiedern ein starker Kontrast entsteht. Ähnlich wie beim Goldschuppenfarn *(Dryopteris affinis)* leuchten die düsteren Schuppen besonders während des Austriebs von innen her bei schräger Sonne in einem tief bronzenen Braun.

Dieser Farn gehört mit zu den schönsten überhaupt. Er sollte im Garten immer so stehen, daß er sich frei entfalten kann. Als Begleiter sollten nicht allzu hohe Stauden gelten, wie zum Beispiel kleine, leicht buntblättrige *Hosta* oder auch *Helleborus.*

Der Nepal-Schwarzschuppenfarn, *Dryopteris wallichiana*, ist zwar etwas heikel, aber sehr beliebt. Wenn er sich erst einmal etabliert hat, ist er umwerfend schön.

Je nach Herkunft gibt es recht harte und weniger harte Typen. Auf jeden Fall ist leichter Winterschutz, aber auch Schutz vor Spätfrösten anzuraten. Die Anzucht aus Sporen gestaltet sich recht einfach. Die Sporen reifen im Juli-August. Schwierigkeiten gibt es, nachdem die Jungpflanzen ausgepflanzt worden sind. Wenn ein kalter, schneeloser Winter folgt, muß das Beet stark geschützt werden. Ohne Schutz kann man mehr als 50 Prozent Ausfälle haben. Die überlebenden Pflanzen sind dann allerdings wirklich winterhart. Solche Typen können später durch Teilung vermehrt werden.

Gymnocarpium siehe *Currania*

Hypolepis, Buchtenfarne

Die Gattung *Hypolepis* hält für unsere Gärten zwei Arten bereit.

Hypolepis millefolia

Der Tausendblatt-Buchtenfarn, auch Vielblättriger oder Viellappiger Buchtenfarn genannt, ist ein zierlicher, dichte Bestände bildender Farn, der ähnliche Wuchseigenschaften wie der Eichen- und Buchenfarn aufweist. Er kommt von der Südhalbkugel, genauer aus Neuseeland, zu uns und ist auch noch auf einigen Inseln südlich und östlich von Neuseeland heimisch. Aus einem dichten Geflecht von 2 bis 4 mm dicken Rhizomen wachsen die Wedel zwar einzeln, aber sehr dicht stehend bis in 25 cm, bei günstigem Stand bis in 45 cm Höhe empor und bilden nach einiger Zeit einen einige Quadratmeter großen, dicht geschlossenen Bestand. Die vierfach gefiederten Wedel und das zarte, etwas bedeckte Grün faszinieren jeden Farnfreund.

Wer es sich von der zur Verfügung stehenden Fläche leisten kann, pflanzt diesen Farn in größerer Zahl zwischen halbhohe Rhododendren oder an den Rand einer Strauchpflanzung. Er liebt einen mit viel Laub- und Nadelkompost angereicherten Boden und eine leichte Laubschüttung im Spätherbst. Da er sehr spät – oft erst im Juni – treibt, kann man ihn mit vielen auch später blühenden Zwiebelgewächsen vergesellschaften. Er wirkt wie ein stark verkleinerter Adlerfarn, und so wie dieser läßt er sich zunächst schwer ansiedeln. Sowohl bei der Anzucht aus Sporen als auch bei der Teilung sollte daher im Container kultiviert werden. Pflanzen mit Topfballen (11 × 11 cm) gewöhnen sich schnell am neuen Pflanzplatz ein. Die Anzucht aus Sporen ist möglich. Die Sporen reifen frühestens im August. Die jungen Sämlinge müssen zunächst unter Glas (im kalten Kasten) gezogen und dort am besten schon im Container vorkultiviert werden.

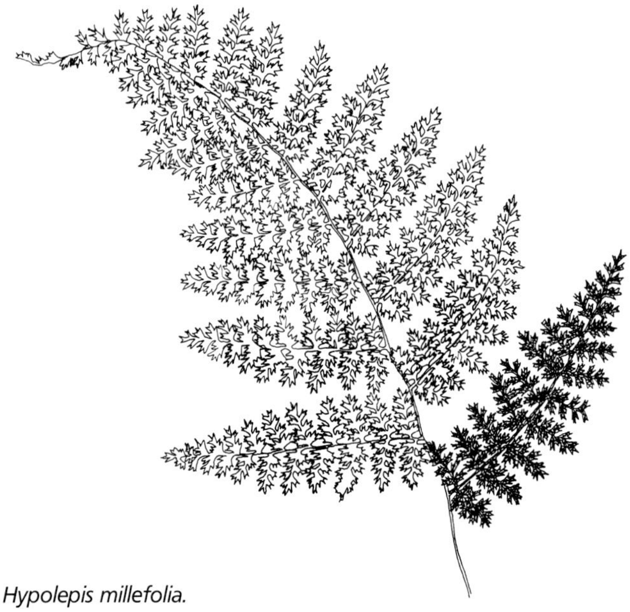

Hypolepis millefolia.

Hypolepis rugosula

Der Drüsige Buchtenfarn hat ein sehr weites Verbreitungsgebiet, das sich von Neuseeland über Tasmanien und Australien und weiter nach Süd- und Mittelamerika sowie bis ins tropische Asien erstreckt. Er wächst in sehr lichten Wäldern, deren Ränder er bevorzugt. Er ähnelt noch mehr unserem Adlerfarn, wird jedoch meist nur 80 cm hoch; bekommt er aber durch Sträucher und Stauden »Kletterhilfe«, erreicht er bis 1,40 m Höhe. Aus einem lok-

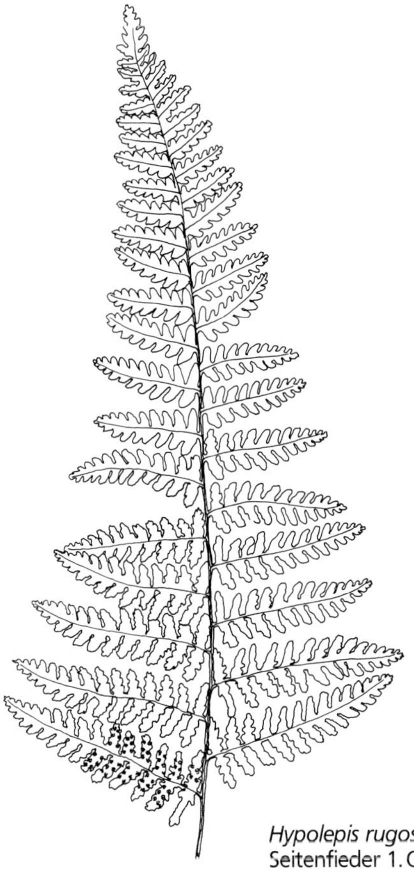

Hypolepis rugosula, Seitenfieder 1. Ordnung

keren Geflecht von kurz unter der Oberfläche des Bodens, manchmal sogar an der Oberfläche sich langsam, aber zielsicher ausbreitenden Rhizomen wachsen auf 30 bis 50 cm langen, dicht mit dunkelbraunen Drüsen besetzten Stielen deutlich voneinander entfernt die Wedel empor. Sie sind breit-eiförmig, das zweite Fiedernpaar von unten ist mit bis zu 40 cm Ausdehnung das breiteste. Die Spreite ist dreifach gefiedert und tief fiederschnittig. Die Fiedern sitzen mit deutlichen Abständen an der Mittelrippe und sind wie Vogelschwingen elegant nach außen gebogen.

Obgleich er aus wintermildem Gebiet stammt, hat dieser Farn im norddeutschen Raum, oft ohne zusätzlichen Schutz, die Winter durchgestanden und hat sich trotz kräftiger Gegenmaßnahmen einige Quadratmeter erobert. Das ist nicht weiter schlimm, weil er sehr locker steht und sich am falschen Platz sehr schnell herausziehen läßt. Wer ihn jedoch einmal hat, wird ihn so leicht nicht wieder los. Aus irgendeiner Staude kommt er immer wieder heraus. Sehr schön wirken die graziösen Wedel zwischen hohen Gräsern oder, wie in meinem Garten, inmitten einer niedrig aufgebundenen *Clematis* 'Lasurstern', wo der Farn eine Höhe von 1,40 m erreicht. Die Art ist sehr leicht aus Sporen zu ziehen, sollte aber in Containern kultiviert werden. Dies gilt ebenfalls für die Vermehrung durch Teilung.

Matteuccia, Straußfarn, Trichterfarn

Diese Gattung umfaßt nur drei Arten, die in der gemäßigten Zone der Nordhalbkugel vorkommen. Allen gemeinsam ist, daß ausgewachsene Pflanzen recht große sterile Wedel ausbilden, die oft schon Ende April erscheinen, und höchstens ein Drittel so lange fertige Wedel, die in Form und Gestalt völlig anders sind und sich erst im Sommer entrollen.

Matteuccia orientalis

Farbbild auf Seite 25

Der Japan- oder auch Flachwachsende Straußfarn wird oft noch unter *Struthiopteris orientalis* geführt. Er wird zwar im allgemeinen mit bis zu 70 cm nicht allzu hoch, Einzelexemplare können aber bei günstigem, feuchthumosem Stand bis 2 m breit, bestockte Stauden sogar noch breiter werden. Seine Heimat ist außer Japan – von wo er zuerst zu uns kam – auch China, Indien und der angrenzende Himalaja. Dort wächst der Farn in feuchten, schattigen Wäldern. Er hat ein dickes Rhizom, das langsam an der Erdoberfläche weiterwächst, aber er bildet keine Ausläufer. Die sterilen Wedel werden bis 1 m lang und 45 cm breit. Der kräftige Stiel mißt in der Länge 30 cm. Die mächtige Spreite ist länglich-dreieckig geformt. Die Wedel hängen etwas über und bilden einen breiten, unregelmäßigen Trichter, der bei alten

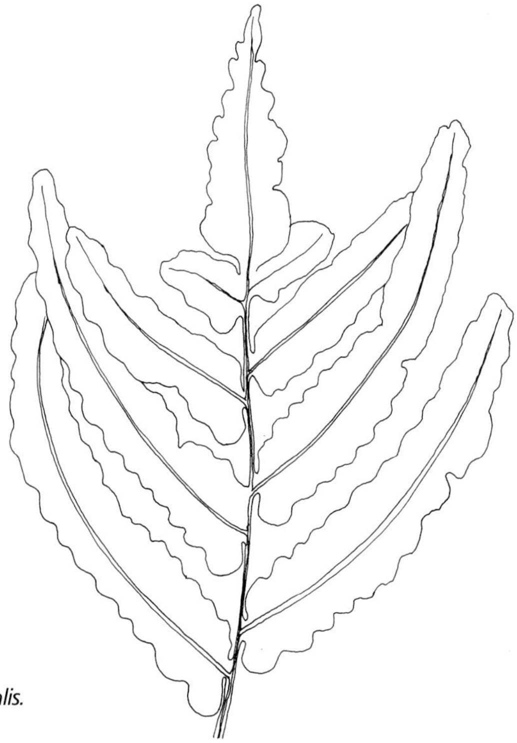
Matteuccia orientalis.

Matteuccia pensylvanica.

bestockten Exemplaren nicht mehr erkennbar ist. Die Spreite ist einfach gefiedert, die Fiedern lappig und tief eingeschnitten mit gleichmäßiger, fischgrätenartiger Anordnung der Adern auf den Fiederlappen. Die untersten Fiedern sind aufgerichtet, die übrigen sind seitwärts ausgebreitet. Sie haben eine feste Textur, sind von mittelgrüner Farbe, die mit den ersten Frösten schnell vergeht. Die 30 cm langen, fertilen Wedel erscheinen erst im Juni, sie sind derb, die sporentragenden Fiedern stehen oft etwas verdreht und lokker aufrecht; sie sind zunächst dunkelgrün, verfärben sich zum Spätherbst bläulich schwarz und werden nach dem Stäuben der Sporen im Winter dunkelbraun.

Der Japan-Straußfarn mutet tropisch an und verlangt eine Einzelstellung. In feuchten, halbschattigen Mulden entfaltet er sich bei guter Humusgabe prächtig. Wenn in Parks solche Standorte vorhanden sind, können auch kleine Gruppen gepflanzt werden. Der Abstand der Pflanzen voneinander beträgt mindestens 1,50 m. Wenn die Pflanzen zudem noch in Wegnähe stehen, werden viele Spaziergänger nicht vermuten, daß es sich hier um einen Farn handelt, der unsere Winter aushält. Die Begleiter können nur Stauden sein, die am feuchten und frischen Standort ähnlich imposant erscheinen. *Matteuccia orientalis* läßt sich nur aus Sporen vermehren. Die Sporenreife beginnt Ende Oktober und setzt sich oft bis Januar fort.

Matteuccia pensylvanica
Der Amerikanische Trichter- oder Straußfarn wird in alten Büchern oft unter *Matteuccia struthiopteris* var. *pensylvanica* geführt. Heute gilt er als eigene Art. Dieser Straußfarn bildet schlank aufragende, hohe, regelmäßige Trichter. In seiner Heimat Nordamerika findet man ihn in Flußniederungen auf Schwemmlandböden und in sumpfigen Wäldern. Er kann im Garten unter günstigen Bedingungen nahezu 2 m hoch werden. Die sterilen Wedel sind beim Austrieb, der oft schon Ende April einsetzt, ebenso wie nachher die Stiele, bläu-

lichgrün, später mittelgrün. Sie haben eine breit linear geformte Spreite, die einfach gefiedert und tief fiederschnittig ist. Die Wedel werden 1,20 bis 2 m lang und bis zu 30 cm breit. Die Fiedern reichen nicht bis zum Stielgrund wie beim Deutschen Straußfarn *(Matteuccia struthiopteris)*, sondern enden schon 20 bis 35 cm höher. Dies stellt das typische Unterscheidungsmerkmal zwischen den beiden sich so ähnlich sehenden Farnen dar. Außerdem behalten die Stiele meist ihre bläulichgrüne Färbung. Die sporentragenden, fertilen Wedel erscheinen im Juni-Juli in der Mitte der Blatttrichter. Sie sind sehr schmal, und die Fiedern liegen aufrecht sehr eng an. Sie sind zunächst dunkelgrün, mit zunehmender Reife werden sie schwarzgrün und beim Stäuben dunkelbraun.

Der Amerikanische Straußfarn eignet sich für feuchte, fruchtbare Plätze. Er kann flächig gepflanzt im Park stehen oder auch als Einzelpflanze in Teich- und Bachnähe. Wenn man bei längerer Trockenheit für Wasser sorgt, gedeiht dieser Farn auch im normalen Boden. Einige wenige, alte Exemplare können mit ihren hochaufragenden Trichtern einen ganzen Gartenabschnitt beherrschen. Unter günstigen Verhältnissen bildet er neben *Osmunda regalis* den höchsten aller winterharten Gartenfarne. *Matteuccia pensylvanica* läßt sich mit allerlei Frühlingsblumenzwiebeln, besonders mit Märzenbecher, Schneeglöckchen und Lerchensporn zusammenpflanzen, die in dem humosen Boden beste Bedingungen finden. Da er nur wenige Ausläufer bildet, wird der Farn im Garten kaum lästig. Man vermehrt ihn durch Sporen oder Ausläufer und Ausläuferschnittlinge. Die Sporenreife beginnt Ende Oktober und setzt sich bis in den Winter fort.

Matteuccia struthiopteris *(Struthiopteris germanica)*

Das Verbreitungsgebiet des Deutschen Strauß- oder Trichterfarns erstreckt sich von Skandinavien über die Alpen, Rußland bis ins östliche Asien. In Deutschland findet man ihn im Harz, im Bayerischen

Matteuccia struthiopteris.

Matteucia struthiopteris (fertiler Wedel).

Der Deutsche Straußfarn, *Matteuccia struthiopteris*, ist ein bezaubernder aber gefährlicher Wucherfarn. Läßt man ihn, erobert er bald den ganzen Garten.

Wald, im Fichtelgebirge, ja sogar im Rheinland, in Österreich und in den Alpentälern. Im Norddeutschen Flachland tritt er mancherorts in oft recht großen Kolonien als Gartenflüchtling auf. Man findet ihn nicht selten in mehreren hundert Quadratmeter großen Flächen an Bächen und Flüssen im Schwemmlandbereich, wo er sogar zeitweise Überschwemmungen übersteht. Nur stauende Nässe verträgt er nicht.

Er ähnelt in vielem bis zum Verwechseln dem Amerikanischen Straußfarn, ist jedoch hellgrün, und seine Fiedern verlaufen bis zum Stielgrund. Die Wedel entrollen sich oft schon Mitte April, sie werden 80 cm bis 1,50 m lang und bis 25 cm breit. Die Spreite ist einfach gefiedert und tief fiederschnittig. Das Rhizom wächst betont aufrecht und kann bei alten Exemplaren bis zu 15 cm weit aus dem Boden ragen. Die fertilen Wedel erscheinen im Juli, oft erst im August. Sie stehen bis 40 cm hoch und starr aufrecht in der Mitte der Wedeltrichter; sie sind anfangs olivgrün, später hellbraun.

Der wüchsige Farn eignet sich für sonnige Teich- und Bachufer, er wächst aber auch am normalen Gartenplatz, dort jedoch im Halbschatten. Bei längerer Trokkenheit kann er leicht Schäden erleiden, die ihn zwar meist nicht absterben lassen, seiner Schönheit aber für den Rest des Jahres Abbruch tun. Man sollte also rechtzeitig mit Wasser nachhelfen. Durch seine weiten, kräftigen Ausläufer kann der Farn schnell lästig werden. Wenn man nicht aufpaßt, erobert er den ganzen Garten. Er verträgt sich gut mit verschiedenen frühlingsblühenden Zwiebelblumen und Knollenpflanzen.

Man vermehrt den Deutschen Straußfarn überwiegend über Ausläufer und Ausläuferschnittlinge. Das ergibt sehr schnell große Pflanzen. Bei Sporenaussaaten variiert der Straußfarn auffallend. So treten unregelmäßig und mehr in die Breite wachsende Typen mit bis zu 1,50 m langen Wedeln auf oder Typen mit sehr regelmäßigen, bis zu 1 m hohen Trichtern, die es sowohl mit glatten als auch mit deutlich gewellten Fiederlappen gibt. Auch kleinere, gedrungene Formen findet man dabei. So hat man dann für jeden Gartenplatz etwas. Zwischen solchen »Sämlingen« fand man auch einen kaum über 40 cm hohen Typ mit wie zernagt aussehenden Fiedern, der als *Matteuccia struthiopteris* 'Erosa' bezeichnet wird, der Zernagte Straußfarn. Er stellt eher eine Kuriosität als eine Schönheit dar.

Bei der Anzucht aus Sporen, deren Reife bei allen Straußfarnen oft erst mit Beginn des Winters, frühestens Ende Oktober, einsetzt, muß man einige Dinge beachten. Die Aussaat erfolgt sofort mit Beginn des Stäubens an einem hellen, aber sonnenabgewandten Platz. Im folgenden Sommer erscheinen oft schon einige, kurz darauf die überwiegende Zahl von Farnpflänzchen (Sporophyten). Sie wachsen bis zu

Der Sudeten-Blasenfarn, *Cystopteris sudetica*, ist ein harmloser Wucherer, der an absonniger Stelle des Alpinums seinen Platz haben sollte.

10 cm Höhe heran und ziehen dann zusammen mit den Altpflanzen draußen ein, selbst bei guten Innentemperaturen und reichlichem Licht. Man braucht also nicht zu befürchten, die Pflänzchen seien eingegangen. Sie benötigten jetzt lediglich eine Ruhepause. Unter Kunstlicht kann man sie ab Januar wieder zum Austrieb bringen. Bis zum Sommer härtet man sie ab und pflanzt sie dann auf Beete oder im Container. Die Pflanzen sind im Herbst oft schon 20 cm hoch und zeigen dann bereits ihr unterschiedliches Gesicht.

Onoclea sensibilis, Perlfarn

J, da stark wuchernd

In seiner Heimat, in Japan, der Mandschurei, in Ostsibirien, dem Amurgebiet und in Nordamerika, gilt der Perlfarn als Unkraut, wo er auf feuchten Wiesen und in

Der Perlfarn, *Onoclea sensibilis*, liebt Feuchtigkeit. Wo er sich ausbreiten darf, bildet er bald kniehohe, dichte Bestände.

Onoclea sensibilis (fertiler Wedel).

Onoclea sensibilis.

lichten, feuchten Wäldern wächst. Gerne begleitet er Bachläufe und säumt Teichufer. Auch bei uns kann er durch seine stetige Wucherkraft leicht lästig werden. Aus weitstreichenden, vielverzweigten, 5 mm starken Rhizomen wachsen die langgestielten, oval-dreieckigen sterilen Wedel einzeln bis in 50, ja sogar in 90 cm Höhe empor. Die Spreite ist einfach gefiedert und eichenblattähnlich tief fiederlappig; die hellgrüne Farbe verwandelt sich zum Herbst in Goldbraun. Mit dem ersten Frost vergehen sie (daher die Bezeichnung *sensibilis*). Die fertilen Wedel erscheinen später. Sie werden nur 20 bis 50 cm hoch, stehen straff aufrecht, haben perlschnurartig aufgereihte Fiederchen und bleiben den Winter über stehen.

Der Perlfarn ist eine ansprechende, vom üblichen Schema abweichende Farngestalt. Weil er so wuchert, sollte man ihn aber mit Vorsicht pflanzen. Gut macht er sich zwischen großen Rhododendrengruppen, wo er flächig stehen kann und wo vor dem Austrieb eine ganze Reihe Zwiebelblumen ihr Auskommen findet. Da er in feuchte und nasse Areale vordringt, kann man ihn als Bachbegleiter oder am Teichufer verwenden. Im kleineren Garten sollte man ihn an einer zu starken Ausbreitung hindern. Dazu eignen sich ein kleiner Betonring oder ein Gefäß aus Folie, die beide bis in 30 cm Tiefe reichen sollten. Die Vermehrung durch Teilung und über Ausläuferschnittlinge geht schneller als die Anzucht aus Sporen. Zwischen Sporenaussaaten findet man ab und zu Pflanzen mit deutlich roten Stielen. Man bezeichnet solche Pflanzen als Rotstielperlfarn, ohne daß es eine spezielle botanische Bezeichnung gibt. Die Wuchskraft dieser Varianten ist lange nicht so stark wie die der grünen Form. Der Rotstielperlfarn wird nur 30 bis 50 cm hoch und breitet sich nicht ganz so schnell aus. Trotzdem sollte man auch ihn mit Vorsicht pflanzen, sonst erobert er sich schnell den Garten; er macht nicht einmal vor dem Rasen halt. Die trockenen fertilen Wedel lassen sich gut für die Blumenbinderei verwenden.

Onychium japonicum, Klauenfarn

Dieser sehr filigrane, nur mittelhohe Farn stammt aus Japan, China, Taiwan und dem Himalaja. Er erinnert stark an eine tropische *Davallia*. Das sind jene reich- und zartgefiederten Farne, die gern als Ampelpflanzen angeboten werden. Aus den Enden der unterirdisch kriechenden Rhizome erscheinen recht spät im Jahr zwei bis vier büschelig angeordnete Wedel von 40 bis 60 cm Länge; sie hängen am Ende über. Die Stiele sind kahl und nehmen ein Drittel der Wedellänge ein. Die Wedelspreite ist drei- bis fünffach gefiedert und sehr fein geteilt. Die Fiedern erster und zweiter Ordnung sind von gleicher Form wie die Spreite, wechselständig und kurzgestielt. Die Fiederchen sind sehr klein, lanzettlich-lineal, 1 mm breit und oft gabelig eingeschnitten.

Trotz seiner immerhin mittleren Größe handelt es sich um einen sehr zierlichen Farn. Er braucht einen vollsonnigen, warmen Platz, da er sehr spät austreibt und bis zum Winter genügend Zeit haben muß, um die Rhizome für das kommende Jahr bilden zu können. Man pflanzt ihn zusammen mit anderen wärmeliebenden Pflanzen in locker angeordneter Gesellschaft. Der Farn braucht eine Zeit von zwei bis drei Jahren zur Eingewöhnung, ähnlich wie *Hypolepis*, erweist sich aber dann bei gutem Winterschutz als ausdauernd. Er breitet sich nur unaufdringlich aus. Die Sporen reifen im Freiland nicht aus. Man kann diese Art daher bei uns nur vegetativ vermehren. Eine Vorkultur im Container und unter Glas ist anzuraten.

Oreopteris siehe *Thelypteris*

Osmunda, Rispenfarn

Man kennt 14 *Osmunda*-Arten, die in den gemäßigten Zonen und in den Tropen verbreitet sind. Vier davon und ihre Varianten sind für unsere Gärten wertvoll. Die Rispenfarne, besonders der Königsfarn *(Osmunda regalis)*, zählen zu den größten Farnen überhaupt. Es sind Farne mit dickem, oft gewaltigem Wurzelstock mit faserigen, schwärzlichen Wurzeln, die sich um die Triebköpfe meist sichtbar ausbreiten. Die sterilen Wedel sind einfach oder doppelt gefiedert, die sporentragenden Wedel auffällig anders geformt. Sie nehmen nach dem Stäuben eine oft sehr intensiv goldbraune Färbung an. Die sich entrollenden Wedel sind bei allen Arten dieser Gattung mit dichten Filzen bräunlicher oder weißer Haare besetzt, die einen gewissen Schutz vor Spätfrösten gewähren.

Die Gattung *Osmunda* ist entwicklungsgeschichtlich die älteste im Farnreich. Außerdem werden die Pflanzen selbst sehr alt, besonders der Königsfarn. Man berichtet von tausendjährigen Exemplaren, die in sumpfigen Wäldern des Kaukasus gefunden wurden. Die Mächtigkeit unseres Königsfarns erweckt immer wieder Staunen. So fand Richard Maatsch bei Hannover einen Ballen mit einer Größe von 2,50 × 1,30 m, besetzt mit 50 Triebköpfen. Ein knapp 50jähriger, 1945 aus Sporen gezogener Purpurkönigsfarn (*Osmunda regalis* 'Purpurascens') hat jetzt einen Ballendurchmesser von 1 m und zeigt 16 Triebköpfe. Die Sporenwedel werden 1,80 m, die Blattwedel 2 m hoch. Die Pflanze nimmt eine Fläche von mehr als 5 m^2 ein.

Rispenfarne entwickeln sich im Garten – einmal eingewachsen – also immer üppiger. Allerdings sollte der Boden humos oder gar feuchttorfig sein. An trockenen Standorten muß bewässert werden. Dennoch kommen diese Farne auch bei trokkenem Stand gut voran, wenngleich sie dann höchstens 1 m Höhe erreichen. Man pflanzt die Rispenfarne an halbschattige Plätze, wenn der Boden feucht ist auch in sonnige Bereiche. Vor und zwischen lokkerstehenden Gehölzen und entsprechend hohen Waldstauden, aber auch an Teichen, Tümpeln und Bächen, in deren Wasser sich die Wedel spiegeln können, kommen diese Farne am besten zur Wirkung. Die

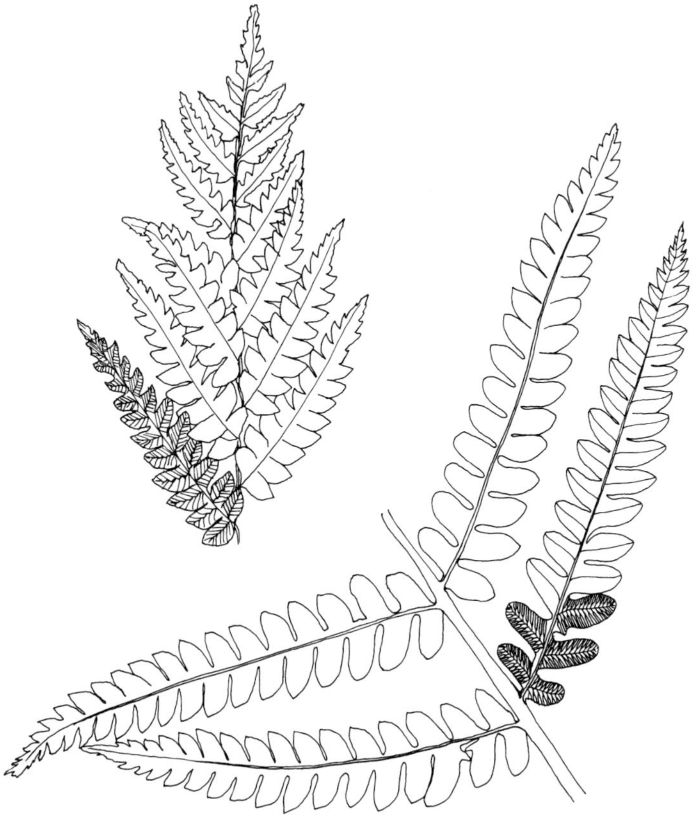

Osmunda cinnamomea.

Vermehrung aller Rispenfarne gelingt am besten durch Sporenaussaat. Die Teilung ist schwierig. Man muß die Sporen unmittelbar nach der Reife säen, da sie bei der Lagerung leicht ihre Keimfähigkeit verlieren. Die Sporenreife setzt früh, oft schon Ende Mai, ein. Dabei muß man bedenken, daß die Sporen aus den noch grünen Wedeln fallen. Wenn die Sporenwedel die goldbraune Färbung annehmen, sind die Sporen fast ganz ausgestäubt.

Osmunda cinnamomea
Farbbild auf Seite 2 und 32
Der Zimtfarn ist, obgleich auch er über 1 m hoch wird, mit der kleinste der Rispenfarne; verglichen aber mit anderen Farnen zählt er auch zu den großen Farnen. Er hat einen großen Lebensraum und besiedelt Gebiete mit sehr unterschiedlichem Klima. Er kommt in Kanada vor und durchzieht die Vereinigten Staaten bis Florida und Texas. Auch in Südamerika, in Ostasien und dort besonders im Himalaja kommt er vor. Lichte Wälder und feucht humose Böden sagen ihm besonders zu. Die sterilen Wedel sind trichterförmig, bei mehrköpfigen Pflanzen locker büschelig angeordnet. Sie werden bis 1,50 m lang, bleiben in unseren Gärten meist aber kürzer. Die Stiele sind beim Austrieb braunwollig behaart, später glatt. Die Spreite ist einfach gefiedert, tief gelappt, anfangs hellgrün, später dunkler, im Herbst leuchtend goldbraun. Die fertilen Wedel sind nur wenig kürzer. Sie stehen straff aufrecht in der Mitte und treiben vor den sterilen Wedeln. Bei ihnen liegen die Fiedern eng dem Stiel an und sind straff nach oben gerichtet. Sie sind zuerst mittelgrün, werden mit der Sporenreife im Mai etwas dunkler und nach dem Stäuben der Sporen leuchtend zimtbraun. Sie halten etwa 14 Tage und vergehen dann.

Der Zimtfarn zählt mit zu den schönsten Gartenfarnen. Er sollte daher immer einen besonderen Platz bekommen und zwar so, daß die Morgen- oder Abendsonne das Hellgrün der Blattwedel und das Goldbraun der Sporenwedel zum Leuchten bringt. Die Begleitstauden sollten dezent bleiben. Niedrige Schattenstauden, aber auch edle Knollenblumen wie *Trillium, Cyclamen,* aber auch Schneeglöckchen und Märzenbecher, stehen diesem Farnjuwel als Begleiter gut zu Gesicht. Vermehrt wird der Zimtfarn ausschließlich über Sporen, die sofort nach der Reife, wenn die Rispe noch grünlich ist, gesät werden. Bei der Entwicklung der Jungpflanzen darf man nicht ungeduldig werden. Es dauert oft sechs bis zehn Jahre, ehe die Pflanzen Sporen tragen. Die Sporen reifen von Mitte Mai bis Anfang Juni. Der Zimtfarn hat, wie einige andere Farne auch, eine rotstengelige Variante hervorgebracht:
'Rotstiel' ist im Vergleich zur Art auffallend graziler und erreicht höchstens zwei Drittel von deren Größe und Höhe. Diese Sorte paßt daher auch in kleinere Gärten.

Die schönste Herbstfärbung bringt der Zimtfarn, *Osmunda cinnamomea*, zustande. Im Vordergrund *Saxifraga cortusifolia* var. *fortunei*.

Sie stellt die gleichen Ansprüche an den Boden, auch mit der Vermehrung verhält es sich gleich.

Osmunda claytoniana

Der Kronenfarn, auch unter den Namen Teufelsfarn oder Dunkler Münzrollenfarn bekannt, wird recht groß. Wenn der Boden zusagt, sind Stöcke von 1 m Durchmesser und bis 1,20 m Höhe keine Seltenheit. Die Art wächst an feuchten, aber auch trockenen Standorten in Nordamerika bis hinauf nach Kanada, und in Ostasien im Himalaja, in Japan und sogar in Sibirien. Die sterilen Blattwedel haben eine starke Ähnlichkeit mit denen des Zimtfarns; sie besitzen aber eine weichere Textur und sind breiter gelappt. Die fertilen Wedel stehen in der Mitte der Wedeltrichter. Sie tragen

Die Rispenfarne, hier *Osmunda claytoniana*, tragen beim Austrieb einen Frostschutz aus filzigen Haaren.

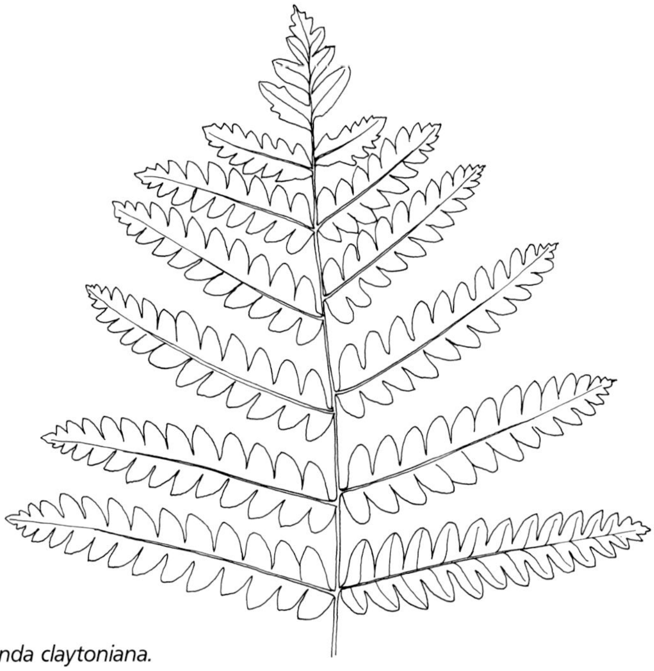

Osmunda claytoniana.

im unteren Teil vier bis fünf Blattfiederpaare, die weiter nach oben zu vier bis fünf sporentragenden, eng am Stiel anliegenden Rispen umgeformt sind. Zum Wedelende folgen nochmal mindestens zwölf etwas kleinere Paare normaler, grüner Fiedern. Dies letzte Stück der fertilen Wedel ist elegant nach außen übergebogen, so daß mehrere solcher Wedel eine weithin sichtbare Krone bilden. Der Kronenfarn wird besonders wegen der matt hellgrünen, weichen Wedel, die im Gegensatz zu ihrem Aussehen recht stabil sind, geschätzt. Die Sporenrispen sind nur unscheinbar braungrün gefärbt und werden meist von den Kronenblättern verdeckt. Sie vergehen auch sehr schnell nach der Reife und fallen ab, während die übrigen Fiedern bleiben.

Man pflanzt den Kronenfarn ähnlich wie den Zimtfarn, man muß dabei aber in Rechnung stellen, daß er recht mächtig werden kann und daß er dazu eine recht lange Zeit braucht. Man kann aber alte Pflanzen nur unter Verlust ihrer Schönheit verpflanzen und sollte den benötigten Raum von vornherein einkalkulieren. Man vermehrt *Osmunda claytoniana* durch Sporenaussaat. Die Sporenreife setzt sehr früh, ab dem 10. Mai, ein. Die Sporen müssen unmittelbar vom Stock gesät werden, da sonst die Keimfähigkeit verlorengeht.

Osmunda japonica

Der Japan-Königsfarn hat seine Heimat nicht nur in Japan, sondern sein Verbreitungsgebiet reicht von dort über China, den Himalaja bis nach Nepal. Er unterscheidet sich von unserem heimischen Königsfarn *(Osmunda regalis)* durch die wesentlich dickere Textur, die in voller Sonne sogar lederartig erscheint. Die Wedel sind oberseits hellgrün, unterseits bläulich. Der Austrieb erfolgt zwei bis drei Wochen früher. Ein besonderes Unterscheidungsmerkmal liegt aber darin, daß der Japankönigsfarn neben vereinzelten, mit grünen Fiedern versehenen fertilen Wedeln oftmals welche trägt, die nur aus fertilen Fiedern bestehen. Sie sind dann ähnlich wie beim Zimtfarn, fast so golden braun, aber entschieden kürzer.

Wegen des frühen Austriebs sollte man ihm im Garten einen geschützten Platz geben, möglichst in Hausmauernähe oder im Atriumgarten. Er wird nicht allzu mächtig, und man kann ihm durchaus weniger robuste Begleitpflanzen zugesellen. Sehr schön wirkt *Osmunda japonica* zusammen mit frühblühenden Gräsern wie *Carex morrowii* oder *Luzula nivea.* Man vermehrt diesen Farn aus Sporen. Er zeigt sich dabei aber sehr heikel, und die kleinste Unstimmigkeit wie Überhitzung und auch nur angedeutete Austrocknung nimmt er sofort übel. Die Weiterkultur der Jungpflanzen läßt sich am besten unter Glas praktizieren. Im Freien ist auch bei älteren Pflanzen guter Winterschutz erforderlich. Die Sporenreife beginnt im zweiten Maidrittel.

Osmunda regalis

Farbbild auf Seite 67 und Umschlag

Der Königsfarn ist unter allen Farnen der mächtigste und wohl auch der schönste, vielleicht, weil er etwas Urweltliches an sich hat oder weil man ihm fast glauben möchte, daß er blühen kann. Dieser Kosmopolit besiedelt sowohl die nördliche als auch die südliche gemäßigte Zone und dringt sogar in tropische Gebirgsareale vor. Er steht zwischen Felsen an Gebirgsbächen, aber auch auf Moorinseln oder an Wasser ziehenden Gräben, an Wegen und Knicks. In Deutschland wächst er besonders im Norden, oft nur vereinzelt, aber auch in größeren Trupps. Er steht unter strengem Naturschutz. Im Laufe der Jahrzehnte oder gar Jahrhunderte entwickelt er mächtige Wurzelstöcke, deren braunschwarzes Geflecht den Boden um ihn herum undurchdringlich macht. Die sterilen Wedel stehen auf 60 cm langen, leicht bräunlich getönten Stielen und hängen elegant über. Sie werden bis 2 m lang, sind doppelt gefiedert mit bis zu 8 cm langen und 2 cm breiten, ganzrandigen Fiederchen von derber Substanz. Der Normaltyp ist mittelgrün, es gibt aber auch helle, fast gelbgrüne und dunkelgrüne Formen. Die fertilen, zuerst austreibenden Wedel stehen in der Mitte der sterilen Wedelbüschel gleichmäßig verteilt und leicht schräg aufrecht. Sie werden oft über 1,20 m hoch und bringen im oberen Viertel die sporentragenden Fiedern hervor, die nach der Sporenreife ein leuchtendes Goldbraun annehmen. Die Sporenwedel wirken inmitten der mächtigen Blattwedel wie eine Ansammlung 40 cm langer und bis zu 10 cm breiter Fackeln. Meist sitzen darunter noch drei bis fünf sterile Fiederpaare, die aber nach der Sporenreife zusammen mit den fertilen Teilen meist ganz abwelken. Die sterilen Wedel halten bis Oktober. Sie verfärben sich dann goldbraun, ehe sie zusammenfallen.

Der Königsfarn liebt feuchten Boden, aber keine stauende Nässe. An halbschattigen, humosen Plätzen wird er am mächtigsten und entwickelt oft über 3 m breite Wedelbüschel. Je schattiger der Farn steht, desto weniger Sporenwedel trägt er. An sonnigen, feuchten Plätzen bleibt er etwas gedrungener und straffer, dort allerdings bildet er eine große Zahl fertiler Wedel.

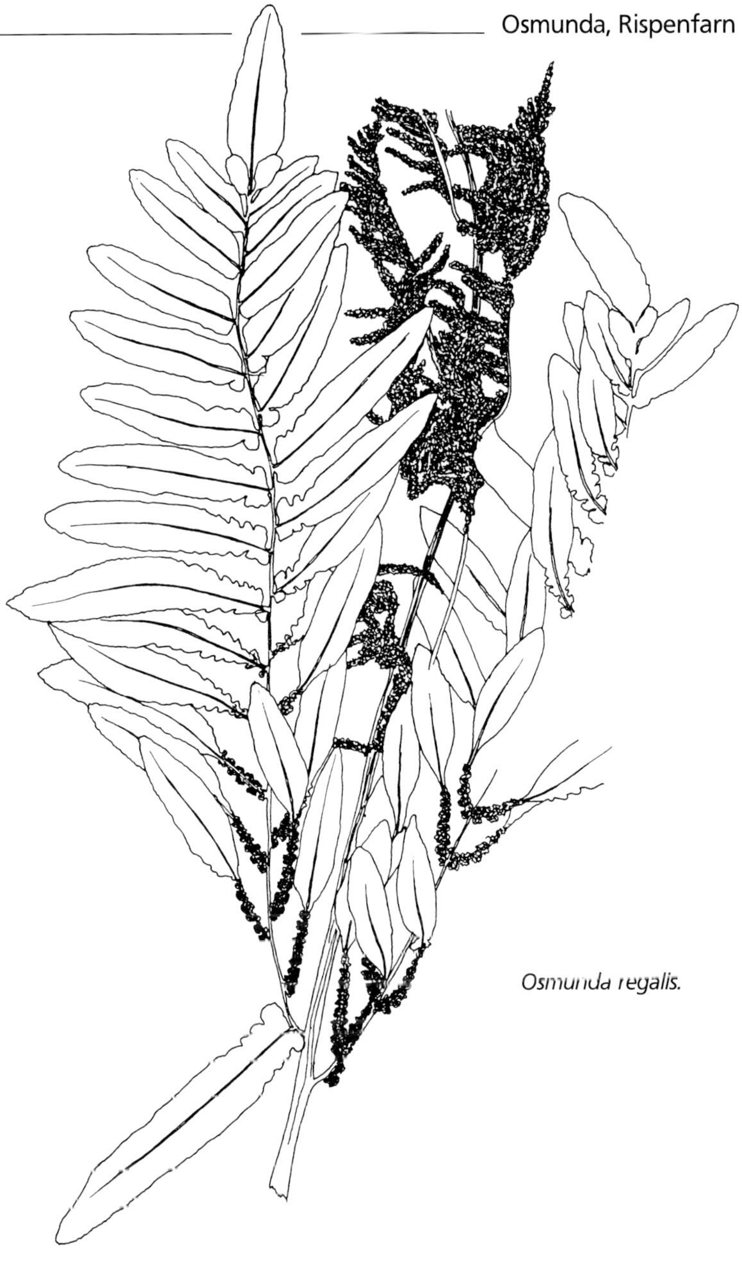

Osmunda regalis.

Der Königsfarn wirkt als Einzelpflanze besonders schön, am besten umgeben von halbhohen Gräsern und anderen nicht zu üppig wachsenden Begleitpflanzen.

Ebenso kann man ihn sich an den Rändern von natürlichen oder künstlichen Gewässern vorstellen. In unmittelbarer Ufernähe setzt man ihn erhöht auf kleine Hügel, die die höchste Wassermarke mindestens um 30 cm überragen. In weiträumigen Parks kann man den Königsfarn gut in größeren Gruppen, zum Beispiel als

Mischpflanzungen von Prothallien des Kammkönigsfarns und des Zwergkönigsfarns (siehe Kapitel Farnkreuzungen) ergaben dieses Ergebnis.

Bachbegleiter, pflanzen. Immer sollte man aber beim Pflanzen bedenken, wie gewaltig so ein Farn werden kann. Darum sollte man alle Begleitpflanzen daraufhin auswählen, daß man sie bei zunehmender Größe des Farns verpflanzen kann. Der Farn selbst, einmal über Jahre eingewachsen, läßt sich nur schwer verpflanzen. Meist kümmert er danach. Die Vermehrung aus Sporen gelingt ziemlich problemos. Die Sporenreife beginnt Ende Mai und kann durch nachtreibende Sporenwedel bis Juli dauern. Der Königsfarn hat ein knappes Dutzend von der Art abweichender Sorten hervorgebracht. Die wichtigsten werden hier aufgeführt.

'Cristata'. Der Hahnenkamm-Königsfarn entwickelt eher seitlich ausgebreitete, zwar regelmäßig, aber etwas monströs gegabelte Fiedernspitzen. Die Sporenwedel sind stark reduziert und nehmen kaum ein Sechstel des fertilen Wedels ein. Der Farn bleibt bis in den November hinein frischgrün und zeigt keine Herbstfärbung. Er gedeiht gut im Garten und wird etwa 80 cm hoch und bis 1 m breit. Er ist ein Farn für Liebhaber besonderer Formen. Man vermehrt ihn aus Sporen. Er variiert dabei nur unwesentlich, fällt also so gut wie echt aus Sporen.

'Gracilis'. Der Zwergkönigsfarn stellt zwar eine Kleinausgabe der Art dar, er wird

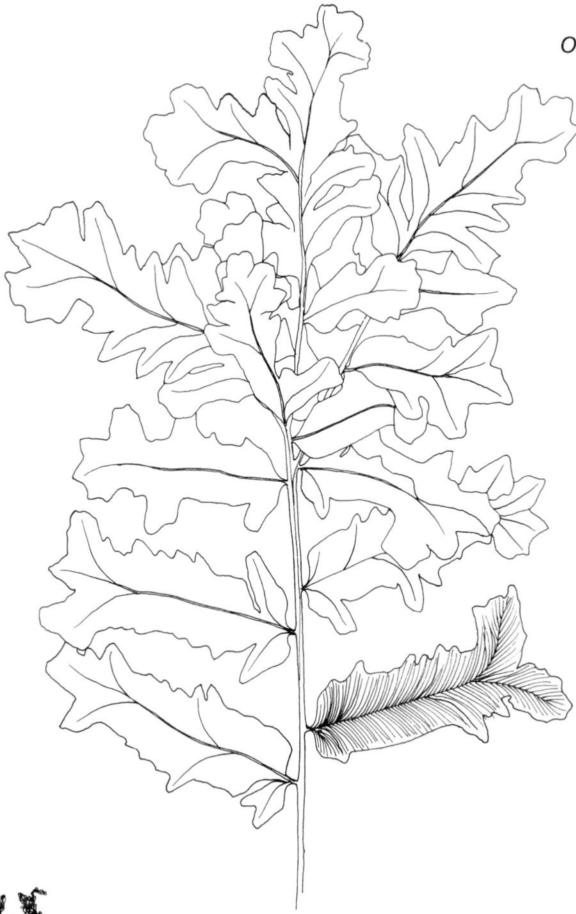

Osmunda regalis 'Cristata'.

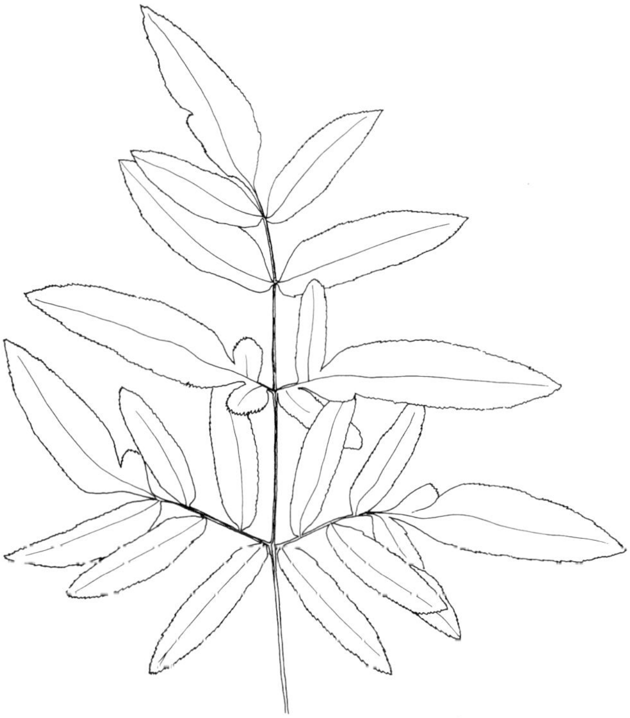

Osmunda regalis 'Gracilis'.

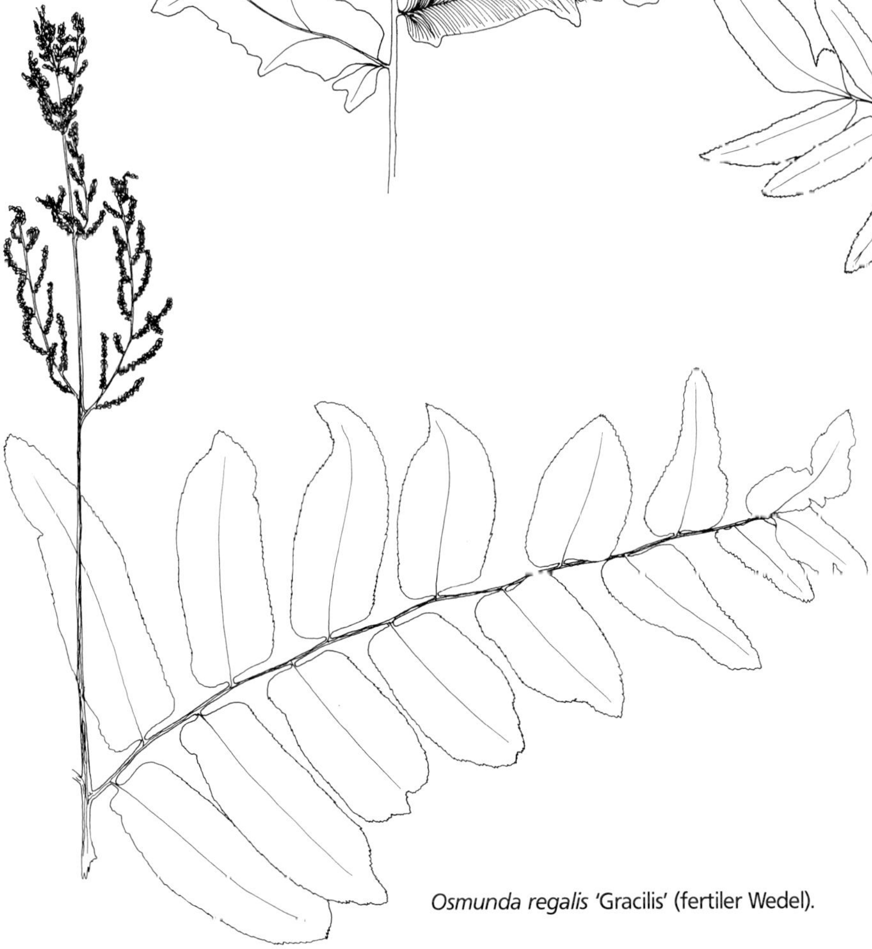

Osmunda regalis 'Gracilis' (fertiler Wedel).

aber immerhin 50 bis 80 cm hoch. Er kommt in Brasilien neben der Art vor. Seine Wedel haben rote Stiele, und die fertilen stehen sehr straff aufrecht. Er verfärbt sich im Herbst sehr gleichmäßig tabakbraun. Er ist der Königsfarn für kleine Gärten. Er fällt so gut wie echt aus Sporen und bringt lediglich in der Größe unterschiedliche Exemplare hervor.

Einen besonders zwergigen Typ fand ich in solchen Aussaaten: einen kleinen, höchstens 30 cm hohen Königsfarn, den man sogar an den Bachlauf eines Alpinums setzen kann, zusammen mit *Woodsia*- und *Asplenium*-Arten. Bei folgenden Aussaaten werden allerdings wieder größere Typen erscheinen. Daher sollte man besonders kleine Formen besser durch Teilung vermehren, was recht leicht geht. Der Miniaturkönigsfarn bestockt sich schnell, und seine Wurzeln sind daher nicht zu stark verfilzt.

'Purpurascens'. Der Purpurkönigsfarn ist in Größe und Wuchskraft identisch mit der Art. Er hat aber im Austrieb purpurrote Stiele, die anfangs dekorativ mit einem weißgrauen Haarfilz umhüllt sind. Die rote Farbe der Stiele und Adern verblaßt später. Trotzdem hebt sich der Purpurkönigsfarn durch ein dunkleres Goldbraun der Sporenwedel von der Normalform deutlich ab. Auch die Herbstfärbung ist intensiver. Dieser Farn gilt als einer der schönsten unserer Gärten. Der in manchen Katalogen gebräuchliche Name mit dem Zusatz »Willstedt« ist durch ein Versehen entstanden. Willstedt ist ein besonders reicher Fundort des Purpurkönigsfarns in der Nähe Hamburgs, ähnlich wie der Fundort Rehagen, wo ein besonders hellgrüner, gelbstengeliger Typ aufgespürt wurde.

'Purpurprinzessin'. Diesen rotstengeligen Königsfarntyp fand Richard Maatsch zwischen Aussaaten vom Zwergkönigsfarn. Wahrscheinlich haben sich Sporen vom großen Königsfarn eingeschlichen, so daß die Mischform entstehen konnte. Dieser Farn wird 1 bis 1,30 m hoch und steht in allen seinen Merkmalen zwischen seinen vermutlichen Eltern. Versuche haben gezeigt, daß sich die Spielarten des Königsfarns leicht untereinander kreuzen lassen. So erzielte ich aus der Kreuzung von *Osmunda regalis* 'Cristata' mit 'Gracilis' rotstielige und bis zu 1,50 m hohe Pflanzen, die an den Fiederenden eine stark reduzierte Gabelung zeigen (Abb. S. 138).

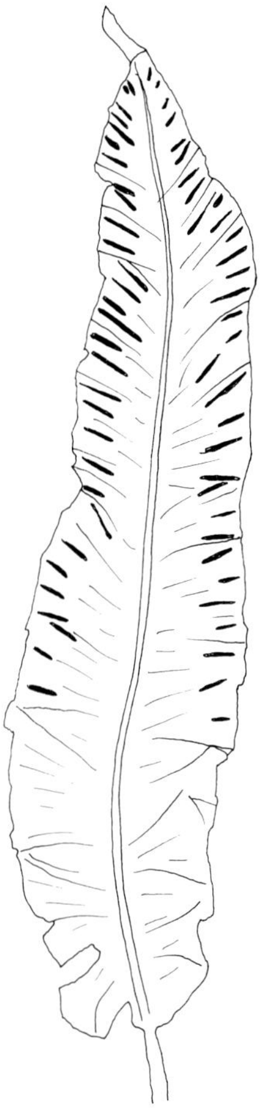

Phyllitis scolopendrium.

Phegopteris siehe *Thelypteris*

Phyllitis, Hirschzungenfarn

Zur Gattung *Phyllitis* zählen kleine bis mittelgroße Farne, die über fast alle Zonen der Erde verbreitet sind. Nur eine Art davon ist bei uns winterhart und gartenwürdig.

Phyllitis scolopendrium

Die Hirschzunge wächst in steinigen Bergwäldern, in Schluchten, hellen Höhlen und an feuchten Felsen und Mauern in den Gebirgen Europas, Kleinasiens, auf den atlantischen Inseln, in Nordafrika und Nordamerika, ja sogar in Japan. Sie findet sich immer dort ein, wo das Untergestein kalkhaltig ist. Die Pflanzen stehen auf kurzem Rhizom. Die Wedel sind bei einköpfigen Pflanzen weit trichterförmig, bei mehrköpfigen locker büschelig angeordnet. Sie sind ungefiedert und lang- bis länglich-lanzettlich, 30 bis 60 cm lang und 4 bis 8 cm breit, oft gewellt, an der Basis herzförmig, oben spitz oder auch stumpf auslaufend. Die glänzend dunkelgrünen Wedel von lederiger Substanz überdauern den Winter. Die Sori sind lineal, ähnlich wie beim Streifenfarn *(Asplenium)*. Sie sind zunächst gelbgrün, während der Sporenreife jedoch dick und dunkelbraun.

Mit ihren vielen Sorten bildet die Hirschzunge einen unserer wichtigsten Gartenfarne. Man pflanzt den Farn an schattige Plätze im Steingarten, zwischen Rhododendren und anderen humusliebende Gehölzen als Nachbar vieler kleiner und halbhoher Schattenstauden. Am besten gedeiht der Farn, obwohl er in der Natur auf Kalkgestein vorkommt, im humosen Waldboden, aber auch in normalen, ja sogar leicht sauren Gartenböden, wenn für eine leichte, etwas mit Tannenreisern festgehaltene Laub- oder Lauberdeschüttung im Herbst gesorgt wird, aus der die Wedel herausschauen. Diese Schutzdecke sollte im Frühjahr nicht entfernt werden, lediglich das Fichtenreisig. Für die Verteilung der Schutzschicht sorgen dann die Drosseln. Auch die Wedel sollen bleiben und frühestens beim Austrieb der neuen Wedel Ende April entfernt werden. Die Vermehrung erfolgt aus Sporen oder – besonders bei der sterilen Form 'Crispa' – über Blattstielstecklinge. Vom Hirschzungenfarn gibt es viele verschiedene Varianten.

'Angustifolia'. Der Schmale Hirschzungenfarn wird fast so groß wie die Art. Bei einer Länge von 50 cm sind die Wedel jedoch höchstens 3 bis 4 cm breit.

'Angustifolia Omnilacerata' ist eine der originellsten Varianten. Die Wedel sind 40 bis 50 cm lang und kaum über 2,5 cm breit, bis über die Mitte stark gebuchtet, wobei die Sori auf die Blattoberfläche übergreifen.

'Angustifolia Undulata'. Der Schmale Gewellte Hirschzungenfarn zählt aufgrund seiner abgerundeten, schmalen, stark gewellten Wedel mit zu den schönsten Sorten.

'Capitata'. Der Troddelhirschzungenfarn hat 30 cm lange Wedel, die am Ende eine rispige Kammbildung entwickeln, ähnlich einem groben Troddel.

'Crispa'. Der Krause Hirschzungenfarn hat bis zu 40 cm lange und 5 cm breite Wedel, die ganz regelmäßig und stark gewellt sind. Diese fälschlich unter der Bezeichnung 'Undulata' geführte Variante ist absolut steril, kann daher nicht aus Sporen nachgezogen werden. Es ist wohl der schönste Hirschzungenfarn, der außerdem, da er vegetativ aus Blattstielstecklingen vermehrt wird, immer unverändert gleich ausfällt.

'Cristata'. Der Hahnenkamm-Hirschzungenfarn hat kammartig geteilte Wedelenden.

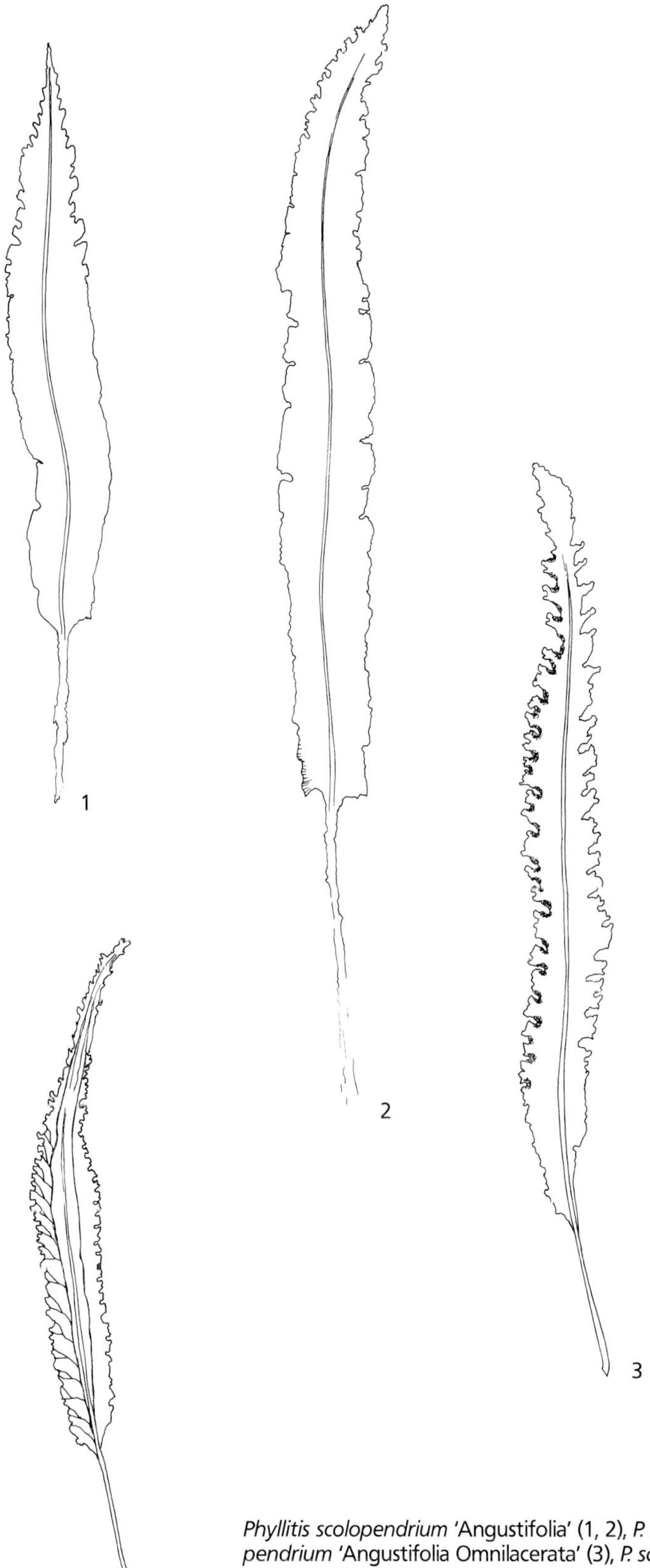

Phyllitis scolopendrium 'Angustifolia' (1, 2), *P. scolopendrium* 'Angustifolia Omnilacerata' (3), *P. scolopendrium* 'Marginata Angustissima' (4).

Der Hirschzungenfarn, *Phyllitis scolopendrium*, mit seinen ungefiederten, lackgrünen Wedeln gehört mit zu den Schönsten: Hier zusammen mit *Dicentra* und *Gentiana asclepiadea* 'Alba'.

'Digitata Cristata'. Der Handförmige Hahnenkamm-Hirschzungenfarn hat 20 cm lange Wedel, die sich von der Mitte ab vergabeln und am Ende jeweils zusätzlich eine kammartige Teilung aufweisen.

'Lacerata Kaye'. Kayes Zerschlitzter Hirschzungenfarn zeigt unregelmäßig tief zerteilte und zerschlitzte Wedelränder. Dazu sind die Wedel oft ungleichmäßig breit und zeigen am Ende eine leichte Kammbildung.

'Lobata'. Der Gelappte Hirschzungenfarn ist halb so groß wie die Art und trägt besonders in der Mitte stark gelappte Wedel.

'Marginata'. Der Doppelrand-Hirschzungenfarn, von Richard Maatsch so benannt, entwickelt an den bis 45 cm langen, mehr oder weniger stark eingeschnittenen Rändern zur Blattrippe hin eine dem Rand parallel verlaufende Hautlamelle, die wie ein zweiter Rand aussieht.

'Marginata Angustissima'. Der Zwerg-Doppelrand-Hirschzungenfarn zeigt die Blattstruktur wie 'Marginata', er bleibt mit etwa 8 bis 15 cm Höhe aber wesentlich kleiner und schmaler. Seine Wedel tragen parallel zur Mittelrippe eine dicke Lamelle und sind am äußeren Rand stark eingeschnitten, was wie zerfranst wirkt. Diese Variante kommt öfter (zu einem Anteil von 15 Prozent) bei Aussaaten von 'Marginata' vor. Diese Minihirschzuge eignet sich gut für Tröge und kleine Steingartenpartien. Besonders gute Typen sollten vegetativ vermehrt werden, am besten durch Blattstielstecklinge.

'Marginata Angustissima Cristata'. Hierbei handelt es sich um die Zwergform des

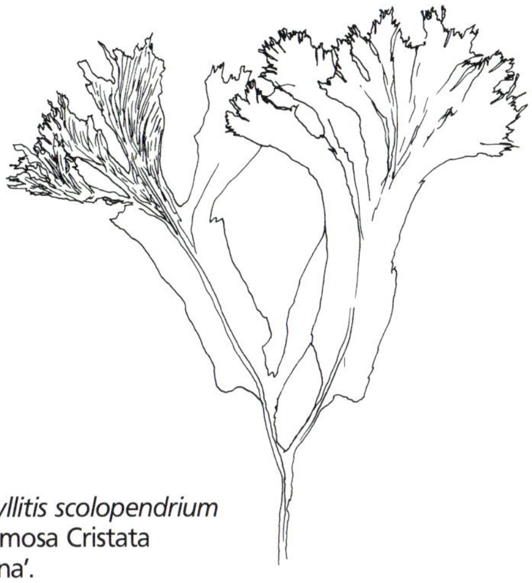

Phyllitis scolopendrium 'Ramosa Cristata Nana'.

Doppelrand-Hirschzungenfarns mit zierlicher Gabelung an den Wedelenden.
'Ramosa'. Der Zwillingshirschzungenfarn findet sich auch öfter zwischen Sporenaussaaten verschiedener Hirschzungensorten. Seine Wedel gabeln sich bereits am Blattstiel, so daß sich zwei oder gar drei Wedelspreiten bilden.
'Ramosa Cristata'. Der Zwillings-Hahnenkamm-Hirschzungenfarn hat einen Blattaufbau wie die vorige Sorte, nur sind die Spreiten am Ende gelappt oder kammartig vergabelt.
'Ramosa Cristata Nana' ist eine nur etwa 5 bis 10 cm hohe Miniaturausgabe der vorigen Sorte. Man sollte ihn wie die Zwergform von 'Marginata' verwenden. Da es immer reine Glückssache ist, bei Aussaaten solche Kleinode zu erzielen, sollte man sie vegetativ vermehren. Das geht sogar recht gut durch Teilung. Der Zwerg-Hahnenkamm-Hirschzungenfarn bestockt sich relativ schnell.
'Undulata'. Beim Gewellten Hirschzungenfarn ist die Spreite wesentlich weniger stark gewellt als bei 'Crispa'. Außerdem entwickelt er reichlich Sori und Sporen. Die Wedel sind auch dunkler grün.
Sporenaussaaten aller dieser Varianten fallen nur zum Teil echt und bringen eine Vielzahl abweichender Formen. Dabei passiert es oft, daß bei Aussaaten solcher speziell gestalteter Farne ganz neue Typen erscheinen. Wer experimentierfreudig ist und sich weiter vorwagen will, sollte einmal eine Mischung von Sporen aller oder mehrerer Hirschzungenfarne aussäen. Die Variationsbreite wird dann kaum mehr überschaubar. Vorsicht ist bei der Kreierung neuer Sorten geboten. Es muß schon etwas ganz Besonderes sein, das eine Benennung mit einem Sortennamen verdient.

oben:
Die Formen 'Ramosa Cristata' und 'Ramosa Cristata Nana' des Hirschzungenfarns.

unten:
Die Hirschzunge eignet sich auch – bis in den Winter hinein – als Schnittgrün.

Polypodium, Tüpfelfarn

Die Gattung *Polypodium* umfaßt ungefähr 300 Arten, von denen die meisten in den Tropen zu Hause sind. Nur zwei sind bei uns ganz winterhart, eine dritte, nämlich *Polypodium australe*, die aus dem Mittelmeerraum kommt, kann lediglich als Kalthauspflanze angesehen werden. Ein Grund für die geringe Winterhärte des Mittelmeer-Tüpfelfarns liegt darin, daß er im Herbst austreibt.

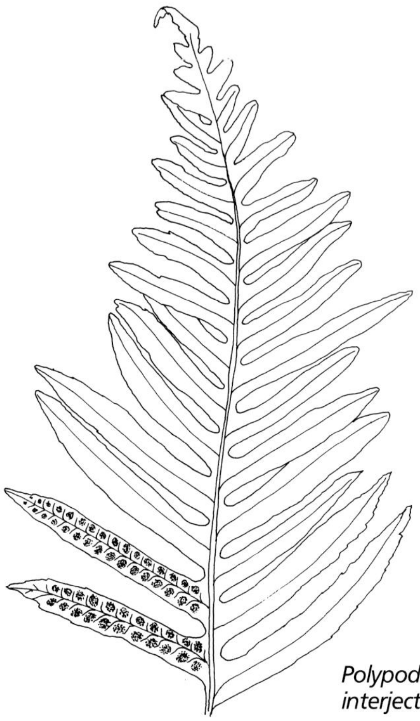

Polypodium interjectum.

Polypodium interjectum

Der Große Tüpfelfarn ist ein kaum mittelgroßer, flächig wachsender Farn, der in Westeuropa von Irland bis nach Portugal, ja sogar am Mittelmeer und an den Küsten des Schwarzen Meeres zu finden ist. Er wächst dort auf Humusauflagen an Felsen und Mauern und als Aufsitzer an feuchten Baumstämmen. Er treibt spät, im Mai-Juni, die neuen Wedel. Die alten halten sich solange meist grün und lösen sich erst dann vom Rhizom. Die Wedel werden an einem günstigen Standort bis zu 60 cm lang und 15 cm breit. Die Spreite ist oval-lanzettlich und einfach gefiedert. Die Fiedern stehen wechselständig. Sie sind schmal zugespitzt, das untere Paar leicht nach vorn gestellt. Sie haben eine feste Substanz und sind matt dunkelgrün. Der kahle und fast gelbgrüne Stiel ist kaum ein Drittel so lang wie der ganze Wedel. Der Große Tüpfelfarn ist verhältnismäßig anspruchslos und gibt sich schon mit dünnen Humusauflagen zufrieden. Man kann ihn also auf Erdwälle, im Alpinum zwischen Steinen und auf Hanglagen setzen, die durch Baumstämme gestützt werden. Am schönsten aber wird der Große Tüpfelfarn an nicht zu trockenen Plätzen, wenn die Sonne ihn erreichen kann. Der Große Tüpfelfarn hat eine Reihe unterschiedlich gefiederter Formen hervorgebracht, von denen einige besonders schön sind.

'Cambricum' ('Plumosum'). Der Waliser Federtüpfelfarn wurde 1743 in Wales gefunden. Seine Wedel werden bis zu 50 cm lang und 15 bis 20 cm breit. Sie sind eiförmig-lanzettlich, doppelt gefiedert, oberseits frischgrün, unterseits leicht bläulich. Die Fiedern setzen breit an der Mittelrippe (Rachis) an. Sie sind bis 10 cm lang und 4 bis 5 cm breit, fiederteilig oder tief fiederspaltig. Sie überlappen sich schräg, was den Eindruck einer lockeren Feder hervorruft. Die Wedel sind steril.

'Congestum'. Prestons Fiedertüpfelfarn, benannt nach seinem Entdecker, der die Form 1871 in Lancashire fand, wird nur 25 cm hoch, bei 8 cm Wedelbreite. Die Fiedern stehen dicht und sind recht breit. Auch dieser Typ setzt keine Sporen an.

'Cornubiense' ('Elegantissimum'). Der Cornwall-Federtüpfelfarn, 1867 am Wildstandort gefunden, wächst recht üppig. Seine Wedel sind länglich, dreieckig, bis 50 cm lang, 20 cm breit und von verhältnismäßig derber Textur. Die Wedel sind zweifach gefiedert. Die etwa 4 bis 6 cm langen Fiederchen sind tief fiederschnittig, die Einzelsegmente nochmals gesägt. Fiedern und Fiederchen setzen breit an der jeweiligen Rippe an. Die Fiedern überdecken einander. Der Cornwall-Federtüpfelfarn ist teilweise fertil. Manchmal mutiert er in die Art zurück und bringt dann einfach gefiederte, zum Teil gegabelte Wedel hervor, die dicht mit Sori besetzt sind. Solche Wedel sollte man mit dem Rhizomansatz entfernen.

'Hadwinii' ('Cambricum Hadwinii). Hadwins Federtüpfelfarn wurde von dem Farnsammler Hadwin 1875 in Lancashire, England, am Naturstandort gefunden. Es ist ein kleiner Tüpfelfarn, der 25 cm lange und kaum 10 cm breite, sehr geschlossen wirkende Wedel entwickelt. Er ist einfach gefiedert. Die sehr breiten, am Ende zugespitzten Fiedern sind an den Rändern stark gesägt. Die Fiedern überdecken sich, so daß fast der Eindruck eines ungefiederten Wedels entsteht. Dieser Farn ist steril.

'Laciniatum'. Der Zerschlitzte Federtüpfelfarn bringt sehr unregelmäßig geformte Wedel, die nicht sehr attraktiv wirken. Es ist ein Farn für Sammler skurriler Formen.

'Omnilacerum'. Der Schlanke Federtüpfelfarn, am Wildstandort 1848 von Barnes gefunden, ist eine schlanke, sehr elegant wirkende Version von 'Cambricum'. Im Gegensatz dazu ist dieser aber fertil.

'Pulcherrinum' ('Cambricum Pulcherrinum'). Barnes Federtüpfelfarn, 1861 von Barnes gefunden, hat sehr viel Ähnlichkeit mit 'Cambricum'. Die Fiedern sind aber stumpfer und von fester Textur. Sie setzen gut Sporen an.

'Semilacerum' ('Hibernicum'). Der Irische Federtüpfelfarn zeigt in bezug auf die Fiederenden des unteren Wedelteils das gleiche Aussehen wie 'Cambricum'. Die obere Wedelhälfte ist einfach gefiedert. Dieser Tüpfelfarn sieht aus wie eine teilweise zurückmutierte Form von *Polypodium interjectum*.

Die Art vermehrt man sowohl aus Sporen als auch durch Teilung. Die Federtüpfelfarne dagegen lassen sich besser, einige ausschließlich, durch Teilung vermehren. Wenn man erst einen eingewachsenen Bestand hat, reicht diese Art der Vermehrung aus. Selbst bei fertilen Varianten stellt die Teilung die bessere Vermehrungsmethode dar. Die Anzucht aus Sporen ist schwierig, weil meist nur wenige keimfähige Sporen gebildet werden. Die Sporenreife setzt ziemlich spät, nämlich erst im August, ein. Sporen an nachtreibenden Wedeln reifen oft gar nicht aus.

Polypodium vulgare

Farbbild auf Seite 10

Das – wegen seines süßen Wurzelstocks – sogenannte Engelsüß ist unser heimischer Tüpfelfarn. Er ist in Deutschland weit verbreitet und wegen seiner Anspruchslosigkeit an den merkwürdigsten Plätzen zu finden. Er wächst auf den Altdünen der Küste oder an der sonnenabgewandten Seite von Heidehügeln. Man findet ihn an Knicks oder als Epiphyt auf Bäumen, auf Moospolstern im Bergwald und in dünnen Humusauflagen an Felswänden, an tief schattigen bis halbsonnigen Plätzen. Er bleibt kleiner als sein westeuropäischer Verwandter. Die Wedel sind kahl, einfach gefiedert, 20 bis 30 cm, in Dünentälern oft nur 5 cm, auf Felsplatten, wo Feuchtigkeit nahe ist, bis 60 cm lang. Sie sind oberseits dunkelgrün, unten heller. Sie halten sich den Winter über und bis in den April hinein. Je nach Wuchsgröße werden die Wedel 2 bis 16 cm breit. Sie sind lanzettlich geformt, die Fiedern sind spitz oder leicht abgerundet. Die sehr auffälligen gelben Sori sind kreisrund und sitzen in zwei Reihen längs der Adern. Fertile Wedel sind an der Oberfläche wie gepunzt gemustert.

Das Engelsüß verbreitet sich durch kriechende Rhizome langsam, aber stetig. Es bildet bald schöne Polster oder Flächen sehr dicht beieinander, aber einzeln stehender, leicht geneigter Wedel. Die Art treibt früher als der Große Tüpfelfarn, aber die Altwedel lösen sich ebenfalls erst mit dem Neuaustrieb. Es gibt zwei Sorten des Tüpfelfarns, die im Garten die gleichen Ansprüche an den Standort stellen wie die Art. Wegen ihres besonderen Habitus sollten die Sorten mehr im Vordergrund stehen.

'Bifido Multifidum'. Der Gabeltüpfelfarn, auch unter der Bezeichnung 'Bifido grandiceps' bekannt, hat 45 cm lange, verhält-

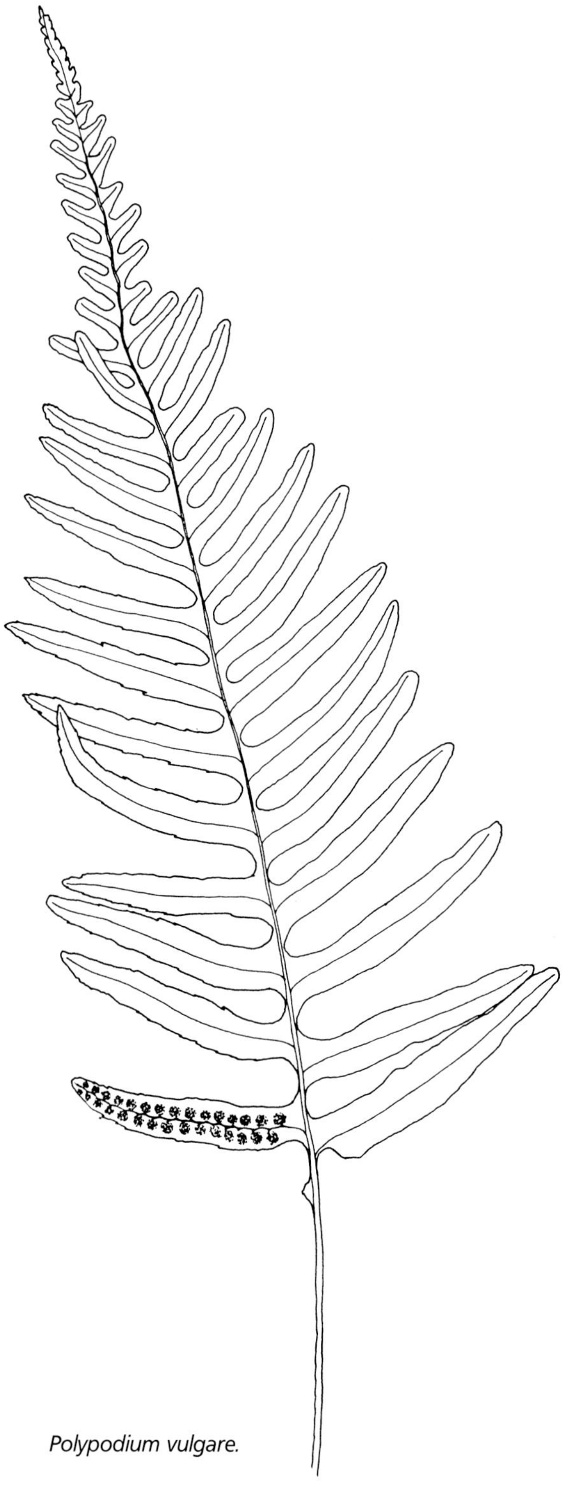
Polypodium vulgare.

nismäßig schmale Wedel. Die Spreite ist einfach gefiedert. Die Fiedern sind an den Enden etwas verbreitert und besonders im Mittelteil der Spreite deutlich zwei- bis vierfach gegabelt. Am Wedelende entsteht durch vielfache Gabelung ein kräftiger Troddel. Die Wedel sind frischgrün und von kräftiger, lederartiger Textur. Trotz Soriansatz ist der Gabeltüpfelfarn steril. Er kann also nur durch Teilung vermehrt werden.

'Ramosum'. Der Zwillingstüpfelfarn wächst gedrungener als die Art. Seine Wedel gabeln sich oft schon im Stielbereich. Weitere Teilungen in der Spreite sind selten. Dadurch können die Wedel bis zu 20 cm breit werden. Auch der Zwillingstüpfelfarn ist steril.

Wegen ihrer Anspruchslosigkeit lassen sich die Tüpfelfarne, besonders aber unsere heimische Art, an vielen Plätzen verwenden, wo sonst kaum etwas gedeiht, so zum Beispiel an stark schattigen Plätzen, selbst bei starkem Wurzeldruck. Wenn man etwas für Feuchtigkeit sorgt, gedeiht der Tüpfelfarn gut auf Findlingen in Mulden oder auch auf Steinflächen in dünner Torfhumusschicht, an den Rändern schattiger Treppen, auf Mauerkronen, Baumstubben und in breiten Gesteinsfugen, wobei der Pflanzplatz immer überwiegend schattig und kalkarm sein sollte. An Mauern, sowohl aus Ziegel- wie aus Natursteinen, siedelt sich der Tüpfelfarn oft in der Moosschicht der Fugen durch Sporenflug von selbst an. Wichtig ist, daß man ihm an extremen Plätzen Starthilfe durch regelmäßiges Übersprühen gibt. Auch für den ersten Halt muß man sorgen, wenn man ihn zum Beispiel an einem alten Stamm in einer Moosauflage halten will. Diese Starthilfe wird unter Umständen zwei bis drei Jahre benötigt. Danach aber hat sich der Farn etabliert und nichts kann ihn mehr vertreiben.

Beim Verpflanzen an einen normalen Gartenplatz braucht man den Tüpfelfarn nur kurz anzugießen und muß allenfalls bei längerer Trockenheit bei Bedarf nachwässern.

Das Engelsüß und vor allem seine beiden Spielarten, aber ebenso der Große Tüpfelfarn und seine Varianten, eignen sich besonders zur Bepflanzung schattig gelegener Gräber, zusammen mit schönen wenig wuchernden Efeu-Sorten oder Immergrün, aber man muß die Konkurrenz durch diese Begleitpflanzen in Schach halten. Die Vermehrung durch Teilung kann fast das ganze Jahr über erfolgen, im kühlfeuchten Norddeutschland sogar am günstigsten Ende August. Die Art vermehrt sich auch aus Sporen. Die Sporen reifen ab August.

Polystichum, Schildfarn, Schwertfarn

Die Gattung *Polystichum* umfaßt etwa 250 Arten, die fast lückenlos in allen Gebirgen und Bergwäldern der gemäßigten Zonen und der Tropen vorkommen. Der Name Schildfarn rührt von den schildförmigen Schleiern her, die die auf dem Rükken der Adern sitzenden Sori bedecken. Die Gattung bereichert durch eine ganze Reihe wintergrüner Arten, besonders aber auch durch viele daraus entstandene, dekorative Spielarten das Farnsortiment erheblich. Sie schmücken die absonnigen und schattigen Gartenteile in einer Zeit, in der nur wenig Grün vorhanden ist, mit ihren vielgestaltigen wintergrünen Wedeln und beleben dadurch die Staudenpflanzung, wenn alle anderen Gewächse eingezogen haben. Im zeitigen Frühjahr geben die Schildfarne den Vorfrühlings- und Frühjahrsblühern, wie Schneeglöckchen, Winterling, Märzenbecher, Lerchensporn, Schneeglanz, Blaustern und sogar den Vorläufernarzissen sowie vielen frühblühenden Waldstauden, Schutz und den richtigen Rahmen. Schildfarne lieben frische, humose Böden, die leicht sauer bis neutral sind. Schattige oder besser noch halbschattige Plätze sagen ihnen zu. Besonders die echten Wintergrünen, die bis März-April durchhalten, sollten möglichst keine Wintersonne abbekommen. Einige

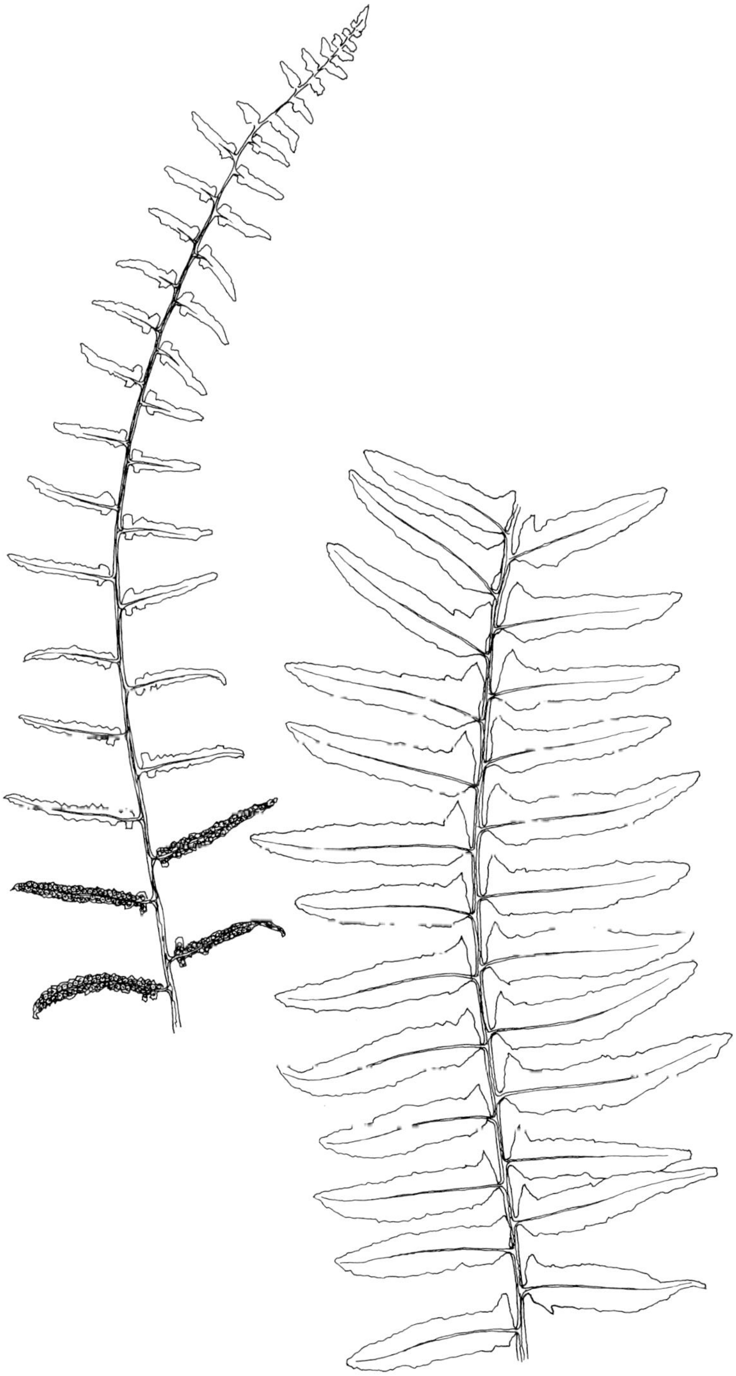

Polystichum acrostichoides.

Arten vertragen aber in den Sommermonaten auch volles Licht, wenn die Lage ein sonnenabgewandter Hang ist.

Polystichum acrostichoides

Der Amerikanische Weihnachtsfarn oder Dolchfarn ist ein verhältnismäßig kleiner, immergrüner Schildfarn, der ausschließlich auf humusreichen, felsigen Hängen im östlichen Nordamerika bis hinauf nach Kanada zu Hause ist. Er wird dort zur Weihnachtszeit als Schnittgrün verwendet. Im Jugendstadium kann man ihn mit dem Schwertfarn verwechseln. Ältere Pflanzen bilden aber unterschiedliche, dimorphe Wedel aus. Die äußeren, meist nur 30 bis 40 cm langen, einfach gefiederten Wedel sind steril. Die inneren, mehr aufgerichteten, fertilen Wedel werden deutlich länger. Sie sind ebenfalls einfach gefiedert und im unteren Bereich steril. Die obere, schwertförmig zugespitzte Hälfte hat schmal zusammengezogene Fiedern, die übervoll mit Sori besetzt sind, so daß oft nur wenig von dem dunklen Grün zu sehen ist.

Der Weihnachtsfarn ist ein wertvoller, wintergrüner Farn, der besonders als Begleiter herbst- und auch frühjahrsblühender *Cyclamen, Trillium*-Arten, zarter Krokusse und Primeln gepflanzt werden sollte. Seine Wedel sind dunkelgrün und haben eine lederige Textur. Trotzdem brechen sie leicht. Ein windgeschützter Platz ist daher angebracht. Der Boden sollte kühl, humos und kalkarm sein. Die Vermehrung erfolgt aus Sporen, die bei Temperaturen nicht über 20 °C willig keimen. Die Sporenreife beginnt im Juni. Nachtreibende Wedel sind oft bis September zu ernten. Der Weihnachtsfarn hat eine Form hervorgebracht, bei der die Wedelenden kammförmig oder fast troddelartig vergabelt sind: **'Cristatum'** fällt echt aus Sporen, bleibt aber deutlich kleiner als die Art. Verwendung und Vermehrung sind ähnlich wie bei der Art, allerdings sollte man diese Sorte wegen ihrer eigenwilligen Gestalt ein bißchen gesondert pflanzen.

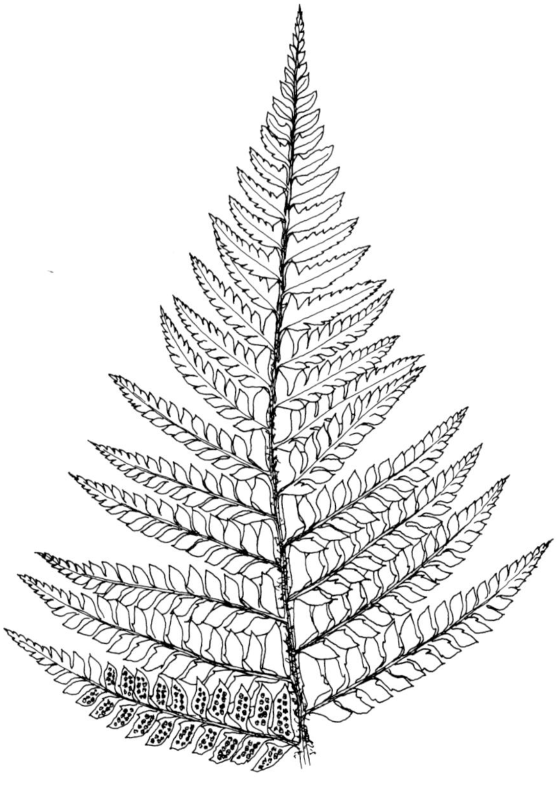

Polystichum aculeatum.

Polystichum aculeatum

Der Glanzschildfarn ist ein bis zum Neuaustrieb wintergrüner Farn. Wo ihm der Standort zusagt, wird er recht stattlich. Er bewohnt die Gebirgswälder der gemäßigten Zonen und der Tropen beider Halbkugeln, fehlt aber in Nordamerika. Man findet ihn an leicht beschatteten, steinigen Abhängen und absonnigen Geröllflächen vom Mittelgebirgsbereich bis hinauf zur Baumgrenze. Das Rhizom ist kurz und meist einköpfig. Die Wedel sind 60 bis 80 cm, manchmal sogar 1 m lang, 20 cm breit, meist zwei-, selten bis dreifach gefiedert, lanzettlich und zum Grund verschmälert, von kräftiger Substanz und glänzend dunkelgrün. Der Stiel ist recht kurz und dicht mit braunen Spreuschuppen besetzt. Die Fiedern sind länglich-lanzettlich, zugespitzt und wechselständig. Die Fiederchen laufen stachelspitzig aus und haben einen gesägten Rand. Das erste nach oben weisende Fiederchen ist deutlich vergrößert. Die Sori sind groß und mit

Der Glanzschildfarn, *Polystichum aculeatum*, kann am zusagenden Platz ziemlich ausladend werden.

einem derben Schleier versehen. Sie stehen in Doppelreihe parallel zur Mittelader der Fiederchen. Der Glanzschildfarn tritt in zwei vom Wuchs her verschiedenen Typen auf. Meist findet man den überhängenden Typ, der flache, an Hanglagen elegant überhängende, lockere Trichter bildet. An einigen, meist offenen Plätzen tritt sporadisch eine mehr aufrecht wachsende, regelmäßiger trichterförmige Variante auf. Sie hat schmalere Wedel, die im Winter nicht so leicht dem Schneedruck nachgeben.

Der Glanzschildfarn ist einer der wichtigsten Freilandfarne des immergrünen Gartens. Er paßt gut zu Rhododendren, aber auch zu anderen Gehölzen. In sauerhumosen Böden, die durch kräftige Laubhumusgaben und mit verrottetem Rinderdung angereichert sind, kann er sich zu Exemplaren bis 1,20 m Breite entwickeln. Man pflanzt ihn zusammen mit Japansegge und Waldmarbel, aber auch mit diversen robusten Zwiebelblumen, mit Christrosen und Primeln, sogar mit *Colchicum* und Herbstkrokus, wenn der Platz etwas Sonne fängt. Man sollte allerdings die Begleitpflanzen nicht zu nahe heranrücken. Die Vermehrung erfolgt aus Sporen, deren Keimung am besten bei Temperaturen um 20 °C, oder sogar weniger, zu erreichen ist. Aufrechtwachsende Typen bringen als Sämlinge nur zum Teil denselben Wuchs. Die restlichen Jungpflanzen entsprechen dem überhängenden Typ. Die Reife der Sporen beginnt Anfang Juli und setzt sich bis in den September fort. Drei Sorten des Glanzschildfarns – wenn man von den beiden oben beschriebenen Typen absieht – kommen noch für unsere Gärten in Betracht. Leider sind sie nur selten in Kultur und daher schwer zu bekommen:

'Acutilobum' ist ein Typ mit stark verschmälerten, sehr spitzdornig auslaufenden Fiederchen. Die äußeren Wedel liegen fast dem Boden waagerecht auf, während die inneren deutlich aufgerichtet sind.

'Cristatum', der Kammglanzschildfarn, wird kaum halb so groß wie die Art. Die

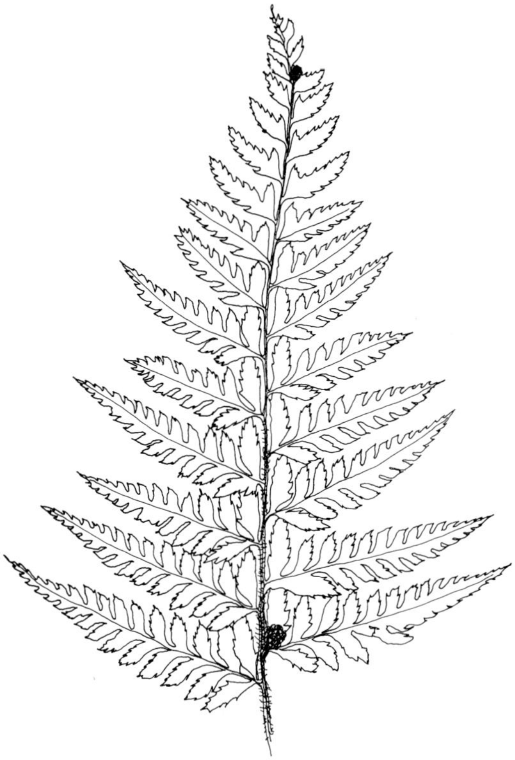

Polystichum andersonii.

Wedel sind unregelmäßig zweifach gefiedert, die Fiedern sind an den Spitzen hin und wieder gegabelt, die Wedel an den Enden mehrfach. Die Fiederchen sind betont stachelspitzig und stark gesägt. Diese eigenwillige Farngestalt kann eventuell einen Platz im sonnenabgewandten Steingarten finden. Vermehrt wird dieser Typ aus Sporen. Er fällt nahezu echt.

'Pulcherrinum Bevis'. Bevis' Schildfarn, auch Dorset Glanzschildfarn genannt, wurde 1876 in einer Feldhecke in Dorset als starke, mehrköpfige Pflanze gefunden. Seine Wedel sind schlank. Die Fiedern laufen betont spitz zu. Sie sind elegant nach vorn zum Wedelende hin gebogen. Die Fiederchen sind zierlich, kaum stachelspitzig, die untersten im Gegensatz zu der Art nur wenig vergrößert. Dieser Typ ist ein sehr eleganter, etwas kleiner als die Art bleibender Farn. Leider kann er nicht aus Sporen vermehrt werden und wird deshalb immer selten sein. Man ist sich auch heute noch nicht sicher, ob diese Sorte zu *Polystichum aculeatum* zu zählen ist. Vielleicht handelt es sich um eine Naturhybride, vielleicht auch um eine Mutante; jedenfalls von der Textur und der Blattfarbe her sollte man ihn zu *Polystichum aculeatum* zählen.

Polystichum andersonii

Andersons Schildfarn erreicht ähnliche Ausmaße wie der Glanzschildfarn, dem er entfernt ähnlich sieht. Er kommt in kühlen, feuchten Wäldern und an sonnenabgewandten Hängen von Alaska bis Oregon vor und ist auch noch in den Staaten Idaho und Montana zu finden. Vom Glanzschildfarn unterscheidet er sich einmal dadurch, daß sowohl Rhizom, Stiel, Mittelrippe und die Unterseite der Fiederchen stark mit Spreuschuppen besetzt sind. Außerdem entwickelt er im letzten Teil der Wedel Brutknsopen, meist nur eine, manchmal einige wenige. Er bildet aufrechtwachsende Trichter. Die Wedel sind schmal-lanzettlich, nach unten verschmälert, 80 bis 100 cm lang, 15 bis 20 cm breit und zweifach gefiedert. Die Fiederchen setzen breit an und sind oval-rhombisch geformt. Sie sind mittelgrün und glänzen kaum. Die großen Sori stehen zwischen Mittelrippe und Rand der Fiederchen.

Die betont aufrechten Trichter bringen in eine gemischte Farnpflanzung eine rhythmische Komponente. Besonders attraktiv ist der weißwollige Austrieb, ähnlich wie bei Brauns Schildfarn *(Polystichum braunii)*. Man vermehrt diese Art durch Sporenaussaat oder aus Brutknospen. Die keimenden Sporen sind nicht so wärmeempfindlich wie die des Glanzschildfarns. Die Sporen reifen im Juli.

Polystichum braunii

Brauns Schildfarn ist ein mittelgroßer, ziemlich regelmäßig trichterförmig wachsender Farn. Er ist relativ weit verbreitet und kommt sowohl im gemäßigten Europa als auch im Kaukasus, in Japan, ja sogar im nördlichsten Amerika vor. Er bildet nur selten größere Populationen, sondern tritt sporadisch auf, und zwar meist an Wasserläufen schattiger Gebirgswälder. Es handelt sich um einen sehr schönen, ebenfalls wintergrünen Farn. Nicht nur sein dick weißflockiger Austrieb ziert ihn, sondern seine ganze Gestalt ist eine Zierde des Gartens: Die straffen Trichter mit den trompetenartig auseinandergebogenen Wedelspitzen fallen sofort auf. Die Wedel sind bis 80 cm lang und 15 bis 20 cm breit. Stiel und Mittelrippe der Wedel sind dick mit blaßbraunen Spreuschuppen und -haaren besetzt. Die Wedel sind zweifach gefiedert, die Fiederchen mattglänzend von weicher Substanz, unterseits und am Rand mit weißen Spreuhaaren besetzt. Das verleiht dem Farn etwas Weiches, Flauschiges. Die Sori sind sehr groß und befinden sich im oberen Wedelbereich.

Brauns Schildfarn kann sowohl in Gruppen, gemischt mit Glanzschildfarn und Andersons Schildfarn, besonders aber auch einzeln zwischen niedrigen Stauden stehen. Immer sollte aber sein Pflanzplatz geschützt sein, da er früh treibt und leicht Spätfrösten zum Opfer fällt. *Polystichum braunii* läßt sich leicht aus Sporen ziehen. Die Sporen reifen am frühesten von allen Schildfarnen, oft schon Anfang Juni. Man muß dann aufpassen, sonst sind schnell alle Sporen ausgefallen und verweht. Die Anzucht aus Sporen gestaltet sich verhältnismäßig einfach. Man braucht auch nicht so sehr auf ein Temperaturlimit zu achten.

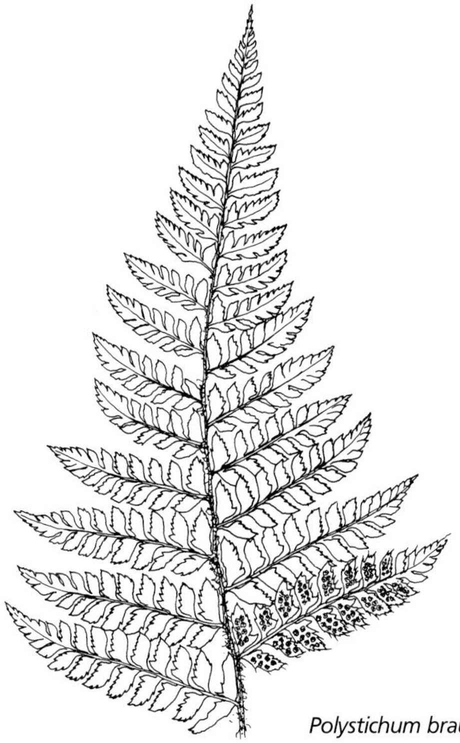

Polystichum braunii.

Polystichum × bricknellii

Der Bricknellsche Schildfarn zeigt sich – wie alle Hybridfarne – großwüchsiger im Vergleich zu seinen beiden Eltern, als die *Polystichum aculeatum* und *P. setiferum* angesehen werden. Er wurde am Naturstandort gefunden, und er tritt – sehr selten zwar, aber doch hin und wieder – in gemischten Sporenaussaaten auf. Nur aus solchen Herkünften sollte man diesen Farn beziehen. Da er nur aus Zufallskreuzungen entsteht, wird er immer selten in den Gärten zu finden sein. Dort aber kann er sehr groß und imposant werden, und seine breiten Trichter überragen jene der Eltern beträchtlich.

Polystichum × illyricum

Überall dort, wo am Naturstandort der Glanzschildfarn *(Polystichum aculeatum)* und der Lanzenschildfarn *(Polystichum lonchitis)* zusammen vorkommen, findet man hin und wieder die Hybride beider, den Illyrischen Schildfarn. Er steht im Habitus und auch in bezug auf die Fiederung der Wedel intermediär zwischen beiden Eltern. Die Wedel sind 30 bis 50 cm lang und kaum über 10 cm breit. Sie sind im unteren Bereich zweifach gefiedert wie beim Glanzschildfarn, in der Mitte einfach, aber sehr tief fiederschnittig und am Ende fast ganzrandig wie beim Lanzenschildfarn.

Sehr schön wirkt dieser Farn in grobschotterigen Steingartenpartien. Als Hybridfarn wird er aber immer selten bleiben. Man darf ihn nicht der Natur entnehmen, sondern sollte versuchen, wenn er im Garten schon vorhanden ist, ihn durch Teilung zu vermehren. Interessant ist es, ihn durch gezielte Prothallien-Mischpflanzung selbst zu erzeugen (siehe

Abschnitt »Die Erzeugung von Farnhybriden«).

Polystichum lonchitis
Der Lanzenschildfarn ist ein kaum mittelgroßer, eher klein zu nennender Gebirgsfarn. Er wächst sowohl auf Urgestein als auch auf Kalk in hochalpinen Geröllhalden, zwischen Latschen und Alpenrosen und hat sein Verbreitungsgebiet auf der gesamten Nordhalbkugel von Europa über Asien bis nach Nordamerika. Seine schmal-lanzettlichen, starren, glänzend dunkelgrünen, einfach gefiederten Wedel werden meist 30 cm, selten 40 bis 60 cm lang. Die dichtstehenden Fiedern sind sichelförmig, nach oben gebogen und stachelspitzig. Sori befinden sich meist nur im oberen Wedelbereich.

Dieser schöne Gebirgsfarn erweist sich im Garten als heikel. Am besten eingewöhnen lassen sich aus Sporen gezogene Pflanzen, besonders dann, wenn man die Sporen von Mutterpflanzen nimmt, die in tieferen Lagen stehen, oder am besten von im Garten eingewöhnten Exemplaren. Hat sich der Lanzenschildfarn einmal eingewöhnt, kann er Jahrzehnte an seinem Platz ausharren und einen Glanzpunkt des sonnenabgewandten Steingartens bilden. Die Vermehrung ist nur aus Sporen lukrativ. Deren Reife beginnt oft schon im Juni. Die Keimtemperatur sollte um 18 °C liegen, eher niedriger. Bei höheren Temperaturen hat man kaum Erfolg. Auch die jungen Pflanzen lieben kühle, feuchte, aber helle Plätze. Schwierig ist es, die Jungpflanzen ans Freiland zu gewöhnen.

Polystichum luctuosum
Der Schmale Schildfarn ist erst kürzlich umbenannt worden und wird vielen noch unter *Polystichum tsus-simense* bekannt sein. Es ist ein kaum mittelgroßer, büschelig wachsender Farn, der eine gewisse Ähnlichkeit mit *Polystichum rigens* hat, aber zierlicher wirkt. Seine Wedel werden nur 30 cm lang und 8 bis 9 cm breit. Die Spreite ist länglich dreieckig bis eiförmig, zweifach gefiedert, von derb lederiger Substanz und matt dunkelgrün, oft etwas bläulich.

Dieser zierliche Farn ist in vielen Teilen unseres Landes nicht hart genug. Man kultiviert ihn daher besser im Alpinenhaus. In den Niederlanden wird er viel für Glas- und Flaschengärten gezogen. Bei uns gedeiht er im Freiland nur an ausgesprochen geschützten Stellen, und auch dann sollte man ihn im Winter durch eine lockere Schicht Fichtenreisig oder mit Noppenfolie gut schützen. Der Schmale Schildfarn läßt sich leicht aus Sporen ziehen, so daß Verluste durch Frost schnell zu ersetzen sind. Die Sporen reifen von Juli bis September.

Polystichum mohrioides
Der Falklandinsel-Schildfarn ist ein verhältnismäßig kleiner Vertreter der Gattung, der allerdings oft in mehrköpfigen Büscheln wächst. Seine Heimat reicht vom Staat Washington nach Kalifornien, über die Chilenischen Kordilleren bis zu den subantarktischen Inseln. In kühleren Bereichen besiedelt er gern schattige Gesteinsfelder, sonst findet man ihn auf felsigen Urgesteinshängen in über 2000 m Höhe. Die Wedel sind 30 cm lang und nur 7 cm breit, sehr schmal-lanzettlich und doppelt gefiedert. Sie haben eine lederige Textur, sind dunkelgrün, stark mit Drüsen und dicht mit Spreuhaaren und Spreuschuppen besetzt. Die Wedel überdauern den Winter.

Dieser Schildfarn eignet sich für den sonnenabgewandten Teil des Steingartens oder für den Rand größerer Stauden- und Farnpflanzungen. Er ist noch recht selten und beginnt gerade erst Eingang in die Gärten zu finden. Er ist absolut winterhart. Man vermehrt die Art durch Sporen, die im Juli-August reifen.
'Capitatum'. In letzter Zeit fand sich zwischen Aussaaten hin und wieder dieser Typ, dessen Wedelenden mit einem kleinen, dichten Troddelkopf besetzt sind. 'Capitatum' ist eine zierliche, sehr ansprechende Variante, die einen besonderen Platz im Garten haben sollte.

NZZ

Dienstag, 3. Januar 2012 · Nr. 1

Vedel des Lanzen-Schildfarns. PD

WALD UND GARTEN

Wintergrün

Im Winter attraktive Farne

ndreas Honegger · Der Winter ist im
Garten eher von Brauntönen untermalt
ls von Grün, und in den Wäldern domi-
iert auch das Braun der den Boden be-
eckenden Blätter. Von weitem sieht
nan daher die Farne herausleuchten,
ie ihr Grün behalten oder erst im Früh-
ahr verlieren. Der wohl grünste aller
Farne ist die Hirschzunge (Phyllitis sco-
opendrium). Sie ist in den feuchten
teilen Bachtobeln der kalkigen Vor-
lpen zu Hause, aber sie gedeiht auch in
usreichend feuchten Moorbeeten im
Garten. Besonders liebt sie Tuffstein,
in aus Kalksinterung entstandenes Ge-
tein. In den Poren des Tuffs verbreitet
ich die Hirschzunge schnell, und bald
ind so ganze Mauern grün. Der attrak-
vste Farn unserer Region ist ebenfalls
in Freund von Kalk: der Lanzenfarn

Polystichum luctuosum.

Polystichum lonchitis

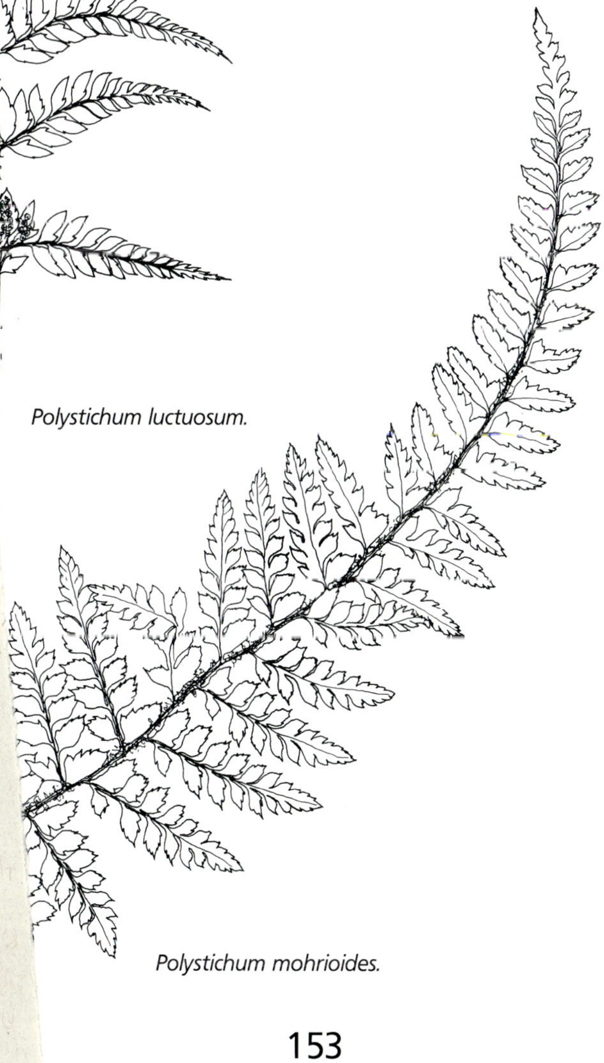

Polystichum mohrioides.

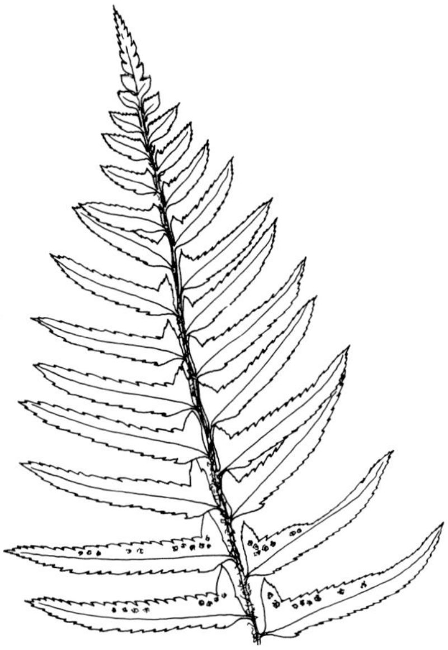

Polystichum munitum.

Polystichum munitum

Der Schwertfarn ist ein gut mittelgroßer, in seiner Heimat sehr großer, immergrüner Farn, der sowohl in einzelnen Trichtern als auch in großen Büscheln wächst. Man findet ihn in feuchten, fruchtbaren Wäldern und an schattigen Hängen von Alaska bis Kalifornien. Interessant ist, daß er 1816 von Adalbert von Chamisso während einer Amerikareise gefunden wurde. Der Schwertfarn bildet sowohl einköpfige, oft aber mehrköpfige Pflanzen, die auch bei uns imposante Ausmaße erreichen können. Die kurzgestielten Wedel werden 65 bis 90 cm lang und fast gleichmäßig 12 bis 15 cm breit. Sie laufen am Ende lanzettlich zur Spitze aus. Die Wedel sind einfach gefiedert, die spitz auslaufenden Fiedern sichelförmig gebogen. Sie sitzen an der Mittelrippe mit einem kurzen Stiel an und sind mit einem deutlichen Ohrenansatz versehen (geöhrt). Es ist ein eleganter Farn mit dunkelgrünen, lederartigen, mattglänzenden, den Winter überdauernden Wedeln, deren Farbe noch durch die mit braunen Spreuhaaren besetzte Unterseite hervorgehoben wird.

Der Schwertfarn eignet sich für geschützte, humose Gartenteile zwischen Rhododendren und immergrünen Gräsern. Stauden, die auch geschützt sein wollen, kommen als Begleiter ebenso in Frage wie kräftige Blumenzwiebelgewächse, etwa *Leucojum aestivum* oder *Hyacinthoides hispanica (Scilla campanulata).* Im Winter ist der Schwertfarn dankbar für eine Schüttung aus verrottetem oder frischem Fallaub. Man vermehrt ihn durch Teilung oder auch aus Sporen, die leicht keimen und schnell zu Sporophyten auswachsen. Wichtig ist, daß möglichst Sporen von Pflanzen aus nördlichen Regionen genommen werden, weil sie härter sind, obgleich die kalifornischen Schwertfarne höher und imposanter wachsen. Die Sporen reifen in der Zeit von Juli bis September.

Polystichum polyblepharum

Der Japanische Glanzschildfarn, wegen seines originellen, dicht mit braunen Spreuschuppen besetzten Austriebs in Japan auch übersetzt »Bärentatze« genannt, ist ein mittelgroßer, büschelig und flach-

Polystichum polyblepharum.

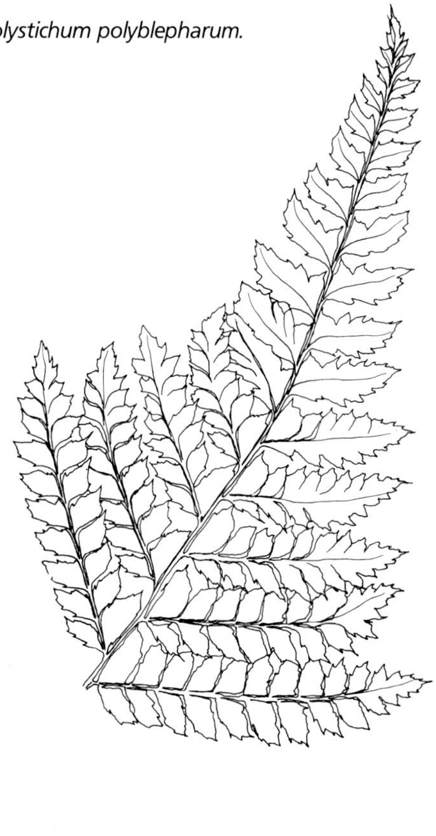

trichterförmig wachsender Farn. Eine ganze Zeitlang führte er zum Artnamen den Sortennamen 'Bornim', nach der Foersterschen Gärtnerei in Potsdam-Bornim. Aber dieser schöne Farn ist eine echte Art. Der Japanische Glanzschildfarn wächst verbreitet in den Wäldern Japans, Chinas und Koreas. Seine Wedel wachsen andeutungsweise trichterförmig, sie neigen sich aber weit bogig auseinander. Stiel und Mittelrippe sind mit dichten braunen Spreuschuppen besetzt, die Unterseite der Wedel mit dichten Spreuhaaren. Die Spreite ist doppelt gefiedert, die untersten zwei Fiederpaare sind deutlich nach vorn gestellt. Die Fiederchen sind breit-oval, gesägt stachelspitzig und von auffallend glänzendgrüner Farbe. Die Sori sind recht klein und stehen in zwei Reihen. Sie bilden sich aber nur an den ersten Wedeln.

Durch das glänzende Grün fällt dieser Farn schnell auf. Verwendet werden sollte er wie der heimische Glanzschildfarn. Leider ist er nicht ganz so hart. Man sollte ihn geschützt setzen und im Winter mit einer leichten Laubschüttung versehen. Einige Typen treiben recht früh. Daher ist auch beim Pflanzen die Gefahr durch Spätfröste zu bedenken. Oft geht dieser Farn ein, wenn ihm die ersten Wedel erfrieren. Die Vermehrung erfolgt aus Sporen. Die Sporenreife setzt nach ungestörtem Austrieb früh – Ende Juni, Anfang Juli – ein und kann durch nachtreibende Wedel bis August währen. Die später bis in den Herbst nachtreibenden Wedel sind steril.

Polystichum rigens

Der Steife Bärentatzenfarn bringt verhältnismäßig kurze, steife Wedel in angedeuteten Trichtern. Er kommt hauptsächlich auf der japanischen Insel Honshu vor.

Seine Wedel werden 30 bis 50 cm lang und 15 bis 20 cm breit; sie sind langgestielt und nach außen fast waagerecht übergebogen. Im untersten Bereich sind sie zweifach gefiedert, sonst einfach und tief fiederschnittig. Die Farbe schwankt je nach Standort zwischen Hellgrün und Mattdunkelgrün. Die Wedel besitzen eine derb lederige Textur. Die Form der Spreite ist eiförmig bis schmal-dreieckig.

Polystichum rigens.

Die Steife Bärentatze ist ein empfindlicher, auffälliger, wintergrüner Farn, der in rauhen Gegenden einen geschützten Stand und zusätzlich noch Winterschutz erfordert. Eigentlich sollte man ihn besser im kalten Alpinenhaus halten, genauso wie den ihm ähnelnden Schmalen Schildfarn *(Polystichum luctuosum)*. Man vermehrt diese Art aus Sporen. Die Sporen entwikkeln sich apogam und reifen von Juli bis September.

Polystichum setiferum

Der Weiche Schildfarn ist ein mittelgroßer bis großer Farn. Er wächst als Einzel-

Der Weiche Schildfarn, *Polystichum setiferum*, (Bild links und Mitte) wird mit der Zeit recht groß. Unten rechts die durch Mutation entstandene Sorte 'Proliferum'.

pflanze in breiten Trichtern oder mehrköpfig in imposanten, elegant übergebogenen Büscheln. Seine Heimat sind die mildklimatischen Bereiche der gemäßigten Zonen und der Tropen. Dort wächst er auf frischen bis feuchten Urgesteinsböden in den Laubmischwäldern tieferer Gebirgslagen. Besonders häufig findet man ihn am Südrand der Alpen, aber auch nördlich davon in günstigen Lagen des Schwarzwaldes, in Frankreich, Großbritannien, auf der Pyrenäenhalbinsel und dem Balkan bis hin zum Kaukasus. Der Weiche Schildfarn wird bis 1 m hoch und oft über 1,20 m breit. Die Wedel erreichen 1 m Länge und 15 bis 20 cm Breite. Der stark mit braunen Spreuschuppen besetzte Stiel mißt 15 bis 25 cm. Die Spreite ist schmal-lanzettlich, zweifach gefiedert, mattgrün, weich und nur am günstigen Standort wintergrün. Die Sori sind klein, hellbraun und in zwei Reihen zwischen Rand und Mittelrippe der Fiedern angeordnet.

Der Weiche Schildfarn ist ein sehr schöner Farn, dessen weiches Grün und elegant gebogene Wedel gut zu vielen mittelhohen Schattenstauden wie Astilben, Herbstanemonen und Silberkerzen passen, aber auch zu Türkenbundlilien und dem Kaukasustürkenbund *(Lilium monadelphum)*. Eine gute Laubhumusdecke im Winter fördert üppiges Wachstum. Man vermehrt diesen Farn am besten aus Sporen, die von Juli bis August reifen.

Der Weiche Schildfarn hat besonders in England viele Sorten hervorgebracht. Ende des 19. Jahrhunderts wurden

396 Formen aufgeführt, die sich allerdings oft in so wenigen Merkmalen unterschieden, daß eine solche hohe Anzahl von Sorten nicht gerechtfertigt erschien. Eine 1901 durchgeführte Sichtung dieses Formenreichtums beschränkte die Zahl auf 114. Aber auch davon ist heute nur noch ein kleiner Rest geblieben. Schon 1852 fand der Farnsammler und Züchter Wollaston den ersten Brutknospenfiligranfarn, den er *Polystichum angulare proliferum* Wollaston nannte. Er wird heute unter *Polystichum setiferum* 'Proliferum' geführt, was man nicht mit dem australischen Farn *Polystichum proliferum* verwechseln darf. Bald entstanden, wahrscheinlich durch Sporenaussaat, eine ganze Reihe ähnlicher Typen, unter denen auch heute noch die schönsten und wertvollsten Gartenfarne zu finden sind. Weniger attraktiv sind dagegen die meisten Varianten, die keine Brutknospen bilden. Sie haben meist nur Sammlerwert. Um die Übersicht zu wahren, werden alle Sorten in alphabetischer Reihenfolge behandelt:

'Congestum' wird nur etwa 35 cm hoch. Die Wedel scheinen gestaucht, wachsen relativ starr aufrecht mit dichtstehenden, oft übereinandergreifenden Fiedern. Solche Formen gibt es auch bei anderen Farnen, wie zum Beispiel bei der Gattung *Athyrium*. Beim Hufeisenfarn *(Adiantum pedatum)* läuft dieser Typ unter 'Imbricatum' (dachziegelig angeordnet).

'Congestum Cristatum' ähnelt der vorigen Sorte, nur daß die Fiedern und Wedelenden kammförmige Vergabelungen tragen. Die beiden Sorten 'Congestum' und 'Congestum Cristatum' haben sich weitgehend genetisch stabilisiert, so daß sie ziemlich echt aus Sporen fallen, die Cristata-Form allerdings oft mit unterschiedlichem Vergabelungsmuster. Man verwendet sie beide im Alpinum oder als Vordergrund einer Farnpflanzung.

'Cristatum' ist ein Typ mit bis zu 40 cm langen und 12 cm breiten, linear-lanzettlichen Wedeln. Die Wedel sind zweifach gefiedert, die Fiedern zeigen am Ende meist leichte Vergabelungen.

Polystichum setiferum.

'Cristatum Gracile' unterscheidet sich vom zuvor genannten Typ durch kleinere Wedel, deren Fiedern eng stehen und an der Spitze zierliche Vergabelungen aufweisen. Die Wedelspitze ist stark vergabelt und bildet kleine Troddeln. Die beiden Cristata-Formen und die beiden nachfolgenden Sorten sollten nicht mit Vertretern der Art zusammenstehen, da sie im Habitus doch zu eigenwillig wirken. Eine Gruppe verschiedener Typen oder auch einzeln stehende Pflanzen kommen dagegen gut zur Geltung. Die Vermehrung erfolgt aus Sporen. Dabei entstehen immer wieder neue Typen, die sich deutlich voneinander unterscheiden und womöglich schöner sind. Solche »neuen« Sorten kann man nur vegetativ vermehren.

'Cruciatum'. Ähnlich wie bei *Athyrium filix-femina* gibt es auch vom Weichen

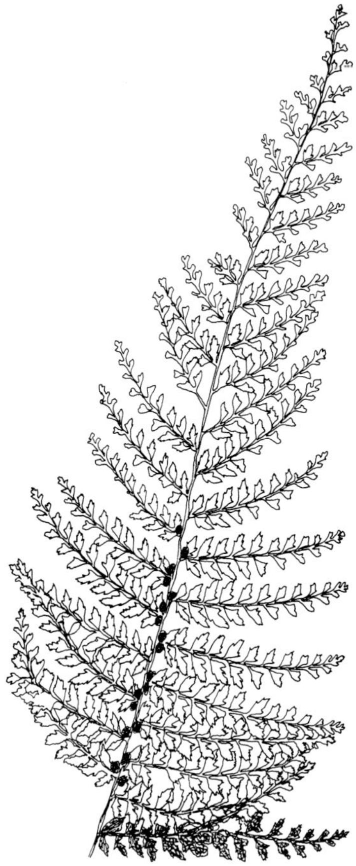

Polystichum setiferum 'Proliferum'.

Schildfarn Typen, deren Fiedern Kreuzmuster bilden, die aber nicht so regelmäßig ausfallen und daher nur am Rande erwähnt werden.

'Grandiceps' hat an den Wedelenden starke Vergabelungen, die zu einem Troddel zusammenstehen.

'Multilobum'. Der Vielblättrige Weiche Schildfarn ist eine Kleinausgabe der Art. Er wird kaum 40 cm hoch, hat dafür aber wesentlich mehr Wedel und bildet mittelgroße, dichte Büschel. Überall dort, wo die Art zu groß wird, sollte man den kleinen Verwandten setzen. Man vermehrt diese Sorte aus Sporen und durch Teilung. Da sich der Farn schnell bestockt, ist die Teilung einigermaßen lukrativ, zumal man schnell große Pflanzen hat.

Die folgenden Farne, die sich als Varianten aus dem Weichen Schildfarn entwickelt haben, zählen zu den schönsten innerhalb des Sortiments winterharter und wintergrüner Freilandfarne. Allen gemeinsam ist die Eigenschaft, längs der Mittelrippe (Rachis) mehr oder weniger starke Brutknospen zu bilden. Aber was sie besonders attraktiv macht, ist ihre filigranartige, zarte Fiederung, aufgrund derer sie die deutsche Bezeichnung Filigranfarn bekommen haben.

'Proliferum', der Schmale Filigranfarn, ist der bekannteste dieser Gruppe. Seine im Vergleich zur Länge von 60 bis 80 cm verhältnismäßig schmalen Wedel sind dreifach gefiedert, dunkelgrün und in den Blattachseln reich mit Brutknospen besetzt (*prolifer* = brutbildend). Der Farn wird etwa 1 m breit, aber kaum über 40 cm hoch. Er ist wintergrün, und seine ausgereiften Wedel eignen sich vorzüglich als Schnittgrün für die Blumenbinderei. Dieser Farn, wie auch die übrigen dieser Gruppe, ist sehr robust. Sein Habitus wirkt zwar grazil, aber nicht ausgefallen. Daher kann man ihn mit vielen Stauden und auch mit niedrigen Gehölzen wie Rhododendren der Williamsianum-, Repens- oder Yakushimanum-Gruppe, mit Azaleen und Hortensien zusammenpflanzen. Wenn man ihn vor Wintersonne schützt und austrocknende Ostwinde abhält, bleibt er bis zum April grün.

'Proliferum Dahlem'. Der Dahlemer Schildfarn wurde um 1940 von Richard Maatsch im Botanischen Garten von Berlin-Dahlem gefunden und benannt. Es handelt sich um einen Sämling des Weichen Schildfarns, der ebenfalls die Eigenschaft besitzt, Brutknospen zu bilden. Obgleich er nicht zu den Filigranfarnen zu rechnen ist, wird dieser Brutbildner hier mit aufgeführt. Es ist ein mächtig werdender Farn, der Stauden von 1,50 m Durchmesser und oft bis 80 cm Höhe bildet. Seine jungen Wedel sind hellgrün, die ausgereiften bei gutem, frischem Standort mittelgrün. Sie sind nur zweifach gefiedert und tragen im unteren Wedeldrittel Brutknospen. Seines imposanten Wuchses wegen ist dieser Farn nur für größere Gartenbereiche zu empfehlen. Als Solitär kann er zum Angelpunkt des Gartens werden.

'Proliferum Herrenhausen'. Der Herrenhäuser Filigranfarn ist ein recht flach und breit wachsender Typ, der ebenfalls von Richard Maatsch gefunden wurde. Die Wedel sind sehr kurz gestielt, 50 bis 70 cm lang, sehr breit, zweifach, oft aber dreifach gefiedert und dunkelgrün. Einköpfige Pflanzen breiten die Wedel flach über den Boden, bestockte Exemplare bilden eine Art Polster übereinandergeschichteter Wedel. Alle Wedel sind reich mit Brutknospen besetzt.

'Proliferum Iveryanum'. Der Kammfiligranfarn ist der Cristata-Typ unter den Filigranfarnen. Auch er bildet niedrige, kuppelartige Polster. Seine Wedel sind verhältnismäßig schmal, frischgrün und an den Fiedern und am Wedelende stark kräuselähnlich vergabelt. Diese auffällige Farngestalt braucht einen gesonderten Platz. Brutknospen befinden sich nur im untersten Wedelbereich, meist am Stiel.

'Proliferum Plumosum Densum', von Karl Foerster Flaumfederfiligranfarn genannt, wird als der zarteste und schönste Vertreter dieser Gruppe angesehen. Schon 1875 wurde er in einer Sporenaussaat in England entdeckt. In Größe und Wuchs kraft ähnelt er den übrigen Filigranfarnen.

Die Wedel sind dreifach gefiedert, Fiedern und Fiederchen überlappen einander, sie sind zudem leicht gekräuselt, so daß der Eindruck eines beblätterten Moospolsters entsteht. Ältere Exemplare, bei denen man das welke Laub entfernt, bilden kurze Stämmchen. Brutknospen werden nur am unteren Wedelteil angesetzt.

'Proliferum Seestern' ist ein vor etwa 15 Jahren entstandener Sämling aus einer Aussaat des Herrenhäuser Filigranfarns, dem er im Habitus ähnelt. Die Wedel sind aber länger, dreifach gefiedert und mittelgrün. Sie breiten sich bei einköpfigen Exemplaren wie ein Seestern leicht gedreht und flach über den Boden aus. Bei älteren Exemplaren schichten sie sich übereinander, ohne den leicht gedrehten Charakter zu verlieren.

Alle diese Farne lassen sich leicht und echt aus Brutknospen vermehren, die mit dem anhaftenden Blatt und einem Stück Blattstiel auf feuchten Torf gedrückt und unter gespannter Luft gehalten werden. Oft fallen aus diesen Wedeln Sporen aus, die keimen und die Anzucht verfälschen können. Sporenaussaaten sind zwar auch möglich, aber die daraus entstehenden Nachkommen weichen fast immer von der Ausgangssorte ab. Wer allerdings experimentierfreudig ist, der kann in solchen Aussaaten von Filigranfarnen leicht einmal eine besondere Form finden, wie zum Beispiel die Sorte 'Seestern'.

'Proliferum Wollastonii' ist so ein generativ entstandener Proliferum-Farn. Seine Wedel sind zweifach, oft auch dreifach gefiedert, allerdings mit wenigen oder auch gar keinen Brutknospen besetzt. Er muß also aus Sporen gezogen werden. Man bezeichnet so eine Sämlingsansammlung von einem Mutterfarntyp als Strain. Wen die allerdings meist nur geringfügigen Unterschiede nicht stören, für den ist dieser Farn ebenfalls zu empfehlen. Gute Typen sollten aber vegetativ vermehrt werden.

Polystichum tripteron

Der Kreuzfarn ist ein zierlicher, kaum mittelhoch in lockeren Büscheln wachsender Farn, der im Habitus stark von den übrigen Schildfarnen abweicht. Er kommt aus Japan; man findet ihn aber auch noch auf den Kurilen, in Korea und China, bis hin nach Sibirien. Die zarten Wedel sind langgestielt und dreigeteilt. Die Hauptspreite der Wedel ist einfach gefiedert, am Grunde der Spreite befindet sich aber ein zweifach gefiedertes, horizontal abstehendes Fiedernpaar, das die übrigen fast um das Doppelte überragt. Dadurch entsteht der Eindruck, daß jeder Wedel aus drei Spreiten besteht. Die Fiedern und Fiederchen sind kurzgestielt, fiederspaltig und gezähnt. Sie sind blaßgrün, manchmal etwas bräunlich und von zarter Textur. Der Kreuzfarn leidet leicht unter Schneckenfraß.

Dieser eigenwillig wirkende, kaum 20 cm hohe Schildfarn sollte mit ausgesuchten, kleinen Schattenstauden wie *Trillium, Cyclamen, Primula sieboldii* und *Sanguinaria* zusammenstehen. Er verträgt keine starke Konkurrenz und bedarf im Winter eines leichten Schutzes. Er ist nicht wintergrün. Man vermehrt den Kreuzfarn aus Sporen. Die Umgewöhnung junger Pflanzen an die Freilandsituation ist nicht unproblematisch. Vorsicht vor Spätfrösten ist geboten. Die Sporen reifen ab Juni.

Pteridium aquilinum, Adlerfarn

Farbbild auf Seite 58

Der Adlerfarn ist der einzige Vertreter dieser Gattung und der auffälligste Farn unserer Wälder. Er kommt in fast allen Zonen der Erde vor. Er liebt lichtzugängliche Plätze am Waldrand, an Knicks und auf Kahlschlägen, wo er oft riesige Bestände bildet. Man findet ihn sogar auf den Kanarischen Inseln, sowohl im Gebirgsbereich als auch in den Anlagen der Touristenzentren und in den Bananenplantagen unter fast tropischen Bedingungen. Seine Wuchshöhe ist je nach Nährstoffgehalt des Bodens unterschiedlich. Auf sandigen Böden wird er 60 bis 80 cm hoch, auf sauren Humusböden erreicht er bis 2 m und in lockerem Gehölz und gutem Boden als Spreizklimmer bis 4 m Höhe und darüber. Wegen seiner enormen Wuchskraft gilt er als Forst- und Weideunkraut. Seine in 20 bis 50 cm Tiefe stark wuchernden, knapp 1 cm dicken Rhizome entwickeln jeweils einzeln stehende Wedel, die oft bereits drei Jahre vorher angelegt sind. Der lange Stiel ist 1 cm dick und gelblich. Im Querschnitt deutet er einen Doppeladler an. Die Wedel sind 60 cm bis 4 m lang, die Spreite ist dreifach gefiedert mit locker auseinander sitzenden Großfiedern und relativ zierlichen, oft etwas gewellten Fiederchen. Die Substanz der Wedel ist derb, die Farbe hellgrün, im Schatten auch dunkler und zum Herbst hin goldgelb. Die Sori umziehen den Rand der Fiederchen, werden aber nur unter günstigen Bedingungen gebildet. Der Adlerfarn variiert von Standort zu Standort immer etwas. Oft sind die Fiederchen ganz glatt, hin und wieder in einigen Beständen aber auch gewellt. Ein besonders auffällig gewellter Typ wurde in England gefunden und als 'Crispum' bezeichnet; ein anderer, mit Gabelungen an den Enden, als 'Cristatum'.

Der Adlerfarn ist kein eigentlicher Gartenfarn. Er gehört in große Parks von naturhaftem Charakter. Im Garten muß man seine Wucherkraft mit einkalkulieren und ihn entweder in Kübel oder Betonringe setzen oder – wenn man einen größeren Bereich bepflanzen will – ihn durch kräftige Folie, doppelte Lagen Dachpappe oder auch durch in den Boden eingelassene Ziegelmauern bremsen. In eingegrabenen Fässern oder Betonringen läßt er sich entweder als Solitär oder als markanter Punkt in größeren Farn- und Schattenstaudenpflanzungen unterbringen. Trotz seiner Wucherkraft läßt sich der Adlerfarn zunächst schwer ansiedeln. Man muß tief ausgestochene Soden aus einem Bestand entnehmen oder Einzelrhizome zwei Jahre lang im Container vorkultivieren. Aber auch so dauert es noch zwei bis vier Jahre, bis er »loslegt«. Dann ist aber Vorsicht geboten.

Der Adlerfarn hat für den Menschen sogar Nutzwert. In vielen bäuerlichen Gegenden wird er als Einstreu für das Vieh gebraucht, obgleich die grünen, vollentwickelten Wedel und besonders die Rhizome giftig sind. Auf Weiden und Wiesen bekämpft man ihn wegen der Vergiftungsgefahr fürs Vieh. Austreibende, noch bleichgrüne Wedel dagegen werden in Nordamerika und Ostasien oft als Gemüse verwendet. Die Asche verbrannten Adlerfarnkrauts diente früher wegen ihres Kieselsäure- und Kaligehaltes zur Seifen- und Glasherstellung. Trotz des Giftgehaltes wird in Sibirien durch Zusatz von Malz aus den Rhizomen Bier gebraut. Da vom Adlerfarn oft riesige Mengen anfallen, ist durchaus zu erwarten, daß er auch in Zukunft als Rohstoff- und Energiequelle in Frage kommt.

Thelypteris, Lappenfarn

Diese Gattung umfaßt etwa 800 Arten, die in allen Zonen der Erde vorkommen. Bei uns sind drei Arten heimisch, für die Gärten eignen sich sechs. Es sind oft kleine bis mittelgroße Farne, die in ihrer Gestalt sehr unterschiedlich sind und sowohl staudig wachsen als auch mit wuchernden Rhizomen. In den letzten Jahren ist bei einigen Arten die Zugehörigkeit zur Gattung *Thelypteris* in Frage gestellt worden. So zählt man den heimischen Berglappenfarn bisweilen zur Gattung *Oreopteris* und den Buchenfarn zu *Phegopteris.* Da in bezug auf die systematische Zuordnung noch keine Klarheit herrscht, werden sie hier unter *Thelypteris* geführt.

Thelypteris decursivepinnata
Der Tausendfüßlerfarn ist ein kaum mittelhoher, in lockeren Beständen wachsender Farn. Man rechnete ihn schon zu den Gattungen *Dryopteris, Lastrea* und in neuester Zeit zu *Phegopteris.* Es ist ein Farn, der an felsigen Abhängen und in lichten Bergwäldern in Japan, Korea und bis hinunter nach Formosa vorkommt. Die leicht kriechenden Rhizome bilden mehrköpfige Stauden, in deren Mitte die Wedel am höchsten wachsen. Die Wedel wachsen straff aufrecht und sind oben elegant übergebogen. Sie sind ausgesprochen schmal-lanzettlich, zugespitzt, 20 bis 60 cm lang und 6 bis 12 cm breit, zweifach gefiedert und betont fiederlappig. Die Fiedern sind spitz dreieckig, weichkrautig, hellgrün und an der gelben Mittelrippe durch jeweils zwei im Zickzack herablaufende Lappen verbunden.

Der Tausendfüßlerfarn stellt durch die unterschiedliche Wedellänge eine interessante Farngestalt dar für etwas geschützte, mit ausgesuchten Stauden bestückte Plätze. Schön wirkt er zum Beispiel vor alpinen oder anderen kleinen Rhododendren oder zwischen großen Steinen und Baumstümpfen. Er bedeckt bald kleine Flächen, ohne lästig zu werden. Man vermehrt diese Art durch Teilung, aber auch relativ einfach aus Sporen, die von Juli bis September reifen.

Thelypteris hexagonoptera
Auch der Amerikanische Buchenfarn zählte, ebenfalls wie der Tausendfüßlerfarn, schon zu den Gattungen *Oreopteris* und *Phegopteris,* allerdings wird bei ihm der zuletzt gebräuchliche Gattungsname *Thelypteris* beibehalten. Dieser kleine interessante, aber etwas empfindliche Wucherfarn kommt sowohl aus feuchten Wäldern mit humosem Boden als auch von trockenen Standorten Nordamerikas zu uns. Seine zwar zarten Rhizome kriechen stark. Die Stiele sind dünn, die Wedel bis 40 cm hoch, die meist waagerecht stehende Spreite unregelmäßig dreieckig, doppelt gefiedert, mit sechseckigen Flügeln an der Mittelrippe. Die Fiederchen sind auffallend hellgrün, ebenso auffallend ist die rahmweiße Herbstfärbung.

Der Amerikanische Buchenfarn ist in der Eingewöhnungsphase heikel und darf nicht gestört werden. Einmal eingewachsen, bildet er kleine Flächen eigenwillig geformter Wedel. Dann verträgt er auch Staudenkonkurrenz. Vorsicht! Er treibt sehr spät aus. Die Vermehrung geschieht durch Teilung oder auch aus Sporen. Durch Teilung gewonnene Teilstücke sollte man im Container (12 × 12 cm) mindestens ein Jahr lang vorkultivieren.

Thelypteris limbosperma
Der Berglappenfarn oder Bergfarn wird neuerdings meist schon als *Oreopteris limbosperma* geführt. Es ist ein in lockeren Trichtern oder eleganten Büscheln wachsender, mittelgroßer bis großer Farn, der von weitem an den Frauenfarn erinnert. Er ist ein typischer Vertreter der sauerhumosen Mittelgebirgslagen und der feuchten Waldlichtungen und Grasflächen der Alpen. Oft tritt er mit dem Rippenfarn zusammen auf. Im Harz findet man ihn häufig in den Gräben und an den Böschungen der Wanderwege. Das Rhizom ist aufrecht, die schmal-lanzettlichen Wedel werden 1 m lang und bis 20 cm breit. Sie sind fast

bis zum Grund mit Fiedern besetzt. Sie sind einfach gefiedert und zusätzlich tief fiederschnittig. Die Mittelrippe ist gelbgrün. Besonders typisch ist die Anordnung der Sori, die perlschnurähnlich die Ränder der Fiedern säumen. Der Berglappenfarn zeigt wohl das frischeste Grün aller Farne und eine wunderschöne gelbe Herbstfärbung. Er verbreitet einen deutlichen Apfelduft.

Der Berglappenfarn braucht nicht zu trockene, sauer humose Böden und läßt sich gut im Halbschattenbereich des Heidegartens zusammen mit dem Rippenfarn und niedrigen Heidekrautgewächsen vergesellschaften. Als Begleitstauden passen zu ihm: *Gentiana asclepiadea*, der Schwalbenwurzenzian, und *Astrantia minor*, die Kleine Sterndolde, mit denen er in den südlichen Alpen oft zusammen anzutreffen ist. Die Vermehrung erfolgt durch Teilung, aber auch aus Sporen. Die Sporenanzucht sollte bei Temperaturen um 20 °C erfolgen. Junge Pflanzen müssen auf betont saurem Substrat herangezogen werden.

Der bei uns heimische Sumpffarn, *Thelypteris palustris*, bedeckt in einem der Möllner Seen große Bereiche der Flachwasserzone.

Thelypteris noveboracensis

Der New-York-Farn oder auch Amerikanische Sumpffarn ist ein zierlicher, in den feuchten Wäldern und Waldsümpfen der USA und Kanadas wachsender Farn. Er sieht unserem heimischen Sumpffarn sehr ähnlich, wirkt aber zierlicher. Er unterscheidet sich vom Sumpffarn besonders dadurch, daß seine fertilen Wedel sich kaum von den sterilen abheben. Der zarte hellgrüne, unproblematische Wucherfarn eignet sich gut für Ufer kleiner Bäche, aber auch für kühle, frische Plätze im Steingarten.

Thelypteris palustris

Der Sumpffarn ist ein mittelhoher, graziler, aufrecht in größeren Flächen wachsender Wucherfarn. Seine systematische Zuordnung hat sich nicht geändert. Er wächst in den gemäßigten Zonen aller Erdteile und kommt besonders auf torfigen Wiesen, in Bruchwäldern und in den Verlandungszonen der Seen vor, wo er wohl als einziger Farn bis in 30 cm tiefes Wasser vordringt. Er kommt aber auch auf normalen Böden zurecht, solange sie niemals austrocknen. Die Rhizome sind schwarz und dünn und vermögen, einmal etabliert, schnell kleine Flächen zu erobern. Die Wedel stehen einzeln und betont aufrecht. Sie sind 30 cm bis 1 m hoch und doppelt gefiedert. Der Stiel ist oft so lang wie die Spreite. Die Fiederchen sind an den Fiederrippen durch kleine Lappen verbunden. Sie sind hellgrün und zartkrautig. Bei den im Sommer erscheinenden längeren fertilen Wedeln sind die Fiederchen eingerollt und erscheinen wesentlich schmaler, ein deutliches Unterscheidungsmerkmal zum Amerikanischen Sumpffarn.

Besonders *Thelypteris palustris*, aber auch *T. noveboracensis* eignen sich gut für Uferzonen und Flachwasserbereiche von Gartenteichen und Bächen. In flachen Park-

linke Seite: Der Berglappenfarn, *Thelypteris limbosperma*, ist ein sehr eleganter Farn, der entfernt an den Frauenfarn erinnert.

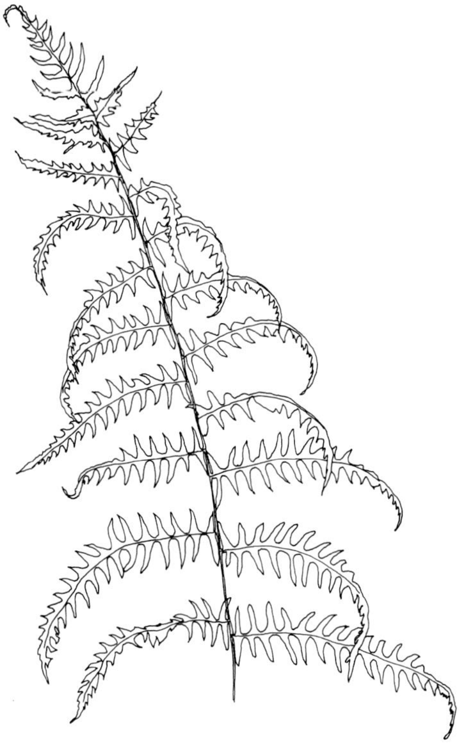

Thelypteris palustris.

gewässern sieht der Farn sehr eindrucksvoll aus, wenn man größere Flächen mit ihm bepflanzt. Begleiter sind feuchtigkeitliebende Iris *(Iris chrysographes, Iris ensata, Iris sibirica* und *Iris pseudacorus)*, aber auch andere Stauden der feuchten Standorte. Der heimische Sumpffarn wuchert. Er behauptet sich dadurch gut gegen Staudenkonkurrenz, wird aber kaum lästig. Die Vermehrung geschieht durch Teilung und bringt schnell ansehnliche Mengen. Die Sporenaussaat ist etwas mühsam.

Thelypteris phegopteris

Auch der Buchenfarn änderte seinen wissenschaftlichen Namen schon öfter. Er soll nach Ansicht mancher Autoren jetzt *Connectilis phegopteris* heißen. Es ist ein kleiner, flächig wachsender Farn, der in den Laubwäldern, besonders den Buchenwäldern der nördlichen gemäßigten Zonen und der Gebirge Südeuropas, heimisch ist. Die dünnen, verzweigten Rhizomen kriechen 2 bis 4 cm unter der Oberfläche. Die Wedel stehen einzeln, fast waagerecht, sie sind 20 bis 40 cm lang, länglich dreieckig, einfach gefiedert und tief fiederspaltig. Das unterste Fiederpaar ist nach oben ausgestellt. Die Fiederchen sind abgerundet und mattgrün. Die Sori sitzen entlang der Fiederränder.

Woodsia alpina.

Der Buchenfarn ist ein kleiner, sich langsam ausbreitender Farn, den man auf kalkfreiem Boden zur Unterpflanzung von Gehölzpartien oder auch flächig in den Bereich größerer Rhododendren setzt. Er verträgt sich gut mit allerlei Zwiebelblumen, ist aber auch gegenüber reinen Schattenstauden wie *Asarum* oder *Carex sylvatica* tolerant. Die Vermehrung geschieht sowohl durch Teilung als auch aus Sporen. Die Sporenanzucht ist problemlos. Die Sporen reifen ab Juli.

Woodsia, Wimperfarn

Die Gattung der Wimperfarne umfaßt 16 Arten, von denen vier bei uns heimisch, aber selten sind. Es sind meist kleine, höchstens 30 cm hohe, büschelig wachsende Hochgebirgsfarne, die dort in Geröll- und Steinpartien zu finden sind. Ihren Namen Wimperfarne haben sie wegen der Schleier, die den Sorus mit haarförmigen Fransen umhüllen. Ein anderes, ohne Lupe erkennbares Merkmal ist die Gestalt der Fiedern, die bei fast allen in unseren Gärten zu verwendenden Wimperfarnen sowohl längs der Fiederrippe als auch an den Fiederenden nach oben gebogen sind, bei einigen sehr deutlich, bei anderen andeutungsweise. Alle sind gut geeignet für kühle, mit großen Steinen bestückte Partien im Alpinum.

Woodsia alpina

Der Alpenwimperfarn oder Nördlicher Wimperfarn ist ein sehr kleiner, meist büschelig wachsender Farn, der auf der nördlichen Halbkugel zirkumpolar verbreitet ist. Er wächst in Gebirgslagen der kühl-gemäßigten Zone auf Urgestein in Felsspalten und Moospolstern. Er sieht *Woodsia ilvensis* sehr ähnlich, hat aber kürzere Wedelstiele, eine schmalere Spreite und eine weniger starke Behaarung. Die Wedel wachsen in dichten Büscheln. Sie sind 7 bis 12 cm lang, kurz, aber deutlich gestielt. Die kleine Spreite ist lanzettlich geformt, einfach gefiedert und tief fiederlappig. Die Fiederchen sind abgerundet dreieckig und leicht aufgebogen.

Der Alpenwimperfarn ist ein zarter, nicht einfach zu kultivierender Steingartenfarn. Er benötigt vollen Lichtgenuß, aber keine Sonne und stets frischen Boden. Er leidet sowohl in naßkalten als auch in trockenheißen Sommern. Er ist besonders für den Sammler interessant als heimischer Vertreter einer weltweit hauptsächlich subarktisch bzw. boreal-alpin verbreiteten Farngattung. Er ist völlig winterhart. Bei der Vermehrung durch Teilung kommt es oft zu Anwachsproblemen, besonders wenn die Stücke dem Naturstandort entnommen wurden. Die Anzucht aus Sporen ist dagegen problemlos. Die Sporen reifen je nach Höhenlage und Standort zu unterschiedlichen Zeiten. Ab Juli ist damit zu rechnen, im Tieflandgarten schon ab Ende Mai. Wie bei fast allen Felsenfarnen sollten gut etablierte Stöcke nicht mehr verpflanzt werden.

Woodsia fragilis

Der Zerbrechliche Wimperfarn stammt aus dem Kaukasus. Er hat den Habitus eines kleinen Frauenfarns, allerdings mit leicht aufgebogenen Fiederenden. Er wächst in kräftigen Büscheln. Seine verhältnismäßig starren Wedel werden bis 30 cm lang; sie sind lanzettlich geformt und in der Mitte mit 8 bis 10 cm am breitesten. Der untere Teil der Spreite ist zweifach gefiedert, zum Wedelende nur noch einfach und tief fiederschnittig mit scharf und tief gesägten Rändern an den Fiederchen. Die Sori sind relativ groß, bei der Reife braun und zahlreich über den größten Teil der Blattunterseite verteilt.

Der Zerbrechliche Wimperfarn ist eine Liebhaberpflanze für den Steingarten, er scheint sich aber ähnlich wie *Woodsia obtusa* in unseren Gärten wohlzufühlen. Bedingung ist stets feuchter Boden. Er wächst sowohl halbschattig als auch in voller Sonne, wo er aber durch die stark umgerollten und aufgebogenen Fiederchen einen ganz anderen Habitus entwickelt. Der Farn treibt sehr früh aus und ist daher spätfrostgefährdet. Die Vermehrung ist sowohl aus Sporen als auch durch Teilung möglich.

Woodsia ilvensis

Der Rasige Wimperfarn bildet als Jungpflanze kleine Büschel, die, wenn sie länger am Platz stehen, zu kleinen Flächen (Rasen) zusammenwachsen. Von den vier in den Alpen heimischen Wimperfarnarten ist dieser der einzige brauchbare für den Garten. Er wächst in Felsspalten und auf Geröllfeldern, vornehmlich auf Urgestein in den Alpen, in Skandinavien, in Asien und Nordamerika, bis hinauf nach Grönland. Die verhältnismäßig langstieligen Wedel erreichen bei günstigem Stand 15 bis 20 cm Länge; sie sind lanzettlich, zweifach gefiedert, im oberen Bereich nur ein-

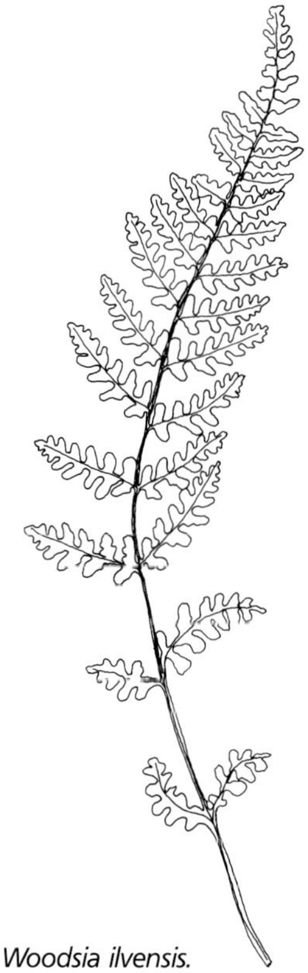

Woodsia ilvensis.

Woodsia fragilis.

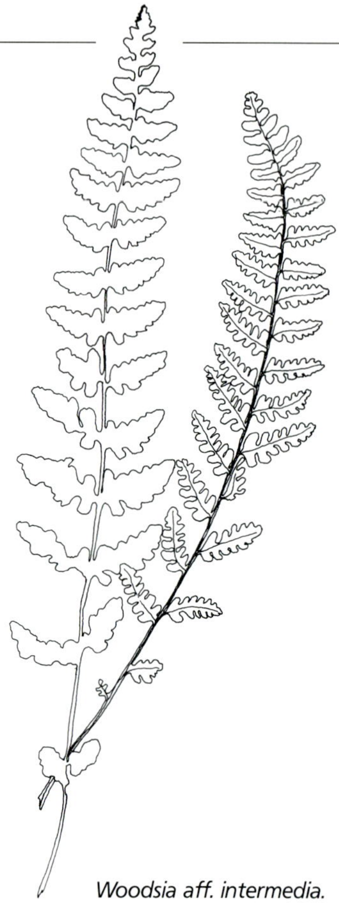

Woodsia aff. intermedia.

Der Schottische Blasenfarn, *Cystopteris dickieana*, ist ein bezaubernder kleiner Kerl. Zarte Zwiebelblumen stehen ihm gut zu Gesicht.

fach, dazu aber tief fiederlappig. Die Stiele sind rostbraun, die oval-länglichen Fiedern frischgrün, oft etwas bräunlich und kaum hochgebogen.

Man verwendet diesen recht willig wachsenden Wimperfarn in breiten, schattigen Fugen des Steingartens, in Trögen und an Böschungen. Das Substrat sollte etwas sauer reagieren und durch Lehm gebunden werden. Die Vermehrung geschieht sowohl aus Sporen als auch durch Teilung. Immer aber sollten die im Garten verwendeten Teilstücke von Pflanzen genommen werden, die ursprünglich aus Sporen gezogen wurden. Sie sind wüchsiger. Die Sporen reifen von Juli bis September.

Woodsia aff. intermedia

Der Mittlere Wimperfarn ist eine schöne, kaum über 15 cm hoch werdende Farngestalt. Im Habitus erinnert er so stark an *Woodsia polystichoides*, daß es schwerfällt, sie beide auseinanderzuhalten. Die Art wächst auf den beiden japanischen Inseln Honshu und Kyushu, aber auch in China und in der Mandschurei. Der Mittlere Wimperfarn wächst etwas gedrungener als der Fernost-Wimperfarn. Seine Wedel werden bis 15 cm lang, oft bis 3 cm breit; sie sind einfach gefiedert. Die Fiedern stehen eng und berühren sich mit der ohrartigen Ausbuchtung am Fiedergrund oder greifen oft sogar übereinander.

Die Farbe ist bedeckt mittelgrün, die Sori sind anfangs weiß, bei der Reife bräunlich. Die Fiedern sind deutlich aufgebogen und jeweils etwas nach vorn gestellt. Der Mittlere Wimperfarn hält jetzt erst Einzug in unsere Gärten. Mit seiner gedrungenen, elegant dichtbüscheligen Gestalt wird er sich schnell die Herzen der Farnliebhaber erobern. Man verwendet ihn etwa im Alpinum, wo er schnell große Büschel bildet, ohne lästig zu werden. Ebenso steht er gut im Staudenbeet, sogar an sonnigen Plätzen, zusammen mit zierlichen Primeln, mit Leberblümchen oder

Der Fernostwimperfarn, *Woodsia polystichoides*, ist wohl der schönste der Kleinfarne. Er ist außerdem wüchsig und teilungsfreudig.

ausgesucht schönen Kleinblumenzwiebelgewächsen, wie zum Beispiel *Narcissus asturiensis* oder *Galanthus ikariae*. Diese Art läßt sich sowohl aus Sporen wie auch durch Teilung vermehren. Die Sporen reifen ab Ende Juli.

Woodsia obtusa

Der Große Wimperfarn bildet große, lockerbüschelige Stauden, die zu kleinen Flächen heranwachsen können. Er stammt von den Gebirgsketten Nordamerikas, besonders aus dem Nordosten. Aber auch in den Anden ist er vertreten. Aus meist gut bestockten, mehrköpfigen Rhizomen wachsen die lanzettlichen Wedel, aufrecht und locker angeordnet, bis zu einer Höhe von 40 cm. Die Wedel sind durchgehend zweifach gefiedert mit deutlichem Abstand zwischen den Fiedern und den Fiederchen; sie zeigen eine matt hellgrüne Färbung und einen blaßgelben Stiel. Die Sori säumen den Rand der Fiederchen. Der Große Wimperfarn ist der einzige mit gewölbten, also nicht hochgebogenen Fiedern.

Es ist ein zierlicher, kaum mittelhoher Farn, der nicht auf das Alpinum beschränkt zu werden braucht. Als Begleiter kleiner Halbschattenstauden wie Schattensteinbrech, Alpenveilchen oder die verschiedenen zusammen mit seinem Austrieb blühenden *Trillium*-Arten tut er gute Dienste. Aber auch am Rande eines halbschattigen Stauden-Farnbeetes ist er zu verwenden. Der Große Wimperfarn ist leicht aus Sporen zu ziehen. Bei Bedarf kleinerer Mengen reicht die Teilung alter Stöcke. Die Sporenreife beginnt im Juli.

Woodsia polystichoides

Der Fernost-Wimperfarn kommt in den Gebirgslagen Japans, besonders auf Sachalin und auf den Kurilen, aber auch in Korea, der Mandschurei und in den angrenzenden Gebieten vor. Er ähnelt dem Mittleren Wimperfarn und weicht wie dieser völlig vom Habitus der anderen Wim-

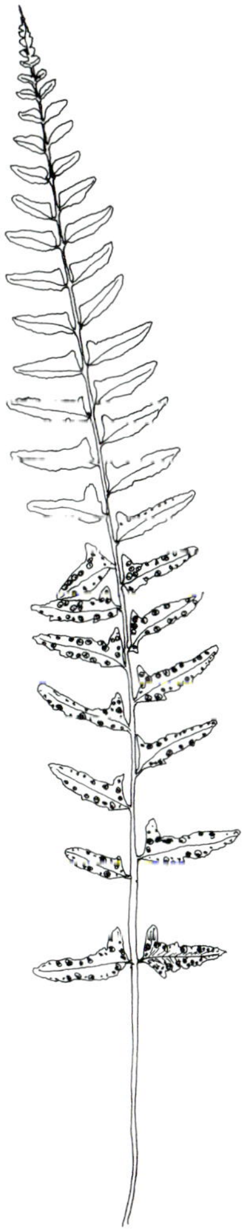

Woodsia polystichoides.

perfarne ab. Er sieht eher wie ein kleiner Schildfarn aus. Seine Wedel werden 15 bis 18 cm lang; sie wachsen in dichten Büscheln und sind elegant nach allen Seiten aufgebogen, besonders stark am sonnigen Platz. Die Wedel sind einfach gefiedert, die Fiedern stehen locker und berühren sich nicht. Sie sind am stärksten von allen *Woodsia*-Arten aufgebogen, so daß man die Sori deutlich sehen kann. Die matt hellgrünen Wedel wirken durch die weißen Sori an den aufgebogenen Fiedern, als ob sie mit einem fast weißen Rand versehen wären, später, bei Sporenreife, entsprechend mit einem braunen.

Die Verwendung im Garten ist ähnlich wie bei *Woodsia intermedia.* Vermehrt wird dieser Farn sowohl durch Teilung als auch aus Sporen. Wenn man keine großen Mengen braucht, ist die Teilung im April am einfachsten. Die Teilstücke bestocken sich bereits bis zum Herbst. Die Sporen reifen ab Juli. Der Fernost-Wimperfarn gehört zu den schönsten Kleinfarnen der Sortimente. Er ist wüchsig, winterhart und bleibt bis zum Spätherbst grün.

Woodsia pulchella *(W. glabella)*
Der Zierliche Wimperfarn wird nur 3 bis 12 cm hoch. Er wächst in den Hochgebirgslagen auf Kalkstein. Seine zierlichen Wedel sind durchscheinend gelblichgrün. Man findet ihn kaum in den Gärten, und er hat lediglich Sammlerwert. Man vermehrt diese Art aus Sporen, die man in kleiner Menge (ein Fiederchen genügt) vom Naturstandort mitbringen darf. Die Sporen reifen je nach Höhenlage ab Ende Juli.

Woodwardia virginica, Virginischer Kettenfarn

Als einzige von zehn Arten der Gattung hat diese bei uns Versuchswert. Sie stammt aus dem östlichen Nordamerika und wächst dort in feuchten bis nassen Wäldern. Die Wedel werden bis 70 cm hoch und 15 bis 20 cm breit. Sie sind lanzettlich, einfach gefiedert, tief fiederschnittig, von fester Substanz, zuerst rötlichbraun, später dunkelgrün. Die Sori sind kettenartig angeordnet.

Dieser etwas heikle Farn steht gern in leicht saurem Boden an nassen Plätzen in Teichnähe oder sogar im flachen Wasser, wo er den Winter am besten überdauert. Sonst braucht er eine kräftige Laubschüttung. Wenn er sich wohlfühlt, wächst er langsam zu größeren Beständen heran. Die Vermehrung geschieht aus Sporen und – wo das Klima es zuläßt – auch durch Teilung. Die Sporen reifen im Juli, und dann oft verzögert.

Wintergrüne Farne

Immergrüne Farne gibt es in unseren Breiten nicht, wohl aber etliche, die ihr Grün bis in den Winter, ja manche sogar bis weit in das Frühjahr hinein behalten. Wenn auch die Grenzen fließend sind, so kann man unsere Farne in zwei große Gruppen einteilen. Bei den Vertretern der ersten Gruppe vergilbt das Laub, die Wedel, mit Einsetzen des Herbstes, oft geht sogar wie bei vielen Laubbäumen eine attraktive Verfärbung einher. Die Wedel lösen sich zwar nicht vom Wurzelstock, aber sie fallen in sich zusammen oder breiten sich rings um die Pflanze über den Boden aus, und wenn das Frühjahr einsetzt, ist zwischen dem Fallaub der Gehölze kaum noch etwas von ihnen zu sehen. Zu dieser Gruppe gehören unter anderem die Arten und Formen der Gattung *Athyrium*, allen voran unser heimischer Frauenfarn *(Athyrium filix-femina)*. Typische Vertreter der zweiten Gruppe, der wintergrünen Farne, findet man vor allem in den Gattungen *Dryopteris* und *Polystichum*. Einige von ihnen, wie zum Beispiel den Rotschleierfarn *(Dryopteris erythrosora)* oder den Glanzschildfarn *(Polystichum aculeatum)*, könnte man fast als immergrün bezeichnen. Wenn der Winter mitspielt, sind die alten Wedel beim Neuaustrieb im Mai noch recht grün und ansehnlich.

So wie die Eigenschaft, das Grün zu halten, bei den einzelnen Arten unterschiedlich ausgeprägt ist, so gibt es auch innerhalb einer Art Unterschiede. Unser allbekannter Wurmfarn *(Dryopteris filix-mas)* hält durchschnittlich bis Anfang Dezember aus. Es gibt aber in größeren Beständen immer etliche Exemplare, die schon Ende Oktober einziehen, einige wenige aber bleiben bis Januar grün. Es spielen allerdings einige Faktoren dabei eine große Rolle, wie lange ein sogenannter wintergrüner Farn grün bleibt und wie ansehnlich er sein Grün zur Schau tragen kann. Die Hauptrolle spielt dabei das Wetter. Starker Wind – oft sind es schon die im Oktober einsetzenden Herbststürme – knicken besonders die Wedel hochwüchsiger Farne um, so daß Wedelteile absterben und vergilben. Aber selbst, wenn die Wedel grün bleiben, bietet eine so zerzauste Pflanze keinen schönen Anblick, und man ist geneigt, die Blätter kurzerhand abzuschneiden. Das schadet auch weiter nicht, wenn man nur dafür sorgt, daß rings um den Rhizomkopf genügend Humus oder Fallaub liegt.

Niedrigere Farne mit starren Stielen oder Farne, deren Wedel mit besonders elastischen Stielen versehen sind, wie es etwa beim Schwertfarn *(Polystichum munitum)* der Fall ist, überstehen Sturm und Wind ohne maßgebliche Schäden, ja meist sogar völlig schadlos. Der Rotschleierfarn *(Dryopteris erythrosora)* gehört zu den starrstieligen Farnen, auch die Hirschzunge muß man dazu rechnen. Neben dem Schwertfarn besitzen der Weiche Schildfarn *(Polystichum setiferum)*, der Glanzschildfarn *(Polystichum aculeatum)* und der noch flachere Rippenfarn *(Blechnum spicant)* elastische Stiele. Auch alle Variationen von *Polystichum setiferum* sind windfest, vor allem auch, weil sie flach ausgebreitet wachsen.

Eine große Rolle spielt auch der Schnee. In Gebieten mit regelmäßigen, starken Schneelagen, wie es zum Beispiel in unseren Mittelgebirgen oder in den Alpen der Fall ist, hält sich das Grün der Farnwedel oft bis zur Blüte der ersten Frühlingsblüher. Dafür werden aber viele Farne durch die Last des Schnees niedergedrückt. Wieder sind es die hochwüchsigen Farne, besonders aus der Gattung *Dryo-*

Eigenschaften wintergrüner Farne

wissenschaftlicher Name	deutscher Name	bleibt grün bis Nov.	Dez.	Jan.	Febr.	März	April	Anmerkungen
Arachniodes standishii	Breitwedelfiligranfarn	■	■	■	■			Hält sein Grün oft bis in den März
Asplenium adiantum-nigrum	Schwarzstieliger Milzfarn	■	■	■	■	■		Es gibt unterschiedliche Typen; einige welken bereits im November
– *fontanum*	Fluhfarn	■	■	■	■	■	■	Es handelt sich um den besten wintergrünen Farn aus der Gattung, wenn man die Schnecken abwehrt
– *incisum*		■	■	■	■	■		Hält das helle Grün ähnlich lange wie *A. fontanum*, ist aber auch schneckenanfällig
– *ruta-muraria*	Mauerraute	■	■	■	■	■	■	Bleibt grün bis in den Mai, ist aber schwer zu kultivieren
– *trichomanes* mit 'Ramo-cristatum' und 'Incisum'	Braunstieliger Streifenfarn	■	■					Nur bedingt wintergrün. Die Wedel verlieren oft einen Teil der Fiederchen. Die beiden Sorten verhalten sich ebenso
Blechnum capense	Tafelberg-Rippenfarn	■	■	■	■	■	■	Für milde Gebiete. Bleibt dann recht lange grün
– *penna-marina* mit 'Cristatum' und 'Alpinum'	Seefederrippenfarn	■	■	■	■	■	■	Verliert sein Grün nur bei kräftigen Barfrösten oder sehr wechselhaftem Winterwetter. Die beiden Sorten verhalten sich ähnlich
– *spicant* mit 'Cristatum', 'Serratum', 'Crispum'	Rippenfarn	■	■	■	■	■	■	Einer der besten wintergrünen Farne. Wirkt noch schön, selbst wenn der Schnee ihn zu Boden drückt. Alle drei Sorten zeigen gleiche Qualitäten wie die Art
Ceterach officinarum	Schriftfarn	■	■	■	■	■	■	Gute Typen halten den Winter durch
Cyrtomium fortunei	Schmaler Ilexfarn	■	■	■	■	■	■	In milden Wintern ein sehr schöner wintergrüner Farn. Hält aber größerem Schneedruck nicht stand
– *macrophyllum*	Großblättriger Ilexfarn	■	■					Hat zum Jahresende seine Schönheit eingebüßt
Dryopteris affinis	Goldschuppenfarn	■	■	■				Das Grün der Wedel hält kaum bis zum Jahresende, da Schnee und Wind den hohen Farn zerzausen
'Crispa'	Krauser Goldschuppenfarn	■	■	■				Von den Varianten halten sich 'Pinderi' und 'Punctata' am besten
'Cristata'	Königs-Goldschuppenfarn	■	■					
'Pinderi'		■	■	■				
'Punctata'		■	■	■				
– *atrata*	Elefantenrüsselfarn	■	■	■	■	■	■	Die Wedel halten recht lange ihr Grün, knicken kaum bei Wind, wohl aber unter Schnee zusammen, bleiben aber ansehnlich
– *blanfordii*	Blanfords Wurmfarn	■	■	■				Hält bis Januar
– *caucasica*	Kaukasus-Wurmfarn	■	■	■	■			Hält bis Februar
– *crassirhizoma*	Japanischer Glanzwurmfarn	■	■	■	■	■		Bleibt bis zum Frühjahr grün
– *cristata*	Kammfarn	■	■	■	■	■		Sterile Wedel halten ihr Grün bis März, fertile vergehen im Herbst

Eigenschaften wintergrüner Farne

wissenschaftlicher Name	deutscher Name	bleibt grün bis Nov.	Dez.	Jan.	Febr.	März	April	Anmerkungen
– *clintoniana*	Clintons Wurmfarn	■	■	■				Die Wedel halten sich zwar lange grün, knicken aber schon bei mäßigem Wind zusammen
– *dilatata*	Breitwedeldornfarn	■	■	■	■			Hält sich bis Februar. Die breiten Wedel gehen schnell zu Boden, ohne an Reiz zu verlieren
'Lepidota cristata'	Spreuschuppiger Breitwedeldornfarn	■	■					Hält sich bis Weihnachten
'Recurvata'	Hannstedter Breitwedeldornfarn	■	■	■	■			Verhält sich wie die Art
– *erythrosora*	Rotschleierfarn	■	■	■	■	■	■	Einer der sichersten Wintergrünen; man kann diesen Farn fast als immergrün bezeichnen
'Gracilis'	Zierlicher Rotschleierfarn	■	■	■	■	■	■	Hält genauso lange wie *D. erythrosora*, hat aber eine hellere Färbung
– *expansa*	Blaßgrüner Wurmfarn	■	■					Hält knapp bis Weihnachten, fällt schnell zusammen
– *formosana*	Formosa-Rotschleierdornfarn	■	■	■	■	■	■	Hat ähnliche Qualitäten wie *D. erythrosora*. Das Grün wirkt aber auffallend hell
– *hondoensis*	Hondo-Wurmfarn	■	■	■	■	■		Das bedeckte Grün hält sich bis in den März
– *lacera*		■	■	■	■	■	■	Bleibt schön und lange grün mit derbem Laub
– *marginalis*	Randständiger Wurmfarn	■	■	■				Wird ab Januar unansehnlich
– *nipponensis*	Nippon-Wurmfarn	■	■	■	■	■	■	Die hellgrünen, wie gehämmert wirkenden Wedel bleiben grün bis April
– *odontoloma*	Himalaja-Wurmfarn	■	■	■	■	■		Die derben, lederartigen Wedel halten das Grün bis Ende März
– *remota*	Entferntfiedriger Wurmfarn	■	■					Hält das Grün bis Januar
– *stewartii*	Stewarts Wurmfarn	■	■	■	■			Bleibt oft bis zum Frühling grün
– × *tavelii*	Tavels Bastardwurmfarn	■	■					Hält sein Grün bis Januar
– × *uliginosa*	Moorfarn	■	■	■	■			Die Wedel bleiben zwar recht lange grün, knicken aber sehr früh ein
– *uniformis*		■	■					Hält sich kaum über Januar hinaus grün
– *wallichiana*	Nepal-Schwarzschuppendornfarn	■	■	■	■			Die Wedel bleiben bis in den März grün, knicken aber bei Schnee ein
Phyllitis scolopendrium	Hirschzungenfarn	■	■	■	■	■	■	Die Hirschzunge und ihre Spielarten gehören zu den schönsten und »sichersten« Wintergrünen. Wind und Schneelast können ihnen kaum etwas anhaben
Polypodium interjectum		■	■	■	■			Die Art und alle Formen dieses Farns bleiben lange grün. Frosttrocknis kann ihn zum Welken bringen, so daß er unansehnlich und fleckig wird

Eigenschaften wintergrüner Farne

wissenschaftlicher Name	deutscher Name	bleibt grün bis Nov.	Dez.	Jan.	Febr.	März	April	Anmerkungen
– *vulgare*	Engelsüß	■	■	■	■	■	■	Hält sich besser und länger als *P. interjectum*
Polystichum acrostichoides	Amerikanischer Weihnachtsfarn	■	■	■	■	■	■	Bleibt bis zum Frühling grün, die Wedel knicken aber am Grund ab und liegen dann
– *aculeatum* mit 'Acutilobum Pulcherrimum Bevis'	Glanzschildfarn	■	■	■	■	■	■	Zusammen mit dem Rotschleierfarn (*D. erythrosora*) unser bester Wintergrüner. Man kann ihn als immergrün bezeichnen. Die glänzenden Wedel halten sich, ohne Flecken zu zeigen und ohne zu brechen. Die verschiedenen Formen bleiben auch lange grün
– *andersonii*		■	■	■	■			Die Wedel bleiben bis zum März grün, knicken aber hin und wieder ab
– *braunii*		■	■	■				Hält sich allenfalls bis Januar, die Wedel knicken schnell um
– *mohrioides*		■	■	■	■			Wintergrün bis März. Da der Farn nicht groß wird, behält er seine Form
– *munitum*	Schwertfarn	■	■	■	■	■	■	Mit einer der schönsten wintergrünen Farne, der seine Form und Grünfärbung oft bis April hält
– *polyblepharum*		■	■	■	■	■	■	Wenn keine Wintersonne heran kann, bleibt die Art bis Ende März glänzendgrün
– *setiferum*	Weicher Schildfarn	■	■	■	■	■	■	In bezug auf die Haltbarkeit des Grüns und auch was die Gestalt betrifft ist dies das mattgrüne Pendant zum Glanzschildfarn
'Proliferum'								Bleibt grün bis in den April, ohne an Form zu verlieren
'Proliferum Dahlem'		■	■	■	■			Heruntergedrückte Wedel können glasig werden
'Proliferum Herrenhausen'		■	■	■	■	■	■	Hält so lange wie die Ausgangsform dieses Farns 'Proliferum'
'Proliferum Iveryanum'		■	■	■	■	■	■	Hält die Form gut, die Grünfärbung leidet aber hin und wieder
'Proliferum Plumosum Densum'		■	■	■	■	■		Hat ähnliche Eigenschaften wie 'Iveryanum'
'Proliferum Seestern'		■	■	■	■	■	■	Hält bis April. Man kann davon, wie auch von 'Proliferum' und 'Herrenhausen', bis in den Frühling Schnittgrün entnehmen

pteris, die dann nach der Schneeschmelze grün, aber platt am Boden liegen. Die Wedel sollten dann entfernt und in entsprechender Menge gleich durch eine Humusauflage ersetzt weden. Wo viele Frühlingsblumen zwischen den Farnen stehen, läßt man die Wedel liegen. Es sieht sehr schön aus, wenn zwischen all dem grünen Gitterwerk der niedergedrückten Farnwedel Schneeglöckchen, Blaustern und Primeln blühen. Am besten überstehen den Schneedruck wiederum die oben erwähnten Farne, die auch dem Wind Paroli bieten. Aber mit zunehmend hoher Schneelage kapitulieren zuerst die Schildfarne und zuletzt sogar der Rotschleierfarn.

Barfröste zusammen mit direkter Sonneneinstrahlung können, besonders im Spätwinter, aber auch, wenn sie plötzlich nach milder Witterung im Oktober einfallen, das Grün zerstören. Bei solchen Wetterunbilden hält sich wiederum der Rotschleierfarn am längsten. Voraussetzung ist allerdings eine gute Winterschüttung aus grob verrottetem Laub und Kompost. Es kann nämlich sonst passieren, daß die Vorjahreswedel noch grün sind, der Farn selbst aber erfroren ist.

Zu den bisher erwähnten wintergrünen Farnen kommt doch eine ganze Reihe dazu. In milden, windarmen Wintern zum Beispiel halten sich die Ilexfarne *(Cyrtomium)* oft bis in den April hinein grün, ja sie überrunden manchmal sogar den vielgerühmten Rotschleierfarn *(Dryopteris erythrosora)*. Die Neueinführungen *Dryopteris formosana* (Formosa-Rotschleierdornfarn) und *Dryopteris nipponensis* (Nippon-Wurmfarn), die ähnlich starre Stengel und eine ebenso kräftige Textur der Wedel haben, müssen sich in strengen Wintern erst noch bewähren. In den vergangenen verhältnismäßig milden Wintern haben sie sich sehr gut gehalten. Wenn ihr Rhizom auch nur ähnlich winterhart ist wie das des Rotschleierfarns, stellen sie mit ihren grazil und regelmäßig geformten und gefiederten Wedeln eine große Bereicherung des Sortiments wintergrüner Farne dar.

Am Hirschzungenfarn *(Phyllitis scolopendrium)*, der sich ja normalerweise sehr lange grün hält, treten manchmal im Spätherbst bereits Vergilbungserscheinungen auf, deren Bild von der normalen Herbstwelke sommergrüner Farne deutlich abweicht, obgleich sie zur selben Jahreszeit auftreten. Die Wedel werden plötzlich glasig, sie behalten aber noch lange ihre Form. Erst mit dem Wintereinbruch werden sie braun und knicken ein. Es ist nicht klar, woran das liegen mag, denn es werden nicht in jedem Herbst dieselben Pflanzen davon befallen. Die Pflanzen gehen auch nicht ein. Sie treiben, zwar etwas geschwächt, im kommenden Frühjahr gesund wieder aus.

Die Tabelle beruht auf Mittelwerten aus langjährigen Beobachtungen. Bei extremen Wetterlagen, in welche Richtung auch immer die Witterung ausschlägt, können gravierende Abweichungen von diesen Angaben entstehen.

Begleitpflanzen im Farngarten

Jeder Garten kann leicht langweilig werden, wenn man ihn zu einseitig bepflanzt. So schön ein Rosengarten ist – wenn er nur mit Rosen besetzt ist, verliert er schnell an Reiz. Ähnlich verhält es sich mit dem Farngarten. Wenn die Farne die ihnen gebührende Rolle im Garten spielen sollen, darf man sie nicht allein lassen, man muß ihnen andere Pflanzen – Gehölze, Zwiebelblumen, Gräser und Stauden – zugesellen. So unterschiedlich die Farne in ihrer ganzen Bandbreite im Habitus sind, richtig zur Geltung kommen sie erst, wenn andere Strukturen mit eingefügt werden, vor allem wenn Farbe durch Blüten hinzukommt. Es gibt eine ganze Reihe Blütenstauden, die sich für den Schattenbereich des Gartens eignen und sich als Begleiter der Farne anbieten. Sie rekrutieren sich, ihrem Naturstandort entsprechend, aus drei Gruppen.

Schattenstauden

Die erste Gruppe dieser Begleitstauden setzt sich aus den **echten Schattenpflanzen** zusammen. Das sind alle die Blütenpflanzen, die sich im Laufe ihrer Entwicklung an den Schatten des Waldes gewöhnt haben und oft mit einer Lichtmenge auskommen, die unter 10 Prozent liegt, was eine voll besonnte Fläche erhält. Solche Schattenpflanzen sind oft durch breite Blätter, also besonders dekoratives Laub, oder auch durch bestimmte Blattstellungen gekennzeichnet, die es den Pflanzen ermöglichen, mit wenig Licht zufriedenstellend zu assimilieren und somit Leben, Blüte und Frucht und somit letztendlich die Arterhaltung zu garantieren. Das Schirmblatt *(Diphylleia cymosa)* und der Waldgeißbart *(Aruncus)* gehören dazu und auch das Maiglöckchen *(Convallaria majalis)*. Aber nicht immer sieht man den Pflanzen die Schattenverträglichkeit an. Der Waldmeister *(Galium odoratum)*, ein wahrer Schattenkünstler, wirkt eher zierlich mit seinen schmalen Blättchen.

Am gleichen Standort wie diese echten Schattenstauden gedeihen ebenso alle jene Blütenpflanzen, die ihre Hauptwachstumszeit im zeitigen Frühjahr haben, wenn der Wald unbelaubt ist. Es sind die sogenannten **Frühjahrsgeophyten**. Sie blühen oft schon Ende Januar und ziehen bereits im Mai, spätestens im Frühsommer, ihre Blätter ein. Das bekannteste Beispiel ist das Buschwindröschen *(Anemone nemorosa)*, dessen viele Spielarten sich eben deswegen besonders für den Farngarten eignen, weil sie in einer Zeit grünen und blühen, wenn die Farne noch ruhen, und später, wenn der Farn die Szene beherrscht, verschwinden. Allerdings sind die meisten dieser Frühjahrsgeophyten

Taglilien, hier die Sorte 'George Cunningham', sind zwar keine Schattenstauden, sie lassen sich aber trotzdem gut mit Farnen kombinieren.

Die Schaublätter (*Rodgersia*) wagen sich, wenn der Boden frisch bleibt, weit an besonnte Plätze vor. Das haben sie mit den Farnen gemein.

Zus. mit Adiantum pedatum

Knollen- oder Zwiebelgewächse, und sie werden daher an anderer Stelle beschrieben (siehe Seite 192).

Die zweite Gruppe der für den Farngarten in Frage kommenden Blütenstauden setzt sich aus all denen zusammen, die zwar ein gewisses Maß an Schatten vertragen können, aber nicht daran gebunden sind. In der Natur wachsen sie an Waldrändern oder in größeren Lichtungen, an Knicks oder auch an den sonnenabgewandten Hängen der Berge. Wenn man einen Begriff prägen will, so müßte man die Pflanzen **Halbschattenstauden** nennen. Charakteristischerweise läßt die Blütenentwicklung nach, je schattiger der Standort ist, und die Pflanzen können um so sonniger stehen, je weniger der Boden austrocknet. Diesen Umstand kennen wir auch bei Farnen, und deshalb sind unter diesen Pflanzen auch die idealen Farnbegleiter zu finden, wie zum Beispiel Astilben, Herbstanemonen und Tränendes Herz. Alle die Pflanzen dieser beiden Gruppen können mit Sicherheit ein gutes Maß an Schatten vertragen und sind deshalb in der Tabelle (Seite 177) zusammengefaßt.

Das bedeutet aber nun nicht, daß andere Stauden, die eigentlich für sonnige Standorte gelten, nicht auch mit Farnen kombiniert werden können. Wir wissen, daß die Toleranzbreite in bezug auf Licht und Boden bei Farnen enorm groß ist und daß ein Farn – auch wenn er sich dort nicht selbst ansiedeln würde –, an einen vollsonnigen Platz gepflanzt, sehr üppig gedeiht, wenn nur der Boden niemals austrocknet. Viele sogenannte **Sonnenstauden** zeigen eine ähnliche Toleranz. Und das heißt, daß man getrost experimentieren soll. Gewiß, über Geschmack läßt sich streiten, und dennoch muß man bei seinen Kombinationsversuchen ein bißchen darauf achten, daß zunächst die Blüten und in zweiter Linie die Blätter zum Farn passen. Wenn man bei der Wahl des Standortes zu forsch war und sich zu weit in den Schatten vorgewagt hat, wird dies die Sonnenstaude schon durch Umfallen, fehlende Blüten und gar durch Verschwinden kundtun.

Taglilien *(Hemerocallis)* zum Beispiel sind eigentlich Stauden für die normale Rabatte. Sie blühen nur in voller Sonne wirklich optimal. Aber ihr elegantes, grasähnliches Laub und die herrlichen Lilienblüten, die je nach Sorte von Weiß über Gelb, Rosa, Rot, Lila bis Schwärzlich variieren, passen ideal zum Farn.

Hemerocallis sind keine Schattenstauden, und trotzdem findet sich in meinem Garten ein Platz, an dem ein mächtiger Königsgoldschuppenfarn und ein noch gewaltigerer normaler Wurmfarn eine uralte Staude der Taglilie 'Cartwheels' umrahmen, alles im Schatten einer japanischen Schneekirsche *(Prunus subhirtella)*. Und wenn die großen gelben Blütensterne der Taglilie im Hochsommer zwischen dem dunklen Farnlaub strahlen, stelle ich immer wieder fest: Taglilien und Farne passen ausgezeichnet zusammen. Man soll es also getrost versuchen. Wenn es sicher nicht immer klappt, so wird man doch unter den gut 2000 Tagliliensorten ein paar finden, die es mit den Farnen aufnehmen. Und wenn die Blühfreudigkeit nachläßt, weil sich die Gehölze und vielleicht auch die Farne zu sehr ausgebreitet haben, pflanzt man alles wieder etwas näher zum Licht.

Auch einige Iris vertragen sich mit Farnen. Nicht nur die Sibirische Grasschwertlilie *(Iris sibirica)*, unter deren rund 250 Sorten auch einige standfest sind, sondern sogar das Sumpfschwertel *(Iris pseudacorus)* kann man in den Farngarten setzen. Und wenn der Boden wirklich niemals austrocknet, pflanzt man zu zierlichen Frauenfarnen (zum Beispiel *Athyrium filix-femina* 'Frizelliae Nanum' oder 'Bornholmiense') *Iris chrysographes* oder zu höheren Farnen sogar die prächtige Japaniris *(Iris ensata = I. kaempferi)*. Immer nach dem Motto: Wenn es richtig schön ist und auch blüht und gedeiht, ist es richtig.

Wie herrlich muß die Wirkung sein, wenn man an einem frischen Gartenplatz nahe einem Teich oder Bach ein paar Königsfarne mit *Iris sibirica* 'Cambridge', 'Dreaming White' und 'Silver Edge' zusammensetzt. Die zimtfarbenen Sporenkerzen der Farne leuchten zur gleichen Zeit, wie die Iris blühen. Und damit im Frühling auch etwas passiert, könnte man alles mit Märzenbechern und Sumpfdotterblumen unterpflanzen. Auch Sumpfdotterblumen wachsen in feuchtem, aber nicht unbedingt nassem Boden. So kann man die Palette immer vergrößern und sich selbst eine dritte Gruppe von Begleitstauden für Farne zusammenstellen.

Nur sollte man das Kombinationsbeispiel beenden, wenn die Stauden im Hinblick auf Blütenform und -farbe nicht passen oder auch in bezug auf Habitus und Laubfarbe. Und ebenso dann, wenn es sich um Pflanzen von extrem andersartigen Standorten handelt. Hohe Gartenschwertlilien würde ich ablehnen, ebenso wie Rittersporn, Lupinen oder Mohn. Aber auch bei diesen gibt es vielleicht Sorten, die sich mit Farnen optisch vertragen. Die Tabelle enthält nur solche Stauden, die man sicher den Farnen dazugesellen kann.

Stauden als Begleitpflanzen für Farne

wissenschaftlicher Name	deutscher Name	Blütenfarbe	Wuchshöhe (Blütenstand) in cm	Blütezeit	Standort	Verwendung in Verbindung mit Farnen
Aconitum × *cammarum* 'Bicolor' 'Doppelgänger' 'Franz Marc' 'Sternennacht'	Hybrid-Eisenhut	 blau-weiß dunkelblau dunkelblau dunkelviolett	80 (150)	 Juli–Aug.	 ◔–◑	Zwischen hohen Farnen wie *Dryopteris affinis* oder *Osmunda regalis* im großen Farnwaldpark oder im Gehölzhain des Hausgartens. Diese hohen Eisenhuttypen werden gut durch das Farnkraut gestützt
– *napellus*	heimischer Eisenhut	intensiv blau	60 (100)	Juli–Aug.	○–◑	Variable Art für große und mittelgroße Farngärten. Einige Typen werden nur 60 cm hoch
– *vulparia*	Gelber Eisenhut	blaßgelb	80 (100)	Juli–Aug.	◔–◑	Für naturnahe Pflanzungen, da sich die Art oft selbst aussät
Actaea pachypoda	Weißes Christophskraut	weißlich Frucht weiß	50 (80)	Mai–Juni	◔–●	Besonders die weiß- und die rotfrüchtige Art passen zu halbhohen wintergrünen Farnen. Die Blüte ist unauffällig, aber die Früchte haben im Spätherbst einen hohen Schmuckwert, selbst im Vollschatten
– *rubra*	Rotes Christophskraut	weißlich, Frucht rot	30 (40)	Mai–Juni	◔–●	
– *spicata*	Schwarzes Christophskraut	weißlich, Frucht schwarz	30 (40)	Mai–Juni	◑–●	
Ajuga reptans 'Alba' 'Atropurpurea' 'Burgundy Glow'	Günsel	blau, auch rosa und weiß	15	Mai–Juni	○–●	Für den vorderen Rand kleiner Farngärten mit Naturcharakter, Sorten mit gefärbten Blättern auch im kleineren Hausgarten. Schön mit *Adiantum-* oder *Phyllitis*-Arten
Alchemilla mollis	Frauenmantel	gelblich (Kelch)	30 (80)	Juni	○–◑	Als Abgrenzung zum Weg für naturhafte Farnpflanzungen
Anemone hupehensis	Frühherbst-anemone	rosa	50 (90)	Aug.–Sept.	◔–◑	Zwischen niedrigeren bis halbhohen Farnen eingestreut oder flächig
– Japonica-Hybriden	Japananemone	rosa-weiß	60 (120)	Aug.–Sept.	◔–◑	Im Farnwaldpark auch mit hohen Arten
– *nemorosa*	Buschwind-röschen	weiß, rosa, blau	15 (20)	April	○–●	In vielen Sorten von Blau über Rosa bis Weiß.
– *ranunculoides*	Gelbes Wind-röschen	gelb	15 (20)	April	○–●	Das Buschwindröschen sollte großflächig gesetzt werden und paßt zu mittelgroßen und großen Farnen
– *sylvestris*	Waldanemone	weiß	20 (40)	Mai–Juni	◔–◑	Zusammen mit *Phyllitis* und anderen kleineren Farnen
– *tomentosa*		rosa	120	Aug.–Sept.	○–◑	Wie *A.*-Japonica-Hybriden
Anemonella thalictroides 'Rosea Plena'	Rautenanemone	blaßrosa rosa	10 (20)	April–Mai	◔–◕	Zarte Schattenstaude aus Nordamerika. Paßt gut zu kleinen Farnen
Anemonopsis macrophylla	Scheinanemone	hellila	80	Juli–Aug.	○–◑	Zusammen mit mittelhohen Farnen wie *Blechnum* und *Phyllitis*
Aquilegia vulgaris	Akelei	purpur, blau, rosa, weiß	40 (80)	Mai–Juni	◔–◑	Zusammen mit niedrigeren bis halbhohen Farnen. An Ort und Stelle säen und kontrolliert verwildern lassen. Farben gezielt auswählen

Stauden als Begleitpflanzen für Farne

wissenschaftlicher Name	deutscher Name	Blütenfarbe	Wuchshöhe (Blütenstand) in cm	Blütezeit	Standort	Verwendung in Verbindung mit Farnen
Arabis procurrens	Immergrüne Gänsekresse	weiß	10 (15)	April	◔–●	Immergrüner Bodendecker für Farngartenränder, aber vielseitig verwendbar. Wuchert!
Arum italicum – *maculatum*	Italienischer Aronstab	grünlich weiß weißlich grün	30 (50) 20 (35)	Mai Mai	◔–◕ ◔–●	Auffälliges Blatt und Austrieb im Herbst. Verwendung besonders in naturnahen Gärten mit mittelhohen und hohen Farnen. Der intensiv rote Fruchtschmuck beider Arten kontrastiert gut zu flächendeckenden Farnen (*Currania, Adiantum venustum, Blechnum penna-marina*)
Aruncus dioicus – *sinensis* 'Zweiweltenkind'	Waldgeißbart	weiß weiß	150 (200) 150 (200)	Juni–Juli Juni–Juli	◔–● ◔–●	Mächtige, dekorative Dauerstaude als Begleiter hoher Farne, einzeln oder auch flächig pflanzen
Asarum caudatum – *europaeum*	 Haselwurz	 unscheinbar	10 (20) 10 (15)		◔–● ◑–●	Sich selbst aussäender Bodendecker mit glänzenden Blättern für mittelhohe Farne bis in den tiefsten Schatten
Astilbe-Arendsii-Hybriden – *chinensis* – Japonica-Hybriden – Simplicifolia-Hybriden Thunbergii-Hybriden	Prachtspiere	weiß, rosa, lila und rot	25 (100)	Juli–Sept.	○–◑	Alle sind einzeln oder auch in Gruppen schöne Begleiter fast aller Farne. Sie brauchen aber besondere Pflege in bezug auf die Düngung und unter Umständen Zusatzbewässerung, besonders im Schirmbereich von Bäumen
Astilboides (Rodgersia) tabularis	Tafelblatt	weiß	100 (150)	Juli	◔–◕	Zusammen mit großen Farnen (*Osmunda, Matteuccia*) im großen Farngarten oder in Parks, auch am Wasser, aber nicht naß
Astrantia major 'Rosea'	Große Sterndolde	rosa	30 (90)	Juni–Aug.	◔–◑	Am Naturstandort zusammen mit *Thelypteris limbosperma*, obgleich kalkhold
Bergenia cordifolia – *crassifolia* – *purpurascens* – *stracheyi* mit 'Alba'	Bergenie	lilarosa (hell bis dunkel) purpurrosa dunkel purpurrot hellrosa weiß	40 40 30	April–Mai März April-Mai März	◔–◕ ◔–◕ ◔–◕ ◔–◕	Alle Bergenien eignen sich für Farnhänge mit Geröll und Findlingseinlage und mittelhohen Farnen. Gräser als Begleiter. Da sie alle spätfrostgefährdet sind, ist ein Baumschirm oder Hausschutz angeraten
– Hybriden		weiß bis dunkelrot	30 (60)	April–Juni	◔–◕	Es gibt eine ganze Anzahl von Hybridsorten. Farblich sind sie interessanter als die Arten. Die Verwendung ist dieselbe
Brunnera macrophylla	Kaukasusvergißmeinnicht	blau	40 (60)	April–Mai	○–◑	Zusammen mit mittelhohen, Feuchtigkeit liebenden Farnen (*Thelypteris palustris, Dryopteris cristata*), aber auch mit *Polystichum*-Arten

Stauden als Begleitpflanzen für Farne

wissenschaftlicher Name	deutscher Name	Blütenfarbe	Wuchshöhe (Blütenstand) in cm	Blütezeit	Standort	Verwendung in Verbindung mit Farnen
Buglossoides purpurocaerulea	Steinsame	blau	30	Juni	◔–◑	Trockenheit liebende Schattenstaude, etwas heikel. Lohnt einen Versuch mit *Cystopteris* oder *Cheilanthes*
Campanula latifolia 'Alba', 'W. Schwen'	Breitblättrige Waldglockenblume	violett-blau-weiß	80 (150)	Juni–Juli	◑–●	Im großen Garten oder naturhaften Waldpark zusammen mit *Dryopteris, Athyrium* und *Osmunda*
– *persicifolia* mit diversen Sorten (auch gefülltblühend)	Pfirsichblättrige Glockenblume	weiß, blau bis violett	60 (100)	Juni–Juli	○–◑	Zusammen mit mittelhohen und niedrigeren Farnen, speziell *Polystichum*-Formen, aber auch in Heide mit *Blechnum spicant*
– *portenschlagiana*		violett	10	Juni–Juli	○–◑	Zusammen mit *Asplenium, Woodsia* und *Cystopteris* an etwas absonnigen Steingartenpartien
– *poscharskyana*		lavendel (weiß, rosa mit blau, lila)	15 (20)	Mai–Juni	○–◑	Mit kräftigen, mittelhohen oder niedrigen Farnen, im Wildgarten mit *Currania, Athyrium filix femina 'Bornholmiense'*. Wuchert!
– *trachelium*	Nesselglockenblume	lila (auch weiß)	100	Juli–Sept.	◔–◕	Im Waldpark oder großen Garten mit großen und mittelhohen Farnen. Besonders schön die Form 'Alba'
Cimicifuga acerina	Silberkerze	weiß (rosa Knospen)	120	Aug.–Sept.	○–◑	Silberkerzen sind wegen ihrer späten Blütezeit (bis Oktober) wertvolle Farnbegleiter. Sie sollten mit mittelhohen Farnen (*Polystichum*) und niedrigeren (*Dryopteris*) zusammenstehen. Es muß aber genügend Abstand vom Farn vorhanden sein. Schön wirken die weißen Kerzen zur Herbstfärbung der *Osmunda*-Arten (*O. cinnamomea* und *O. regalis* 'Gracilis')
'Compacta'		weiß	60	Aug.–Sept.	○–◑	
– *dahurica*	Kandelaber-Silberkerze	♂ weiß, ♀ unscheinbar	150 (200)	Aug.	○ ◑	
– *racemosa* var. *cordifolia*	Lanzen-Silberkerze	gelblich weiß	120 (200)	Aug.–Sept.	○–◑	
– *racemosa* var. *racemosa*	Juli-Silberkerze	weiß	150 (200)	Juli	○–◑	
– *simplex* 'Armleuchter' 'Braunlaub' 'White Pearl'	Oktober-Silberkerze	weiß weiß (rotlaubig) weiß	100	Okt.	○–◑	
Convallaria majalis	Maiglöckchen	weiß	15 (20)	Mai	◑–●	Für lockere Farnpflanzungen als Flächenfüller. Vorsicht: Wuchert stark!
Cornus canadensis	Hartriegel	weiß	10 (20)	Juli	○–◑	Zusammen mit Heide. Dazu *Blechnum spicant* und niedrige *Osmunda*
Corydalis cheilanthifolia	Lerchensporn	gelb	15 (20)	April–Juli	○–◑	Zarter Lerchensporn für absonnige Steingärten zusammen mit *Phyllitis, Cystopteris* und sogar *Asplenium*
– *lutea*	Goldlerchensporn	gelb	20 (40)	Mai.–Sept.	○–◑	Beide Lerchensporne eignen sich gut als Füllsel von Lücken zwischen großen Farnen. Aber auch schön mit kleineren Farnen an Treppen und Böschungen. Sät sich stark aus.
– *ochroleuca*	Blaßgelber Lerchensporn	cremefarben	30 (50)	Mai–Sept.	○–◑	

Stauden als Begleitpflanzen für Farne

wissenschaftlicher Name	deutscher Name	Blütenfarbe	Wuchshöhe (Blütenstand) in cm	Blütezeit	Standort	Verwendung in Verbindung mit Farnen
Cymbalaria muralis	Zimbelkraut	hellviolett	5 (10)	Juni–Sept.	◔–●	An absonnigen naturnahen Steinpartien, an Mauern mit robusten Kleinfarnen (*Cystopteris, Woodsia* und *Phyllitis*)
Dicentra eximia	Herzblume	rosenrot	25 (40)	Mai–Sept.	○–◑	Im großen und kleinen Farngarten zusammen mit mittelhohen Farnen (*Polystichum, Diplazium, Athyrium*). Das zierliche, häufig bläulich oder silbergrau gefärbte Laub und die eleganten Blüten harmonieren auch gut mit großen, solitär stehenden Farnen (*Matteuccia orientalis, Dryopteris goldiana, D. celsa, D. affinis*)
'Alba'		weiß		Mai–Sept.	○–◑	
– *formosa*		rosa	30	Juli–Aug.	○–◑	
– *formosa* ssp. *oregana* 'Adrian Bloom'		kirschrosa	35	April–Aug.	○–◑	
'Bountiful'		dunkelrosa	25	April–Aug.		
'Silver Smith'		weiß	25	April–Aug.		
– *spectabilis* 'Alba'	Tränendes Herz	rosa weiß	60 (80)	Mai	○–◑	Stehen gern an geschützter Stelle, aber sonnig. Farnpartner: flache *Polystichum*
Digitalis purpurea	Fingerhut	rosa bis weiß	50 (120) (bis 200)	Juni	◔–◕	Zusammen mit *Dryopteris dilatata* und *D. filix-mas* als Zwischenpflanzung im leicht trockenen Waldpark. Andere Fingerhutarten haben ebenfalls Versuchswert
Diphylleia cymosa	Schirmblatt	weiß	60	Mai	◔–◕	Zusammen mit hohen und mittleren Farnen an frischem Standort. Schöne, blaue Frucht
Doronicum orientale in Sorten	Gemswurz	gelb	40	April–Mai	○–◑	Alle Gemswurzarten eignen sich am besten für die Vorpflanzung am Rande des Farngartens. Mischpflanzungen sind nur mit niedrigeren Farnen (*Dryopteris erythrosora, Polystichum tripteron*) anzuraten
– *pardalianches*		gelb	80	Juni–Juli	○–◑	
– *plantagineum*		gelb	80	Mai–Aug.	○–◑	
Epimedium alpinum	Elfenblume	dunkelrot	30 (40)	April–Mai	◑–●	Für große Flächen in öffentlichen Waldparks
– *grandiflorum*		weiß	15 (30)	April–Mai	◑–●	Großblumig. Als Zwischenpflanzung niedriger bis mittelhoher Farne geeignet
diverse Sorten		rosa, violett				
– *pinnatum* ssp. *colchicum*		gelb	15 (40)	April–Mai	◑–●	Schöne, fast immergrüne Art. Gut mit *Cyrtomium*
– × *youngianum* 'Niveum'		hellviolett weiß	20 (30)	April–Mai	◑–●	Besonders die weiße Form sehr schön. Alle Elfenblumen passen wegen des grazilen Laubes zu vielen Farntypen
Eupatorium cannabium 'Album' 'Plenum'	Wasserdost, Kunigundenkraut	purpurrosa weiß purpurrosa	100 (150)	Juni–Sept.	○–◑	An Teichen und Bächen mit großen Farnen (*Matteuccia orientalis, M. pensylvanica, Osmunda regalis* mit 'Purpurascens'.

Stauden als Begleitpflanzen für Farne

wissenschaftlicher Name	deutscher Name	Blütenfarbe	Wuchshöhe (Blütenstand) in cm	Blütezeit	Standort	Verwendung in Verbindung mit Farnen
Euphorbia griffithii	Wolfsmilch	orangerot	50 (80)	Mai–Juni	○–◑	Wuchert leicht, sehr farbig. Zusammen mit tiefgrünlaubigen Farnen oder frühtreibenden (*Polystichum braunii, P. aculeatum*)
Fragaria vesca	Walderdbeere	weiß	10 (20)	Mai	○–◑	Für die Randpflanzung mit naturnahem Charakter. Wuchert stark
– – f. semperflorens	Monatserdbeere	weiß	10 (20)	Mai–Aug.	○–◑	Nicht wucherndes Pendant. Zusammen mit mittelhohen Farnen. Reich fruchtend
Galium odoratum	Waldmeister	weiß	15 (20)	Mai	○–●	Wunderschöner, aromatisch duftender Bodendecker und Begleiter für alle halbhohen und hohen Farne
Gentiana asclepiadea	Schwalbenwurzenzian	blau	50 (100)	Aug.	○–◑	Zusammen mit vielen Farnen. An frischem Standort in Mulden und Bachnähe. Besonders schön mit *Thelypteris limbosperma*
'Alba'		weiß	40 (80)		○–◑	
Geranium himalayense	Storchschnabel	blau		Juli–Sept.	○–◑	Wächst als flacher Laubteppich. Zu niedrigeren Farnen
– *macrorrhizum* (einige Sorten)		weiß bis purpur	30	Mai–Juli	◔–◕	Robuste Staude für naturnahe Pflanzung mit heimischen Farnen
– *sanguineum* (viele Sorten)	Blutstorchschnabel	karminrot	30	Mai–Sept.	○–◑	Wildstaude für trockene Standorte, wo auch große Farne klein bleiben
– *sylvaticum*	Waldstorchschnabel	rotviolett	60	Juni–Juli	◔–◕	Für frische Standorte zusammen mit höheren Farnen
Glaucidium palmatum		zartlila und weiß	60	April–Mai	◔–◕	Blüht vor dem Farnaustrieb
Glechoma hederacea	Gundermann	blau-violett	10 (15)	März–Juni	◑–●	Für naturnahe Pflanzungen. Eine Form mit weißbunten Blättern paßt gut zu Farnen mit dunklem Blatt (*Dryopteris erythrosora, Cyrtomium, Polystichum aculeatum, P. munitum*)
Haberlea rhodopensis	Haberlee	lilablau	10 (15)	Mai–Juni	◔–◕	Zusammen mit *Asplenium, Cystopteris* und ähnlichen Kleinfarnen am Nordhang des Alpinums
Hacquetia epipactis	Goldteller	gelb	10 (20)	März–April	○–◑	Verträgliche, etwas heikle Staude, die auch mit kleinen Farnen harmoniert
Helleborus argutifolius	Korsische Nieswurz	gelblich	40 (60)	März–Mai	○–◑	Interessante Stauden für geschützteren, etwas sonnigen Standort. Gut mit etwas empfindlicheren Farnen wie *Dryopteris erythrosora, D. nipponensis, Athyrium niponicum* und *Diplazium*
– *foetidus*	Palmblatt-Nieswurz (Stinkende Nieswurz)	hellgrün	30 (50)	März–Mai	○–◑	
– Hybriden	Lenzrosen	rot, rosa, weiß, gelb, bläulich	20 (40)	März–April	○–◑	Es gibt eine ganze Anzahl Sorten, die zum Teil aus Samen, zum Teil vegetativ gezogen sind. Verwendung wie *Helleborus niger*

Stauden als Begleitpflanzen für Farne

wissenschaftlicher Name	deutscher Name	Blütenfarbe	Wuchshöhe (Blütenstand) in cm	Blütezeit	Standort	Verwendung in Verbindung mit Farnen
– *niger*	Christrose	weiß	15 (30)	April– Mai	○–◑	Es gibt verschiedene Klone. Alle Christrosen lieben warme, geschützte Plätze. Da sie kalkliebend sind, kommen nur wenige Farne als Begleiter in Frage (*Phyllitis*, evtl. auch *Polystichum*)
Hepatica nobilis – *transsylvanica*	Leberblümchen Siebenbürger Leberblümchen	blau (auch rosa und weiß) hellblau	8 (15) 10 (18)	März– April Febr.– April	○–◑ ○–◑	Leberblümchen lassen sich mit niedrigen Farnen (*Woodsia obtusa, Cystopteris, Phyllitis*) auf steinigen Hängen ansiedeln
Heracleum lanatum	Herkulesstaude	weiß	150 (200)	Juni–Juli	○–◑	Begleiter großmächtiger Farne in Gruppen oder als Solitär
Hesperis matronalis	Nachtviole	lila und weiß	50 (70)	Mai–Juni	○–◑	Für große Gärten zusammen mit mittelhohen und hohen Farnen, auch wenn diese (*Matteuccia struthiopteris* oder *Dennstaedtia punctiloba*) wuchern
Homogyne sylvestris	Alpenlattich	weißlich	15 (35)	Mai–Juni	◔–◑	Flächig am Nordhang des Alpinums zusammen mit *Gymnocarpium*
Hosta	Funkie (Herzblattlilie)	lila bis weiß			○–◕	Es gibt viele *Hosta*-Arten und Sorten, die fast alle, ihrer Höhe und ihrem Habitus entsprechend, zu den verschiedensten Farnen passen
Hylomecon japonica	Japanischer Mohn	gelb	20 (30)	April– Mai	○–◑	Blätter ziehen früh ein. Als Frühlingsvorläufer zusammen mit *Athyrium*-Varianten
Iris pseudacorus – *sibirica* in Sorten	Sumpfschwertlilie Wieseniris	gelb blau, lila, weiß	80 (150) 60 (100)	Mai–Juni Juni	○–◑ ○–◑	Diese *Iris* lieben feuchten, sauren Boden. Zusammen mit *Osmunda regalis, Matteuccia* oder auch *Athyrium filix-femina* an Bachufern oder in Teichnähe. Auch andere Gräseriris sind versuchenswert
Isopyrum thalictroides	Muschelblume	weißblau	10 (20)	April– Mai	◔–◕	Flächig wachsender Frühlingsblüher, der die Lücken zwischen später treibenden Farnen ausfüllt
Isotoma fluviatilis		hellblau	5	Juni–Nov.	○–◑	Zusammen mit edlen, mittelhohen Farnen an geschütztem Stand
Kirengeshoma palmata	Wachsglocke	gelb	60 (80)	Juli– Sept.	◔–◕	Schöner Spätsommerblüher, der gut zu den verschiedenen *Polystichum*-Arten und -Formen paßt
Lamiastrum galeobdolon	Goldnessel	gelb	20	Mai–Juni	○–●	Buntlaubiger Bodendecker für große Anlagen. Kann zarte Farne verdrängen, daher nur zwischen eingewachsene Großfarne setzen
Lamium maculatum (Sorten mit interessantem Laub)	Gefleckte Taubnessel	rötlich purpurn	20	Mai–Juni	○–◑	Verträglicher Bodendecker für mittelhohe Farne als Begleiter

Stauden als Begleitpflanzen für Farne

wissenschaftlicher Name	deutscher Name	Blütenfarbe	Wuchshöhe (Blütenstand) in cm	Blütezeit	Standort	Verwendung in Verbindung mit Farnen
Lathyrus vernus	Frühlingsplatterbse	rot (weiß, rosa)	20 (30)	April–Mai	○–◑	Guter Begleiter kleinerer immergrüner Farne (*Dryopteris erythrosora*) oder großer laubeinziehender Farne (*Athyrium* und Varianten)
Ligularia dentata in Sorten		gelb bis orange	100 (50)	Juli–Sept.	◔–◕	Ligularien lieben Feuchtigkeit. Sie sollten daher in Ufernähe von Naturgewässern zusammen mit *Matteuccia, Osmunda, Athyrium* und evtl. *Thelypteris palustris* gesetzt werden, je nasser, desto sonniger. Nur für Parkanlagen
– *przewalskii*		gelb	120 (180)	Juni–Juli	◔–◕	
– *veitchiana*		gelb	100 (150)	Juni–Juli	◔–◕	
Lunaria annua	Nachtviole	lila und weiß	50 (80)	April–Mai	○–◑	Beide Arten eignen sich gut für naturnahe Gärten mit üppigen oder auch breitwachsenden Farnen. Einmal gepflanzt, säen sie sich immer neu aus.
– *rediviva*	Silberblatt	hellila	80 (100)	Mai	◔–◕	
Lysimachia nummularia mit 'Aurea'	Pfennigkraut	gelb	5 (10)	Mai–Juli	○–◑	Durch den flachen Wuchs und die auffallende Blüte, oder bei der Form 'Aurea' durch das Blatt, in Ufernähe natürlicher Gewässer. Schön zusammen mit Feuchtigkeit liebenden Farnen (*Matteuccia, Osmunda*)
– *punctata*	Goldfelberich	gelb	60 (100)	Juli–Aug.	○–◕	Wuchernde Wildstaude. Begleiter großer Farne auch im Bereich des Wurzeldrucks von Bäumen
– *vulgaris*	Gilbweiderich	gelb	80 (120)	Juni–Aug	○–◑	In Ufernähe mit *Osmunda, Athyrium* und *Matteuccia*
Maianthemum bifolium	Schattenblume	weiß	8 (15)	Mai–Juni	●	Wächst noch im tiefsten Schatten, wo auch die drei bodendeckenden Wucherfarne *Currania dryopteris, C. robertiana, Thelypteris phegopteris* gedeihen
Meconopsis betonicifolia	Scheinmohn	blau	60 (120)	Juni–Juli	○–◑	Staude mit intensiver Farbe. Passend zu edlen Farngestalten in lockerer Gruppierung
'Alba'		weiß				
– *cambrica*	Waliser Scheinmohn	gelb oder orange	40 (60)	Mai–Okt	○–◕	Wunderschöne Art, leicht zu kultivieren. Bildet durch reichlich Selbstaussaat große Bestände und kann im kleinen Garten lästig werden. Geeignet für jeden Garten, besonders aber für großflächige, lockere Farnpflanzungen in Parks und öffentlichen Anlagen. Rückschnitt fördert Nachblüte bis zum Frost
Melittis melissophyllum	Immenblatt	rosa mit purpur	40 (50)	Mai–Juni	○–◑	Für Wildnispflanzung mit heimischen Waldfarnen
Mertensia virginica	Blauglöckchen	blau	40 (60)	April–Mai	○–◑	Sehr schöne Blütenstaude. Verwendung wie *Meconopsis betonicifolia*

Stauden als Begleitpflanzen für Farne

wissenschaftlicher Name	deutscher Name	Blütenfarbe	Wuchshöhe (Blütenstand) in cm	Blütezeit	Standort	Verwendung in Verbindung mit Farnen
Montia sibirica		weiß bis rosa	6 (15)	April–Juni	◔–●	Bedeckt durch Aussaat schnell größere Flächen, selbst im tiefsten Schatten. Mit schattenliebenden, kräftigen Farnen (*Dryopteris*)
Myosotis palustris	Sumpfvergißmeinnicht	blau	10 (40)	Mai–Juli	○–◑	Bezaubernde Begleitstaude für Wasser und Nässe liebende Farne (*Thelypteris palustris, Dryopteris cristata* und evtl. *Matteuccia*)
– *sylvatica*	Gartenvergißmeinnicht	blau, weiß, rosa	15 (30)	April–Juni	○–◑	Sät sich, einmal angesiedelt, reichlich selbst aus und paßt zu allen mittelgroßen und großen Farnen
Myrrhis odorata	Süßdolde	weiß	100 (150)	Juni	◔–◕	Würzig duftende Staude für Wildnisgärten als Begleiter hoher Farne oder als Solitär zwischen halbhohen, bodendeckenden Farnen
Omphalodes verna	Gedenkemein	blau	6 (10)	März–Mai	○–◑	Sehr anpassungsfähig an verschiedene Standorte. Daher mit verschiedenen Farnen zu vergesellschaften
'Alba'		weiß				
Oxalis acetosella	Sauerklee	weißlich rosa	5 (15)	April–Mai	○–◑	Bedeckt an zusagenden Standorten schnell die Räume zwischen mittelhohen und hohen Farnen
Pachysandra terminalis	Ysander	grün	20 (30)	März–April	◔–◕	Immergrüner, bodendeckender Halbstrauch. Schön in großen Flächen öffentlicher Parks mit großen, wintergrünen Farnen
Paris quadrifolia	Einbeere	unscheinbar	10 (40)	Juni–Juli	◔–◑	Heimische, zierliche Waldstaude. Die Farne sollten nicht zu üppig sein
Petasites albus	Weiße Pestwurz	weiß	20 (30)	Febr.–April	○–◑	An Gewässern zusammen mit großen Beständen von *Matteuccia struthiopteris*. Besonders *P. hybridus* wuchert stark
– *hybridus*	Gemeine Pestwurz	rosa	20 (40) Bl. 100	Febr.–April	○–◑	
Physalis alkekengi var. *franchetii*	Lampionblume	(orangefarbene Frucht)	60 (100)		○–◑	Wuchert stark, daher nur mit ähnlich wachsenden Farnen in Konkurrenz stellen (*Dennstaedtia punctiloba, Hypolepis millefolia*)
Phytolacca americana	Kermesbeere	weiß bis rötlich	80 (120)	Juni–Sept.	○–◑	Besonders durch die schwarzroten Früchte attraktiv. Begleiter mittelhoher und hoher Farne. Sät sich aus. Die Beeren sind leicht giftig!
Podophyllum hexandrum	Maiapfel	weiß	50 (80)	Mai	○–◑	In lockerer Farnpflanzung besonders wintergrüner Farnarten zum Wegrand hin. Sehr schön durch die apfelähnliche Frucht im Spätsommer
– *peltatum*		weiß	30 (60)	Mai	○–◑	

Stauden als Begleitpflanzen für Farne

wissenschaftlicher Name	deutscher Name	Blütenfarbe	Wuchshöhe (Blütenstand) in cm	Blütezeit	Standort	Verwendung in Verbindung mit Farnen
Polygonatum commutatum	Salomonssiegel	weißlich	60 (200)	Mai–Juni	◔–◕	Je nach Art kann das Salomonssiegel mit mittelhohen oder auch hohen Farnen aller Arten vergesellschaftet werden. Selbst fast vollschattige Partien nimmt er noch an
– × *hybridum* 'Weihenstephan'		cremeweiß	60 (90)	Mai–Juni	◔–◕	
– *multiflorum*		weiß	40 (60)	Mai–Juni	◔–◕	
– *odoratum*		weiß	30 (45)	Mai–Juni	◔–◕	
Primula-Bullesiana-Hybriden	Primel	gelb, rot, lila	20 (40)	Mai–Juni	○–◑	Alle Primeln sind wegen ihrer Schönheit eigentlich nur für die Ränder eines Farngartens geeignet. Lediglich *P. elatior* kann zwischen den Farnen verwildern. Die niedrigen, wie *P. saxatilis*, sind schön in absonnigen Steingärten mit *Asplenium, Cystopteris* und *Woodsia*
– *denticulata*		hell- bis dunkellila, weiß, rosa, rot	18 (25)	März–April	○–◑	
– *elatior*	Himmelsschlüssel	gelb	20 (30)	März–April	○–◑	
– *florindae*		gelb		Juni–Aug.	○–◑	
– *japonica*		purpurrot, rosa, weiß	30 (75)	Mai–Juni	○–◑	
– *juliae*		rot	5 (8)	März–April	○–◑	
– *saxatilis*		rosaviolett	5 (8)	April–Mai	○–◑	
– *sieboldii*		lila bis weiß	20 (30)	Mai–Juni	○–◑	
– *veris*		goldgelb	20 (30)	April–Mai	○–◑	
– *vulgaris*		hellgelb	5 (10)	März–April	○–◑	
Pulmonaria angustifolia		blau	20 (30)	April–Mai	○–◑	Die Lungenkräuter eignen sich zur Vorpflanzung eines Farngartens und auch als Füllsel zwischen locker stehenden Einzelfarnen. Besonders die buntlaubigen sollten dem Betrachter nahe stehen. Es gibt auch weiße Formen: 'Alba', 'Sissinghurst White'
– *officinalis*	Lungenkraut	rosa, später violett	20 (30)	März–April	○–◑	
– *rubra*		ziegelrot	25 (35)	März–April	○–◑	
– *saccharata*		violett	20 (30)	März–April	○–◑	
Ramonda nathaliae	Felsenteller	lavendelblau	15 (20)	Mai	○–◑	Am besten für absonnige, senkrechte Mauern im Alpinum zu *Asplenium*-Arten
Rodgersia aesculifolia	Schaublatt	weiß	70 (180)	Juni–Aug.	○–◑	Rodgersien sind mächtige, dekorative Stauden, die einzeln oder in kleinen Gruppen im großen Farngarten mit ebenbürtigen Farngestalten zusammengesetzt werden sollten. Bei frischem Stand und humosem Boden werden sie besonders prachtvoll. Sorten mit bronzenem Austrieb ('Rotlaub' und 'Rothaut') verfärben sich am besten, wenn sie sonniger stehen
– *pinnata*		rötlich	90 (120)	Juni–Juli	○–◑	
'Alba'		gelblich weiß				
'Rubra'		rot				
'Superba'		rosa				
– *podophylla*		gelblich weiß	90 (120)	Juni–Juli	○–◑	
'Pagode'		weiß				
'Rotlaub'		weiß				
'Smaragd'		cremefarben				
– *sambucifolia* 'Rothaut'		weiß	60 (90)	Juni–Juli	○–◑	
Rubus arcticus		rosa	10 (20)	Juni–Sept.	○–◑	Zusammen mit *Blechnum* in heidegartenähnlichen Farnpartien

Stauden als Begleitpflanzen für Farne

wissenschaftlicher Name	deutscher Name	Blütenfarbe	Wuchshöhe (Blütenstand) in cm	Blütezeit	Standort	Verwendung in Verbindung mit Farnen
Rubus arcticus – *illecebrosus*	Erdbeerhimbeere	weiß	20 (60)	Juli–Sept.	○–◑	Anspruchsloser, wuchernder Halbstrauch. Partner sind *Dryopteris dilatata, D. filix-mas*, evtl. am Heidegartenrand
Sanguinaria canadensis	Blutwurz	weiß	15 (25)	April–Mai	○–◑	Bezaubernde, leider nur kurz blühende Staude als Begleiter kleinerer Farne. Ähnlich zu verwenden wie *Saxifraga umbrosa*
Saxifraga-Arendsii-Hybriden (viele Sorten)	Moossteinbrech	weiß, gelb, rosa, rot	10 (20)	Mai	○–◑	In etwas absonnigen Steingärten zusammen mit verschiedenen *Polypodium, Asplenium, Woodsia* und *Cystopteris*. Ergibt mit Gräsern zusammen bezaubernde Gartenbilder
– *cortusifolia* var. *fortunei*	Herbststeinbrech	weiß	20 (30)	Sept.–Okt.	○–◑	Schöner Spätblüher für geschützte Lagen. Partner: *Diplazium* und zierlichere *Polystichum*
– *trifurcata*		weiß	10 (20)	Mai–Juni	○–◑	Wie obere, kann aber noch schattiger stehen
– *umbrosa*	Porzellanblümchen	weiß mit rot	15 (25)	Mai–Juni	◔–◕	Zusammen mit mittelhohen Farnen im schattigen Hausgarten und an Treppen (*Dryopteris erythrosora, D. nipponensis, Polystichum tripteron, P. mohrioides*)
Smilacina racemosa	Schattenblume	gelblich weiß	80 (90)	Mai	◔–◕	Zusammen mit mittelgroßen und großen Farnen in geschützter Lage, da spätfrostgefährdet
Speirantha convallarioides		weiß	30	Mai–Juli	◔–◕	Treibt kurze Ausläufer, immergrün. Zu mittelhohen Farnen
Stellaria holostea	Waldsternmiere	weiß	15 (25)	Mai	◔–◕	Wuchergefahr, nur für naturnahe Gärten und zu kräftigen Farnen zu gebrauchen. Da aber sehr schön
Streptopus amplexifolius	Knotenfuß	grünlich weiß	50 (100)	Mai–Juli	○–◑	Verwendung ähnlich *Polygonatum*, der schönen Frucht wegen aber mehr im Vordergrund
Thalictrum aquilegifolium	Amstelraute	lila bis lilarosa (auch weiß)	80 (100)	Mai–Juni	○–◑	Durch die zarten, fedrigen Blüten passen sie sehr gut zu allen Farnen, die sie mit dem Blütenstand überragen können
– *dipterocarpum*		rosaviolett	100 (150)	Juli–Aug.	○–◑	
Tiarella cordifolia	Schaumblüte	weiß	30	April–Mai	◔–◕	Reizender, zarter Blüher für die Farnrandpflanzung
Tricyrtis hirta	Krötenlilie	weiß mit lila	40 (80)	Sept.–Okt.	○–◑	Es gibt für unsere Gärten einige Arten von *Tricyrtis*, die einen Versuch wert sind. Etwas heikle, aber schöne Herbstblüher. Zusammen mit *Athyrium niponicum* 'Metallicum', *Dryopteris hondoensis*

Stauden als Begleitpflanzen für Farne

wissenschaftlicher Name	deutscher Name	Blütenfarbe	Wuchshöhe (Blütenstand) in cm	Blütezeit	Standort	Verwendung in Verbindung mit Farnen
Trientalis europaea	Siebenstern	weiß	10 (20)	Juni–Juli	○–◑	Liebt saure Standorte, paßt daher gut zu Heide mit *Blechnum* und evtl. *Osmunda regalis* 'Gracilis'
Trillium albidum (*T. sessile* var. *californicum*)	Dreiblattlilie	weiß	30 (40)	April–Mai	○–◑	Schönste und wüchsigste weiße *Trillium*-Art. Schön zu *Osmunda cinnamomea* und zarten *Dryopteris*
– *cernuum*		weiß bis rosa	20 (60)	April–Mai	○–◑	Alle Trillien sind außergewöhnliche, sehr zierende Stauden für humosen Halbschattenstand. Da sie die Konkurrenz starkwüchsiger Farne schwer überstehen, eignen sich besonders zierlichere, aber auch höhere Farne als Begleiter, wenn sie nur nicht so schnell mächtig werden (*Osmunda cinnamomea, Dryopteris erythrosora*, besonders *Adiantum pedatum*)
– *chloropetalum*		purpur bis weiß	20 (35)	April–Mai	○–◑	
– *erectum* 'Album'		braunrot weiß	15 (50)	April–Mai	○–◑	
– *grandiflorum*		weiß	15 (30)	Mai–Juni	○–◑	
– *ovatum*		weiß	10 (50)	AprilMai	○–◑	
– *sessile*		braunrot	25 (30)	April–Mai	○–◑	
– *undulatum*		weiß mit rotem Ring	15 (25)		○–◑	
Uvularia grandiflora	Trauerglocke	gelb	30 (45)	April–Mai	○–◑	Schöner Begleiter früh austreibender Farngestalten (*Adiantum, Polystichum braunii*)
Valeriana officinalis	Baldrian	hellrosa	30 (150)	Juni–Aug.	○–◑	Zusammen mit mittelhohen Farnen an feuchtem Stand. Gedeiht aber auch auf trockenem Platz, dann aber im Schatten
Veronica filiformis	Teppich-Männertreu (Ehrenpreis)	blau	5 (10)	März–Mai–Juni	○–◑	Als Füllpflanze zwischen locker stehenden Farnen. Übergangspflanze zum Rasen ohne Kante
Vinca minor	Immergrün	blau, violett, weiß	10 (20)	April–Mai	◔–●	Robuster Bodendecker mit reizender Blüte, geeignet als Begleiter vieler Farngestalten
Viola canina	Hundsveilchen	hellviolett	10 (20)	April–Juni	◔–●	Für Naturgärten mit heimischen Farnen. Sät sich stark aus
– *labradorica*		blau	10 (15)	April–Mai	○–◑	Rotblättriges Veilchen. Geeignet für Farntreppen mit *Woodsia, Cystopteris* und *Athyrium filix-femina* 'Bornholmiense'
– *odorata*	Duftveilchen	violett, weiß, rot, rosa, gelb	5 (20)	März–April	◔–●	Zierlicher, oft überreich blühender und stark duftender Begleiter kleiner und mittelgroßer Farne in fast allen Farngärten
– *sororia*	Maiveilchen	violett, weiß, gesprenkelt	10 (20)	April–Mai	○–◑	Verwendung wie *Viola odorata*
Waldsteinia geoides	Golderdbeere	gelb	15 (25)	April–Juni	○–◑	Wuchert nicht, daher auch mit zierlichen Farnen verwendbar

○ = volle Sonne ◔ = leicht schattig ◑ = Halbschatten ◕ = überwiegend schattig ● = voller Laubwaldschatten

Der Wurmfarn (*Dryopteris filix-mas*) und die Schneemarbel (*Luzula nivea*) ergeben ein Bild mit wildnishaftem Charakter.

Gräser

Gräser bilden nicht nur die Ernährungsgrundlage für nahezu alle Lebewesen, besonders auch für uns Menschen, sie sind auch oft Balsam für unsere Seele. Dabei ist nicht nur an das satte Grün einer Wiese im April gedacht, sondern auch an das einzelne Gras, an Grasstauden, Grashorste und Gräserteppiche. Die zarten, langen, schmalen Blätter, entweder starr aufrecht, meist aber anmutig gebogen, und die Blütenrispen in ihrer spielerischen Mannigfaltigkeit bergen soviel Eleganz, bringen soviel Rhythmus in ihr Umfeld, daß der Betrachter, auch der dickfelligste, sich dem Bann eines Grases nicht entziehen kann. Die meisten Gräser sind Sonnenpflanzen, es gibt aber auch eine gute Anzahl, die sich in Schattenpartien vorwagt, einige wenige gedeihen sogar im vollen Laubschatten.

Trotzdem muß man auch bei der Auswahl der Gräser für den Farngarten daran erinnern, daß es auf dic Bodenbeschaffenheit und die Fähigkeit des Bodens, Feuchtigkeit zu speichern und zu halten, ankommt, wie weit man Farne in Sonnenbereiche vorschicken darf, um sie mit Gräsern zu vergesellschaften, die im Schatten nicht oder nur unzureichend gedeihen. Sonneliebende Gräser neigen im Schatten nämlich dazu, umzufallen und spärlicher zu wachsen; meist entwickeln sie dann keine Blütenhalme. Es tut in der Regel nicht gut, Gräser, die Licht und Sonne brauchen, in den Schatten zu setzen. Es ist dagegen durchaus möglich, Farne in den Sonnenbereich zu den Gräsern zu rücken, sofern die Bodenfeuchtigkeit es zuläßt. Ich denke zum Beispiel an eine Kombination von Heide und ein paar Pfeifengräsern *(Molinia)* verschiedenen Charakters mit dem Rippenfarn *(Blechnum spicant)* und dem Zwergkönigsfarn (*Osmunda regalis* 'Gracilis'). Als Stauden würden dazu Bergwohlverleih *(Arnica montana)* und niedrigere Goldruten *(Solidago)* passen, wie die Sorten 'Strahlenkrone' und 'Golden Gate'.

Auch die neuen, sicher blühenden Chinaschilfsorten des Züchters Ernst Pagels, wie *Miscanthus sinensis* 'Kleine Silberspinne', 'Kaskade', 'Malepartus', 'Ferner Osten', oder die besonders zierliche Japansorte 'Yakushima Dwarf' können in einzelnen Gruppen oder auch solitär mit mittelhohen oder sogar hohen Farnen zusammengebracht werden. Zu den eleganten Gräsergestalten würden etwas ausgefallene Farnsorten gut passen, wie zum Beispiel *Dryopteris filix-mas* 'Crispa', *Dryopteris affinis* 'Crispa', 'Cristata' und 'Cristata Angustata'. Auch die Filigranfarnsorten (*Polystichum setiferum* 'Proliferum' und deren Abkömmlinge) würden den Gräsern gut zu Gesicht stehen. Sie haben den Vorteil, daß sie sicher den Winter über grün bleiben. Als Stauden wählt man für so eine Pflanzung vielleicht den Sonnenhut (*Rudbeckia fulgida* 'Goldsturm') oder verschiedene Sorten von *Sedum spectabile.*

Gräser als Begleitpflanzen für Farne

wissenschaftlicher Name	deutscher Name	Höhe (Blütenstand) in cm	Standort	Bemerkungen
Arrhenatherum elatius ssp. *bulbosum* 'Variegatum'	Glatthafer	40 (100)	○–◑	Weißbunt gestreiftes Gras. Paßt nur zu großen edlen Farngestalten (*Osmunda, Dryopteris wallichiana*)
Brachypodium sylvaticum	Waldzwenke	20 (40)	◑–●	Staudiges Gras für halb- bis vollschattige Naturgärten. Treibt früh, sät sich aus. Begleiter heimischer Waldfarne
Calamagrostis x *acutiflora* 'Karl Foerster'	Reitgras	70 (150)	○–◑	Hohes Wildgras, das die Rispen bis spät in den Herbst hält. Für sonnigere Plätze, zusammen mit großen Farnen
Carex conica 'Variegata'	Segge	10 (15)	○–◑	Zierliches Gras als Begleiter kleiner Felsfarne
– *digitata*	Fingersegge	20 (30)	○–◑	Mehr flache, überhängende Blatt- und Halmbüschel. Paßt gut zu diversen *Polystichum*-Formen
– *firma* 'Variegata'	Zwergpolstersegge	10	○–◑	Begleiter zierlicher Felsfarne, wie *Asplenium, Woodsia, Cystopteris* (besonders die weiß-gelb gestreifte Form)
– *grayi*	Morgensternsegge	40 (75)	○–◑	Schönes, Feuchtigkeit liebendes Gras mit morgensternformigen Fruchten. Gut mit *Osmunda*-Arten und *Matteuccia pensylvanica*
– *hachijoensis* 'Evergold'	Goldsegge	15 (20)	○–◑	Goldgelb-weiß gestreift, immergrün. Zusammen mit *Blechnum* und *Polystichum* Arten. Nicht zu schattig pflanzen
– *morrowii* 'Variegata'	Gestreifte Japansegge	25	◑–●	Auch für Vollschatten zwischen dekorativen Großfarnen oder teppichbildenden kleinen Farnen wie *Blechnum penna-marina, Adiantum venustum*. Sämlinge werden grün
– *muskingumensis* 'Wachtposten'	Palmwedelsegge	80	○–◑	Eigenartige Gräsergestalt für feuchte Plätze. Neben *Matteuccia, Osmunda, Thelypteris palustris*
– *pendula*	Riesensegge	50 (150)	◔–●	Großes, dekoratives, immergrünes Gras für naturhafte Waldpflanzungen, zusammen mit heimischen Großfarnen

Gräser als Begleitpflanzen für Farne

wissenschaftlicher Name	deutscher Name	Höhe (Blütenstand) in cm	Standort	Bemerkungen
– *plantaginea*	Breitblattsegge	8 (20)	○–◑	2,5 cm breite Blätter. Guter Begleiter graziler Farngestalten wie *Adiantum pedatum, Onoclea sensibilis, Polystichum*-Typen
– *sylvatica*	Waldsegge	20 (60)	◔-◕	Vielseitiges Waldgras, das niedrige (10 cm) und höchste Formen (2 m) hervorbringt. Paßt in den Naturgarten oder Waldpark. Dem Weg nahe pflanzen
Chasmanthium latifolium (*Uniola latifolia*)	Plattährengras	20	○–◑	Sonnenverträgliches Gras, das aber auch im lichten Schatten wächst. Braucht Wärme. Geeignete Farnpartner: *Polystichum munitum, Diplazium pycnocarpon, Cyrtomium*-Arten
Deschampsia cespitosa	Rasenschmiele	50 (150)	◔–◕	Dichte, dunkelgrüne Blatthorste und lockere, von Weiß über Gold bis Braun schimmernde Rispen, je nach Sorte. Zu kombinieren mit allen mittelhohen und hohen Farnen, aber der Sonne etwas zugänglich
– *flexuosa* (*Avenella flexuosa*) 'Hohe Tatra' 'Mückenschwarm'	Drahtschmiele	30 (70)	◔–●	Schattengras für mageren sauren Boden mit *Blechnum spicant* und *Dryopteris dilatata* im Heidewäldchen
Festuca gigantea	Riesenschwingel	60 (150)	◔–◕	Locker wirkendes Rispengras. Zusammen mit heimischen Waldfarnen wie *Athyrium*- und *Dryopteris*-Arten in naturnahen Gärten oder Parks
Luzula nivea 'Arctic Hair' 'Schneehäschen'	Schneemarbel	25 (40)	○–◑	Hübsches Gras mit weißen, lange haltenden Blüten. Besonders schön sind die beiden Auslesen. Sät sich mäßig aus. Paßt zu allen mittelhohen und hohen Farnen
– *pilosa*	Haarmarbel	25 (30)	◑–●	Lockeres Gras mit breiten, weiß bewimperten Blättern, grünt vor dem Farnaustrieb. Auch für den Vollschatten
– *sylvativa* 'Farnfreund' 'Hohe Tatra' 'Marginata' 'Silberhaar' 'Tauernpaß'	Waldmarbel	20 (30) 10 (20) 15 (25) 15 (25) 15 (25) 10 (20)	◑–● ◑–● ◑–● ◑–● ◑–● ◑–●	Breitblättriges (2 cm) Schattengras. Bildet bald breite Horste und kann bodendeckend verwendet werden. 'Farnfreund' ist zierlicher und besonders als Begleiter mittelhoher Farne geeignet. 'Marginata' und 'Silberhaar' eignen sich für den Rand der Pflanzung

Gräser als Begleitpflanzen für Farne

wissenschaftlicher Name	deutscher Name	Höhe (Blütenstand) in cm	Standort	Bemerkungen
Melica altissima	Perlgras	20 (100)	○–◑	Gras mit langen Blütenrispen in Weiß oder Purpurbraun. Für den lichten Bereich
'Atropurpurea'				
– *uniflora*	Einblütiges Perlgras	30 (40)	◑–●	Zierliches, leicht wucherndes Vollschattengras, zart und schön. Bildet im Laufe der Jahre größere Flächen, die durch hohe Farne aufgelockert sein sollten
Milium effusum 'Aureum'	Flattergras	30 (150)	◔–◐	Noch seltenes Gras für stark schattige Lagen. Treibt früh aus. Am schönsten ist 'Aureum', die Sorte paßt gut zu dunkelgrünen Farnen wie *Dryopteris dilatata* und *D. wallichiana*
Molinia arundinacea 'Fontäne' 'Karl Foerster' 'Transparent' 'Windspiel'	Riesenpfeifengras	80 (200) 60 (180) 80 (200) 50 (180) 80 (240)	○–◑ ○–◑ ○–◑ ○–◑	Die Riesenpfeifengräser sollten wenigstens den halben Tag lang Sonne haben. Wegen der langen Blütenhalme sind auch hohe Farne als Begleiter geeignet
– *caerulea* 'Moorhexe' 'Strahlenquelle' 'Variegata'	Pfeifengras	40 (120) 40 (100) 40 (120) 25 (60)	○–◑ ○–◑ ○–◑ ○–◑	Zusammen mit mittelhohen Schildfarnen und Wurmfarnen. Wegen der schönen Herbstfärbung eignen sich besonders Farne, die länger grün sind. Die Sorte 'Variegata' mit weißgrünem Laub fühlt sich zwischen kleineren Farnen wie *Blechnum*- und *Woodsia*-Arten wohl

Es entstehen dabei keine typischen Farnszenen, aber diese Pflanzengruppen können überaus reizvoll wirken. Jedenfalls sollen die Beispiele dazu anregen, Farne in neue Rollen zu versetzen. Die in der Tabelle genannten Gräser sind nach ihrer Schattenverträglichkeit ausgesucht. Da Gräser in vielen Fällen ihre Blütenrispen hoch über den Blattschopf ragen lassen, finden sich zwei Höhenangaben, eine für den Blattschopf und eine für die Blütenhalme. Wo die zweite Ziffer fehlt, gibt es keinen Unterschied.

Zwiebelblumen und Knollengewächse

So wuchtig und üppig Farne auch werden können, so verträglich verhalten sie sich gegenüber anderen, oft recht zarten Pflanzen, besonders wenn der Lebensrhythmus nicht unbedingt parallel abläuft. Massige Wurzelballen des Königsfarns, des Wurmfarns oder ähnlicher recht groß werdender Farne geben kleinen Zwiebelblumengewächsen gern die Chance, sich in unmittelbarer Nähe oder sogar innerhalb des Ballens relativ normal und ohne merkbare Einschränkungen zu entwickeln. In meinem Garten steht schon jahrelang ein Kaukasustürkenbund inmitten eines jetzt inzwischen achtkronigen Ballens eines Kammkönigsfarns, und an keinem Platz des Gartens habe ich eine schönere und gesündere Lilie dieser Art stehen. An anderer Stelle ist ein massiger Goldschuppenfarn durchwachsen von etlichen Märzenbechern, so üppig, daß man kaum sehen könnte, wo denn nun der Farn eines Tages im Mai wieder heraustreiben wird, wenn ich nicht sein Vorjahrslaub drangelassen hätte. Wäre es entfernt worden, was ich hauptsächlich aus Gründen des Winterschutzes meist unterlasse, hätte man den Standplatz kaum finden können, so üppig stehen da die Märzenbecher. Und so geht es mit fast allen Gewächsen dieser Kategorie.

Der Weiche Schildfarn (*Polystichum setiferum*) hat sein Grün über Winter bis zur Märzenbecherblüte gehalten.

Augenscheinlich liegt dies wohl nicht nur an dem unterschiedlichen Wachstumsrhythmus. Es spielt also nicht nur die Tatsache eine Rolle, daß Farne eben erst dann austreiben, wenn die Zwiebelblumen einziehen. Denn dann würde ja mein Kaukasustürkenbund sich nicht so wohlfühlen inmitten des zähen Königsfarns. Beide Pflanzen treiben zur selben Zeit aus und welken fast gleichzeitig im Herbst. Woran liegt es dann? Vielleicht ist der Nährstoffbedarf unterschiedlicher Art. Das, was die Vertreter aus der Urwelt, nämlich die Farne, an speziellen Stoffen brauchen, benötigen die Knollengewächse und Zwiebelblumen vielleicht gerade nicht. Oder haben beide sich womöglich im Laufe der Jahrmillionen ihrer Entwicklung in ihrem Walddasein so miteinander arrangiert, daß keiner dem anderen den Platz streitig macht, jedenfalls nicht so, daß es für den anderen tödlich ist. Wie dem auch sei, die meisten Farne vertragen sich mit den Zwiebelblumen und Knollengewächsen sehr gut.

Hier arrangiert sich der Goldschuppenfarn (*Dryopteris affinis*) mit der Herbstzeitlose und dem Italienischen Aronstab. Im Frühling stehen da auch noch kräftige Märzenbecher.

Umgekehrt ist es da schon anders. Doch das bezieht sich nur auf die zierlichen Vertreter der Farnwelt, auf die kleinen Felsfarne, die es nicht gewohnt sind, in Konkurrenz zu leben und die in unseren Gärten oft Plätze zugewiesen bekommen, die ihrem eigentlichen Lebensraum nicht entsprechen. Wenn ich einen kleinen Schwarzstengeligen Steinfederfarn *(Asplenium trichomanes)* in meinen mit locker eingefügten Felssteinen bestückten Steingarten setze und einen Tuff Schneeglöckchen dazugeselle, dann hat die Steinfeder keine großen Chancen, ganz abgesehen davon, daß das auch nicht zusammenpaßt.

Zwiebelblumen und Knollengewächse spielen eine wichtige Rolle im Farngarten, allerdings eine ganz andere als die Begleitstauden. Abgesehen von den Lilien, deren Rolle derer der Stauden entspricht und die mit den Farnen zusammen ihre Pracht entfalten, sind fast alle anderen Zwiebel- und Knollenpflanzen keine Begleiter der Farne, sondern sie bilden die Wegbereiter im Ablauf des Farngartenjahres. So wie im Wald die heimischen Frühjahrsblüher den mit Fallaub und abgestorbenen oder noch teilweise grünen Farnblättern bedeckten Boden mit ihrer oft lückenlosen Pracht überdecken, so bringen die vielen für halbschattige und schattige Plätze geeigneten Knollengewächse und Zwiebelblumen vor dem Farnaustrieb eine wahre Symphonie von Farben und Formen hervor. Sie machen dadurch oft vergessen, daß an dieser Stelle des Gartens im Sommer meterhohe Farne keinen Blick mehr zum Erdboden durchlassen.

Es eignen sich aber beileibe nicht alle Zwiebelblumen und Knollengewächse für den Farngarten, denn die meisten Pflanzen dieser Kategorie sind Steppen- oder Hochgebirgsbewohner. Nur wenige lieben Nässe. Aber eine ganze Reihe hat ihre Heimat in Wäldern und Buschlandschaften, manche wachsen am Naturstandort an sonnenabgewandten Hängen oder in schattigen bzw. wenigstens teilweise schattigen Mulden. Besonders die Wald- und Strauchbewohner, aber auch etliche der anderen mit Schatten vertrauten Knollenpflanzen und Zwiebelblumen sind für den Farngarten geeignet – und dazu gehören vor allem ein paar bezaubernde Lilien.

Zwiebelblumen und Knollengewächse unterscheiden sich aber in ihrer Tracht, also in bezug auf Blüte und Laub so sehr, daß es sich in knappen Spalten und Zeichen nicht ausdrücken läßt, wie man sie den Farnen zugesellen soll. Eine Aufzählung in einer Tabelle – so wie bei den Stauden und Gräsern geschehen – fällt hier sehr schwer. Die folgende Übersicht gibt keine Patentlösungen, dazu ist die Vielfalt und die eventuelle Anpassungsfähigkeit vieler Knollenpflanzen und Zwiebelblumen im Zusammenhang mit Farnen nicht genügend erprobt. Es bleiben also dem Farnliebhaber ausreichende Möglichkeiten, eigene Erfahrungen zu sammeln. Als Faustregel könnte gelten: Wenn die Blumen zwischen den Farnen gedeihen oder sich wenigstens über einen akzeptablen Zeitraum halten und wenn die Blüten standfest bleiben, also nicht vergeilen und durcheinander am Boden liegen, kann man sie den Farnen zugesellen.

Allium

Die Mehrzahl der vielen Zierlaucharten wächst in der Natur in steinigen Gebirgslagen und auf Wiesen. Daher sind nur wenige für den Farngarten zu verwenden. An erster Stelle steht der in fast ganz Mitteleuropa heimische Bärlauch, ein echter Waldschattenbewohner. Sein einziger Nachteil: Er hat einen intensiven herben Lauchgeruch. Für sonnigere Gartenteile können die folgenden *Allium* verwendet werden, s. Tab.

Anemone

Es ist schwer zu entscheiden, wo man die kleinen Frühlingsanemonen einordnet, ob man sie zu den Knollengewächsen oder zu den Stauden zählt. Da die Windröschen *(Anemone nemorosa* und *A. ranunculoides)* als trockene Knollen nicht im Handel erhältlich sind, werden sie bei den Stauden (Seite 177) aufgeführt. Als Knollenanemonen bleiben dann nur das Balkanwindröschen (*Anemone blanda* in Farben von Blau über Rosa bis Weiß) und die noch besser schattenverträgliche blaublühende *Anemone appenina.* Beide passen gut zu kleineren oder nicht zu üppigen Farnen, besonders aber zu wintergrünen wie *Blechnum* und *Phyllitis.*

Arum

Der Aronstab spielt im Farngarten eine Doppelrolle. Einmal als herrlich gezeichnete Blattpflanze, die bis tief in den Baumschatten eindringt. Dies gilt besonders für den Italienischen Aronstab, aber auch für einige Formen des nördlicher beheimateten gewöhnlichen Aronstabs. Zum zweiten zieren die knallroten Früchte im Herbst. Sollen die Früchte allerdings zur Geltung kommen, dürfen die Farne nur niedrig wachsen, und der Standort darf nicht zu schattig sein.

Cardiocrinum giganteum

Die Herzblattlilie mag ich eigentlich gar nicht empfehlen, weil ihre Kultur nicht einfach und die Winterhärte etwas fragwürdig ist. Sie kann aber am entsprechenden Standort zusammen mit edlen Farnarten, wie zum Beispiel *Athyrium niponicum* 'Metallicum', *Athyrium otophorum* oder *Dryopteris hondoensis* und *Dryopteris erythrosora,* einen Schwerpunkt des Farngartens bilden.

Chionodoxa

Der Schneeglanz spielt eine Hauptrolle im Vorfrühling des Farngartens. Wenn alles

Allium

wissenschaftlicher Name	deutscher Name	Blütenfarbe	Wuchshöhe (Blütenstand) in cm	Blütezeit	Standort	Verwendung in Verbindung mit Farnen
Allium cernuum – *moly*	 Goldlauch	rosa gelb	30 (40) 20 (25)	Juni–Juli Juni	○–◑ ○–◑	Beide Arten passen gut zu *Cystopteris fragilis* oder *Woodsia obtusa*, *W. polystichoides* und *Adiantum pedatum* 'Imbricatum', aber auf Abstand gesetzt
– *rosenbachianum* 'Album'	Paukenschlägerlauch	lila weiß	80 (100)	Mai–Juni	○–◑	Wirkt sehr schön zwischen mittelhohen Farnen locker eingestreut, sollte aber nicht zu schattig stehen
– *ursinum*	Bärlauch	weiß	20 (30)	Mai	◑–●	Kann im tiefsten Vollschatten stehen. Gedeiht flächendeckend zwischen allen Farnen. Liebt hohen Humusgehalt

Arum

wissenschaftlicher Name	deutscher Name	Blütenfarbe	Wuchshöhe (Blütenstand) in cm	Blütezeit	Standort	Verwendung in Verbindung mit Farnen
Arum italicum 'Marmoratum' 'Pictum'	Italienischer Aronstab	(marmoriertes Blatt) grünlich weiß (weiß geadertes Blatt)	40 (70) 40 (70) 40 (70)	Juni Juni Juni	○–◑ ○–◑ ○–◑	Das marmorierte Laub harmoniert mit allen mittelgroßen und großen Farnen. Die Früchte kommen besser zur Geltung, wenn der Farn klein ist, wie etwa der Himalaja-Frauenhaarfarn (*Adiantum venustum*)
– *maculatum*	Aronstab	grünlich weiß	20 (40)	Mai	◑–●	Entwickelt besonders schönen Fruchtschmuck

Chionodoxa

wissenschaftlicher Name	deutscher Name	Blütenfarbe	Wuchshöhe (Blütenstand) in cm	Blütezeit	Standort	Verwendung in Verbindung mit Farnen
Chionodoxa gigantea	Schneeglanz,	lilablau	8 (12)	März–April	○–◑	Abgesehen von den Felsfarnen kann man alle Schneeglanzarten und -sorten mit allen Farnen kombinieren. Allerdings ist Vorsicht geboten. Besonders *Chionodoxa luciliae* erobert sich schnell auch andere Gartenteile durch Aussaat
'Alba'	Schneestolz	weiß	8 (12)	März–April	○–◑	
– *luciliae*		himmelblau	10 (15)	März–Mai	○–◑	
'Alba'		weiß	8 (12)	März–Mai	○–◑	
'Rosea'		mattrosa	8 (12)	März–Mai	○–◑ ○–◑	
– *sardensis*		enzianblau	10 (15)	März–April	○–◑	

noch ruht, verwandelt er die Fläche in einen blauen Teppich.

Colchicum
Die Blüten der meisten Herbstzeitlosen kippen leicht um, sogar am sonnigen Platz. Trotzdem gibt es einige standfestere Typen. Das große Laub, sonst störend, wird vom Farnaustrieb bald verdeckt.

Corydalis
Der Lerchensporn spielt eine ähnliche Rolle wie Schneeglanz, Scharbockskraut und Blaustern. Einmal angesiedelt, bedeckt er im April den ganzen Farngarten, zieht aber im Mai schon ein. Wo er sich nicht auf Nachbarpflanzungen ausbreiten kann, ist er, besonders als gemischte Pflanzung, wunderschön.

Crocus
Die Blüte der Herbstkrokusse würde unter dem Laub mächtiger Farne kaum zur Geltung kommen. Wenn man sie aber am absonnigen Hang des Steingartens mit kleinen Felsfarnen, mit *Asplenium*-Arten oder mit dem flache Teppiche bildenden Neuseeländer Rippenfarn, zusammensetzt, erzielt man ganz erstaunliche Szenen. Allerdings sollte man auf den wuchernden *Crocus speciosus* verzichten. Er würde bald die zarten Farne erdrücken.

Cyclamen
Alpenveilchen sind bezaubernde Vorfrühlings- oder Spätsommerblüher. Wegen der Zartheit und auch wegen des fast immergrünen, oft stark marmorierten Laubes sollten als Partner schwachwüchsige, kaum mittelhohe Farne gewählt werden.

Eranthis
Der Winterling vermehrt sich an zusagendem Platz im Farngarten leicht durch Selbstaussaat, sofern die Farne nicht zu dicht stehen und die Vorfrühlingssonne gut hinkommt. Er schmückt oft schon mit dem vergehenden Schnee im Februar durch seine goldenen Blüten den Farngarten. Der Winterling spielt eine ähnlich wichtige Rolle wie Schneeglanz, Blaustern, Schneeglöckchen, Lerchensporn und Märzenbecher. Auf die Dauer ist nur eine Art, nämlich *Eranthis hiemalis*, geeignet.

Erythronium
Die verschiedenen Arten und die daraus hervorgegangenen Sorten des Hundszahns kommen von so unterschiedlichen Standorten, daß man jedem einzelnen den passenden Farnpartner zuordnen sollte.

Galanthus
Schneeglöckchen überwachsen bereits im Februar das abgestorbene Farnlaub. Da sie ideale Begleiter aller mittelhohen und hohen Waldfarne darstellen, fällt die Liste der Arten und Sorten etwas umfangreicher aus. Wenn auch nicht alle Sorten leicht zu bekommen sind – es lohnt sich, danach zu fahnden.

Hyacinthoides
Zum jungen halbhohen Farnaustrieb, etwas auf Abstand und in halbschattiger Lage, spielen unter den Vorfrühlingsblühern die Glockenscilla *(Hyacinthoides hispanica)* und die Waldhyazinthe *(Hyacinthoides non-scripta)* wohl die schönste Rolle.

Leucojum
Die beiden bei uns winterharten Märzenbecher (Knotenblumen) sind wunderbare Farnbegleiter, und geeignet für alle halbhohen und hohen Farne. Die im März blühende Art, auch Frühlingsknotenblume genannt, ist als Vorreiter im Farngarten zu verwenden und die Ende Mai blühende Art, das sogenannte Sommertürchen, als Begleiter des Farnaustriebs. Beide Arten und ihre Varianten haben den Vorzug, daß sie im trockenen Boden gedeihen, besonders wenn er etwas anlehmig ist, aber sie dringen auch bis in die nasse Uferzone der Gewässer vor.

Lilium
An sonnigen oder halbschattigen Plätzen können fast alle Lilien zwischen Farnen stehen, wenn der Abstand genügend groß

Colchicum

wissenschaftlicher Name	deutscher Name	Blütenfarbe	Wuchshöhe (Blütenstand) in cm	Blütezeit	Standort	Verwendung in Verbindung mit Farnen
Colchicum speciosum	Herbstzeitlose	lila mit weißem Grund	20 (25) 20 (25) 15 (20)	Aug.	○–◑	Am besten zusammen mit großen und halbhohen Farnen, möglichst zum Licht hin bei frischem Boden
'Album'		weiß		Aug.–Sept.	○–◑	
– – var. *bornmuelleri*		hellila, weißgrundig		Aug.	○–◑	
– Hybriden 'The Giant'		malvenlila	25 (30)	Sept.–Okt.	○–◑	'The Giant' ist die größte und so ziemlich die standfesteste Zeitlose. Sie paßt zwischen alle mittelhohen Farne, während 'Waterlily' wegen der leuchtenden, gefüllten Blüte besser zum Weg hin vor die Farne gesetzt wird
'Waterlily'		hellila	15 (20)	Aug.–Sept.	○–◑	

Corydalis

wissenschaftlicher Name	deutscher Name	Blütenfarbe	Wuchshöhe (Blütenstand) in cm	Blütezeit	Standort	Verwendung in Verbindung mit Farnen
Corydalis						
– *cashmeriana*	Himalaja-Lerchensporn	blau	8 (12)	Mai	○–◕	Bis auf den etwas heiklen Kaschmir-Lerchensporn, der in den Felsgarten mit entsprechenden Kleinfarnen gehört, sind die anderen am besten im großen Farngarten oder Farnwaldpark zu verwenden. Sie erobern gern andere Gartenteile
– *cava*	Hohler Lerchensporn	lilarosa	15 (35)	März–April	○–◕	
'Alba'		weißlich	15 (35)	März–April	○–◕	
– *solida*	Fingerlerchensporn	lilarosa	10 (20)	März–April	○–◕	
'Transsylvanica'	Siebenbürger Lerchensporn	zinnober	10 (20)	März–April	○–◕	

Crocus

wissenschaftlicher Name	deutscher Name	Blütenfarbe	Wuchshöhe (Blütenstand) in cm	Blütezeit	Standort	Verwendung in Verbindung mit Farnen
Frühjahrsblüher						
Crocus tomasinianus	Elfenkrokus	hellila	8 (12)	Febr.–März	○–◑	Dort wo die Laubbäume im Farngarten nicht zu dicht stehen, bilden die Elfenkrokusse durch Selbstaussaat oft einen dichten Teppich, der bei Sonne durch die weit offene Blüte oft lückenlos wirkt. Auch Gartenkrokusse mit lila, gestreiften und weißen Blüten säen sich an hellen Plätzen aus
'Albus'		weiß	8 (12)	März	○–◑	
'Barr's Purple'		tief purpurviolett	10 (15)	März	○–◑	
'Ruby Giant'		purpurviolett	10 (15)	März	○–◑	
'Whitewell Purple'		purpurviolett		März	◔–◕	
Gartenhybriden			15 (20)	März–April	○–◑	

Crocus

wissenschaftlicher Name	deutscher Name	Blütenfarbe	Wuchshöhe (Blütenstand) in cm	Blütezeit	Standort	Verwendung in Verbindung mit Farnen
Herbstblüher						
Crocus banaticus		lila	10 (15)	Okt.–Nov.	○–◑	Das sehr lange, breite Laub ist zu bedenken. Alle anderen genannten Krokosse haben dagegen normales Krokuslaub, das Ende Mai vergilbt
– *cancellatus* ssp. *cancellatus*		violettblau, purpur, gestreift	8 (10)	Sept.–Okt.	○–◑	Als Farnpartner aller Herbstkrokusse dienen *Asplenium trichomanes, Woodsia ilvensis, Cystopteris dickieana* und ähnliche, besonders aber *Blechnum penna-marina* und dessen Sorte 'Durum'
– *goulimyi*		violett	8 (10)	Okt.–Nov.	○–◑	
– *kotschyanus*		rosalila	8 (10)	Aug.–Nov.	○–◑	
– *pulchellus*		hellblau	8 (10)	Aug.–Okt.	○–◑	
'Zephyr'		innen weißlich	10 (12)	Sept.–Okt.	○–◑	
– *speciosus* 'Albus'		weiß	10 (15)	Sept.–Nov.	○–◑	

Cyclamen

wissenschaftlicher Name	deutscher Name	Blütenfarbe	Wuchshöhe (Blütenstand) in cm	Blütezeit	Standort	Verwendung in Verbindung mit Farnen
Cyclamen coum	Vorfrühlingsalpenveilchen	rosarot	5 (10)	Jan.–April	○–◑	Als Farnpartner in übersichtlicher, geschützter Lage dienen: *Athyrium niponicum* und dessen Sorte 'Metallicum', *Dryopteris hondoensis, D. erythrosora*'Gracilis'. Alle *Phyllitis*-Formen, *Polystichum acrostichoides, P. tripteron, P. mohrioides* und *Woodsia polystichoides*
'Album'		weiß	5 (10)	Jan.–April	○–◑	
– *hederifolium*	Herbstalpenveilchen	hellrosa	5 (10)	Aug.–Sept.	○–◑	
'Album'		weiß	5 (10)	Aug.–Sept.	○–◑	

Erythronium

wissenschaftlicher Name	deutscher Name	Blütenfarbe	Wuchshöhe (Blütenstand) in cm	Blütezeit	Standort	Verwendung in Verbindung mit Farnen
Erythronium dens canis	Hundszahn	rosa bis weiß	7 (10)	März–April	○–◑	Liebt sauren Boden. Paßt gut zu *Blechnum spicant* und *B. penna-marina*
– *revolutum*	Sumpfhundszahn	rosa	15 (20)	Mai	○–◑	Eventuell mit *Thelypteris hexagonoptera* zu kombinieren, allerdings mit Abstand
'White Beauty'		weiß	15 (20	Mai	○–◑	
– *tuolumnense*		hellgelb	30 (40)	Mai	○–◑	Die Art und ihre beiden Sorten können mit mittelhohen Farnen kombiniert werden, wenn man etwas Abstand wahrt
'Jeanine'		gelb	30 (40)	Mai	○–◑	
'Pagoda'		gelb	30 (40)	Mai	○–◑	

Galanthus

wissenschaftlicher Name	deutscher Name	Blütenfarbe	Wuchshöhe (Blütenstand) in cm	Blütezeit	Standort	Verwendung in Verbindung mit Farnen
Galanthus caucasicus		weiß	10 (15)	Jan.–März	○–◑	Blätter bläulich, breit. Etwas empfindlich
– *ikariae*		weiß	10 (15)	Febr.–März	○–◑	Blätter tiefgrün, glänzend
– *nivalis*	einheimisches Schneeglöckchen	weiß	10 (20)	Febr.	○–◑	Robust, sät sich aus
'Atkinsii'		weiß	15 (25)	Jan.–März	○–◑	Großblumig. Frühestes Schneeglöckchen. Sehr wüchsig
'Brenda Troyle'		weiß	15 (25)	März	○–◑	Riesenblumig. Breites Blatt
'Hortensis'	gefülltes Schneeglöckchen	weiß, grün gefüllt	10 (15)	Febr.–März	○–◑	Steril, aber wüchsig
'Lady Elphinstone'		weiß, gelb gefüllt	10 (15)	Febr.–März	○–◑	Wüchsig
'Magnet'		weiß	15 (20)	•	○–◑	Großblumig mit langen Stielchen
'Merlin'		weiß	15 (20)	Febr.–März	○–◑	Große Blüten mit kräftig grüner Mittelröhre
'S. Arnot'		weiß	10 (15)	Febr.–März	○–◑	Große, runde Blüten. Wüchsig
'Straffan'		weiß	15 (20)	März–April	○–◑	Doppelter Schaft. Robust. Blüht sehr spät
'Viridapicis'		weiß mit grüner Spitze	15 (20)	Febr.–März	○–◑	Hochwüchsig. Großblumig
'Warham'		weiß	15 (20)	Febr.–März	○–◑	Längliche Blüte. Spätblühend

Hyacinthoides

wissenschaftlicher Name	deutscher Name	Blütenfarbe	Wuchshöhe (Blütenstand) in cm	Blütezeit	Standort	Verwendung in Verbindung mit Farnen
Hyacinthoides hispanica (Scilla campanulata) 'Dainty Maid' 'Excelsior' 'La Grandessa'	Glockenscilla	rosa blau weiß	20 (30) 30 (40) 20 (30)	Mai Mai Mai	○–◑ ○–◑ ○–◑	Gedeiht selbst noch zwischen hohen Wurmfarnen, schöner aber wirken die Blüten zwischen nicht so wuchtigen, dafür edleren Farnen. Art und Sorten säen sich aus und bilden Varianten
– *non-scripta (Scilla non-scripta)*	Waldhyazinthe engl. Blue Bells	blau	20 (30)	Mai	○–◑	Für den Naturgarten in lockerer Pflanzung, auch für eine mit Farnen kombinierte Waldwiese. Sät sich aus

gewählt ist. Für schattigere Partien allerdings eignen sich besonders die genannten Arten und deren Hybriden.

Muscari
Von den Traubenhyazinthen eignet sich nur eine Art mit einer ihrer Varietäten, und zwar in Verbindung mit kleinen Felsfarnen. Alle anderen Traubenhyazinthen überwuchern die kleinen Farne, und zwischen den großen gehen sie unter.

Narzissus
Narzissen können in zusagenden Böden sehr schnell gewaltige Laubbüschel entwickeln, die den Farnaustrieb behindern. Darum sollte man möglichst Sorten mit schmalerem Laub wählen, wie die sogenannten Kleinkronigen Narzissen, die Cyclamineus-Hybriden oder die Jonquillen. Steht in einem Park oder einem großen Garten eine größere Fläche, besetzt mit Straußfarn *(Matteuccia struthiopteris)* zur Verfügung, so kann man da hinein jede Narzisse – auch mit kräftigerem Wuchs – setzen. Im April hat man dann eine Narzissenwiese und im Sommer ein hellgrünes Farngewoge.

Dryopteris marginalis wird nicht so wuchtig und kontrastiert sehr schön zur blauen Glokkenscilla (*Hyacinthoides hispanica*).

Sortenvorschläge:
Kleinkronige Narzissen: 'Barret Browning', 'Binkie', 'La Riante', 'Limerick'
Cyclamineus-Narzissen: 'February Gold', 'February Silver', 'Jack Snipe', 'Peeping Tom'
Jonquillen: 'Suzy', 'Tittle Tattle'
Dem eigenen Geschmack seien damit aber keine Grenzen gesetzt.

Ranunculus ficaria
Das Scharbockskraut ist mit seinen gut einem halben Dutzend Varianten einer der wichtigsten und auch robustesten Farnbegleiter. Mit seinen glänzendgrünen oder auch braun marmorierten Blättern, übersät mit sattgelben, rahmweißen oder auch kupferroten Blütensternen, bedeckt es im März-April den Boden um die Farne fast lückenlos. Nur Vorsicht! Das Scharbockskraut, besonders die Wildform, läßt – abgesehen von Lerchensporn, Schneeglöckchen und Märzenbecher – kaum einer anderen Blume zur Frühlingszeit eine Chance. Außerdem kann es in Windeseile Gartenteile erobern, in denen es womöglich ausgesprochen unerwünscht ist.

Scilla
Die im März blühenden Blausternchen spielen wie die Glockenscilla *(Hyacinthoides hispanica)* eine sehr wichtige Rolle im Farngarten. Zusammen mit *Chionodoxa*, als Wegbereiter im März, blühen das Sibirische Blausternchen *(Scilla siberica)* und das zweiblättrige *Scilla bifolia.* Zuallererst, meist zusammen mit *Eranthis*, blüht *Scilla mischtschenkoana.*

Tulipa sylvestris
Tulpen gehören, ebensowenig wie Hyazinthen, in einen Farngarten. Lediglich unsere heimische Waldtulpe *(Tulipa sylvestris)* kann flächig im naturhaften Farngarten eingesetzt werden, wenn die Farne und die Begleitstauden nicht zu eng stehen. Entscheidend ist, daß man einen guten, blühenden Typ erhält. Oft bildet die Waldtulpe aufgrund der Ausläufer einen Rasen, ohne jemals zu blühen.

Leucojum

wissenschaftlicher Name	deutscher Name	Blütenfarbe	Wuchshöhe (Blütenstand) in cm	Blütezeit	Standort	Verwendung in Verbindung mit Farnen
Leucojum aestivum	Sommertürchen	weiß	30 (45)	Mai–Juni	○–◑	Drei bis fünf Blüten pro Stiel
'Gravetye Giant'		weiß	30 (45)	Mai–Juni	○–◑	Kräftiger als die Art. Sechs bis acht Blüten pro Stiel
– *vernum*	Märzenbecher	weiß	20 (30)	März–April	◔–●	Mittelgroße Blüten mit grünem oder grüngelbem Knoten
'Carpaticum'		weiß	20 (30)	März–April	◔–●	Großblumig mit gelbem Knoten
'Vagneri'		weiß	20 (25)	März–April	◔–●	Meistens zwei Blüten pro Stiel. Blüten mit grünen Knoten. Wächst sehr üppig und breitblättig

Lilium

wissenschaftlicher Name	deutscher Name	Blütenfarbe	Wuchshöhe (Blütenstand) in cm	Blütezeit	Standort	Verwendung in Verbindung mit Farnen
Lilium hansonii *Hansonii*-Hybriden (*martagon* x *L. hansonii*)		gelb gelb bis orange	80 (120) 100 (150)	Juni Juni–Juli	○–◑ ○–◕	Der Boden darf nicht zu sauer sein. Oft hilft eine punktuelle Kalkgabe am Fuß der Lilien
– *martagon*	Türkenbundlilie	lilarosa	80 (120)	Juni–Juli	○–◕	
'Album'		weiß				
– *monadelphum*	Kaukasustürkenbund	gelb	60 (120)	Juni	◔–◕	Blüht mit *L. szovitsianum* am frühesten. Liebt humusreichen Boden. Sehr robust
– *pardalinum* – Bellingham-Hybriden (*L-Pardalinum*-Hybriden)	Pantherlilie	orangerot gelb bis rot	150 100 (120)	Juli Juli	○–◑ ○–◑	Die Pantherlilie und ihre Hybriden lieben besonders sandig humosen, feuchten Boden und können mit *Dryopteris cristata* oder *Thelypteris palustris* am Teich stehen
– *szovitsianum*		hellgelb	60 (120)	Juni	◔–◕	Eigenschaften wie *L. monadelphum*

Muscari

wissenschaftlicher Name	deutscher Name	Blütenfarbe	Wuchshöhe (Blütenstand) in cm	Blütezeit	Standort	Verwendung in Verbindung mit Farnen
Muscari azureum (*Hyacinthella azurea*) – – var. *album*		blau weiß	7 (15) 7 (15)	Febr.–März Febr.–März	○–◑ ○–◑	Gut im Felsgarten mit *Asplenium*- und *Woodsia*-Arten

Ranunculus ficaria

wissenschaftlicher Name	deutscher Name	Blütenfarbe	Wuchshöhe (Blütenstand) in cm	Blütezeit	Standort	Verwendung in Verbindung mit Farnen
Ranunculus ficaria	Scharbockskraut	goldgelb	8 (15)	März–April	○–◑	Nur für den Naturgarten, wird leicht lästig. Weiße Form lange nicht so wüchsig wie die Art
'Alba'		weiß	8 (15)	März–April	○–◑	
'Alba Plena'		weiß mit Grün	5 (10)	März–April	○–◑	Dicht gefüllte Blüten
'Caltiflora' ('Grandiflora')		gelb	10 (20)	März–April	○–◑	Kräftiges Blatt. Großblumig
'Colarette' ('Aurantiaca')		gelb	8 (15)	März–April	○–◑	Braun marmoriertes Blatt. Locker wachsend. Gefüllt blühend
'Cuprea'		kupferrot	8 (15)	März–April	○–◑	Marmoriertes Blatt. Einfache Blüte, sehr edel
'Plena'		gelb	8 (15)	März–April	○–◑	Gefüllt mit kräftigen Blüten
'Salmons White'		cremeweiß	8 (15)	März–April	○–◑	Riesige Blüten. Breitet sich kräftig aus

Scilla

wissenschaftlicher Name	deutscher Name	Blütenfarbe	Wuchshöhe (Blütenstand) in cm	Blütezeit	Standort	Verwendung in Verbindung mit Farnen
Scilla bifolia	Sternhyazinthe	blau	15	März	○–◑	Beide Sternhyazinthen eignen sich nur, wenn die Farne nicht so wuchtig werden
'Rosea'		rosa	15 (20)	März	○–◑	
– *siberica*	Blausternchen	blau	12 (18)	März		Verwendung wie *Chionodoxa*. Schließen mit der Blüte daran an. Säen sich, abgesehen von 'Spring Beauty', das steril ist, schnell aus
'Alba'		weiß	10 (15)	März		
'Spring Beauty'		blau				
– *mischtschenkoana* (*S. tubergeniana*)		hellblau	10 (15)	Febr.–März	○–◑	Darf nicht zu nah an die Farne gesetzt werden

Kulturhinweise

Wer an seinen Farnen im Garten Freude haben will, muß sich mit der Vorbereitung des Pflanzplatzes oder, bei größeren Anlagen, mit dem gesamten Boden etwas Mühe geben. Farne gedeihen am besten in Böden, die sich im Charakter dem Waldhumus nähern. Waldböden sind reich an organischen Bestandteilen, an Laub- und Holzteilen, die sich – besonders in der Oberschicht – in einem teilverrotteten Zustand befinden. Einen solchen Bodentyp sollte man für seine Farne anstreben. Kalkfreier Gartenkompost, eventuell Torf (auf den man aber verzichten kann), stark verrottete, gehäckselte Zweige, Laubhumus (den man durch Häckseln von Falllaub schnell herstellen kann) bilden die Grundlage für die zu verwendenden Zusätze.

Bodenvorbereitung und Pflanzung

Ist der Boden des vorgesehenen Standorts von vornherein gut und humos, braucht man für die 20 cm starke Pflanzschicht höchstens einen Anteil von 20 Prozent Humus hinzusetzen. Bei sandigem Boden fügt man bis zu 30 Prozent und etwas Lehm hinzu. Ist der Boden stark lehmig, bringt man bis zu 40 Prozent Humus ein und zusätzlich 10 bis 15 Prozent groben Sand. Die Zusätze werden in die obere Bodenschicht eingearbeitet und gut vermischt. Während man die Humusgaben aus den oben genannten Bestandteilen so nehmen kann, wie man es gerade vorliegen hat, so sollte man doch immer darauf achten, daß auch reichlich grobe Teile von 5 bis 30 mm Länge dabei sind und daß der pH-Wert nicht über 6 steigt, besser noch, daß er zwischen 5 und 6 bleibt.

Beim Einarbeiten des Humussubstrates, oder noch besser vorher, sollten alle Wurzelunkräuter, wie Giersch *(Aegopodium podagraria)*, Ackerwinde, Distel und Quecke, restlos entfernt werden. Wenn zum Beispiel der Giersch erst einmal in den Wurzelballen eines Farns eingedrungen ist, wird er von dort immer wieder in die Umgebung auswuchern.

Für die kleinen Felsfarne der Gattungen *Asplenium, Woodsia, Cystopteris* muß die Erdmischung etwas anders zusammengesetzt werden. (Für den Fall, daß die Farne am Nordhang oder in Gesteinsfugen des Alpinums gesetzt werden sollen, gilt dies auch für *Phyllitis.*) Die Humusanteile müssen geringer und die Lehmanteile wesentlich reichlicher sein. Wichtig ist, daß der Boden bindiger wird und auch länger die Feuchtigkeit hält. Genaue Anteile der Mischung lassen sich schwer angeben. Man muß dabei nach Gefühl vorgehen. Immer aber muß die Mischung so sein, daß der Lehmanteil sichtbar ist.

Pflanzzeit. Pflanzen kann man alle Farne fast ganzjährig, am besten aber vom Beginn des Austriebs im April bis hinein in den Spätsommer Ende August. Die ungünstigste Zeit ist der Spätherbst und selbstverständlich der Winter, da selbst bei günstiger Witterung und im Winter bei offenem Boden die Pflanzen hochfrieren, wenn eine Frostperiode folgt. Am besten läßt sich Containerware pflanzen, aber auch Farne, die direkt aus dem Boden kommen. Bei solchen Pflanzen sollte man aber auf die Wurzeln achten. Sie dürfen nicht austrocknen.

Vor dem Pflanzen wird der Boden noch einmal tief gelockert. Das **Pflanzloch** sollte etwa doppelt so breit und um ein Drittel tiefer sein als der Farnballen. Was den Abstand der Pflanzen zueinander betrifft, muß man sich erkundigen, wie groß ein Farn ausgewachsen sein wird. Allerdings wird man meistens seine Farne anfangs etwas enger setzen, um nicht ein gar zu kahles Areal zu haben. Containerpflanzen werden gut angedrückt, kleinere Pflanzen ohne Wurzelballen ebenfalls. Große Farne sollte man gut einschlämmen und nach Abzug des Wassers fest andrükken oder antreten. Wenn man während der Wachstumsperiode pflanzt – das kommt oft genug vor, wenn man nämlich irgendwo ein paar besonders schöne Farne erwerben konnte –, sollte man das Laub mindestens auf die Hälfte einkürzen. Große Farnpflanzen müssen trotz des Einkürzens zunächst auch angebunden werden. Bei Trockenheit muß im ersten Jahr auch regelmäßig – aber nicht übermäßig – gegossen werden.

Will man **Felsfarne an einer Mauer** – zum Beispiel des fertigen Senkgartens oder an der Stützmauer des Terrassengartens – pflanzen, muß man sehr sorgfältig vorgehen. Zunächst muß man sich etwas Füllsubstrat anmischen, das durch reichliche Lehmanteile recht bindig und teigig angefeuchtet sein muß. Das Pflanzloch wird mit einem schmalen Spatel oder einem recht breiten Schraubenzieher so tief wie möglich und etwa eine Handbreit in die Fuge der Mauer gebröselt. Das Loch muß dann gut angefeuchtet werden, eventuell sogar über einen Tag lang mehrmals. Dann legt man die Farnwurzeln, so tief es geht, ins Loch und füllt Schritt für Schritt sorgfältig auf. Es darf keine Luft im Pflanzloch bleiben, sonst ist das Anwachsen in Frage gestellt.

Nicht ganz so heikel verhält es sich mit dem Pflanzen, wenn man die Farne schon während des Baues der Mauer einfügt. Man legt die Pflanze mit reichlich Pflanzsubstrat einfach auf die letzte Steinschicht und fügt dann reichlich Pflanzensubstrat in die Fuge ein. Dann setzt man die nächste Steinschicht darauf. Dabei ist es gleich, ob die Fuge mit Lehm oder Zementmörtel geschlossen wird. Sowohl beim Nachpflanzen von Farnen in eine fertige Mauer als auch beim Pflanzen zusammen mit dem Bau einer Farnmauer muß darauf geachtet werden, daß die Fugen später nicht austrocknen. Die Anwachsphase dauert bei solchen kleinen Farnen oft mehr als zwei Jahre. So lange muß bei längerer Trockenheit durch Übersprühen gewässert werden.

Pflegemaßnahmen

Die Pflege einer Farnpflanzung ähnelt der einer normalen Staudenpflanzung. Immer sollte man auf Wucherunkräuter achten, Brennesseln entfernen, Giersch gar nicht erst aufkommen lassen. Saatunkräuter machen nur am Anfang Ärger. Später haben sie gegen den Farn keine Chance mehr.
Trockene Standorte müssen bei längerer Dürre einmal wöchentlich intensiv gewässert werden. Besonders Königsfarne und Straußfarne reagieren sehr empfindlich auf Trockenheit. Sind die Wedel erst einmal eingetrocknet, richten sie sich nicht wieder auf. Die Pflanze treibt allerdings meist wieder aus, jedoch stark geschwächt.

Das Laub sollte man im Winter an den Pflanzen lassen – als Schutz und als Humuslieferant. Wem das zu unordentlich erscheint, der schneidet es im Spätherbst ab, häckselt es, vermischt das Häckselgut mit einem Drittel Volumenanteil Kompost und streut die Mischung 3 bis 5 cm dick wieder aus. Das ist Schutz und Düngung zugleich. Eine zusätzliche Düngung ist meist nicht erforderlich. Wer am Wachstum seiner Farne etwas auszusetzen hat, kann aber mit Trockenrinderdung (eine 5 mm starke Auflage), verrottetem Naturdung (2 cm), mit Kompost (kalkfrei), Laubhumus, Rindenmulch und Rindenkompost (alle etwa 3 cm) im Spätherbst oder auch im zeitigen Frühjahr düngen. Bei starken Wachstumsmängeln läßt sich auch chloridfreier Mineralvolldünger verwenden (Blaukorn und ähnliches), und zwar gibt man 25 g pro m^2, die man trocken unter die Wedel streut, anschließend wird gut gewässert!

Farne in dichten Efeupflanzungen und Beständen von Immergrün *(Vinca)* oder auch Farne zwischen *Pachysandra*, Waldmeister und ähnlichen sollten einmal im Jahr, am besten beim Austrieb, auf etwa 30 bis 60 cm im Umkreis von den sie umgebenden bodendeckenden Pflanzen freigeschnitten werden. Auch alle Wurzelreste muß man entfernen. Danach füllt man die entstandene »Farnscheibe«, den freigewordenen Raum, mit einer Mischung aus Kompost und Torf, mit Eichen- oder Buchenlauberde oder auch mit Rindenkompost auf. Ein halber Löffel voll chloridfreiem Volldünger (Blaukorn), kombiniert mit reichlich Feuchtigkeit während der folgenden sechs Wochen, fördert zusätzlich das Wachstum.

Alte Farnstöcke, besonders die der drei Straußfarne *Matteuccia orientales, M. pensylvanica* und *M. struthiopteris*, aber auch verschiedene Schildfarne *(Polystichum)* und Wurmfarne *(Dryopteris)* wachsen mit zunehmendem Alter aus dem Boden heraus. Sie bilden eine Art Stamm aus, ähnlich wie die echten Baumfarne. Allerdings leidet das Wachstum bei unseren Gartenfarnen darunter. Daher ist es ratsam, die herausragenden Rhizomteile mit einem Substrat anzuschütten, ähnlich wie man es auch bei der Behandlung der Farne, die von Bodendeckern bedrängt werden, benutzt. Ragt ein Farn zu weit heraus, sollte man ihn ausgraben und tiefer setzen. Das ist besonders bei dem doch recht kostbaren Amerikanischen Straußfarn *(Matteuccia pensylvanica)* zu empfehlen.

Eine kleine Schönheitspflege wäre noch anzuraten. Bei den Rispenfarnen *(Osmunda)* welken die Sporenwedel nach dem Stäuben der Sporen mehr oder weniger schnell. Bei *Osmunda cinnamomea*, dem Zimtfarn, welken sie sofort ganz weg. Bei den beiden anderen Arten, dem Königsfarn und dem Kronenfarn *(Osmunda regalis* bzw. *O. claytoniana)* dauert es etwas länger. Trotzdem sehen diese Wedel unschön aus, und es ist, um die Pflanze ansehnlich zu erhalten, nur gut, wenn man alle Sporenwedel bis zum Grund ausputzt.

Auch wenn einmal aufgrund längerer Trockenheit einzelne Blattwedel vertrocknen, was bei den Rispenfarnen, aber auch bei anderen leicht passieren kann, sollte man die vertrockneten Wedel ausputzen. Sind es sehr viele, so sieht der Farn etwas gerupft aus. Abgesehen von *Osmunda* treiben oft sehr schnell neue Wedel durch. Die Rispenfarne bleiben jedoch so während der ganzen Vegetationsperiode. Sie kommen aber im nächsten Jahr nahezu ungeschwächt wieder.

Winterschutz

Wenn man ein Rezept für die Maßnahmen zur Überwinterung der Farne haben möchte, muß man der Natur auf die Finger schauen. Normalerweise kann man davon ausgehen, daß alle Farne winterhart sind, die in unseren Regionen vorkommen. Nur wenn irgendwelche Störungen auftreten, kann ein Farn den Winter über erfrieren. Wenn zum Beispiel ein Erdbruch an einer Böschung einen Teil der Wurzeln freilegt, oder wenn Kahlfröste längere Zeit, verbunden mit austrocknenden Winden, direkt an den Rhizomkopf gelangen, kann ein Farn schon Schaden erleiden. Meist übersteht er aber auch solche Unbilden, und dann treibt er, weil die oberen Wedelanlagen erfroren sind, im späteren Frühling doch noch aus.

Aber das sind Ausnahmen, denn die Farne werden in der Regel von Natur aus vor solchen extremen Verhältnissen geschützt. Schließlich fängt sich immer eine Schicht Fallaub um den Farn, so daß das Rhizom geschützt ist. Dies gilt auch, wenn Farne freier stehen. Außerdem sorgen die alten Wedel für Schutz. Sie knicken ein und bilden oft eine lockere Schutzhaube. Absolut wintergrüne Farne, wie zum Beispiel der Glanzschildfarn *(Polystichum aculeatum)*, dessen Wedeltrichter den Winter über erhalten bleiben, fangen Fallaub in der Trichtermitte und schützen sich so. Letztendlich ist in vielen Gegenden unseres Landes noch der Schnee als Schutzschicht zu nennen. Nicht ohne Grund wachsen die Farne in Mittelgebirgslagen am besten, wo regelmäßig mit Schnee zu rechnen ist.

Nun liegen die Verhältnisse im Garten etwas anders, und man muß zusehen, was man von den natürlichen Schutzvorkehrungen übernehmen kann, zumal ja viele unserer Gartenfarne aus klimatisch milderen Gegenden stammen und besonderer Beachtung bedürfen.

Schutz nach natürlichem Vorbild

Wenn die Gartenverhältnisse es zulassen, wenn also zum Beispiel der Garten nicht zu klein ist und ohnehin in einem weitgehend der Natur angelehnten Zustand gestaltet wird, ist alles ganz einfach. Man läßt das Laub der Bäume und auch die Nadeln im Herbst einfach so liegen, so wie sie sich von selbst angesammelt haben. Nicht überall im Garten gibt es allerdings genügend Fallaub. Dort muß man nachhelfen, indem man von Wegen, Rasenflächen und Plätzen das fehlende Laub herbeischafft und locker überstreut. Es genügt für normal winterharte Gartenfarne, wenn die Schicht etwa fünf Laubblätter dick liegt, bezogen auf relativ frisch gefallenes Laub. In Waldlagen und besonders in Parks, wo diese Methode des Winterschutzes eigentlich die einzig praktikable ist, kann die Laubschicht erheblich dicker werden. Das schadet gar nicht, denn erstens sackt das Laub im Laufe des Winters erheblich zusammen, und zweitens reichert es den Boden mit organischem Material an und sorgt so dafür, daß die Farne besonders üppig wachsen. Ersticken können die Farne nicht. Selbst kleine Laubberge, die eventuell aus Unachtsamkeit einmal liegenbleiben, werden von den treibenden Wedeln mühelos durchstoßen.

Wenn etwas empfindlichere Farne in der Pflanzung stehen, wie zum Beispiel der Ilexfarn *(Cyrtomium)* oder der Brokatfarn (*Athyrium niponicum* 'Metallicum'), so braucht man nur die Schicht um den Rhizomkopf dicker aufzuschütten (10 bis 15 cm stark). Beim nicht wintergrünen Brokatfarn bringt man die Laubschüttung einfach auf den Rhizomkopf aus, so daß etwa ein Umkreis von einem halben Meter bedeckt ist. Beim Ilexfarn geht man ebenso vor, nur läßt man die Wedel herausschauen. Sowohl der normale Laubschutz als auch die zusätzliche Schicht, die man für die »weicheren« Arten aufbringt, brauchen oder besser noch dürfen im Frühling nicht entfernt werden. Für das Verteilen sorgen die Drosseln. Das Durchtreiben der vielen Frühlingsblüher (Schneeglöckchen, Märzenbecher, Blaustern usw.) verbietet aber jede Störung der Schicht. Selbst mit der Hand würde man vieles zerstören.

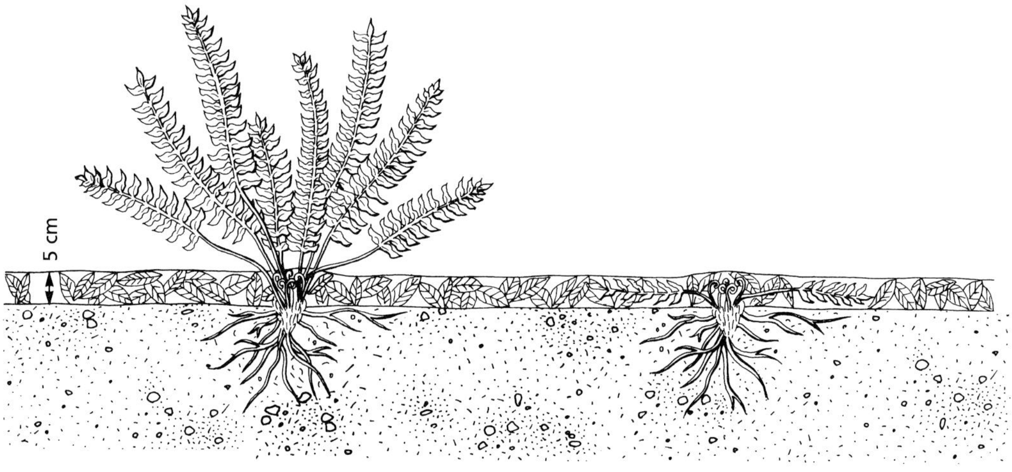

Winterschutz für Farne im Naturgarten durch die anfallende Schicht aus Fallaub. Links: Bei wintergrünen und auch teilweise wintergrünen Farnen bleiben die Wedel am Stock. Rechts: Bei einziehenden Farnen welken die Wedel ab und vermischen sich mit dem Fallaub.

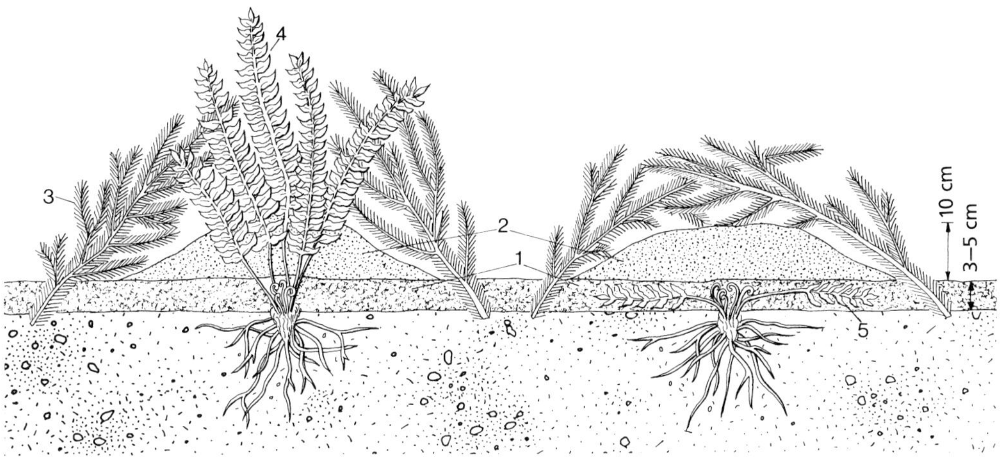

Schutz für empfindliche Farne im Naturgarten. Links: Wintergrüner Farn. Rechts: Einziehender Farn.
1 Normale Fallaubschicht von 5 cm Dicke, 2 Zusatzschicht um den Farn herum aus Fallaub, etwa 10 cm dick, 3 Fichtenreisig oder ähnliches zum Schutz vor Wind und scharrenden Vögeln, 4 die Wedel des Farns bleiben frei,
5 die abgewelkten Wedel liegen in der Laubschicht.

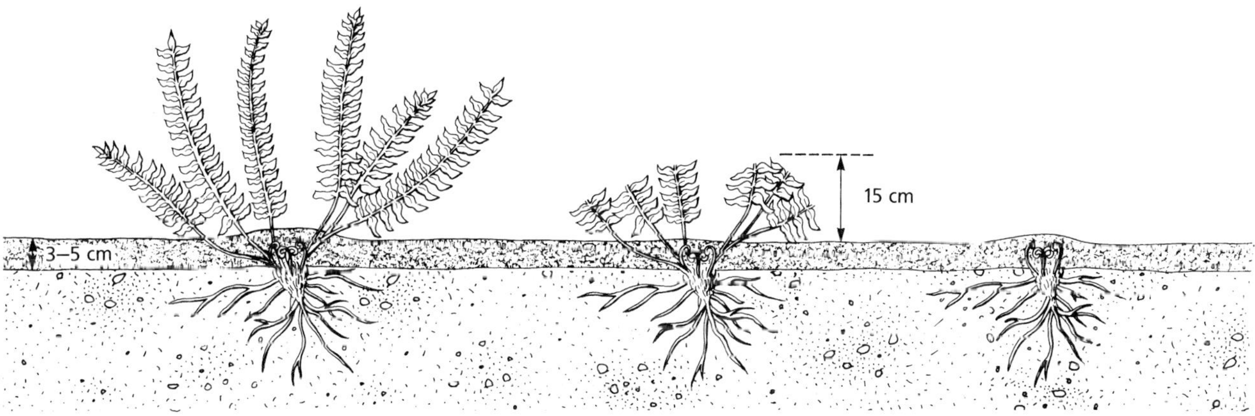

Winterschutz für Farne mit normaler Winterhärte im gepflegten Hausgarten. Links: Wintergrüne Farne erhalten rundum eine 3 bis 5 cm dicke Schicht aus Laubhumus oder Häckselgut. Mitte: Halbwintergrüne Farne werden zuvor auf 15 bis 20 cm zurückgeschnitten. Rechts: Bei einziehenden Farnen werden die abgewelkten Wedel belassen oder entfernt. Dann bedeckt man den Standort.

Schutz im »gepflegten« Hausgarten

Wir sind es nicht immer gewohnt, eine Fläche im Garten mit herbstlichem Fallaub zu belassen. Die meisten Menschen empfinden das als »unordentlich«, und sie ruhen im Herbst nicht eher, bis alles Laub entfernt ist. Außerdem gibt es im Liebhabergarten viele Ecken und Partien, in denen zarte Pflanzen stehen, die eine grobe Laubschicht nicht verkraften. Ich denke nur an mein »Spezialbeet«, auf dem ich viele kleine Alpenveilchen *(Cyclamen coum* und *C. hederifolium),* aber auch *Adonis amurensis, Trillium* und eine Anzahl spezieller Schneeglöckchen mit mittelhohem Farn zusammenstehen habe. Auf diesem Beet ist grobes Fallaub fehl am Platz. Die Farne, besonders aber die empfindlichen, müssen trotzdem geschützt werden, sowohl im leergeharkten Garten als auch auf dem Spezialbeet. Das geschieht im Grunde in beiden Fällen auf die gleiche Art und Weise. Für den Fall des Spezialbeetes muß man sich allerdings ein bißchen mehr Mühe geben.

Im Prinzip sollte man das, was man durch Abharken und Absammeln entfernt hat, dem Boden wieder zufügen. Dafür eignet sich halbverrotteter Kompost oder das zusammengeharkte, halbverrottete Laub vom Vorjahr, wenn man keinen Kompost hat. Vielleicht kann man etwas Rindenmulch hinzutun. Torf eignet sich ebenso, er ist aber meist zu fein. Außerdem säuert er in vielen Fällen den Boden zu stark an. Ich wende seit einiger Zeit eine andere Methode an, die als Schutzmaßnahme der natürlichen Laubschüttung fast identisch ist. Alles, was während des Herbstes an Fallaub und auch an abgeschnittenen Stengeln und abgeknickten Farnwedeln anfällt, wird durch den Häcksler geschickt und gleich anschließend, meist mit etwas Kompost vermischt, dem Gartenteil wieder zugefügt. Der Vorteil dabei ist, daß das grob gehäckselte Laub eine fast gleiche Wärmedämmwirkung hat wie das Fallaub und dadurch das Eindringen der Kälte abschwächt. Empfindliche Farne bekommen die übliche Zusatzschicht. Damit diese nicht vom Wind oder besonders von den Drosseln abgetragen wird, steckt man etwas Tannenreisig (oder ähnliches) herum. Im Frühling, Anfang bis Mitte März, wird dann nur das Tannengrün entfernt. Wichtig ist in jedem Fall, daß die Wedel empfindlicher wintergrüner Farne aus dem Schutz herausschauen müssen. Farne, die den Winter über ihre Form halten und nicht oder kaum umknicken, sollten im Herbst nicht abgeschnitten werden, sondern erst kurz vor dem neuen Austrieb.

Schutzmaßnahmen, die von der Norm abweichen

Die Felsfarne, also Kleinfarne, die in Mauerfugen und Steinzwischenräumen wachsen, wie *Asplenium* und *Cystopteris, Cryptogramma* und einige *Woodsia*-Arten, bedürfen im Winter keines Schutzes. Eine Ausnahme besteht nur, wenn der Standort zuviel Wintersonne bekommt oder wenn er zu sehr austrocknenden Ostwinden ausgesetzt ist. Als Schutz dagegen genügt ganz locker angebrachtes Fichten- oder Tannenreisig. Es ist besser, zuwenig als zuviel zu nehmen, denn es soll nur dazu dienen, daß zu extreme Situationen abgemildert werden.

Ganz anders verhält es sich mit den Pelzfarnen *(Cheilanthes)* und auch mit dem Schriftfarn *(Ceterach)*. Sie müssen im Winter vor zuviel Feuchtigkeit geschützt werden. Abgesehen davon, daß man schon beim Pflanzen darauf achten muß, daß der Boden durchlässig ist oder durchlässig gemacht wird, sollte man im Winter etwas über den Farn legen oder spannen, das den Regen abhält. Dabei muß man darauf achten, daß zwischen Farn und Schutzschirm ein Abstand von etwa 10 bis 15 cm herrscht. In Gegenden, wo über Winter eine geschlossene Schneedecke liegt, erübrigt sich das.

Vermehrung und Anzucht

Die einfachste Art, Farne zu vermehren, ist, sie zu teilen. Allerdings erhält man dabei nur wenige Exemplare, und daher eignet sich diese Methode nur für den Farnliebhaber, der einem Mitinteressenten einen seltenen Farn abgeben möchte.

Die vegetative Vermehrung

Die Teilung alter Pflanzen

Alte, große Stöcke, etwa von *Osmunda regalis, Dryopteris filix-mas* und auch von *Athyrium filix-femina*, sticht man am Standplatz mit einem scharfen Spaten zwischen den Rhizomköpfen tief durch. Dann holt man die ganze Staude oder auch Teile aus dem Boden und trennt sie völlig. Dabei sollte man die Wurzeln, soweit es geht, schonen und abgetrenntes Wurzelgeflecht vorsichtig aus dem Ballen zupfen. Farne, die nicht so gewaltig werden und einen lockeren Wurzelballen haben, kann man mit einem scharfen Messer zwischen den Triebköpfen anschneiden und dann mit der Hand trennen.

Bei den ganz kleinen, büschelig wachsenden Farnen trennt man ganz ohne die Hilfe eines Gerätes. Man hat mit der Hand das beste Gefühl dafür, wo eine Staude sich teilen läßt. Noch leichter lassen sich die zierlichen Wucherfarne, wie *Currania, Blechnum penna-marina* und auch *Adiantum, Thelypteris* und *Polypodium*, teilen. Man trennt von dem Polster der Mutterpflanze etwa handtellergroße Teilstücke ab, die dann sehr sorgfältig in 10-cm-Töpfe gepflanzt werden. Die Teilstücke benötigen etwa ein Jahr, bis sie einen brauchbaren Ballen gebildet haben. Wenn man sie sofort in den Garten setzt, bedürfen sie eine längere Zeit (drei bis fünf Monate) sorgfältiger Überwachung.

Die größeren, meist unterirdisch wuchernden Farne, wie *Dennstaedtia punctiloba, Hypolepis millefolia, Hypolepis regosula* und *Pteridium aquilinum*, müssen sorgfältig und in größeren Teilstücken mit Endknospen aus dem Boden genommen und unter großer Schonung etwa gleich tief in 12-cm-Container gepflanzt werden. Es empfiehlt sich, diese Farne mindestens ein Jahr lang im Container vorzukultivieren, ehe man sie ins Farnbeet setzt.

Alle staudig wachsenden Farne sollte man erst teilen, wenn mindestens drei Rhizomköpfe vorhanden sind, die deutlich getrennt voneinander wachsen. Die beste Zeit ist im Frühling, wenn die Farne auszutreiben beginnen. Bei regnerischem Wetter kann man aber auch das ganze Jahr über teilen bis etwa September. Danach wachsen die Teilstücke nicht mehr richtig fest und frieren im Winter leicht hoch.

Die Teilstücke werden sofort wieder eingepflanzt oder getopft und gut angegossen, größere eingeschlammt, so daß keine Lufteinschlüsse bleiben. Teilstücke von *Polypodium* müssen flach gepflanzt werden. Farnen, die während der Wachstumsperiode mit voll ausgetriebenen Wedeln geteilt werden, sollte man das Laub auf die Hälfte einkürzen. Bei trockenem Wetter wird die erste Zeit gut und regelmäßig gegossen. Im Winter gibt man den im Freiland stehenden, geteilten Farnen eine etwa 3 cm starke Schutzschicht aus Laubhumus, grobem Kompost oder Rindenmulch. Aber Achtung! Immer sollte man das größte Teilstück selbst behalten, um es eventuell später wieder teilen zu können.

Ausläuferschnittlinge

Sowohl der Amerikanische als auch der Deutsche Straußfarn *(Matteuccia pensylvanica* und *M. struthiopteris)* haben die Eigenschaft, durch oft bis zu einem Meter lange Ausläufer Tochterpflanzen zu bilden. Besonders reichlich geschieht das beim Deutschen Straußfarn. An den Enden dieser Ausläufer entwickeln sich zum Teil schon recht kräftige, fertige Pflanzen, die man gleich in größere Töpfe oder 10-cm-Container oder auch an Ort und Stelle pflanzen kann. Die Ausläufer selbst werden vorsichtig aus der Erde genommen und in 5 cm lange Stücke geschnitten, ähnlich wie man es auch bei einigen Blütenstauden, zum Beispiel beim Mohn, macht. Die Schnittlinge werden dann in Kisten schräg gesteckt oder gelegt. Das kann man im Herbst oder auch im Frühling machen. Sobald sie etwa zwei bis drei kleine Wedel gebildet haben, pikiert man sie im Abstand von 10 cm oder topft sie zunächst in 7-cm-Töpfe. Für die Weiterkultur ist ein Gewächshaus erforderlich. Bedenken muß man, daß die Straußfarne im Winter auch im Gewächshaus und bei Zusatzlicht das Laub einziehen und erst wieder zum Frühling neu austreiben.

Brutknospen

Einige Farne bilden Brutknospen, auch Bulben genannt, so etwa ein Blasenfarn *(Cystopteris bulbifera)* und einige Mutanten des Weichen Schildfarns *(Polystichum setiferum)*. Der Brutknospen-Blasenfarn entwikkelt sie erbsengroß an der Wedelunterseite. Sie fallen im Verlauf des Sommers ab und wachsen bei Erdberührung schnell zu kleinen Pflanzen heran. Da dieser Farn wenig gefragt ist, reicht die Ausbeute solcher spontan gebildeter Pflanzen.

Vermehrung von *Polystichum-setiferium*-Varianten durch Auflegen ganzer Wedel. Die Befestigung im Substrat erfolgt mit Hilfe von Drahtkrampen.

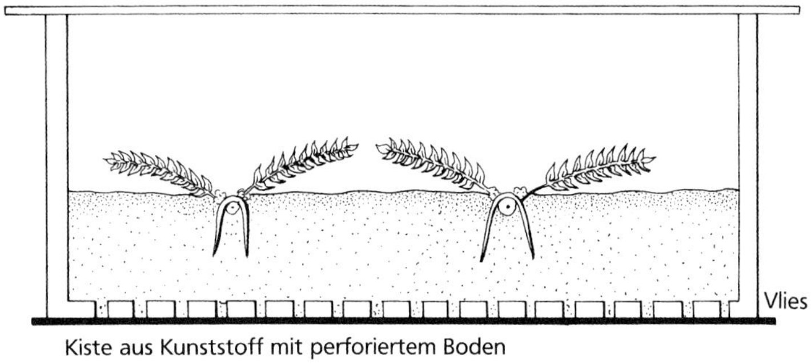

Die Brutknospen-Vermehrung bei Polystichum setiferum

Der Weiche Schildfarn hat eine Reihe durch Mutation und Hybrisation entstandene Formen gebildet, die sich wegen ihrer Schönheit und ihrer Robustheit, aber auch weil sie wintergrün sind, bei den Gartenfreunden großer Beliebtheit erfreuen. Die Schönsten darunter bilden entlang der Mittelrippe am Fiederansatz mehr oder weniger reichlich kräftige Brutknospen, aus denen sich sehr schnell junge Farnpflanzen heranziehen lassen, die mit der Mutterpflanze absolut identisch sind. Man bezeichnet solche gleichartigen Pflanzen aus vegetativer Vermehrung als Klon. Zu diesen Formen zählen neben der Ausgangsform *Polystichum setiferum* 'Proliferum', von der alle anderen abgeleitet sind, die folgenden Sorten:

'Proliferum Dahlem' bildet an kräftigen Wedeln guten Brutknospenansatz

'Proliferum Herrenhausen' bildet reichlich Bulben

'Proliferum Iveryanum' entwickelt wenig Bulben am Wedelgrund

'Proliferum Seestern' bildet reichlich Bulben

'Proliferum Plumosum Densum' bildet wenig Bulben im unteren Drittel der Wedel

In den Vermehrungskästen dieser Farne bilden sich oft spontan Sämlinge, die mit dem Klon nicht identisch, die es aber manchmal wert sind, vermehrt zu werden. Der Bulbenansatz bei solchen Sämlingen schwankt von wenig oder gar nicht bis reichlich. Bei *Polystichum andersonii* entwikkeln sich an den Enden größerer Wedel vereinzelt Brutbulben, pro Wedel eine, höchstens zwei. Das ist arttypisch. Die Vermehrung erfolgt wie bei der unten beschriebenen Vermehrungsmethode für *Polystichum setiferum* 'Proliferum' und dessen Abkömmlinge.

Im ersten Fall läßt man die Wedel am Stock dran und legt sie Ende Juli, nachdem man den Boden etwas aufgebessert hat, in flache Rillen rings um den Farn auf den Boden. Man befestigt die Mittelrippe mit Drahtkrampen in der Rille und schüttet diese leicht mit Sand oder einem Sand-Torf-Gemisch zu. Man hält alles gut feucht. Meist bilden sich bis zum Winter noch kleine Pflanzen, die man vor stärkeren Frösten schützen muß. Besser ist es, die Wedel abzutrennen und die kleinen Farnpflänzchen, wenn vorhanden, im Gewächshaus bei etwa 20 °C weiterzukultivieren.

Bei der zweiten Methode, die der ersten ähnelt, trennt man die bulbentragenden Wedel etwa Ende September (aber vor dem ersten Frost) von der Pflanze ab, kürzt die Fiedern etwa auf die Hälfte und befestigt die so präparierten Wedel in Vermehrungskisten ebenfalls in flachen Rillen wie bei der Freilandmethode. Man hält sie mäßig feucht, hell, aber nicht sonnig, bei einer Temperatur um 20 °C. Auf der Fensterbank lassen sich solche Wedel in alten leeren Aquarien plazieren. Die Deckscheibe muß aber gut schließen, und die direkte Sonneneinstrahlung muß durch dünnes Papier abgewehrt werden. Nach Bildung des dritten Wedelchens sollte man die Pflanzen in Schalen oder Töpfe pikieren.

Die dritte Methode, nämlich die der Vermehrung aus Brutknospenfiederstecklingen, ist für den Erwerbsgärtner die lukrativste. Auch der Hobbygärtner kann sie im Aquarium oder einem ähnlichen Gefäß mit abgeschlossenem Deckel auf der Fensterbank praktizieren, besonders deshalb, weil man die Stecklinge in kleinere Gefäße setzen und so auf große Schalen verzichten kann.

Man zerteilt die brutknospentragenden Wedel so, daß die einzelnen Segmente neben der Bulbe ein Stück der Rachis (Mittelrippe) und ein Fiederchen behalten (Abbildung). Da die Fiedern meistens wechselständig sind, ist das ohne weiteres möglich. Man steckt die Stecklinge dann in Kisten im Abstand von 3 cm und zwar so, daß der Teil der Rachis im Boden steckt, die Brutknospe etwa halb bedeckt ist und das Fiederchen schräg aufrecht steht. Es empfiehlt sich, noch etwas Sand oder ein Sand-Torf-Gemisch (1:1) mit einer feinkörnigen Holzkohlebeigabe darüber zu streuen und dann kurz, aber kräftig zu überbrausen. Die Kisten stehen hell, aber ohne direkte Sonne, bei etwa 20 °C. Ab Januar kann pikiert werden. Die Pflanzen werden bis Mai unter Glas (im kalten Kasten) weiterkultiviert. Nachdem man sie durch Lüften langsam ans Freiland gewöhnt hat, pflanzt man sie etwa Mitte Mai in die Schattenhalle oder auf Beete im Baumschatten aus. Am besten ist es, wenn die Pflanzen beim Aussetzen ins Freiland bereits in 8 bis 10 cm großen Containern stehen.

Blattstielgrund-Stecklinge

Diese Art der Vermehrung wird eigentlich nur beim Hirschzungenfarn *(Phyllitis)* angewandt, und zwar besonders bei der sterilen Form 'Crispa'. Da aber Sporenaussaaten nicht einheitlich fallen, hat die Methode auch für andere *Phyllitis*-Typen Bedeutung. Diese Art der Vermehrung wurde von dem Farnliebhaber Jackson bereits 1856 entdeckt.

Man nimmt die zur Vermehrung vorgesehenen Pflanzen, die wegen der Ausbeute möglichst groß und kräftig sein sollten, ganz aus dem Boden und schüttelt und wäscht den Ballen ganz aus. Dadurch werden die noch lebenden grünen, verdickten Enden der Stiele, die von den vergangenen Blättern früherer Jahre stam-

Vermehrung von *Polystichum-setiferum*-Varianten aus Brutknospen-Fiederstecklingen

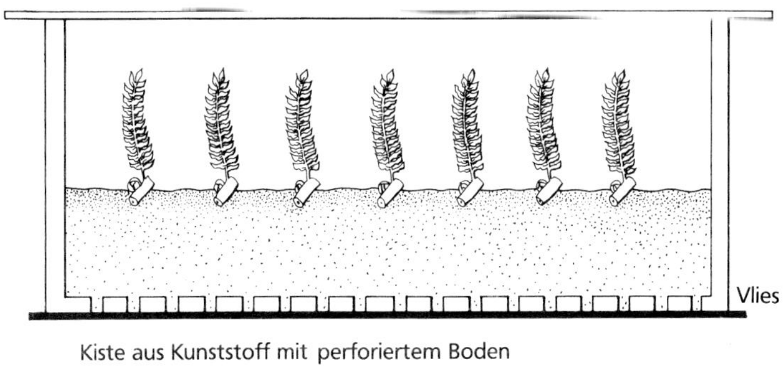

Kiste aus Kunststoff mit perforiertem Boden

men, freigelegt. Sie werden einzeln, durch Daumendruck nach unten, vom Rhizom abgebrochen. Auch vollentwickelte, diesjährige Blätter sind zu verwenden; hier werden Blattfläche und Stiele bis zur Größe der vorjährigen Stecklinge abgeschnitten. Etwa vorhandene Wurzelreste sind abzuputzen (nach Richard Maatsch: »Das Buch der Freilandfarne«).

Die übriggebliebenen Pflanzen können wieder eingetopft und später ausgepflanzt werden. Die Weiterkultur der Stecklinge erfolgt in Weckgläsern, die unten eine Schicht feuchten Torf-Sand-Gemisches haben, dem etwas Holzkohle zugesetzt wurde. Das Glas wird geschlossen gehalten und bei einer Temperatur um 20 °C aufgestellt. Nach etwa neun bis zwölf Wochen bilden sich an der Basis der Stecklinge oft mehrere kleine Knospen mit Wurzeln. Zu diesem Zeitpunkt streut man die Stecklinge auf Schalen oder Kisten und kultiviert sie dort weiter, bis sie so groß sind, daß man sie in 7-cm-Töpfe pflanzen kann. Das Substrat für alle Farne, die vegetativ vermehrt werden, sollte leicht sauer reagieren. Man kann dazu durchaus Fruhstorfer Erde, Einheitserde oder TKS (Torfkultursubstrat) verwenden. Wenn man die Erde selbst ansetzt, empfiehlt sich folgende Mischung, die sich recht gut bewährt hat:
3 Teile Torf
2 Teile Gartenerde oder Altkompost
1 Teil Sand
1 bis 2 Teile Basaltsplitt oder Kies 0 bis 2 mm
Um den pH-Wert etwas zu regulieren, sollte man etwa pro Eimer eine Handvoll Gesteinsmehl hinzufügen und alles gut vermischen.

Die Meristemkultur (In-vitro-Kultur)

Da sich die Farne fast alle reichlich aus Sporen vermehren lassen und dazu noch die relativ einfachen Methoden der vegetativen Vermehrung bestehen, ist es nicht erforderlich, diese nur unter Laborbedingungen auszuführende Vermehrungsform hier weiter zu erklären. Wenn überhaupt, dann kommt die In-vitro-Kultur für die Anzucht größerer Mengen von Zimmerfarnen in Frage. Dafür hat sie sich inzwischen auch bestens bewährt und Eingang in die gärtnerische Praxis gefunden.

Die generative Vermehrung (Anzucht aus Sporen)

Es wird allgemein die Meinung vertreten, die Anzucht der Farne aus Sporen sei eine schwierige Sache und nur von ausgesprochenen Profis zu bewerkstelligen. Das ist nicht der Fall. Wenn man nur einige wenige Dinge beachtet, kann jeder unter einfachsten Bedingungen Farne aus Sporen heranziehen. Wenn gerade Gärtnereien keinen Erfolg damit haben, liegt es daran, daß einige einfache Grundvoraussetzungen nicht erfüllt sind. Die vier Bedingungen lauten:
- eine nahezu sterile Sauberkeit
- das richtige Substrat
- ständiges Beobachten (aber kaum Pflege)
- ein heller, aber keinesfalls sonniger Platz (eventuell Keller mit künstlicher Lichtquelle)

Sterile Bedingungen

Die sterile Sauberkeit läßt sich in Gärtnereien kaum erzielen, es sei denn, man würde einen Extraraum von der Größe eines Kleingewächshauses an allen nicht verglasten Wänden kleinfugig auskacheln und den Boden mit feinkörnigem Estrich abziehen. Zudem müßte ein solches Farnanzuchthaus und alle Kästen, Regale und andere Geräte halbjährig oder wenigstens einmal im Jahr gründlich gesäubert und eventuell desinfiziert werden. Dazu eignet sich eine Chinosollösung von Gurgelwasserkonzentration oder ein anderes sehr mildes Mittel, am besten aber wäre nur heißes Wasser.

Bei der Anzucht unter sogenannten Hobbybedingungen, das heißt auf der Fensterbank, ist das Problem der Sterilität wesentlich einfacher zu lösen, da die verwendeten Gefäße von vornherein keimfrei sind. Als Aussaatgefäße eignen sich am besten Salatschalen von der Größe 8 × 10 × 4 cm, in denen die Feinkostläden ihre Salate abpacken. Der Deckel schließt luftdicht, er muß aber durchsichtig sein. Zum Pikieren der Prothallien nimmt man etwas größere Schalen (etwa 13 × 18 × 5 cm), und zum Weiterkultivieren der jungen Pflänzchen hält der Gartenfachhandel kleine Minigewächshäuser bereit. Das sind im Grunde größere Schalen mit einem Plastikdeckel. Beim Kauf dieser Schalen muß man aber darauf achten, daß die Deckel absolut sicher schließen. Nicht alle Produkte erfüllen dieses Kriterium. Selbstverständlich eignen sich für Aussaat und Kultur auch alle anderen Gefäße, die gleiche Bedingungen bringen. Sogar Aquarien mit gut schließender Deckscheibe kann man verwenden.

Das Substrat

Die **Anzuchterde** stellt einen weiteren wichtigen Faktor dar. Am einfachsten ist es, ein Gemisch aus abgelagertem Torf und Sand im Verhältnis 4:1 herzustellen. Dazu gibt man 2 Prozent (20 g auf 1 kg Gewicht) Gesteinsmehl und 1 Prozent löslichen Volldünger (zum Beispiel Hakaphos). Eine Mischung, die sich noch besser bewährt, besteht aus 4 Teilen Torf, 2 Teilen humoser Gartenerde oder feinstem Kompost und 1 Teil Sand. Dazu kommen wieder 2 Prozent Gesteinsmehl, aber kein Dünger. Diese Erde verwendet man hauptsächlich für die Sporenaussaaten, aber auch zum Pikieren von Prothallien. Für die Weiterkultur der Jungpflanzen nimmt man die im Zusammenhang mit der vegetativen Vermehrung erwähnte Erdmischung (Seite 212).

Durch Dämpfen wird das Substrat keimfrei gemacht. Da man für die Aussaaten nur sehr wenig Erde braucht, kann man dies unter Küchenbedingungen bewerkstelligen. Man braucht dazu zwei alte Töpfe verschiedener Größe, so daß einer in den anderen paßt. Der kleinere wird zu drei Viertel mit dem Substrat gefüllt und in den großen eingehängt oder eingestellt, so daß unten und an den Seiten etwa 2 bis 4 cm Raum bleiben. Dann füllt man den großen Topf bis 3 cm unter den Rand mit Wasser, deckt den Deckel drauf und läßt alles etwa eine Stunde lang kochen. Nach dem Erkalten ist die Erde gebrauchsfertig. Sie hält sich im sauberen Plastikbeutel unbeschränkt lange.

Die Sporengewinnung

Um Sporen auszusäen, muß man den Termin der Reife genau abpassen. Er liegt bei allen Farnen unterschiedlich. Die Rispenfarne, allen voran *Osmunda cinnamomea*, der Zimtfarn, eröffnen die »Sporensaison« meist schon im letzten Maidrittel. Anfang Juni reifen dann die Sporen der Schildfarne. Als letzte, meist erst im Januar, öffnen die Straußfarne ihre Sporenbehälter.

Wenn man wissen will, ob ein Farn vor dem Stäuben steht, muß man sich die Sori etwas genauer ansehen. Mit einer guten Lupe (Vergrößerung 4 × oder besser noch 6 ×) sieht man, ob die Sori noch geschlossen und die Sporangien gefüllt sind. Auch an der Verfärbung der Sori ist zu erkennen, daß die Sporenreife bevorsteht. Bei den meisten Farnen verfärben sich die anfangs grünen Sori nach Gelb, Hell-, Dunkel- oder gar Schwarzbraun, oft sogar noch mit einem bläulichen Schimmer. Ein kleiner Test zeigt zudem an, ob ein Farn bereits stäubt. Nimmt man ein Fiederchen und legt es auf ein weißes Stück Papier, so werden sich bei der Reife sehr bald die Sporen als grünliche, gelbe, braune oder auch schwärzliche staubfeine Schicht im Muster der Sori auf dem Papier abzeichnen. Wenn die Schicht aber aus groberen Teilen besteht, handelt es sich dabei um die Hüllen der Sporangien.

Um ein Auseinanderwehen zu verhindern, sollte man das Papier einmal falten. Meist bringt ein Fiederchen genügend Ausbeute. Sollen es mehr Sporen sein, muß man entsprechend viele Fiedern oder gar einen ganzen Wedel abpflücken. Um saubere, unvermischte Sporen zu bekommen, sollte man bei Regen ernten oder den Sporenwedel unter lauwarmem Wasser abspülen. Sonst können sich Fremdsporen mit einschleichen. Nach dem Abspülen trocknet man beidseitig, das heißt man drückt die Fiedern oder den Wedel an einem weichen, saugfähigen Tuch vorsichtig ab. Dann legt man das Fiederchen bis zum Stäuben auf das Papier. Rispenfarne *(Osmunda)* muß man sofort aussäen. Ihre Sporen bleiben nur für wenige Tage keimfähig. Die Sporen der meisten anderen Farne sind es oft noch nach Jahren.

Zum Aufbewahren der Sporen knickt man den einmal gefalteten Bogen an den drei offenen Seiten zwei- bis dreimal um. So erhält man einen staubsicheren Behälter, in dem man Sporen jahrelang aufbewahren kann. Briefumschläge sind nicht sicher genug. Plastiktüten sind ebenfalls ungeeignet, da die Sporen darin oft schimmeln.

Die Aussaat

Zur Aussaat füllt man das präparierte, keimfreie Substrat etwa 2 cm hoch in die ebenfalls keimfreien Gefäße (Salatschalen oder ähnliche). Man drückt das Substrat leicht an und braust etwas Wasser mit einer Blumenspritze darüber, so daß das Substrat gut feucht – aber nicht naß – ist. Zum Säen begibt man sich an einen Platz (bei mir die Küche), der absolut zugluftgeschützt ist und wo man die Arbeitsplatte abwischen kann. Auch mit seinen Bewegungen sollte man sparsam sein, um jeglichen Luftzug zu vermeiden. Der Bogen, in dem sich die Sporen befinden, wird sorgfältig auseinandergefaltet und etwas glattgestrichen. Sind viele Sporen darauf, rollt man den Bogen und stäubt die Sporen aus der Rolle auf das Substrat. Bei wenigen Sporen wird das Papier vorsichtig umgedreht, auf die Saatschale gelegt und ein- bis zweimal mit dem Finger angeschnipst. Dadurch fallen die am Papier durch statische Elektrizität haftenden Sporen auf das Substrat. Siebe sind ungeeignet, um die Sporen gleichmäßiger aufzutragen. Die Sporen bleiben daran haften. Man müßte also für jede Farnart ein Extrasieb benutzen oder das eine ständig reinigen und trocknen.

Nach dem Säen schließt man das Gefäß luftdicht, versieht es mit einem Schild, das den Namen des Farns, Herkunft der Sporen, Datum der Ernte und Datum der Aussaat angibt. Danach wird die Arbeitsplatte feucht abgewischt, und die nächsten Sporen können gesät werden. Die Gefäße stellt man hell auf, aber ohne daß sie direkte Sonneneinstrahlung erreicht. Wer kein Nordfenster hat, sollte einen mit weißem Pergamentpapier bespannten Rahmen vor die Aussaatgefäße stellen. Im Gewächshaus werden sie entsprechend schattiert.

Die Weiterkultur

Bei den meisten Farnen liegt die günstigste Keimtemperatur zwischen 20 und 22 °C. Hochgebirgsfarne (*Polystichum lonchitis*, einige *Woodsia*- und auch *Cryptogramma*-Arten) keimen besser bei niedrigen Temperaturen (16 bis 18 °C). Von der Norm abweichende Keimtemperaturen sind in der Liste S. 71 ff vermerkt.

In der lichtarmen Zeit, also ab etwa Mitte September bis Ende März, ist es besonders für den Erwerbsgärtner ratsam, eine zusätzliche Beleuchtung zu installieren. Man verwendet dafür die im Gartenbau üblichen Weißton-Leuchtstoffröhren, besser noch Grolux. Die Beleuchtungsstärke sollte 1000 bis 2000 Lux betragen. Je wärmer die Prothallien stehen, desto heller das Licht. Die besten Ergebnisse sind mit 16 Stunden zusätzlicher Beleuchtungszeit erzielt worden. Ich habe meine Beleuchtung an hellen Tagen von 10 bis 15 Uhr meist ausgeschaltet, um Energie zu sparen. Das Wachstum der Prothallien litt darunter nicht.

Nach der Aussaat folgt eine Zeit, während der man so gut wie gar nichts zu tun braucht. Man sollte lediglich darauf achten, daß nicht doch die Sonne die Aussaatschalen erreicht und eine Überhitzung stattfindet. Auch eine regelmäßige, alle drei bis vier Wochen zu erfolgende Kontrolle der Feuchtigkeit im Aussaatgefäß ist ratsam. Solange an der Deckscheibe dicke Wassertropfen hängen, ist alles in Ordnung. Diese Tropfen fördern entgegen der Ansicht anderer Autoren nicht die Fäulnisbildung.

Die Sporen der verschiedenen Farne brauchen ganz unterschiedlich lange, um zu keimen. Am schnellsten, meist nach wenigen Tagen, keimen die Rispenfarne *(Osmunda)*. Bei allen anderen dauert die Keimung so unterschiedlich lange, daß sich keine Regel ergibt. Man soll nur nicht die Hoffnung aufgeben, wenn sich nichts rührt. Bei mir haben Sporen schon über ein halbes Jahr im Gefäß gelegen, ehe sie keimten.

Sobald sich auf dem Substrat ein grünlicher Schimmer zeigt, ist die Keimung vollzogen. Jetzt schon kann man mit der Lupe die kleinen Prothallien erkennen. Bei guten Bedingungen wachsen sie rasch heran, je nach Art bis zur Größe eines Kleinfingernagels. Um diese Zeit fällt die erste »Arbeit« an. Die Prothallien unterscheiden sich nämlich etwas in Form und Größe, und es ist leicht festzustellen, ob sich in der Aussaat einzelne Fremdlinge befinden. Die zupft man dann mit einer Pinzette heraus und schließt das Gefäß anschließend sorgfältig. In besonderen Fällen, nämlich wenn die Prothallien zu eng stehen, kann man sie in ein anderes Gefäß pikieren, das gleich groß sein kann, besser aber größer ist, damit die entstehenden Farnpflanzen gleich etwas mehr Raum haben.

Das Pikieren der Prothallien

Beim Pikieren zupft man die Prothallien aus dem »Rasen« heraus und druckt jeweils im Abstand von 4 bis 8 mm einzelne Klümpchen von zwei bis fünf Stück, auch bis zehn (so genau kommt es nicht darauf an), auf das feuchte Substrat. Damit die Prothallien besser auf dem Untergrund haften, streut man etwas feinen, mit Holzkohle (100:1) vermischten, sterilen Sand darüber, der kurz mit der Blumenspritze angefeuchtet wird. Dieser Sand ist leicht herzustellen. Man füllt einen alten Topf

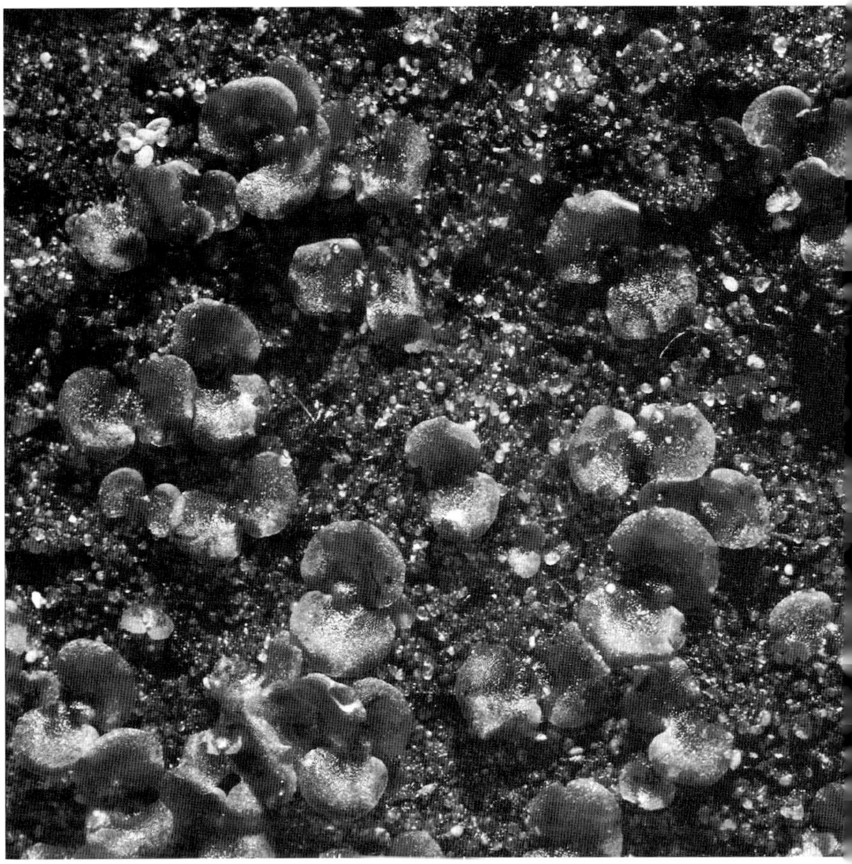

Farnprothallien, kurz bevor die ersten Sporophyten (Farnpflanzen) erscheinen.

(der auch für die Sterilisierung der Erde verwendet wird) mit Sand halb voll und mischt eine Handvoll Torf darunter. Man erhitzt dann alles auf dem Elektroherd, bis der Torf verkohlt ist. Das sieht man daran, daß er an der Oberfläche aufglüht. Dieser Sand reicht bei mir meist zwei bis drei Jahre. Er wird steril in einem Plastikbeutel verpackt.

Wenn die Prothallien eine für sie typische Größe erreicht haben und wenn sich genügend Feuchtigkeit in der Pflanzschale befindet, erscheinen bald die ersten Wedel. Das kann man, sobald die ersten Wedel zu sehen sind, noch dadurch fördern, daß man täglich mehrmals die Tropfen an der Deckscheibe mit dem Finger von außen abschnipst und auf die Prothallien fallen läßt.

Spätestens nach Erscheinen des dritten Wedelchens pro Pflanze muß nun in größere Gefäße pikiert werden. Dazu verwendet man Kunststoffkästen oder Eternitschalen, wie sie in Gärtnereien verwendet werden. Sowohl im Gewächshaus als auch besonders auf der Fensterbank muß in der ersten Zeit bis zum Erscheinen weiterer Wedelchen noch eine Deckscheibe aufliegen, und die Jungfarne müssen gut schattiert sein. Dann werden sie langsam, am besten in einem kalten Kasten, an die Freilandbedingungen einer Schattenhalle oder im Schatten von Bäumen gewöhnt. Im Wachstum befindliche Jungfarne sollten wegen der Spätfrostgefahr nicht vor Ende Mai ausgepflanzt werden. Je nach Endgröße der Farnart sollten die Container zwischen 8 und 12 cm groß sein. Für *Asplenium* reichen 8-cm-Töpfe, für *Osmunda* und ähnliche großwüchsige Farne allenfalls 12-cm-Container.

Krankheiten und Störungen bei der Anzucht

Außer Überhitzung und Austrocknung gibt es, wenn man korrekt gearbeitet hat, kaum ernsthafte Ungelegenheiten. Durch das Öffnen der Saatschalen zu Kontrollzwecken können jedoch schon einmal Schimmelsporen eindringen und zu Fäulnis führen. In so einem Fall zupft man die befallenen Prothallien und die in einem etwas 5 mm breiten Ring rundherum stehenden, nicht befallenen vorsichtig heraus und füllt die entstandene Lücke mit dem Sand-Holzkohle-Gemisch auf. Ein paar Spritzer Wasser sorgen dafür, daß der Sand eng an die stehengebliebenen Pflänzchen anschließt. Einzelne Moospflanzen, die sich eingeschlichen haben – ein Zeichen unkorrekten Arbeitens – kann man ebenso entfernen. Ist das Saatgefäß stark vermoost, sollte man es wegwerfen und künftig mehr achtgeben.

Im kalten Kasten können Schnecken ernste Schäden hervorrufen. Bei entsprechend »beliebten« Farnen, wie *Asplenium fontanum*, *Asplenium incisum* und *Polystichum tripteron*, sollte man daher Schneckenkorn ausstreuen. Wer das ablehnt, der sollte durch ständige Kontrolle und regelmäßiges Absammeln die Schnecken abwehren. Bei geringen Pflanzenzahlen ist das die umweltschonendste Methode.

Die Erzeugung von Farnhybriden

In reichen Farnmischbeständen treten in der Natur hin und wieder Kreuzungen verschiedener Farnarten untereinander auf, sogenannte Naturhybriden oder Bastarde. Besonders die Schildfarne *(Polystichum)* und die Streifenfarne *(Asplenium)* bastardieren untereinander. Die bekanntesten Bastarde aus der Gattung der Schildfarne sind *Polystichum* × *illyricum* und *Polystichum* × *luerssenii*. Beim ersten sind die Eltern *Polystichum aculeatum* und *Polystichum lonchitis*, bei *Polystichum* × *luerssenii* ist ebenfalls *Polystichum aculeatum* der eine Elter, der andere aber *Polystichum braunii*. Insgesamt findet man in Schildfarnmischbeständen Hybriden zwischen allen vorkommenden sechs Arten. Entsprechend der höheren Anzahl der Arten gibt es bei den Streifenfarnen wesentlich mehr Bastarde. Bei Eberle »Farne im Herzen Europas« finden wir über 20 Arthybriden beschrieben, von denen zwei, nämlich der Deutsche Streifenfarn *(Asplenium* × *alternifolium)*, entstanden aus der Kreuzung zwischen *Asplenium trichomanes* und *A. septemtrionale*, und die Serpentinsteinfeder *(Asplenium* × *adulterinum)*, entstanden aus *Asplenium trichomanes* und *A. viride*, hin und wieder sogar in Farngärten zu finden sind. Unter unseren Wurmfarnen *(Dryopteris)* gibt es auch drei Hybriden, die Eingang in unsere Gärten fanden. Es sind *Dryopteris* × *tavellii*, *D. remota* und *D.* × *uliginosa*. Über die Elternschaft dieser drei vermutlichen Bastarde ist man sich noch nicht ganz im klaren.

Immer wieder reizt es solche Hybriden selbst zu erzeugen, das heißt also, Farne miteinander zu kreuzen. Bei Blütenpflanzen ist das einfach. Man braucht nur den Pollen der Vaterpflanze auf die Narbe der Mutterpflanze zu tragen und Fremdbestäubung auszuschalten. Zwar lassen sich nicht alle Arten einer Gattung miteinander kreuzen, aber wo es geht, geschieht es auf diese einfache Weise.

Wie aber geht man bei Farnen vor? Daß es geht, beweisen die vielen Bastarde in der Natur. Und die Natur zeigt uns auch, wie es gehen müßte. Man muß nur dafür sorgen, die Prothallien der verschiedenen Arten so eng zusammenzubringen, daß eine Wasserbrücke für die Spermatozoiden von dem Prothallium der einen Art zu dem der anderen vorhanden ist. Ich pikiere also halbwüchsige Prothallien in einer Extraschale ganz gezielt zusammen: immer eins ums andere von der einen und von der anderen Art, so daß sie zusammenwachsen und eventuell ein Ovarium der einen Art von einem Schwärmer der anderen befruchtet wird. Es ist ein Lotteriespiel, und ich habe an Arthybriden in den vergangenen 15 Jahren vielleicht zehn erzeugt. Die meisten stammen aus der Kreuzung von *Polystichum braunii* mit *Polystichum aculeatum*, es handelt sich also um *Polystichum* × *luerssenii*.

Viel leichter lassen sich die aus Mutationen entstandenen Spielarten der Farne untereinander kreuzen. Prothallium-Mischpflanzungen des Hirschzungenfarns bringen eine große Zahl von Kreuzungstypen. Ebenso die verschiedenen Filigranfarne, Abkömmlinge einer Mutante des Weichen oder Südlichen Schildfarns (*Polystichum setiferum* 'Proliferum'). Auch *Osmunda regalis* und *Osmunda regalis* 'Cristata' kreuzen sich untereinander relativ leicht. Aber bei den reinen Arten ist es schwer. Das ist eben ein Feld für tüftelfreudige Farnfreaks.

Trotzdem kommt es bei Aussaaten von *Polystichum aculeatum*, *P. setiferum* und *P. braunii* auch ungewollt einmal vor, daß Hybridformen ohne Zutun des Menschen entstehen, allerdings nur dann, wenn die Sporen nicht ganz sauber waren. Das kann aber schnell passieren, denn in Mischpflanzungen dieser drei Farne haften immer einmal Sporen, vom Wind herangetragen, zwischen den Sporangien des anderen Farns. Aber schon wenige Prothallien, etwa vom *Polystichum setiferum* zwischen einer Aussaat von *Polystichum aculeatum* führen zur Bildung des Hybridfarns *Polystichum* × *bicknellii*. Haben sich Sporen von *Polystichum braunii* dazwischengeschmuggelt, entsteht der recht hohe Hybridfarn *Polystichum* × *luerssenii*. Etwas seltener ist die Hybride zwischen *Polystichum setiferum* und *Polystichum braunii*, als *Polystichum wirtgeni* bezeichnet. Die Hybriden erkennt man oft erst, wenn die Sämlinge größer sind, meist sogar daran, daß sie kräftiger wachsen als die Art.

Anhang

Literaturverzeichnis

Ahlburg, M.: Helleborus. Verlag Eugen Ulmer, 1989.
Britten, J.: European Ferns. Cassel and Company LTD, 1875.
Denkewitz, L.: Heidegärten. Verlag Eugen Ulmer, 1987.
Druery, C. T.: The Book of British Ferns. County Life and George Newnes LTD, 1903.
Eberle, G.: Farne im Herzen Europas. Kramer, 1970.
Ehmke, F., Meissner, W., Süsskow, R., Wirth, P.: Schatten im Garten. Verlag Eugen Ulmer, 1989.
Foerster, K.: Einzug der Gräser und Farne in die Gärten. Neumann Verlag, 1957 und 1988, 7. Auflage.
Hansen, R., Stahl, F.: Die Stauden. Verlag Eugen Ulmer, 1984.
Heath, F. G.: The Fern World. Sampson Low, 1885.
Jelitto, L., Schacht, W., Feßler, A.: Die Freiland-Schmuckstauden. Verlag Eugen Ulmer, 1990, 4. Auflage.
Jones, D. L.: Encyclopedia of Ferns. Timber Press, 1987.
Kaye, R.: Hardy Ferns. Faber and Faber LTD, 1968.
Köhlein, F.: Kleine Pflanzen für kleine Gärten. Verlag Eugen Ulmer, 1989.
Lellinger, D. B.: Ferns and Fern-Allies of the United States and Canada. Smithonian Institution Press, 1985.
Lintner, J., Schmick, H.: Unsere Gartenfarne. Selbstverlag Homberg Ohm, 1979.
Maatsch, R.: Das Buch der Freilandfarne. Verlag Paul Parey, 1980.
Nakaike, T.: Enumeratio Pteridophytarum Japonicarum. University of Tokyo Press, 1975.
Oudshorn, W.: Farne für Haus und Garten. Verlag Eugen Ulmer, 1986.
Philipps, R.: Das Kosmosbuch der Gräser, Farne, Moose und Flechten. Franck'sche Verlagsbuchhandlung, 1981.
Rasbach, K., Wilmanns, A. O.: Die Farnpflanzen Zentraleuropas. Quelle und Meyer, 1969.
Rix, M., Phillips, R.: The Bulb Book. Ward Lock Ltd., 1981.
Schmick, H.: Farnraritäten aus Japan. Gartenpraxis, Heft 11, 1984.
Schmick, H.: Farne im Steingarten. Gartenpraxis, Heft 3, 1990.
Schmick, H.: Farne in Natur und Garten. Eigenverlag, 1990.
Schmick, H.: Farne und Beetstauden? Gartenpraxis, Heft 11, 1991.
Wachter, K.: Der Wassergarten. Verlag Eugen Ulmer, 1983.
Wellinghaus, N.: Farnpflanzen. Deutscher Jugendbund für Naturbeobachtung, 1988.

Gärten mit sehenswerten Farnbeständen

Der Farnliebhaber, der auf seinen Reisen Gärten mit spektakulären Farnpflanzungen sehen will, wird in landläufigen Parks und Stadtgärten vergebens suchen. Die reichhaltigsten Farnsammlungen findet man in einigen wenigen Privatgärten und – leider nicht sehr häufig – in botanischen Gärten. Die Privatgärten können hier nicht angeführt werden, da deren Besitzern ein gewisser Schutz vor einem Besucheransturm gewährt werden muß. Wer dennoch den Wunsch hat, Privatgärten aufzusuchen, sollte sich Adressen über eine der Pflanzengesellschaften erfragen, besonders über die Gesellschaft der Staudenfreunde (Meisenweg 1, 65795 Hattersheim). In dieser Gesellschaft gibt es eine Fachgruppe, die sich speziell mit Farnen beschäftigt.

Selten geht die Form der Präsentation über den Status einer Sammlung hinaus. Das heißt Gärten, in denen man sowohl ein reiches Farnsortiment und gleichzeitig eine gute Gestaltung antrifft, sind selten. Trotzdem will ich hier ein paar Gärten nennen, die es wert sind, daß man sie auf seinem Reiseweg nicht links liegen läßt. Leider ist diese Liste recht unvollständig, und gerade deshalb wäre es wünschenswert, wenn der Leser mir alle die sehenswerten Farngärten nennen würde, die hier nicht erwähnt sind, damit sie in einer folgenden Auflage berücksichtigt werden können.

Arboretum Thiensen
Ellerhoop in Holstein
Sehr schön gestalteter Parkgarten. Farnsammlung im Aufbau.

Botanischer Garten Berlin Dahlem
Königin-Luise-Straße 6–8
Recht reiches Farnsortiment, teilweise ausgesprochen großzügig und individuell angelegt.

Botanischer Garten Bremen und Rhododendronpark
Marcusallee
Mittleres Sortiment, wieder im Aufbau und gut gepflegt mit zum Teil sehr alten Exemplaren.

Botanischer Garten Greifswald
Grimmer Straße 88
»Farnschlucht« im 1934 bis 1939 gegründeten Arboretum mit sehenswerter Farnsammlung.

Botanischer Garten Hamburg
Klein Flottbek, Ohnhorststraße 18
Gute, großzügige Sammlung mit »Farnschlucht« im nordamerikanischen Teil.

Botanischer Garten Heidelberg
Kleine »Farnschlucht« mit etwa 20 größtenteils heimischen Arten in großen Exemplaren.

Hannover-Herrenhausen, Berggarten
Herrenhäuser Straße 4
Reiches Sortiment, gut mit Stauden kombiniert. Aufgebaut von Richard Maatsch.

Botanischer Garten Jena
Philosophenweg 16
»Farnschlucht« mit überwiegend heimischen Farnen. Farne auch im Alpinum.

Botanischer Garten Marburg
Karl-von-Frisch-Straße
Maßgebende Farnsammlung, ähnlich reichhaltig wie in München und gepflegt. Mehrere »Farnschluchten«.

Botanischer Garten München-Nymphenburg
Maßgebende Farnsammlung Deutschlands, reichhaltig und gepflegt. Bekannte und berühmte »Farnschlucht«.

Botanischer Garten Münster (Westfalen)
Kleiner, gut gestalteter Garten mit Farnecke.

Botanischer Garten Rostock
Doberaner Straße 143
Farnpflanzung in halbschattiger, feuchter Lage und im Alpinum, etwa 30 Arten.

Botanischer Garten Tübingen
Hartmeyerstraße 123
Sehr gute Farnsammlung in harmonischer Umgebung. »Farnschlucht« gepflegt und schön gestaltet.

Botanischer Garten Zürich
Zolliker Straße 107
Farne im Alpinum und im Mittelmeergarten, zusätzlich eine »Farnecke«.

England, das Land der Gärten, birgt eine ganze Reihe sehenswerter Farnpflanzungen. Hier einige herausragende:

Beth Chatto Garden
Emstead Market, Essex

Kingston Lacy
Wimborne Minster, Dorset
Victorianischer Farngarten.

Penrhyn Castle
Bangor, Gwynned
Sammlung heimischer Farne.

Sizergh Castle
Cendal, Cumbria
Nationale Farnsammlung, gut beschriftet.

Tatton Park
Knutsford, Cheshire
Farngewächshaus, gebaut von Paxton, Riesenexemplare von *Osmunda regalis* am See.

Baumfarne findet man in sehr vielen Gärten in Cornwall, darunter besonders in

Trebah Gardens
Mawnan Smith

Trelissick
Truro

Trengwainton
Pencance

Bildquellen

Die Zeichnungen wurden nach Vorlagen des Autors von Manuela Hutschenreiter, München, (Seite 13 bis 70 und Seite 206 bis 211) und Michael Motamen, Zellerndorf in Österreich, (Seite 71 bis 167) gefertigt.
Fuchs, H., Hof: Seite 55, 80, 135 oben
Kaiser, K., Coburg: Seite 188
Morell, E., Dreieich: Seite 11, 15, 130, 131, 149
Alle anderen Fotos stammen vom Autor.

Bezugsquellen

Der Farnliebhaber hat es nicht ganz leicht, eine Staudengärtnerei mit einem umfangreichen Farnsortiment zu finden. Zwar haben fast alle **Staudengärtnereien** das gängige Sortiment von etwa 20 Arten und Sorten. Aber wenn man darüberhinaus etwas haben möchte, muß man sich etwas Mühe geben. Es lohnt sich zum Beispiel, regelmäßig die **Gartencenter** der näheren und weiteren Umgebung aufzusuchen. Aus Holland kommen hin und wieder einmal Besonderheiten.

Die besten und umfangreichsten Sortimente, oft 200 bis 300 Arten und Sorten, findet man in **Privatgärten**. Die Adressen dieser Farnspezialisten dürfen hier wegen des Datenschutzes nicht veröffentlicht werden. Sie sind aber über die Pflanzenliebhabergesellschaften auszukundschaften, in Deutschland über die

Gesellschaft der Staudenfreunde
Meisenweg 1
65795 Hattersheim
und deren

Fachgruppe Gräser und Farne
Zieglerweg 13
86447 Aindling

Auch Sporen sind von Privatpersonen leicht zu beziehen. Man bedenke dabei, Rückporto der Anfrage beizulegen.

Deutschland
Folgende deutsche Gärtnereien haben besondere Farnsortimente:

Baumschule Böhlje
Oldenburger Str. 9
26655 Westerstede

Hagemann Staudengärtnerei
30855 Langenhagen

Baumschule Kohout
Kurzer Weg 3
01920 Prietitz

J. I. Lintner
Niederofleiden
35315 Homberg/ Ohm

Staudengärtnerei P. u. B. zur Linden
Linner Kirchweg 2
49143 Bissendorf OT Linne

Hofheimer Staudengarten Gudrun Müller
Schlesierweg 6
65719 Hofheim/ Taunus

Wilfried Schoebel
29468 Bergen – Dumme

England
Die umfangreichsten Sortimente findet man immer noch in England. Einige Gärtnereien verschicken sogar. Man sollte nachfragen.

Reginald Kaye Ltd.
36 Lindeth Road
Silverdale Lanceshire LA5 OTY

T. & D. Marston
Culag, Green Lane
Nafferton
Driffield, East Yorkshire
(auch Postversand)

Fibrex Nursery Ltd.
Honeybourne Road
Pebworth Stratford o. A.
Warwickshire CV37 8XT

Hardy and Half Hardy Ferns
Hazel & Martin Rickard
Kyrepark
Penbury Wells
Worcestershire WR15 8RP

Hardy Ferns R. N. Timm
The Fern Nursery
Grimsby Road
Binbrook
Lincolnshire LN3 6DH

Dänemark
Norgard Stauder
Vejlevej 465
Lillballe
DK 6000 Kolding

Holland
Wouter van Driel
Zeven Huiser Weg 26
NL 9761 AE Elde
(auch Postversand)

Schweiz
Arnold Vogt
Zoller Str. 15
CH-8703 Erlenbach

USA
J. Jones
1911 4th Avenue West
Seattle
Washington 98119
(auch Postversand)

Internationale Farnliebhabergesellschaften
Wenn man aus außereuropäischen Ländern (USA, Japan, Neu-Seeland, Südafrika) Farne beziehen möchte, beschränkt sich das meist auf den Erwerb von Sporen, die in einer oft recht umfangreichen **Spore-Exchange-List** von den jeweiligen **Farngesellschaften** als Bonus für die Mitglieder angeboten werden. Eine Liste solcher Gesellschaften wird hier mit Genehmigung des Autors und Farnspezialisten Helmuth Schmick aus seinem Buch Farne in Natur und Garten wie folgt angeführt:

Schweizerische Vereinigung der Farnfreunde
Institut für systematische Botanik
Zolliker Str. 107
CH 8008 Zürich Schweiz

The British Pteridological Society
Department of Botany
British Museum/ Natural History
Cromwell Road
London SW7 5BD
England

The American Fern Society
R. D. 1 U. S. Rt. 11
Berwick, PA 18603
USA

Japanese Pteridological Society
Department of Botany
Faculty of Science
Kyoto University
Kyoto Japan

Fernsociety of South Africa
P. O. Box 11260
Brooklyn 0011
South Africa

Da die Präsidentenschaft solcher Farngesellschaften turnusmäßig wechselt, können sich – leider – auch die angegebenen Adressen ändern. In solchen Fällen sollte man sich bei der **Fachgruppe Gräser und Farne** der **Gesellschaft der Staudenfreunde** Deutschlands erkundigen.

Register

Fettgedruckte Seitenzahlen weisen auf Abbildungen hin, unterstrichene auf Textschwerpunkte.